As ilusões armadas

1. A Ditadura Envergonhada

Elio Gaspari

As ilusões armadas

1. A Ditadura Envergonhada

2ª edição

© 2002, 2014 by Elio Gaspari

PREPARAÇÃO
Kathia Ferreira

REVISÃO
Eduardo Carneiro
Vania Santiago

PESQUISA ICONOGRÁFICA
Porviroscópio Projetos e Conteúdos
Coordenador: Vladimir Sacchetta

PESQUISA
Paula Sacchetta

PROJETO GRÁFICO
Victor Burton

DIAGRAMAÇÃO E TRATAMENTO DE IMAGENS
ô de casa

Visite o site www.arquivosdaditadura.com.br

CIP-BRASIL. CATALOGAÇÃO-NA-FONTE
SINDICATO NACIONAL DOS EDITORES DE LIVROS, RJ

G232d
2. ed.

Gaspari, Elio, 1944-
    A ditadura envergonhada / Elio Gaspari. - 2. ed. rev. - Rio de Janeiro : Intrínseca, 2014.

    432 p. : il. ; 23 cm.
    Continua com: A ditadura escancarada
    Apêndice
    Inclui bibliografia e índice
    ISBN 978-85-8057-397-8

    1. Ditadura - Brasil. 2. Perseguição política - Brasil. 3. Tortura - Brasil. 4. Brasil - Política e governo - 1964-1967. 5. Brasil - Política e governo - 1967-1969. I. Título.

13-02811   CDD: 981.063
                                   CDU: 94(81)'1964/1985

[2014]

Todos os direitos desta edição reservados à

EDITORA INTRÍNSECA LTDA.
Rua Marquês de São Vicente, 99/3º andar
22451-041 – Gávea
Rio de Janeiro – RJ
Tel./Fax: (21) 3206-7400
www.intrinseca.com.br

Para Clara

Sumário

9	Abreviaturas e siglas
13	Apresentação da segunda edição revista e ampliada
15	Explicação
23	Introdução
45	**Parte I A queda**
47	O Exército dormiu janguista
85	O Exército acordou revolucionário
129	**Parte II A violência**
131	O mito do fragor da hora
155	Nasce o SNI
177	Pelas barbas de Fidel
211	A roda de Aquarius
237	**Parte III A construção**
239	A esquerda se arma
251	A direita se arma
267	Costa e Silva: chega o barítono
275	Y el cielo se encuentra nublado
305	A provocação da anarquia
335	A missa negra
347	O fogo do foco urbano
359	O Exército aprende a torturar

365	**Apêndice**
365	Breve nomenclatura militar
371	Cronologia
395	Fontes e bibliografia citadas
409	Créditos das imagens
411	Agradecimentos da edição de 2014
413	Agradecimentos da edição de 2002
415	Índice remissivo

Abreviaturas e siglas

Abreviaturas utilizadas

AA	Arquivo do Autor
APGCS/HF	Arquivo Privado de Golbery do Couto e Silva/Heitor Ferreira
APHACB	Arquivo Privado de Humberto de Alencar Castello Branco
BJFK	Biblioteca John F. Kennedy
BLBJ	Biblioteca Lyndon B. Johnson
DEEUA	Departamento de Estado dos Estados Unidos da América

Siglas gerais

ABI	Associação Brasileira de Imprensa
ALN	Ação Libertadora Nacional
AP	Ação Popular
Arena	Aliança Renovadora Nacional
CCC	Comando de Caça aos Comunistas
CNBB	Conferência Nacional dos Bispos do Brasil
CNI	Confederação Nacional da Indústria
Colina	Comando de Libertação Nacional
CPC	Centro Popular de Cultura
CPDoc	Centro de Pesquisa e Documentação de História Contemporânea do Brasil da Fundação Getulio Vargas
FAL	fuzil automático leve
Fiesp	Federação das Indústrias do Estado de São Paulo
FMI	Fundo Monetário Internacional

GMT	Greenwich Mean Time
IPÊS	Instituto de Pesquisas e Estudos Sociais
MAM	Museu de Arte Moderna
MASP	Museu de Arte de São Paulo
MCR	Movimento Comunista Revolucionário
MDB	Movimento Democrático Brasileiro
MNR	Movimento Nacionalista Revolucionário
Molipo	Movimento de Libertação Popular
MR-8	Movimento Revolucionário 8 de Outubro
MRM	Movimento Revolucionário Marxista
MRT	Movimento Revolucionário Tiradentes
OCML-PO	Organização de Combate Marxista-Leninista — Política Operária
OLAS	Organização Latino-Americana de Solidariedade
PC do B	Partido Comunista do Brasil
PCB	Partido Comunista Brasileiro
PCBR	Partido Comunista Brasileiro Revolucionário
PCUS	Partido Comunista da União Soviética
PIB	Produto Interno Bruto
PNB	Produto Nacional Bruto
POC	Partido Operário Comunista
Polop	Organização Revolucionária Marxista — Política Operária
PORT	Partido Operário Revolucionário Trotskista
PRT	Partido Revolucionário dos Trabalhadores
PSD	Partido Social Democrático
PTB	Partido Trabalhista Brasileiro
PUC	Pontifícia Universidade Católica
REDE	Resistência Nacional Democrática Popular
UDN	União Democrática Nacional
UNE	União Nacional dos Estudantes
VAR	Vanguarda Armada Revolucionária
VPR	Vanguarda Popular Revolucionária

Siglas governamentais

AI	Ato Institucional
CGI	Comissão Geral de Investigações
CIA	Central Intelligence Agency (EUA)
CSN	Conselho de Segurança Nacional
DEIC	Departamento Estadual de Investigações Criminais
DOPS	Delegacia de Ordem Política e Social
FBI	Federal Bureau of Investigation (EUA)
FGTS	Fundo de Garantia por Tempo de Serviço
FNFi	Faculdade Nacional de Filosofia
INPS	Instituto Nacional de Previdência Social
SFICI	Serviço Federal de Informações e Contra-Informações
SisNI	Sistema Nacional de Informações
SNI	Serviço Nacional de Informações
STM	Superior Tribunal Militar
Sudene	Superintendência do Desenvolvimento Econômico do Nordeste
UFRJ	Universidade Federal do Rio de Janeiro
USP	Universidade de São Paulo

Siglas militares

AMAN	Academia Militar das Agulhas Negras
BC	Batalhão de Caçadores
BCC	Batalhão de Carros de Combate
Cenimar	Centro de Informações da Marinha
CIE	Centro de Informações do Exército
CISA	Centro de Informações e Segurança da Aeronáutica
CODI	Centro de Operações de Defesa Interna
DI	Divisão de Infantaria
DOI	Destacamento de Operações de Informações
EME	Estado-Maior do Exército
EMFA	Estado-Maior das Forças Armadas
EsAO	Escola de Aperfeiçoamento de Oficiais
EsCEME	Escola de Comando e Estado-Maior do Exército

EsNI	Escola Nacional de Informações
FAB	Força Aérea Brasileira
FEB	Força Expedicionária Brasileira
ID	Infantaria Divisionária
IPM	Inquérito Policial-Militar
Para-Sar	Esquadrão Aeroterrestre de Salvamento da Força Aérea Brasileira
PE	Polícia do Exército
PM	Polícia Militar
QG	quartel-general
RecMec	(Regimento de) Reconhecimento Mecanizado
RI	Regimento de Infantaria

Apresentação da segunda edição revista e ampliada

Esta é uma versão revista e ampliada da primeira edição deste livro, publicada em 2002. Mais de dez anos depois, foram incorporados novos documentos e feitas algumas correções. Em dois casos os acréscimos eram mais que necessários.

A mitologia de conto de cavalaria de "Camelot", criada por Jacqueline Kennedy, protegeu a imagem liberal de seu marido. Ela mesma, num depoimento ao historiador Arthur Schlesinger Jr., dissociou-o do pronto reconhecimento do governo instalado depois da deposição de João Goulart, já na presidência de Lyndon Johnson.[1] A gravação de uma conversa de John Kennedy com Lincoln Gordon, o embaixador americano no Brasil, informara que a carta do golpe militar fora colocada no baralho em 1962. Agora, o áudio de uma reunião ocorrida na Casa Branca no dia 7 de outubro de 1963, 46 dias antes do seu assassinato em Dallas, mostra que Kennedy era um campeão desse

---

[1] Caroline Kennedy e Michael Beschloss, *Jacqueline Kennedy*, sétima entrevista.

projeto.² Durante essa longa reunião ele discute a eventualidade de uma invervenção militar americana direta e ostensiva, caso surgisse no Brasil um governo "fidelista". Gordon levou para o túmulo o segredo de que a hipótese, ainda que remota, de um desembarque de tropas fora discutido no comando americano do Panamá, em Washington e no Rio de Janeiro. Johnson apoiou o golpe e orgulhava-se disso, mas apenas seguiu a planilha de Kennedy.

O segundo acréscimo foi determinado pela divulgação das atas de duas reuniões do Conselho de Segurança Nacional, de julho de 1968. Nelas o presidente Costa e Silva discutiu a possibilidade de decretar o estado de sítio e decidiu não fazer nada. Cinco meses depois, no dia 13 de dezembro, quebrou a ordem constitucional e baixou o Ato Institucional nº 5, escancarando uma ditadura que duraria dez anos, sem a aparência envergonhada do regime que recebera de seu antecessor.

A deposição de João Goulart e os 21 anos de ditadura e anarquia militar que se seguiram ainda são um tema que divide a política nacional. Este é um subsídio para a compreensão do que aconteceu naqueles anos.

---

2 Para o diálogo de Kennedy e Gordon. *Meeting on Brazil, Meeting on Vietnam, October 1963*: 7-8. Meetings: Tape 114/A50. BJFK. <http://www.jfklibrary.org/Asset-Viewer/Archives/JFKPOF-MTG-114-A50c.aspx>. O trecho mencionado está na versão e-book deste livro e uma cópia mais extensa foi colocada no sítio <http://arquivosdaditadura.com.br>. A íntegra será encaminhada pelo autor a um arquivo público. O áudio é de difícil audição, e a Biblioteca Kennedy prefere não produzir uma transcrição oficial. As palavras precisas de Kennedy ficaram confusas. O desdobramento da conversa, em torno da ação militar numa eventualidade "bizarra" e do tamanho da operação, está claro.

Explicação

Em agosto de 1984 terminara o prazo de uma bolsa que recebi do Wilson International Center for Scholars. Durante três meses tive uma sala naquele castelinho vermelho da esplanada de Washington, com a Biblioteca do Congresso à disposição e os quadros da National Gallery à distância de uma caminhada. Minha ideia tinha sido usar paz e tempo para concluir um ensaio, coisa de cem páginas, intitulado "Geisel e Golbery, o Sacerdote e o Feiticeiro". O propósito era simples: tratava-se de explicar por que os generais Ernesto Geisel (o Sacerdote) e Golbery do Couto e Silva (o Feiticeiro), tendo ajudado a construir a ditadura entre 1964 e 1967, desmontaram-na entre 1974 e 1979. Já havia escrito umas trinta páginas quando percebi que sua única utilidade era a de me mostrar que, ou eu trabalhava muito mais, ou seria melhor esquecer o assunto. Pelo ritual do Wilson Center, sempre que um bolsista deixava o castelinho, ia ao seu diretor para despedir-se. Encabulado, entrei na sala do professor James Billington, autor de *Icon and axe* (O ícone e o machado), um clássico sobre a cultura russa, e de *Fire in the minds of men* (Fogo na cabeça dos homens), um inédito esforço de compreensão dos revolucionários que fizeram história entre os séculos XVIII e XX. Disse-lhe que não terminara ensaio algum e chegara à conclusão de que talvez devesse escrever um livro. Ao enunciado do fracasso, os olhos de Billington brilharam: "Você não sabe como fico feliz. É para isso que existe o Wilson Center. Para fazer com que uma pessoa saia de suas ocupações rotineiras e descubra que deve escrever um livro".

Nos dezoito anos seguintes essa observação de Billington serviu para conter as ansiedades, minhas e alheias, diante de um livro que, para gosto do autor, não terminava. (Em 1984 eu achava que escreveria umas trezentas páginas.)

De volta ao Brasil, comecei a recolher material e a aprofundar algumas entrevistas. Falava com Geisel, Golbery e Heitor Ferreira, secretário de ambos. Em diversas ocasiões perguntei a Golbery se ele tinha um arquivo, e ele sempre negou.

Um dia, em 1985, a sorte levou mofo à garagem do sítio de Golbery, nos arredores de Brasília. Lá havia algo como 25 caixas de arquivo morto, cheias de papéis. Ele e Heitor resolveram confiar-me sua custódia temporária. Era verdade que Golbery não tinha arquivo, mas também era verdade que passara a Heitor milhares de documentos, bilhetes e até rabiscos. Heitor, por sua vez, sempre tinha uma daquelas caixas debaixo de sua mesa, no palácio do Planalto, e nela ia atirando papéis. Assim, numa pilha onde está uma lista de diplomatas que deveriam ser cassados em 1964, está também uma folha de bloco com os tópicos do que deve ter sido uma conversa telefônica entre João Goulart e o presidente do Senado, Auro Moura Andrade, às 10h05 do dia 5 de setembro de 1961, no fragor da crise provocada pela renúncia de Jânio Quadros. Intocadas, essas caixas me foram entregues. Formam um acervo de 5 mil documentos cuja denominação correta deve ser Arquivo Privado de Golbery do Couto e Silva e Heitor Ferreira (APGCS/HF), visto que nele se misturaram documentos de um e de outro. Durante o governo de Geisel, Heitor organizou o arquivo do presidente. Em 1981, remeteu-lhe todos os papéis. Em 1998, atendendo a um desejo do pai, Amália Lucy Geisel doou-os ao Centro de Pesquisa e Documentação de História Contemporânea do Brasil (CPDoc), da Fundação Getulio Vargas, onde somam atualmente 4 mil documentos textuais.

Este livro não existiria sem a decisão de Golbery de entregar-me seu arquivo e sem a paciente colaboração de Ernesto Geisel. Convivi com ambos. Com Golbery, de 1969 até sua morte, em São Paulo, em setembro de 1987. Sua ajuda prolongou-se até as horas anteriores à cirurgia de câncer de pulmão depois da qual não retornaria à sua casa de Brasília. No quarto do hospital Sírio Libanês contou-me mais uma vez a queda do ministro do Exército, Sylvio Frota, em outubro de 1977. Quando lhe perguntei se era verdade que alguns coronéis apareceram no quartel-general em roupa de campanha, respondeu: "É, parece que houve um pessoal que se fantasiou". Lastimava não ler o livro para o qual contribuíra. Nunca pediu para ver os capítulos já escritos. Pelo contrário: "Não mostre". (Àquela altura, passados três anos, eu achava que estava escrevendo dois livros, cada um com trezentas páginas.)

Com Geisel, tive dezenas de demoradas e profícuas conversas a partir de 1979, quase sempre numa mesa de canto do falecido restaurante Rio's, no Aterro do Flamengo. Em 1994, depois de quinze anos de insistência, ele concordou em gravar um depoimento de sua vida. Realizamos perto de vinte sessões, sempre às terças-feiras, na sala de seu apartamento de Ipanema, todas com duração de noventa minutos. Interrompeu-as quando adoeceu, no início de 1996. Pelo trato, as fitas ficavam em seu poder, para que lhes desse o destino que bem entendesse. Depois da morte do pai, Amália Lucy Geisel gentilmente enviou-me doze fitas que encontrou num armário de sua casa.

Tão relevante quanto a ajuda de Geisel e Golbery foi a de Heitor Aquino Ferreira. Mais que isso: devo-lhe o reconhecimento de uma coautoria naquilo que um livro pode ser consequência do acesso a documentos e à memória de um período. Uma amizade de quase trinta anos acompanhou a sua atenção e prestimosidade. Heitor foi secretário de Golbery de 1964 a 1967 e de Geisel de 1971 a 1979. Catapultado como capitão, aos 27 anos, para o centro do poder, manteve por mais de duas décadas um diário manuscrito que em 1985 somava dezessete cadernos escolares com cerca de meio milhão de palavras, suficiente para formar uma obra de 1.500 páginas. Deu-me cópias do período que vai de 1964 a 1976. Daí em diante, forneceu-me excertos e deu-me vista em outros casos. Naqueles cadernos, parcialmente lidos por Geisel, está o mais minucioso e surpreendente retrato do poder já feito em toda a história do Brasil.

A esse material somam-se cerca de trezentas horas de gravações de conversas soltas e audiências formais, feitas com a colaboração e concordância expressa (escrita e gravada) de Geisel, e com o conhecimento de Golbery. Elas cobrem os últimos meses de 1973, quando se formava o governo, até março de 1974, quando ele foi empossado. Os principais colaboradores de Geisel nesse período, bem como seus familiares, sabiam da existência desse registro.

Até 1992 Heitor Ferreira acompanhou a produção do manuscrito. Em todas as suas leituras teve um só interesse a defender: o idioma e a sua sintaxe. As poucas sugestões que fez ao conteúdo mantiveram-se sempre na estrita preocupação pela fidelidade aos fatos. Quis preservar a memória do período que tão intensamente acompanhou. Tendo-a preservado, nunca se interessou por revê-la. Nem sequer em discutir a maneira como está apresentada, diante da qual mantém reservas e discordâncias que a mim cabe apenas presumir, pois nunca as explicitou. Deve-se a ele não só a pertinácia, mas sobretudo a ousadia de quem agiu e viveu convencido de que fazia o certo e guardava o necessário. Inúmeras vezes tive de responder à mesma pergunta, que certamente ocorrerá ao leitor: "Por que eles guardaram esse material?". Só há uma resposta: porque desejavam preservar o registro histórico de suas atividades públicas.

Somam cerca de duzentas as pessoas com as quais busquei informações ao longo de dezoito anos. Algumas em demoradas conversas, outras em telefonemas breves. Nas notas de pé de página as referências a essas fontes mencionam seus nomes e a época em que a informação foi recebida. Os informantes vão listados no fim do volume.

A generosidade de Amália Lucy Geisel, qualidade que aprendi a reconhecer ainda durante o governo de seu pai, e a solicitude do velho amigo Humberto Barreto foram valioso socorro para esclarecimentos relacionados com a vida e os hábitos de Geisel.

O professor Candido Mendes de Almeida ajudou-me a conhecer as nuances da ação política da Igreja católica. D. Eugênio Sales teve paciência para esclarecer algumas dúvidas. Ralph della Cava orientou-me, com seu conhecimento, suas lembranças e seu arquivo, na reconstrução da atividade das Igrejas cristãs.

Ao embaixador Lincoln Gordon devo especial ajuda no trabalho de reconstituição da política americana em relação ao Brasil em 1964. Ao amigo Marcelo Medeiros, a preservação do arquivo de Carlos Medeiros

Explicação

Silva, parte do qual me confiou. Ao professor Romualdo Pessoa Campos Filho, o acesso a dezenas de entrevistas relacionadas com a guerrilha do Araguaia. Ronald Levinsohn conseguiu-me cópias de papéis que pareciam ter desaparecido.

Aos generais Leonidas Pires Gonçalves, Antonio Carlos Muricy, Gustavo Moraes Rego, José Maria de Toledo Camargo, Newton Cruz e Octavio Costa devo a narrativa de fatos históricos e boa parte do entendimento da estrutura militar. Por exemplo, a diferença entre um batalhão e uma brigada. Ao coronel Carlos Alberto Brilhante Ustra devo longos esclarecimentos sobre a estrutura dos Destacamentos de Operações de Informações, os DOIs, e do Centro de Informações do Exército, o CIE.

O professor Delfim Netto, com sua prodigiosa memória, ajudou-me na reconstrução de episódios centrais para a história da gestão econômica do período. Dívida semelhante tenho com Mario Henrique Simonsen e João Manuel Cardoso de Mello. Antonio Carlos Magalhães, Franco Montoro, José Sarney, Paulo Brossard e Thales Ramalho deram-me seu tempo para reconstituir acontecimentos que corriam o risco de desaparecer debaixo do manto da discrição.

Meus velhos amigos Armênio Guedes, Givaldo Pereira de Siqueira, Luiz Mário Gazzaneo, João Guilherme Vargas Neto e Salomão Malina permitiram-me conhecer melhor a ação do PCB, no qual ingressei em 1962. Francisco Carlos de Andrade, Ariston Lucena e José Carlos Giannini ensinaram-me muito da história da ALN e da VPR.

Marcos Sá Corrêa, Getúlio Bittencourt e José Casado cederam-me os arquivos que acumularam em suas pesquisas na documentação do governo americano. Ayrton Baffa deu-me acesso aos papéis que guardou a respeito do SNI. Josias de Souza passou-me os relatórios da *Operação Sucuri*, o trabalho de infiltração do Exército na região do Araguaia em 1973. Muitas outras são as gratidões. Quando possível, elas foram registradas nas notas que acompanham o texto. Dois informantes, ambos militares, permanecem anônimos.

Ao historiador Marco Antonio Villa devo oportunas sugestões, a leitura atenta do original e a conferência das notas de pé de página dos documentos e livros citados.

Devo aos profissionais dos serviços de documentação e pesquisa da Editora Abril, da *Folha de S.Paulo*, d'*O Globo*, do *Jornal do Brasil* e d'*O Estado de S. Paulo* a paciência no resgate da parte da história que obstinadamente preservam. A Fernando Gasparian devo o acesso à coleção do semanário *Opinião*. Cecília Coimbra e Marco Aurélio Garcia ajudaram-me a conseguir uma coleção completa do *Projeto Brasil: nunca mais*. Flora Abreu e Alcir Henrique da Costa foram solícitos dirimidores de dúvidas a respeito dos porões militares.

Diversos amigos leram versões parciais do texto. Pela leitura do texto completo devo a Wanderley Guilherme dos Santos a imposição de rigorosas observações ao conteúdo. A ele devo também longas conversas que muito influenciaram a compreensão e os limites da documentação sobre a qual trabalhei. Manolo Florentino, além de discutir o texto, reestruturou a bibliografia de acordo com seu elevado padrão profissional. Márcio Thomaz Bastos, Luís Francisco Carvalho Filho e Fernando Lottenberg salvaram-me de erros jurídicos. Lilia Moritz Schwarcz, Claudio Haddad e João Moreira Salles fizeram correções e sugeriram caminhos que, espero, venham ajudar o leitor. Jonathan Kandell, correspondente do *New York Times* durante o governo Geisel, foi um leitor atento de uma das primeiras versões, levando-me a alterar o plano inicial. A ele se deve a existência dos dois capítulos que contam a deposição de João Goulart. Quando o livro tinha trezentas páginas, eu achava que isso era desnecessário.

Este livro não existiria sem a ajuda dos seis modelos de computadores surgidos durante o tempo que levou para ser escrito. Sinto-me no dever de registrar que, por conta da insana política de reserva de mercado, os dois primeiros chegaram à minha mesa pelos desvãos da alfândega. Aos contrabandistas da época, minha homenagem. Luís Fernando Gonçalves desenvolveu uma versão pessoal de um banco de dados que permitiu a acumulação de 28 mil fichas e sua pesquisa. A sofisticação de seu trabalho, concluído em 1986, não foi alcançada pelos fabricantes do original americano.

Maria da Gloria Faria guiou-me na desconhecida condição de autor. Maria da Glória Prado e José Mauro B. Prado copiaram o arquivo do general Golbery e de Heitor Ferreira, reconstruindo pacientemente cerca de 150 pastas.

Até o início de 2001, minha ideia era só publicar o trabalho quando ele estivesse concluído, com o título de *Geisel e Golbery, o Sacerdote e o*

Explicação

Feiticeiro. Por mais de dez anos acreditei que, tendo escrito dois livros, estava na metade do terceiro. Acabei descobrindo que, a menos que decidisse publicar um catálogo telefônico, já eram quatro.

Aquilo que foi um ensaio virou um livro e acabou em quatro segue um plano. É este:

Nos dois primeiros vai contado o período de 31 de março de 1964 ao final do governo do general Emílio Médici, no início de 1974. Um vai da deposição de João Goulart, em 1964, ao período imediatamente posterior à edição do Ato Institucional nº 5, em dezembro de 1968. O outro vai daí à aniquilação da guerrilha do Araguaia, ocorrida entre dezembro de 1973 e o primeiro semestre de 1974. De certa forma, constituem um preâmbulo à história do Sacerdote e do Feiticeiro.

Nos outros dois são contadas a vida de Geisel e a de Golbery, a trama que os levou de volta ao Planalto e os quatro primeiros anos do governo de Geisel. Terminarão na noite de 11 de outubro de 1977, quando o ministro do Exército, general Sylvio Frota, foi dormir, depois de ter visto um filme de James Bond, sem saber que Geisel o acordaria chamando-o ao palácio para demiti-lo. Até esse ponto, depois de dezoito anos, os textos estão escritos.

Falta escrever a história que vai da manhã de 12 de outubro de 1977 até o dia 15 de março de 1979, quando Ernesto Geisel, tendo acabado com a ditadura do AI-5, tirou a faixa presidencial e foi-se embora para Teresópolis. Como não tenho interesse pelo governo do general Figueiredo, sua administração ficará no esquecimento que pediu. Dois posfácios levarão até a explosão da bomba no Riocentro, em 1981, e ao final das existências do Sacerdote e do Feiticeiro, quando continuavam ligados pela amizade, porém separados na política.[3]

Em nenhum momento passou pela minha cabeça escrever uma história da ditadura. Falta ao trabalho a abrangência que o assunto exige, e há nele uma preponderância de dois personagens (Geisel e Golbery) que

---

[3] Mais de dez anos depois da primeira edição, resolvi abordar o governo Figueiredo a partir de suas três explosões: a da economia, a do Riocentro e a da campanha popular das Diretas Já.

não corresponde ao peso histórico que tiveram nos 21 anos de regime militar. O que eu queria contar era a história do estratagema que marcou suas vidas. Fizeram a ditadura e acabaram com ela.

Durante o período estudado, o Brasil teve duas moedas (cruzeiro e cruzeiro novo), bem como uma inflação capaz de destruir o significado de qualquer referência monetária. Por isso, sempre que julguei conveniente, a moeda nacional foi convertida em dólares no mercado paralelo da época, com base na tabela de Clarice Pechman, em seu trabalho *O dólar paralelo no Brasil*. Feito isso, convém esclarecer que um dólar daquela época equivale, aproximadamente, a sete dólares em 2013.

Por último, pelo relevo, devo a Dorrit Harazim a paciência para aturar um marido que, no meio de um jantar, passava a contar-lhe uma nova versão para um fato ocorrido no século passado. Ademais, teve de ler um mesmo livro quatro vezes. A ela devo as sugestões de reconstrução de capítulos estruturados desastrosamente e uma voz permanente de sábio rigor. Sua perseverante indignação foi uma baliza que o tempo não abateu.

Introdução

Em Brasília o dia 12 de outubro de 1977 era feriado em louvor a Nossa Senhora Aparecida, a padroeira do Brasil e da cidade. Exceto a consagração dos quatro sinos do campanário da catedral, distante um quilômetro do palácio do Planalto, nada se esperava que sucedesse naquela quarta-feira. Era Dia da Criança. O Eixão, a grande avenida que corta a capital, estava fechado ao trânsito para que a garotada pudesse brincar. Às 8h30, logo depois de chegar ao palácio, o presidente da República, Ernesto Geisel, mandou comunicar ao ministro do Exército, Sylvio Frota, que desejava vê-lo ainda naquela manhã.

Nas últimas semanas abrira-se um fosso entre o presidente e o ministro. Frota chegara ao cargo três anos antes, pela morte do titular. Calçara-se sobretudo na sua falta de expressão política, mas acabara se tornando candidato a presidente. Havia um ano comportava-se como um ostensivo adversário da política de liberalização do regime conduzida por Geisel. Desde 1945, sempre que o presidente e o ministro do Exército tomaram caminhos separados, o presidente viu seu cargo ameaçado ou até mesmo perdido. Além disso, pela tradição do regime militar iniciado em 1964, sempre que as tentativas de democratização se chocaram publicamente com a ditadura, prevaleceu a ditadura.

Os dois sentaram-se à mesa de reuniões do salão de despachos do presidente. As relações entre eles jamais haviam sido afetuosas, mas ultimamente eram gélidas. Oito dias antes, Frota pedira aos serviços burocráticos do palácio que cancelassem uma audiência rotineira com o presidente, pois não tinha assuntos pendentes a tratar.[1]

Geisel, com 67 anos, filho caçula de um humilde imigrante alemão, chegara à Presidência pelo mesmo caminho que seus três antecessores desde 1964, quando as Forças Armadas derrubaram o presidente João Goulart: o Exército. Pelo porte marcial, com 1,77 metro de altura, pelo hábito de levantar subitamente a voz, por um estrabismo que dava ao seu olhar um aspecto inquietante e sobretudo por uma personalidade explosiva, era um presidente temido. Baixo, com pouco mais de 1,65 metro, gordo, de voz fina e gestos tão discretos quanto sua carreira, Frota era o oposto. Tinha aquela humildade dissimulada de alguns católicos ultramontanos. Fazia parte da grande leva de coronéis que chegara rapidamente ao generalato em 1964 graças ao expurgo praticado pelo regime vencedor contra centenas de oficiais fiéis ao governo deposto. O presidente vinha da tumultuada geração de militares que começara a se meter em política nos anos 1920. O ministro vinha de um período em que a carreira de um oficial era construída com menores riscos políticos.

À cabeceira da grande mesa de reuniões de seu gabinete, com um retrato de d. Pedro I às costas, Geisel abriu a conversa:

> — Frota, nós não estamos mais nos entendendo. A sua administração no ministério não está seguindo o que combinamos. Além disso você é candidato a presidente e está em campanha. Eu não acho isso certo. Por isso preciso que você peça demissão.
> — Eu não peço demissão — respondeu Frota.

---

1 Walder de Góes, *O Brasil do general Geisel*, p. 80.

— Bem, então vou demiti-lo. O cargo de ministro é meu, e não deposito mais em você a confiança necessária para mantê-lo. Se você não vai pedir demissão, vou exonerá-lo.[2]

Em menos de cinco minutos a audiência estava encerrada. Frota levantou-se, ficou em posição de sentido por um instante e foi-se embora. Aqueles dois homens haviam jogado nos últimos meses uma partida em que procuraram se destruir pelas regras sutis da ditadura, sem que o resto do país percebesse o tamanho das manobras de cada um. Começava naquele momento o jogo bruto, público.

Frota ainda estava na antessala do gabinete presidencial quando Geisel mandou chamar seu chefe do Gabinete Civil, general Golbery do Couto e Silva. E veio o *Bruxo, Satã, Satânico Dr. Go, Corcunda, Dr. Gol, Corca, Genedow* — Golbery, aos 66 anos, era a eminência parda do governo. Não falava em público, não dava entrevistas, deixava correr a lenda segundo a qual não conversava com jornalistas. Estava por trás de tudo, inclusive das coisas com as quais nada tinha a ver. Por trás da queda de Frota, estava. Fazia dois anos que não pensava em outra coisa. Sem nenhuma originalidade na aparência, descuidado no vestir e socialmente retraído, carregava um nome espalhafatoso. Originalmente, nem nome era, mas sobrenome de um obscuro burocrata francês dos Oitocentos.* Golbery ganhara notoriedade nacional em 1964. Fora um dos principais articuladores da conspiração contra João Goulart, transformando-se numa espécie de ideólogo da nova ordem. Fundara o Serviço Nacional de Informações e, por meio dele, acompanhava a vida dos outros sem que se pudesse acompanhar a sua. Desde 1974 era o principal colaborador de Geisel no processo de abertura

---

[2] Ernesto Geisel, 1982 e julho de 1992. Há duas versões semelhantes para esse diálogo. Uma, de Geisel, em seu depoimento a Maria Celina d'Araujo e Celso Castro (orgs.), em *Ernesto Geisel*, p. 406. A versão de Frota está em sua "nota para a imprensa", de 12 de outubro de 1977, e também se encontra, resumida, em Walder de Góes, *O Brasil do general Geisel*, pp. 86-7. Com seus argumentos e numa narrativa mais extensa, Frota a incluiu em seu livro de memórias *Ideais traídos*, publicado em 2006, pp. 545-50.

* Phillipe Marie Aimé de Golbery (1786-1854) nasceu na cidade de Colmar. Foi juiz e arqueólogo. *Jornal do Brasil*, 25 de junho de 1975.

política. Odiavam-no à direita porque sabiam que tramava o fim do regime. Odiavam-no à esquerda porque, declaradamente, pretendia manter, ainda que mudada, uma ordem de coisas que havia dez anos ela combatia. Deixara o Exército em 1961 e desde o início do governo de Geisel era atacado por oficiais que faziam circular panfletos contra ele pelos quartéis. No Centro de Informações do Exército, uma das usinas produtoras desses folhetos, apelidavam-no de *Hiena Caolha*, numa referência ao fato de ele enxergar só com o olho direito desde 1975, quando sofrera dois descolamentos de retina.[3]

Chamá-lo de general vinha a ser uma impropriedade. Tinha o título por força de uma lei que dava promoções cumulativas aos militares que se aposentavam, e que acabara levando o Exército brasileiro a ter, em 1975, 73 marechais e 3.500 generais na reserva.[4] Na ativa, Golbery não passara de coronel. Combatia a interferência militar na política e desdenhava os oficiais que nela se envolviam. No início de 1975, na pérgola envidraçada da granja do Ipê, sua residência oficial, ele dizia:

> O presidente disse que eu devo melhorar as minhas relações com os militares, que devo convidar alguns generais para jantar aqui em casa. Olhe, devo muito ao Exército, mas quando fui para a reserva, a pedido, em 1961, fiz isso por asco. Asco do medo, da pusilanimidade, que foram os fatores essenciais para permitir a posse do João Goulart na Presidência, depois da renúncia do Jânio. Eu saí porque estava enojado. E não haveria de ser agora que ia me meter de novo nisso. Se algum general quiser vir aqui na minha casa para comer, que passe na geladeira. Lá tem comida. Eu não vou conversar nem perder meu tempo com gente aborrecida. Prefiro ler meus livros. Os oficiais que fazem o seu trabalho não têm razão para vir aqui, nem eu, que estou fora dos serviços da tropa, para convidá-los.[5]

---

3 Para o apelido, coronel Luiz Helvecio da Silveira Leite, maio de 1985.
4 *Diário de Heitor Ferreira*, 27 de junho de 1975 e 28 de maio de 1975. APGCS/HF. Sobre a nomenclatura militar, veja o apêndice no fim do volume.
5 Golbery do Couto e Silva, 1975.

Introdução

Chamado por Geisel após a curta conversa com o ministro do Exército, Golbery tomou o pequeno elevador privativo das autoridades e foi do seu gabinete, no quarto andar, para o do presidente, no terceiro. Quando a porta se abriu, para constrangimento mútuo, Frota e ele ficaram frente a frente. Limitaram-se a trocar cumprimentos.[6] Um entrava, outro saía. Nas horas seguintes ficaria claro se era essa a melhor descrição do que acabava de suceder. A partida seria definida diante de um país que, depois de nove anos de censura à imprensa, perdera o hábito de acompanhar crises políticas. Desde a manhã de 11 de novembro de 1955, quando o ministro da Guerra,* Henrique Lott, iniciara o defenestramento de dois presidentes da linha de sucessão constitucional, nenhuma crise se desenrolara de forma tão reclusa, ao largo da opinião pública e com o Congresso, escaldado, mantendo-se longe da hélice.

Frota batalhou. Até o início da noite, quando passou o cargo ao general Fernando Belfort Bethlem, escolhido para substituí-lo, tentou acionar os dispositivos de um golpe de Estado. Seguiu à risca o manual dos *pronunciamientos* latino-americanos. Divulgou um manifesto — *Aos Meus Comandados!* — no qual revelava que "via ruir, fragorosamente, o edifício revolucionário". Denunciou "a complacência criminosa com a infiltração comunista e a propaganda esquerdista".[7] Convocou uma reunião do Alto-Comando que traria a Brasília os comandantes dos quatro Exércitos, com bases em Porto Alegre, São Paulo, Rio de Janeiro e Recife. Como é hábito na política latino-americana, todos os grandes combates do dia se deram por telefone.

O manual falhou. "O Frota passou o dia movendo-se pela cidade no Ford Landau de ministro do Exército. Se ele tivesse se movido de tanque, o resultado seria outro", lembrou o coronel Kurt Pessek, assistente-secretário do general Hugo Abreu, chefe do Gabinete Militar da Presidência.[8] Desde o início da manhã, quando foi chamado ao palácio, Frota estava preso numa armadilha. Para ele, esse seria o segundo golpe de sua carreira. Geisel, que fizera o primeiro lance, jogava com

---
6 Idem, 1984.
* Em 25 de fevereiro de 1967, o Ministério da Guerra passou a se denominar Ministério do Exército.
7 "Nota para a imprensa" de Sylvio Frota, 12 de outubro de 1977. APGCS/HF.
8 Coronel Kurt Pessek, novembro de 1984.

as brancas depois de ter participado de quatro golpes vitoriosos, em 1930, 1937, 1945 e 1964. Sabia como se ganha. Por ter perdido em outras três ocasiões (1955, 1961 e 1965), sabia onde e como se fracassa. Dizia com frequência: "Esse negócio de golpe é muito difícil. Vi sete, posso falar".[9]

"O Frota queria me emparedar, mas eu emparedei ele", explicava Geisel.[10] Ele vira, doze anos antes, como o ministro da Guerra, general Arthur da Costa e Silva, emparedara o marechal Humberto Castello Branco e o obrigara a aceitá-lo como seu sucessor. Como chefe do Gabinete Militar de Castello, nunca se conformou com o fato de o presidente não ter seguido seus conselhos e arriscado um confronto com Costa e Silva. O dia 12 de outubro de 1977, para o general de exército Ernesto Geisel, era uma revanche da batalha que perdera em 1965, como general de divisão.

Enquanto Frota procurava dar um golpe de manual, com generais chamados ao QG, manifesto e a indefectível lembrança do perigo vermelho, Geisel conduzia do Planalto duas operações simultâneas. Uma, resultante da natureza pública da demissão, o país podia perceber. A outra deveria escapar à publicidade. A primeira era tirar Frota. A segunda, colocar no seu cargo um novo ministro sem que houvesse dúvida de que era o presidente quem mandava no Exército. Precisava da primeira para continuar no poder. A segunda era necessária para restabelecer a ordem nos quartéis e prosseguir seu projeto de "lenta, gradativa e segura distensão", anunciado cinco meses depois de tomar posse, em 1974.[11]

Os detalhes de natureza prática da execução de Frota são curiosos a começar pela data, escolhida por Geisel. No dia 12 de outubro o feriado era uma exclusividade dos moradores de Brasília. Enquanto todas as guarnições militares do país trabalhavam normalmente, a da capital, onde o ministro do Exército tinha os seus oficiais de estrita confiança, es-

---

9 Geisel repetia ao longo de suas entrevistas essa observação, tanto para se referir ao episódio da demissão de Frota quanto para comentar as dificuldades de um hipotético golpe contra a eleição e a posse de Tancredo Neves na Presidência da República, em 1985.
10 Ernesto Geisel, 1981.
11 Discurso de Geisel aos dirigentes da Arena, 28 de agosto de 1974, em Ernesto Geisel, *Discursos*, vol. 1: 1974, p. 122.

tava quase sem pessoal. O general, apanhado de surpresa, teria dificuldade para movimentar suas peças. Imaginada havia meses, decidida duas semanas antes e planejada por quase dez dias, a demissão do ministro coincidia propositalmente com o feriado.

Os generais de Frota acordaram tarde e os de Geisel, de véspera. Quando o ministro, a bordo de seu Landau, passou a caminho do Planalto pelo QG da 3ª Brigada de Infantaria Motorizada, a mais poderosa força militar de Brasília, viu que no mastro do quartel tremulava o estandarte do comandante.[12] O general Roberto França Domingues, casado com uma sobrinha de Geisel, estava em seu posto de comando, apesar do feriado. O presidente montara um dispositivo pelo qual os oficiais fiéis ao seu esquema souberam antecipadamente da demissão. Desde o sábado anterior o chefe do Gabinete Militar da Presidência, general Hugo Abreu, tomara o que ele mais tarde chamaria de "medidas de segurança preliminares".[13] Consistiam num dispositivo pelo qual, no exato momento em que Frota fosse demitido, os comandantes dos quatro Exércitos estariam sendo avisados em nome do Planalto.

Por cautela, Geisel tomara suas próprias medidas de segurança complementares e avisara dois desses quatro generais. Um de seus mais antigos colaboradores, o general Gustavo Moraes Rego, da 11ª Brigada de Infantaria Blindada, em Campinas, levara a notícia ao comandante do II Exército, em São Paulo. Dois dias antes, Geisel revelara o segredo ao comandante do I Exército, José Pinto de Araujo Rabello, sob cujas ordens estavam as tropas do Rio de Janeiro e de Minas Gerais. "Já devia ter tirado", respondeu-lhe o general.[14]

Para a operação do dia 12, o chefe da segurança de Geisel, tenente-coronel Germano Arnoldi Pedrozo, reforçara a sua própria guarda, tanto com homens como com armas. O secretário particular do presidente, Heitor Aquino Ferreira, homem de confiança de Golbery, conta que "naquele dia os corredores estavam povoados com gente que eu nunca tinha visto, um pessoal que não se separava de umas

---

12 Sylvio Frota, *Ideais traídos*, p. 512.
13 Hugo Abreu, *O outro lado do poder*, p. 131.
14 Ernesto Geisel, 1982.

maletinhas". Em algumas dessas maletinhas havia submetralhadoras. A própria gaveta de Heitor guardava uma pistola. Sobre a grande laje do teto do Planalto, Pedrozo dispusera observadores capazes de controlar as cercanias do palácio.[15] O chefe da segurança, considerado um obsessivo até por seus amigos, propôs a Geisel que um de seus homens ficasse no gabinete durante a audiência, para evitar qualquer possível contratempo. A ideia foi rejeitada pelo presidente.[16] A segurança do palácio, ingrediente essencial em toda crise militar, tinha motivos para ser reforçada. Poucos meses antes, Frota colocara no comando do Batalhão da Guarda Presidencial um coronel de sua confiança. Pela rotina, em outubro o Planalto estava entregue a uma tropa do Regimento de Cavalaria de Guarda, comandado por um oficial leal ao presidente e íntimo do chefe do seu Serviço Nacional de Informações, o general João Baptista Figueiredo.[17]

Garantidos os principais comandantes de tropa nos estados, assegurada a proteção do palácio, preservado o sigilo e encerrada a audiência com o ministro, Geisel concluíra o que se poderia chamar de primeira parte da engenharia da demissão. Marchara para o confronto sem nenhum receio quanto ao seu desfecho. Diante de uma pergunta relacionada com sua segurança pessoal, responderia: "Se eu tivesse qualquer receio, não teria deixado minha mulher e minha filha no Alvorada".[18]

A partir de então jogavam as pretas, as pedras de Frota.

De volta ao seu quartel-general, o ministro fez acréscimos ao texto de um discurso que havia preparado semanas antes, adaptando-o às novas circunstâncias, e convocou os dez generais que compunham o Alto-Comando do Exército. O feriado voltava a atrapalhá-lo. Três dos quatro generais comandantes de exércitos encontravam-se em suas sedes, longe de Brasília, enquanto quatro dos que deveriam estar na capital tinham viajado. O chefe do Estado-Maior, por exemplo, estava no Piauí. O diretor

---

15 Heitor Ferreira, dezembro de 1977.
16 Ernesto Geisel, 1984.
17 Para a amizade do coronel Francisco Rabelo Leite com Figueiredo, anotação manuscrita de Figueiredo ("é meu amigo") em duas folhas em que um informante lhe dava conta da situação política, em 5 de outubro de 1977. APGCS/HF.
18 Ernesto Geisel, 1995.

do Material Bélico, em São Paulo. Até o seu chefe de gabinete estava no Rio.[19] No quartel-general, onde habitualmente trabalhavam 2.500 pessoas, havia cerca de duzentas.[20] Quando a notícia da demissão se espalhou, começaram a chegar ao QG oficiais dispostos a resistir. Um coronel de seu serviço de imprensa, localizado num clube, veio de bermudas.[21] Alguns traziam granadas na cintura. Em uniforme de campanha, vieram os comandantes do Batalhão da Guarda e da Polícia do Exército, unidades de elite. Somadas, tinham poder de fogo equivalente ao das demais unidades da capital, compostas em sua maioria de recrutas.[22]

Às quinze horas Frota ouviu de um jornalista:

— General, qual é a evolução lógica dos acontecimentos?
— Não sei. Estamos esperando que as coisas aconteçam.

Quatro horas depois o mesmo jornalista voltou a telefonar, com a mesma pergunta. Frota não esperava por mais nada: "Você acha que pode ter alguma coisa? (...) A situação agora é com o presidente".[23]

Estava terminada a batalha. Entre quinze e dezenove horas Sylvio Frota viu que os generais comandantes de exércitos, chamados ao seu gabinete para uma reunião em que Geisel seria deposto ou emparedado, passaram primeiro no Planalto.[24] Um a um haviam sido recebidos pelo presidente, que os convencera a apoiá-lo. O golpe de manual ruíra.

---

19 *O Estado de S. Paulo*, 6 de novembro de 1977. Para o chefe de gabinete, general Bento Bandeira de Mello, Armando Daudt d'Oliveira, que o encontrou no aeroporto do Rio, maio de 1988.
20 Walder de Góes, *O Brasil do general Geisel*, p. 90.
21 Telex de Marinilda Carvalho, da sucursal de *Veja* em Brasília, consultado em 1987, na pasta "Sílvio Frota", do Departamento de Documentação (Dedoc) da Editora Abril.
22 Depoimento do general Enio Pinheiro, em Maria Celina d'Araujo, Gláucio Ary Dillon Soares e Celso Castro (orgs.), *A volta aos quartéis*, p. 239.
23 Walder de Góes, *O Brasil do general Geisel*, p. 83.
24 O general Venitius Nazareth Notare, chefe do Departamento de Engenharia e Comunicações, foi ao QG. Quando verificou que era o único quatro-estrelas no prédio, voltou para casa e, de lá, foi para o Planalto. Sylvio Frota, *Ideais traídos*, p. 514-7.

O general Lauro Rocca Dieguez, que comandava as mesas da Diretoria do Patrimônio, tinha uma pistola no coldre e um número (267-5420) na cabeça. Supôs ser possível conseguir o apoio verbal do ex-presidente Emílio Garrastazu Médici, de quem fora subordinado e continuava amigo. Militarmente prestigiado, Médici encarnara o êxito da ditadura e, desde sua saída do governo, em 1974, vivia calado em seu apartamento de Copacabana. Dieguez telefonou-lhe sob as vistas de Frota. Uma testemunha do lado brasiliense do diálogo narraria:

> Ouvi a conversa, mas ele só dizia: "Sim, senhor. Sim, senhor". Não dizia uma palavra, não comentava coisa alguma. Estava mesmo muito perturbado.
> Lá pelas tantas desligou o telefone, e o Frota, que estava olhando, perguntou: "O que ele disse?".
> O general Dieguez disse que o Médici tinha dito apenas o seguinte: "Põe água na cabeça. Põe água para esfriar a cabeça".
> E o Frota: "Tudo bem. É isso mesmo. Acabou".[25]

Não era um golpe de todo tolo. Dos quatro comandantes de exércitos, Frota podia esperar pelo apoio de dois — Fernando Bethlem, do III, com as tropas do Sul, e Argus Lima, do IV, no Nordeste. Além disso, supunha ter ao seu lado os generais das guarnições da Bahia, de Minas Gerais e, sobretudo, a maior parte da tropa de Brasília. Tanto era assim que, por determinação do general Hugo Abreu, um tenente-coronel fora enviado ao Rio de Janeiro e pusera de prontidão a Brigada Paraquedista. Em caso de necessidade, ela cairia sobre a capital.[26] Sem o respaldo do Alto-Comando e sem guarnições relevantes à sua disposição, restava ao ministro exonerado a possibilidade de um aventuroso ataque ao palácio, proposto por oficiais sem tropa. Descartou-o.[27]

---

25 Depoimento do general Enio Pinheiro, em Maria Celina d'Araujo, Gláucio Ary Dillon Soares e Celso Castro (orgs.), *A volta aos quartéis*, p. 239.
26 Armando Falcão, *Geisel*, p. 245.
27 Depoimento de Sylvio Frota, em Armando Falcão, *Tudo a declarar*, p. 393.

No dia 12 de outubro o general Sylvio Frota teve muitas surpresas. Entre elas, nenhuma foi tão grande quanto o nome de seu sucessor. De manhã, quando ia de casa para o Planalto, o ministro estava certo de que Geisel o chamara para discutir o texto de um documento confidencial intitulado *Relatório Especial de Informações*, assinado um mês antes pelo general Fernando Bethlem. Nele fazia-se um duro ataque à política de abertura do governo.

Dizia o comandante do III Exército:

> A "Volta aos Quartéis", "Volta ao Estado de Direito", e a "Redemocratização". Estes são os atuais temas que insinuam a ingerência da classe militar na vida política, econômica e até mesmo social do país. (...) A "Volta aos Quartéis" significa o afastamento ou o alheamento dos órgãos de segurança que se estruturam à base de informações, como o SNI, DOI-CODI, CGI; ainda pretende que as Forças Armadas, por seus chefes militares, não mais tutelem a vigilância dos princípios revolucionários que nortearam o movimento de 1964.[28]

Nesse relatório, Bethlem repetia o raciocínio segundo o qual o governo era "delegado da Revolução Democrática", que, por sua vez, tinha nas Forças Armadas, por seus chefes, sua tutora. Ou seja, em caso de necessidade os militares poderiam, em nome da Revolução, mudar o governo, ou pelo menos emparedá-lo. Assim se fizera em 1965, quando o general Costa e Silva emparedara o marechal Castello Branco. Assim fora em 1968, quando a guarnição do Rio de Janeiro resolveu emparedar Costa e Silva. Assim acontecera em 1969, quando se impediu a posse do vice-presidente, Pedro Aleixo, depois que Costa e Silva sofreu uma isquemia cerebral, e com isso lançou-se o país num período de anarquia militar, durante o qual foi governado ao longo de dois meses por uma junta patética. Assim seria feito tantas vezes quantas fossem necessá-

---

28 *Relatório Especial de Informações nº 01/77-E2, Apreciação da Política Nacional*, marcado "confidencial", de 5 de setembro de 1977, assinado pelo general Bethlem. APGCS/HF.

rias, acreditavam não só os radicais como também a maioria dos oficiais, habituados a ver o cumprimento dessa norma.

O relatório de Bethlem, nas mãos de Geisel, era visto como uma provocação. Tudo indicava que o presidente, num impulso, o demitiria.[29] Se resolvesse fazê-lo, o ministro do Exército receberia apenas uma notificação, nunca uma consulta. Como já lhe dissera muitas vezes, "você cuida da classificação dos coronéis, eu cuido da dos generais".[30] Mesmo assim, Frota estava disposto a um confronto em torno de Bethlem. Na tarde do dia 11 telefonara ao general, que se achava em férias no Rio:

> — Bethlem, é o Frota. Quero avisar-lhe que segundo informações insistentes o presidente leu e não gostou do seu relatório.
> — Que relatório, Frota?
> — Ora, Bethlem... O único relatório que você fez...
> Frota tapou o telefone e comentou: "O homem assinou sem ler..."[31]

Para não falar de coisa séria ao telefone o ministro avisou que estava lhe mandando uma carta. Pediu que lhe ditasse o endereço e anotou: "Rua Andrade Neves, 105, apartamento 1.201, Tijuca".[32]

Sentou-se à mesa e escreveu:

> Soube hoje, através de informes, que o *Relatório Especial de Informações n° 01/77* foi do conhecimento de elementos do Planalto que estão envenenando junto ao presidente da República o assunto do mesmo. Nada vi de anormal, senão um exame sincero e franco da situação. É provável que alguém lhe procure para falar "oficiosamente" sobre a matéria. É apenas uma oferta, mas acho

---

29 Ernesto Geisel, outubro de 1986. Geisel admitiu que, numa outra circunstância, "talvez" demitisse Bethlem.
30 Ernesto Geisel, 1982.
31 Sylvio Frota, *Ideais traídos*, p. 505.
32 Idem, p. 506.

que você não deverá tratar com ninguém sobre isto. Diga que neste terreno, especificamente, só se entenderá com o ministro, que nada lhe falou a respeito, devendo, por isto, estar de acordo. E estou com tudo o que você fizer!

Frota sublinhou a última frase.[33]

A carta deveria ser levada a Bethlem por Armando Daudt d'Oliveira, dono do Biotônico Fontoura. O empresário carioca, bem-relacionado, elegante e discreto, tinha a confiança do ministro Frota. Estava na sua residência oficial quando ele conversou com Bethlem, e ouviu um lado da conversa. Daudt saiu de Brasília às 21 horas, chegou tarde ao Rio e foi para a sua mansão, em Laranjeiras. Tinha dois casais convidados para jantar.[34] Deixou para entregar a carta no dia seguinte.[35]

Frota foi para o palácio com um golpe na cabeça. Estava certo de que Geisel tentaria degolar Bethlem (que teria recebido sua carta à noite).[36] Protestaria contra a demissão e, a partir daí, iria buscar a solidariedade dos outros membros do Alto-Comando. Em xeque, o presidente poderia jogar tudo numa mão de cartas, ou deixar o assunto para depois. Nesse caso, depois de ter determinado a demissão de um general e se ver desobedecido, estaria magnificamente emparedado.

O ministro julgava ter no comandante do III Exército um aliado. Na verdade, tinha um substituto. Se Geisel demitiu Frota por razões entre as quais estava a sua hostilidade à política de abertura, por que botou Bethlem em seu lugar? Como conciliar a política do governo com o relatório do general sobretudo se, com a demissão de Frota, a abertura deveria ganhar velocidade?

"Eu precisava de um ministro fraco", explicaria Geisel anos mais tarde, acrescentando: "Ali foi necessário algum maquiavelismo".[37] De

---

33 *Veja*, 14 de março de 1979, com a íntegra da carta.
34 Armando Daudt d'Oliveira, abril de 1988. Para os dois casais convidados para jantar, depoimento do coronel Tulio Teixeira no artigo "Foi assim", publicado na *Tribuna de Petrópolis* de 3 de dezembro de 2000.
35 Armando Daudt d'Oliveira, maio de 1988.
36 Para a certeza de Frota, Hugo Abreu, *O outro lado do poder*, p. 136.
37 Ernesto Geisel, 1984 e outubro de 1986.

fato, não poderia haver ministro mais fraco que Bethlem depois de mudar tão radicalmente de posição. Passados alguns dias, para tornar difícil a vida do novo ministro, oficiais ligados a Frota fizeram vazar para a imprensa o texto do seu relatório.

No início da noite do dia 12 o presidente empossou o novo ministro no palácio do Planalto, diante das principais autoridades do país. Nessa cerimônia deu-se um rápido episódio. Durou apenas alguns segundos, e, afora as pessoas nele envolvidas, ninguém o percebeu. Logo que Bethlem assinou o termo de posse, o presidente da Câmara dos Deputados, Marco Maciel, moveu-se na direção do general. Geisel, que estava ao seu lado, supôs que o jovem deputado fosse cumprimentar o ministro. Congelou a cena chamando Bethlem: "Ministro, quero apresentá-lo ao presidente da Câmara". Passaram-se anos sem que Maciel desse importância ou buscasse explicação para a cena. Para Geisel, tudo fora muito simples: "Não é o presidente da Câmara quem se apresenta ao ministro do Exército, mas o ministro do Exército, um colaborador do presidente, que deve ser apresentado ao presidente da Câmara".[38]

No momento em que o presidente dava atenção a detalhes desse tipo, o governo estava preocupado com a realização da cerimônia de transferência do cargo, pois Bethlem, acompanhado por todos os generais de quatro estrelas, deveria encontrar Frota no quartel-general, batizado de *Forte Apache* pelos moradores de Brasília. Temia-se que o ministro demitido, com a ajuda de alguns oficiais e sargentos, tentasse um golpe de mão, prendendo o Alto-Comando. "Cuidado com ciladas", disse o presidente a Bethlem.[39] Exigiu que o cargo fosse transmitido naquele mesmo dia porque sabia que a noite é má companheira de presidentes que demitem ministros do Exército. Na tarde de 10 de novembro de 1955, o presidente Carlos Luz demitira o general Henrique Lott e fora dormir. Acordara deposto.[40]

Quando o dia acabou, Frota estava fora do ministério, da política e da farda. Na noite seguinte, de terno azul-escuro, acompanhado pela mulher, embarcou num avião de carreira de volta ao Rio de Janeiro, onde sem-

---
38 A partir de 1984, Geisel repetiu essa explicação diversas vezes em suas entrevistas e conversas.
39 Ernesto Geisel, 1984.
40 Idem, setembro de 1985 e dezembro de 1993. Para a exigência, comunicada pelo chefe do Estado-Maior das Forças Armadas, *O Estado de S. Paulo*, 6 de novembro de 1977.

pre vivera. Tornou-se o pacato morador de um pequeno apartamento no bairro do Grajaú, na Zona Norte. Nos dias imediatamente seguintes à sua exoneração, recebeu algumas visitas. A pelo menos uma mostrou fichas de "comunistas que o Golbery protege".[41] Depois, raramente falou de política, e numa das vezes em que falou, contra o processo de abertura e a anistia de 1979, ninguém lhe deu importância. Morreu em 1996, aos 86 anos, deixando na gaveta suas memórias, escritas entre 1978 e 1980 e publicadas dez anos depois por seu filho, com o título que ele escolhera: *Ideais traídos*.

No dia 12 de outubro de 1977, com a demissão de Frota, dissolveu-se a mais perversa das anomalias introduzidas pela ditadura na vida política brasileira, restabelecendo-se a autoridade constitucional do presidente da República sobre as Forças Armadas. Encerrou-se o ciclo aberto em 1964, no qual a figura do chefe do governo se confundia com a de representante da vontade militar, tornando-se ora seu delegado, ora seu prisioneiro. A maioria dos instrumentos jurídicos do regime ditatorial sobreviveria ainda por alguns anos, mas a recuperação do poder republicano do presidente significou a disponibilidade do caminho da redemocratização. Paradoxalmente, essa restauração partiu não só de um presidente militar, mas do mais marcial dos generais que ocuparam a Presidência. Geisel restabeleceu o primado da Presidência por meio de uma crise militar da qual manteve afastados os políticos, a imprensa e a opinião pública. Podem-se contar nos dedos de uma só mão os civis que tiveram algum tipo de relevo na jornada de 12 de outubro de 1977. Nesse paradoxo, contudo, não está mais uma das charadas da vida política do país, e sim a solução do enigma que acompanha tanto os mecanismos pelos quais os militares tomam o poder como aqueles pelos quais o deixam.

É óbvio que, na rápida cena ocorrida na cerimônia do Planalto, nem Geisel, nem Bethlem, muito menos Marco Maciel acreditavam que no mundo real do poder o presidente da Câmara fosse hierarquicamente superior ao

---

[41] M. F. do Nascimento Brito, 1984 e 1988. Ele visitou Frota em seu apartamento poucos dias depois da demissão.

ministro do Exército. Geisel, porém, mostrava sua capacidade de retirar do aparato ditatorial a força necessária para fazer com que Bethlem e Maciel se comportassem como se a supremacia hierárquica do deputado existisse.

Desde 1968, quando, através da vigência do Ato Institucional nº 5, o Brasil entrara no mais longo período ditatorial de sua história, dois presidentes prometeram restaurar as franquias democráticas. Geisel, o único a não fazer essa promessa, acabou com a ditadura. Entre 1974, ao assumir o governo, e 1979, ao deixá-lo, transformou uma Presidência inerte, entregue a um colegiado de superministros, num governo imperial. Converteu uma ditadura amorfa, sujeita a períodos de anarquia militar, num regime de poder pessoal, e quando consolidou esse poder — ao longo de um processo que culminaria no dia 12 de outubro de 1977 — desmantelou o regime. Quando assumiu, havia uma ditadura sem ditador. No fim de seu governo, havia um ditador sem ditadura. No dia 31 de dezembro de 1978, 74 dias antes da conclusão de seu mandato, acabou-se o Ato Institucional nº 5, o instrumento parajurídico que vigorara por dez anos, por meio do qual o presidente podia fechar o Congresso, cassar mandatos parlamentares e governar por decretos uma sociedade que não tinha direito a *habeas corpus* em casos de crimes contra a segurança nacional. Antes, acabara com a censura à imprensa e com a tortura de presos políticos, pilares do regime desde 1968.

O objetivo desta obra é contar por que e como Geisel e Golbery, dois militares que estiveram na origem da conspiração de 1964 e no centro do primeiro governo constituído após sua vitória, retornaram ao poder dez anos depois, com o propósito de desmontar a ditadura. Geisel era um moralista, defensor convicto de um Executivo forte, adversário do sufrágio universal como forma de escolha de governantes e crítico acerbo do Parlamento como instituição eficaz. Golbery, que em 1956 — em pleno governo constitucional — pedia a criação de um Serviço Nacional de Informações, fundou-o em 1964 e dirigiu-o até 1967. Conviveu com ele a partir de 1974, ajudou a transformar o seu chefe, general João Baptista Figueiredo, em presidente da República e, em 1981, chamou sua criatura de "monstro". Deixou o governo amaldiçoando o que se denominava Comunidade de Informações: "Vocês pensam que vão controlar o país cometendo crimes e encobrindo seus autores, mas estão muito enganados. Vão ser postos daqui para fora, com um pé na bunda", disse Golbery ao general Octavio Aguiar de Medeiros, chefe do SNI, no dia em que saiu do palácio do Planalto, em agosto de 1981.[42]

Foram pessoas tão diversas que só a característica comum da curiosidade pode tê-los aproximado. Geisel, o Sacerdote, foi um crente na evolução dos seres, das sociedades e da vida em geral, uma pessoa reservada e de trato aparentemente difícil. Defensor quase religioso da instituição militar, trazia da caserna o sentido de ordem e uma visão prática da atividade pública capaz de levá-lo, com frequência, ao anti-intelectualismo. Golbery, o Feiticeiro, foi um curioso. Cético e irônico, parecia gostar de problemas muito mais para lidar com charadas do que para ostentar soluções. Geisel acreditava em muitas coisas, inclusive em si próprio. Golbery não acreditava em quase nada, muito menos em si mesmo. Sua frase predileta, tomada a Ivan Karamazov, revelava esse ceticismo que ele chamava de "rebeldia": "Deus morreu, tudo é permitido".

O Sacerdote e o Feiticeiro acreditavam no Brasil e nele mandaram como poucas pessoas o fizeram. Suas trajetórias ensinam como é fácil chegar a uma ditadura e como é difícil sair dela.

Até o início dos anos 1990, quando os pesquisadores do Centro de Pesquisa e Documentação de História Contemporânea do Brasil, o CPDoc, começaram a publicar os depoimentos da memória militar do período, a bibliografia da ditadura esteve espremida entre dois absolutos. Num estivera a retórica militar de um regime que caducara. No outro, um revisionismo que, por falta de fontes ou vontade de buscá-las, menosprezou a voz calada. Pode-se estimar que entre 1979 e 2000, para cada dez livros de memórias e biografias de oposicionistas, publicou-se apenas um relacionado com as lembranças ou a vida dos hierarcas da velha ordem. A voz dos militares foi recuperada pela trilogia coordenada pelos professores Gláucio Ary Dillon Soares, Maria Celina d'Araujo e Celso Castro. Os dois últimos enriqueceram essa bibliografia com o depoimento de Ernesto Geisel.[43]

Dessa série de entrevistas, publicada depois de sua morte, Geisel emerge como o único general a defender a tortura: "Acho que a tortura

---

[42] Golbery do Couto e Silva, 1984.
[43] Compõem a trilogia: *Visões do golpe*, *Os anos de chumbo* e *A volta aos quartéis*. O título do depoimento é *Ernesto Geisel*.

em certos casos torna-se necessária, para obter confissões". Logo ele, que acabou com ela. Fez essa defesa por duas razões. Primeiro, porque realmente considerava a tortura necessária. Segundo, porque tinha tamanha vergonha de ser apanhado mentindo que por mais de cinquenta anos deve ter sido uma das poucas pessoas que jogavam pôquer sem jamais recorrer ao blefe: "Eu nunca blefei. É um jogo que você joga com as cartas, com as fichas e com o temperamento dos parceiros. Aí é que entra o blefe. Para mim seria uma decepção tão grande ser apanhado blefando que nunca blefei".[44]

É vasta a literatura sobre a entrada dos militares no processo político dos países subdesenvolvidos. É bem menor, infelizmente, a bibliografia da saída. No poder, os generais raramente contam as maquinações políticas de que participam. Fora dele, raramente são procurados para falar do passado. Essa circunstância diminui o conhecimento dos motivos e dos mecanismos pelos quais se processam as retiradas, exceto quando elas são consequência de desastres militares, como sucedeu na Argentina depois da Guerra das Malvinas, em 1982, e na Grécia dos coronéis depois da aventura cipriota, em 1974.

O mais caudaloso dos generais que tomaram o poder no século XX, Charles de Gaulle, escreveu cinco volumes de memórias e neles foi de suprema avareza na narrativa do metabolismo da política militar. Ao longo de todos os seus livros, fala com frequência da grandeza da França, de seu Exército e da encarnação dos dois: De Gaulle. Quando se trata de procurar os mecanismos políticos a que recorreu para desmontar a associação dos militares com a extrema direita, a repressão política e o colonialismo na Argélia, tudo somado não junta dez páginas.[45]

É possível arriscar uma explicação para esse fenômeno. Os militares procuram preservar a própria mística segundo a qual, em quase todos os idiomas, as Forças Armadas, por suas virtudes, colocam-se acima dos partidos e da política dos civis. "É uma questão de pudor", diria Geisel.[46] Por isso, mesmo quando relembrava os dias de seu governo, raramente

---

44 Ernesto Geisel, junho de 1994.
45 Charles de Gaulle, *Mémoires d'espoir*, tomo I: *Le Renouveau* 1958-1962.
46 Ernesto Geisel, 1985.

se referia às razões que o levaram a pôr o general Fernando Bethlem no lugar de Sylvio Frota.

Se há uma grande diferença entre a política dos civis e a dos militares, ela está no fato de que esta envolve uma corporação burocrática fechada que precisa acima de tudo preservar alguma forma de coesão. Quando as Forças Armadas estão metidas na política, a remoção de um coronel de lealdade duvidosa é decidida geralmente de maneira semelhante à transferência de um diretor de hospital municipal que, depois de ter se ligado à oposição, perdeu a confiança do prefeito. Contudo, se a sanção ao médico é muitas vezes apresentada orgulhosamente como vingança, a remoção do coronel é sempre apresentada como puro produto da rotina. Prefeitos e médicos podem brigar abertamente. Ambos podem mudar de partido, de hospital e, até mesmo, deixar a política ou a medicina. Os militares não podem fazer isso com a mesma facilidade, pois um capitão de fragata não pode trocar de Marinha nem um major de cavalaria, de Exército. Permanecendo na corporação, convivem com a mesma geração de colegas, respeitando praticamente a mesma hierarquia ao longo de toda a vida. No mundo civil, o primeiro colocado numa turma de engenharia perde-se na lembrança dos tempos. Já nos quartéis, o primeiro colocado na Academia Militar é, pela eternidade, uma espécie de campeão olímpico. Vivem como passageiros de um imenso transatlântico no qual se fazem amizades e antipatias sob o compromisso de manter o barco à tona, a fé no destino e, se possível, o conforto a bordo. Septuagenários e poderosos, jamais esquecem um capitão cuja mulher saía em aventuras vespertinas ou um tenente-coronel que colava na Escola de Estado-Maior. Jamais se esquecem, por exemplo, dos apelidos da juventude, ganhos no tempo das escolas militares. Para um aspirante dos anos 1930, o Brasil foi presidido de 1964 a 1985 por *Tamanco*, *Português*, *Milito*, *Alemão* e *Figa*.

O silêncio dos generais foi compensado pela utilização maciça de conceitos teóricos. Com isso, frequentemente misturaram-se ideias brilhantes e preconceitos, dando-se força de dogma a algumas racionalizações que, no máximo, seriam bons instrumentos de especulação. Para explicar a brutalização da política, recorreu-se demais ao que se chama de Doutrina de Segurança Nacional ou, na sua denominação crítica, Ideologia da

Segurança Nacional. Trata-se do sistema através do qual se teria processado, calculadamente, a articulação da ditadura. Nesse arcabouço doutrinário, formulado e desenvolvido na Escola Superior de Guerra, seria possível encontrar, arrumadas, as ideias do regime militar. Nessa racionalização juntaram-se tanto defensores como adversários do regime.

A deficiência central da Doutrina de Segurança Nacional, tanto para quem combateu a ditadura como para quem a adorou, está no fato de que ela nada teve de doutrina, muito menos de ideologia. A expressão "segurança nacional" embutiu um preconceito, talvez uma ideia. Como uma personagem do escritor V. S. Naipaul, "ela tem muitas opiniões, mas não chegam a formar um ponto de vista". Nos seus 21 anos de vida, o regime militar operou nas questões de segurança do Estado por meio de elementares práticas policiais. Quando essas práticas foram colocadas em português mais complicado, isso foi feito para construir racionalizações e justificativas. Primeiro se deu à tortura a condição de política de Estado. Depois é que se criou um "Sistema de Segurança Interna", que nem sistema chegou a ser.

Exagerar a importância do que seria uma astuciosa ideologia específica da "Revolução Redentora de 31 de Março de 1964" faz com que se veja racionalidade onde não houve. Tome-se o caso da interferência de militares ligados ao Serviço Nacional de Informações no projeto de desmatamento da floresta que deveria ser coberta em 1980 pelo lago da hidrelétrica de Tucuruí, no Pará. Se a operação tivesse dado certo, caberia como uma luva a explicação segundo a qual negócio tão lucrativo foi entregue a militares da reserva porque isso fazia parte do projeto de fortalecimento do poder do Estado na Amazônia. Deu errado e, em 1985, custara ao país cerca de 30 milhões de dólares. Tudo se resumia a uma negociata envolvendo meia dúzia de espertalhões ligados ao SNI. Tucuruí seria uma exceção? Tome-se então o caso da indústria de material bélico. Seria um ingrediente de fortalecimento do poder nacional. Suas atividades clandestinas, operações negras e a desenvoltura com que se traficaram influências prenunciavam o colapso de uma fraude. Finalmente, gastaram-se milhões de dólares no projeto secreto de construção de um artefato nuclear. Havia uma iniciativa para o enriquecimento de urânio na Marinha e outra na Aeronáutica. Havia também o projeto de abertura de um buraco de trezentos metros de profundidade por um metro e meio de diâmetro, na serra do Cachimbo, na Amazônia. Seria a área de teste do artefato. A equipe do buraco foi a única que chegou ao final.[47]

A Doutrina de Segurança Nacional serviu também de conduto para racionalizar tudo o que aconteceu de ruim na ditadura. Quando essa mesma ditadura começou a se retrair, jogou-se fora a demonologia militar e entronizou-se a beatificação das massas. Cada recuo do regime foi entendido como consequência de uma pressão das forças libertárias da sociedade. A fé em que "o povo unido jamais será vencido" é insuficiente para explicar mudanças ocorridas antes que aparecessem, como tais, as pressões. É este, por exemplo, o caso da suspensão da censura à imprensa, processo cautelosamente iniciado em 1974 e concluído dois anos depois.

Atribuir o fim da censura a qualquer tipo de pressão direta sobre o governo seria um exagero, pois se a censura tem uma utilidade esta é a de colaborar decisivamente para a desmobilização política da sociedade. Atribuí-lo a um movimento dos proprietários de jornais, revistas e emissoras, um despropósito. Devê-lo a uma resistência maciça dos jornalistas, cortesia impossível. O fim da censura só se explica através do complexo mecanismo de uma decisão imperial do presidente Ernesto Geisel: "Recebi no palácio todos os donos de órgãos de comunicação. Nenhum me pediu o fim da censura".[48] Quem pedisse perderia seu tempo.

Para quem quiser cortar caminho na busca do motivo por que Geisel e Golbery desmontaram a ditadura, a resposta é simples: porque o regime militar, outorgando-se o monopólio da ordem, era uma grande bagunça.

Como ela tomou conta do país e como a desmancharam é uma história mais comprida. Começa na noite de 30 de março de 1964, quando a democracia brasileira tomou o caminho da breca.

---

[47] Depoimento do brigadeiro Sócrates da Costa Monteiro a Maria Celina d'Araujo e Celso Castro (orgs.), em *Militares e política na Nova República*, p. 166. O buraco foi tapado em 1990.
[48] Ernesto Geisel, 1984. Geisel equivocou-se ao dizer que recebeu todos os donos de órgãos de comunicação. Nunca se encontrou com Octavio Frias de Oliveira, proprietário da *Folha de S.Paulo*, e quando recebeu Julio de Mesquita Neto, diretor responsável d'*O Estado de S. Paulo*, em dezembro de 1976, a Censura já saíra do jornal havia quase dois anos.

PARTE I
A QUEDA

NAS FOTOS DAS PÁGINAS ANTERIORES:
Jango e Maria Thereza no comício da Central
Cabo Anselmo durante a rebelião dos marinheiros
John Kennedy com o embaixador Lincoln Gordon
1º de abril de 1964: Jango deixa o Rio
General Mourão Filho, o rebelde vitorioso

O Exército dormiu janguista

O presidente João Goulart estava na antessala de seus aposentos, no primeiro andar do palácio Laranjeiras, sua residência oficial no Rio de Janeiro. Naquela noite de segunda-feira, 30 de março de 1964, deveria discursar para um auditório de suboficiais e sargentos das Forças Armadas reunidos no salão do Automóvel Clube, na Cinelândia, a menos de meia hora de distância. Com Jango — apelido pelo qual o presidente era carinhosamente chamado desde a infância — estavam o deputado Tancredo Neves, líder do governo na Câmara, e o ministro da Justiça, Abelardo Jurema. Ambos tentavam convencê-lo a não ir à reunião.[1] Argumentavam que a presença do presidente jogaria lenha na crise militar que o país atravessava.

Tancredo tinha a amarga experiência adquirida como ministro da Justiça na crise de agosto de 1954, quando Getulio Vargas se matara com um tiro no peito diante de uma rebelião militar. Achava que o presidente só poderia ir ao encontro com os sargentos se isso fizesse parte de um plano pelo qual estivesse disposto a patrocinar um fulminante processo

[1] Abelardo Jurema, *Sexta-feira 13*, pp. 169-71.

de radicalização política. Mesmo nesse caso, só deveria ir se já estivesse numa campanha militar. Jango se aborreceu com o receio de Tancredo.[2]

O chefe do Gabinete Militar, general Argemiro de Assis Brasil, pegara a conversa pelo meio. Ele era o pai de um chamado "dispositivo militar" que, pelas suas contas, assegurava a Jango uma inédita lealdade dos quartéis. Horas antes estimara que houvesse 20 mil pessoas na Cinelândia. Entre elas estaria a esmagadora maioria dos suboficiais e sargentos do Exército, da Marinha e da Aeronáutica baseados no Rio. De cara fechada, o general disse a Jango: "Presidente, tudo pronto, o esquema já entrou em execução".[3] Jango foi.

A comitiva serpenteou pela estrada que desce a colina sobre a qual está o Laranjeiras, e Tancredo teve um de seus momentos de fatalismo pessimista: "Deus faça com que eu esteja enganado, mas creio ser este o passo do presidente que irá provocar o inevitável, a motivação final para a luta armada".[4]

Pela primeira vez em sua vida política João Goulart tomava a ofensiva no meio de uma crise militar. Tinha 45 anos e fora abatido duas vezes por pronunciamentos militares. Em fevereiro de 1954 um manifesto de coronéis tirara-o do Ministério do Trabalho. Em 1961, quando Jânio Quadros renunciou, era o vice-presidente e viu-se vetado pelos ministros militares. Só assumira porque aceitara, depois de uma crise em que o país esteve perto da guerra civil, uma fórmula pela qual se fabricou um humilhante regime parlamentarista cuja essência residia em permitir que ocupasse a Presidência desde que não lhe fosse entregue o poder.

Sua força derivava da máquina da previdência social e das alianças com a esquerda no controle dos sindicatos. Sua biografia raquítica fazia dele um dos mais despreparados e primitivos governantes da história nacional.[5] Seus prazeres estavam na trama política e em pernas, de cavalos ou de coristas.[6] Tinha 15 mil hectares de terra em São Borja e

---

2 Idem.
3 Abelardo Jurema, *Sexta-feira, 13*, p. 170. Para a frase de Assis Brasil, Hélio Silva, *1964 — Golpe ou contragolpe?*, p. 363.
4 Abelardo Jurema, *Sexta-feira, 13*, p. 171.
5 Seu ministro do Planejamento, Celso Furtado, disse dele: "Era um primitivo, um pobre de caráter". Em *Playboy*, entrevista a Roberto Pompeu de Toledo, abril de 1999.
6 Entrevista de Maria Thereza Goulart, viúva de Jango, a Palmério Dória e Paulo Silber: "Não houve vedete do Carlos Machado que ele não tivesse comido". Revista *Interview*, ed. 141, agosto de 1991, p. 28.

um rebanho de 65 mil animais.[7] Movia-se no poder por meio daqueles sistemas de recompensas e proveitos que fazem a fama dos estancieiros astuciosos. Introvertido e tolerante, era um homem sem inimigos. Os ódios que despertou vieram todos da política, nunca da pessoa. Sua presença no palácio do Planalto era um absurdo eleitoral a serviço de um imperativo constitucional. Em 1960, 5,6 milhões de brasileiros haviam votado em Jânio Quadros, um demagogo que fizera a campanha eleitoral usando a vassoura como símbolo. Jânio prometera varrer a ordem política de que Jango era produto. Pela Constituição de 1946, a escolha do presidente e a de seu vice não estavam vinculadas. Assim, elegeram-se ao mesmo tempo Jânio, com sua vassoura, e Jango, que, a juízo dos seguidores do novo presidente, encarnava o lixo a ser varrido.[8]

Goulart recuperara os poderes presidenciais em janeiro de 1963, depois de um plebiscito, com 9,5 milhões de votos contra 2 milhões dados ao parlamentarismo. Tentara um golpe em outubro, solicitando ao Congresso a decretação do estado de sítio, e vira-se abandonado pela esquerda, que repeliu a manobra. No mínimo, deporia os governadores de São Paulo e da Guanabara. No máximo, deporia também o governador esquerdista Miguel Arraes, de Pernambuco.[9] Seu "dispositivo" fora tão longe que planejara o sequestro, por uma tropa paraquedista, do governador carioca Carlos Lacerda. Por ordem do ministro da Guerra, Lacerda seria capturado por uma patrulha, durante uma visita matutina ao hospital Miguel Couto.[10] Deu tudo errado. O coronel escalado para a ação pediu ordens escritas. O general encarregado da operação procurou dois outros oficiais, mas ambos ficaram na mesma linha. Quando conseguiu um co-

---

[7] Discurso de Antonio Carlos Magalhães na Câmara dos Deputados, 1º de abril de 1964, e Antonio Carlos Magalhães, fevereiro de 1988.

[8] Goulart teve 4,5 milhões de votos. Seus dois adversários, Milton Campos e Fernando Ferrari, ambos montados num discurso moralizador, somaram 6,3 milhões. Em Maria Victoria de Mesquita Benevides, *A UDN e o udenismo*, p. 110.

[9] Depoimento de Darcy Ribeiro, em Dênis de Moraes, *A esquerda e o golpe de 64*, p. 139.

[10] Para a ordem do ministro da Guerra, general Jair Dantas Ribeiro, depoimento do general Alfredo Pinheiro Soares Filho, comandante do Núcleo da Divisão Aeroterrestre, citado no Ofício 14/GAB/CIRC/64, de 8 de junho de 1964, no qual o tenente-coronel João Baptista Figueiredo, chefe do Serviço Federal de Informações e Contra-Informações, encaminha o "Extrato de Prontuário de Jair Dantas Ribeiro" ao general Ernesto Geisel. A documentação destinava-se a instruir o processo de cassação do ex-ministro. APGCS/HF.

ronel disposto a fazer o serviço, Lacerda já tinha partido.[11] Desamparado, Jango submeteu-se à humilhação de retirar o projeto que remetera à Câmara. No mesmo dia em que Goulart tentara colocar o Brasil sob estado de sítio, reunido com o presidente John Kennedy e a cúpula do governo americano na Casa Branca, o embaixador americano Lincoln Gordon estimou em 50% as chances de Goulart concluir seu mandato. Por cerca de uma hora, discutiram como operar nas outras 50%.[12]

Depois de tentar um golpe sem a esquerda, Jango infletiu o governo na sua direção. Acelerara nos primeiros meses de 1964, até que no dia 13 de março, num grande comício na praça em frente à Central do Brasil (ao lado do Ministério da Guerra), anunciou sua disposição de lançar o governo na campanha pelas reformas de base. Assinou dois decretos. Um desapropriava as terras ociosas das margens das rodovias e açudes federais. Outro encampava as refinarias particulares de petróleo. No palanque, o líder do governo no Senado disse que "se o Congresso Nacional não aprovar as reformas, perderá sua identidade com o povo".[13] Era um governo em crise, com a bandeira das reformas hasteada no mastro da intimidação. À tensão política somava-se um declínio econômico. O presidente dizia que "o vertiginoso processo inflacionário a que estamos submetidos irá fatalmente arrastar o país à bancarrota, com todo o sinistro cortejo de um desastre social de proporções catastróficas".[14] Os investimentos estrangeiros haviam caído à metade.[15] A inflação fora de 50% em 1962 para 75% no ano seguinte. Os primeiros meses de 1964 projetavam uma taxa anual de 140%, a maior do século.[16] Pela primeira vez desde o fim da Segunda Guerra a economia registrara uma contração na renda *per capita* dos brasileiros.[17] As greves duplicaram, de 154 em 1962, para 302 em 1963.[18] O governo gastava demais e arrecadava de me-

---

11 Para uma descrição do episódio, Agnaldo Del Nero Augusto, *A grande mentira*, pp. 106-10.
12 *Meeting on Brazil, Meeting on Vietnam*, October 1963: 7-8. Meetings: Tape 114/A50. BJFK. <http://www.jfklibrary.org/Asset-Viewer/Archives/JFKPOF-MTG-114-A50c.aspx>.
13 Luiz Adolfo Pinheiro, *A República dos golpes*, p. 77.
14 Entrevista de João Goulart à revista *Manchete* de 30 de novembro de 1963, p. 20.
15 Donald V. Coes, *Macroeconomic crises, policies, and growth in Brazil — 1964-90*, p. 12.
16 Alfred Stepan, *The military in politics*, p. 140.
17 Donald V. Coes, *Macroeconomic crises, policies, and growth in Brazil — 1964-90*, p. 12.
18 Leigh A. Payne, *Brazilian industrialists and democratic change*, p. 34.

nos, acumulando um déficit de 504 bilhões de cruzeiros, o equivalente a mais de um terço do total das despesas.[19] Num país onde a tradição dava aos ministros da Fazenda uma média de vinte meses de permanência no cargo, Goulart dera pouco mais de seis meses a seus cinco ministros.[20]

A guinada dividira o país. O conservadorismo paulista respondera ao comício do dia 13 com uma Marcha da Família com Deus pela Liberdade, em que se reuniram perto de 200 mil pessoas com faixas ameaçadoras ("Tá chegando a hora de Jango ir embora") e divertidas ("Vermelho bom, só batom").[21] O Congresso, com maioria conservadora, mostrava-se disposto a bloquear os projetos de reforma e a cozinhar o surto esquerdista até o ano seguinte. Em outubro de 1965 o ex-presidente Juscelino Kubitschek e o governador da Guanabara, Carlos Lacerda, disputariam o palácio do Planalto. Uma pesquisa realizada em oito capitais indicava que JK tinha 37% das preferências, contra 25% de seu principal adversário.[22]

Ao cultivar o choque com o Congresso, Goulart dava a impressão de que pretendia atropelar a sucessão, como fizera Getulio Vargas em 1937. Seus adeptos mais apaixonados chegavam a falar em "Constituinte com Jango" e a defender uma reforma política que lhe permitisse disputar a reeleição, vedada pela Carta de 1946. Em janeiro, numa entrevista à TV Tupi, Luiz Carlos Prestes, o mitológico secretário-geral do Partido Comunista, anunciou seu apoio implícito à manobra: "O próprio presidente João Goulart pode pretender ser candidato. Talvez mesmo, o candidato do presidente Goulart à Presidência da República seja ele mesmo. Não sei como pretende chegar lá. Será através de uma reforma constitucional? Pode ser, não? Reformar a Constituição para permitir a reeleição". Prestes e os postes sabiam que o Congresso não votaria esse tipo de emenda. Minutos depois, responderia: "Poderíamos concordar com a dissolução do Congresso se houvesse um governo que desse as necessárias garantias democráticas a todas as forças patrióticas e democráticas e assegurasse eleições livres para uma Assembleia Constituinte. (...) Uma

---

19 Dênis de Moraes, *A esquerda e o golpe de 64*, p. 122.
20 Wanderley Guilherme dos Santos, *Sessenta e quatro*, p. 124.
21 Para as faixas, Heloísa Maria Murgel Starling, *Os senhores das Gerais*, pp. 33-4.
22 Antônio Lavareda, *A democracia nas urnas*, p. 174.

Assembleia muito mais avançada que esse Congresso, que não reflete a opinião pública do nosso país".[23]

Jango foi ao encontro dos sargentos no meio da maior crise militar de seu governo. Ela explodira inesperadamente uma semana antes. Enquanto o presidente aproveitava os feriados da Semana Santa na sua fazenda, em São Borja, o ministro da Marinha mandara prender doze graduados que haviam transformado uma irrelevante Associação de Marinheiros e Fuzileiros Navais numa entidade parassindical, infiltrada pelo Partido Comunista.[24]

Sargentos, cabos e marujos amotinaram-se no palácio do Aço, sede do Sindicato dos Metalúrgicos do Rio de Janeiro, controlado pelo PCB.[25] Por quatro dias recusaram-se a abandoná-lo, exigindo que as punições fossem revogadas. Uma tropa de fuzileiros enviada para desalojá-los foi desmoralizada por 23 de seus soldados, que jogaram as armas ao chão e aderiram à revolta. Só se contornou a crise quando oficiais do Gabinete Militar da Presidência foram ao sindicato e sentaram à mesa de negociações com o líder da rebelião, o marinheiro de primeira classe José Anselmo dos Santos, nacionalmente conhecido como *Cabo Anselmo*. O arranjo saído dessas conversas resultara numa dupla humilhação para a oficialidade da Marinha. Primeiro, porque os marinheiros, presos, foram levados para quartéis do Exército. Segundo, porque logo depois, soltos, saíram pelas ruas do Rio em passeata, carregando dois almirantes de esquerda nos ombros.[26] O ministro da Marinha se demitira, e Jango, sem conseguir um oficial da ativa para substituí-lo, nomeara o almirante Paulo Mário da Cunha Rodrigues, quadro da reserva da Força, próximo do Partido Comunista.[27] O almirante, de 68 anos, estava fora da tropa desde 1959 e mal completara três dias na cadeira.

---

23 Suplemento especial de *Novos Rumos* de 24 a 30 de janeiro de 1964.
24 Para o monitoramento da associação pelo PCB, Percival de Souza, *Eu, Cabo Anselmo*, pp. 77 e segs.
25 O PCB detinha cinco dos sete cargos da diretoria executiva do sindicato. José Ricardo Ramalho e Marco Aurélio Santana (orgs.), *Trabalho e tradição sindical no Rio de Janeiro*, p. 27.
26 Luiz Alberto Moniz Bandeira, *O governo João Goulart*, p. 170. Eram os almirantes Cândido Aragão e Pedro Paulo Suzano.
27 Para a proximidade do almirante Paulo Mário com o PCB, Hélio de Anísio, coronel da reserva da FAB, junho de 1997.

A ida do presidente ao Automóvel Clube indicava que o governo esporeava a crise, aceitando o seu agravamento como parte de uma ofensiva ampla e radical. O calendário de manifestações desse ataque era público. Na sexta-feira, 3 de abril, Jango deveria ir a Santos. Uma semana depois estaria em Santo André, no ABC paulista. No dia 11 voaria para Salvador, onde provavelmente decretaria o monopólio da distribuição dos derivados de petróleo. Em seguida participaria de grandes manifestações populares em Belo Horizonte e Brasília. No dia 1º de maio o presidente deveria estar num comício em São Paulo.[28]

Havia dois golpes em marcha. O de Jango viria amparado no "dispositivo militar" e nas bases sindicais, que cairiam sobre o Congresso, obrigando-o a aprovar um pacote de reformas e a mudança das regras do jogo da sucessão presidencial.[29] Na segunda semana de março, depois de uma rodada de reuniões no Rio de Janeiro, o governador Miguel Arraes, de Pernambuco, tomou o avião para o Recife avisando a um amigo que o levara ao aeroporto: "Volto certo de que um golpe virá. De lá ou de cá, ainda não sei".[30]

O ex-governador gaúcho Leonel Brizola achava que viria de cá, do presidente, seu cunhado.[31] Veterano militante do varguismo, saíra de uma infância pobre e, formado engenheiro, casara-se em 1950 com a irmã de Jango. Tivera Getulio como padrinho. Devia muito de sua carreira ao presidente, mas o cunhado devia à sua tenacidade o levante das forças civis que lhe permitiram assumir a Presidência durante a crise de 1961. Fazia tempo que Brizola repetia: "Se não dermos o golpe, eles o darão contra nós".[32]

---

[28] Wilson Figueiredo, "A margem esquerda", em Alberto Dines e outros, *Os idos de março e a queda em abril*, p. 225.
[29] Sobre uma visão do golpe de Jango, ver carta de 22 de fevereiro de 1964 do coronel Humberto Freire de Andrada, secretário de Segurança de Pernambuco, ao governador Miguel Arraes, narrando-lhe uma conversa com o jornalista Samuel Wainer, para quem o presidente estava "absolutamente empolgado" com a ideia. Em Glauco Carneiro, *História das revoluções brasileiras*, p. 513. Segundo o embaixador Lincoln Gordon, Wainer falou-lhe de um encontro com Jango em que ele se via diante de três caminhos: tornar-se um presidente simbólico, renunciar ou "mandar ver". Entrevista de Gordon a Paulo Sotero, *O Estado de S. Paulo*, 6 de maio de 2001, Caderno 2.
[30] Araújo Netto, "A paisagem", em Alberto Dines e outros, *Os idos de março e a queda em abril*, p. 31.
[31] Jacob Gorender, *Combate nas trevas*, p. 67. Gorender cita a narrativa de Paulo Schilling de uma reunião do comando nacional do Grupo dos Onze, realizada no dia 24 de março de 1964.
[32] Entrevista de João Goulart a Luiz Alberto Moniz Bandeira, em Moniz Bandeira, *O governo João Goulart*, p. 130.

No dia 29 de março, num artigo intitulado "Em colapso o sistema militar anti-Goulart", Carlos Castello Branco, o mais respeitado colunista político do país, escrevera: "A impressão das correntes oposicionistas (...) é a de que, se não ocorrer um milagre, nos próximos dias, se não nas próximas horas, o Sr. João Goulart, ainda que não o queira, cobrirá os objetivos que lhe são atribuídos de implantar no país um novo tipo de República (...)".[33]

Se o golpe de Jango se destinava a mantê-lo no poder, o outro se destinava a pô-lo para fora. A árvore do regime estava caindo, tratava-se de empurrá-la para a direita ou para a esquerda.

O "dispositivo" do general Assis Brasil era impressionante. A Marinha, tradicional reduto do conservadorismo militar, estava desmoralizada. Na Aeronáutica entendia-se que o apoio maciço dos sargentos — peças vitais na engenharia do funcionamento da Força — neutralizaria os arroubos dos oficiais descontentes. No Exército, onde os golpes se decidem, a situação parecia esquematicamente clara. O ministro da Guerra, general Jair Dantas Ribeiro, apoiava Jango e fora cumprimentá-lo à saída do palanque do comício do dia 13.[34] Não havia comando importante em mãos duvidosas. O I Exército, que controlava a tropa do Rio de Janeiro, estava com o general Armando de Moraes Âncora, amigo do ministro, soldado disciplinado. Se Âncora piscasse, tinha abaixo o general Oromar Osorio, tão simpático ao governo que figurava entre os chamados "generais do povo". Oromar comandava a mais poderosa guarnição do país, a 1ª Divisão de Infantaria, aquartelada na Vila Militar, no Rio de Janeiro. Salvo em 1961, o grosso da tropa carioca decidira ou consumara todos os levantes militares da história nacional.* Em São Paulo, o II Exército era comandado pelo general Amaury Kruel, amigo e compadre de Jango, a quem servira como chefe do Gabinete Militar e como ministro da Guerra.[35]

---

33 *Jornal do Brasil*, 29 de março de 1964, p. 4.
34 José Gomes Talarico, *José Talarico*, p. 205.
* Em 1831 e em 1889 a tropa carioca destronara dois imperadores. Em 1930, consumara o levante gaúcho. Em 1937 assegurara a implantação do Estado Novo. Em 1945 e em 1954 derrubara Getulio Vargas. Na noite de 11 de novembro de 1955, depusera o presidente Carlos Luz.
35 Para amigo e compadre, depoimento de Fernando Gasparian, em Alberto Dines, Florestan Fernandes Jr. e Nelma Salomão (orgs.), *Histórias do poder*, vol. 3: *Visões do Executivo*, p. 166.

No III Exército, que reunia as tropas do Sul, estava o general Benjamin Rodrigues Galhardo, tão leal ao "dispositivo" quanto Âncora. Assis Brasil ainda contava com a infiltração feita em alguns postos relevantes, nos quais classificara coronéis da confiança do governo e, em poucos casos, membros do Partido Comunista.

A base militar do PCB, conhecida apenas pela sua cúpula, denominava-se Setor Mil. Só Prestes e dois membros da comissão executiva sabiam os nomes de seus oficiais, divididos em compartimentos estanques. Numa estimativa prudente, os oficiais da ativa que militavam no partido e, em tese, poderiam ser mobilizados por sua direção, estariam em torno de cem. Os oficiais superiores eram mais de vinte mas não passavam de trinta. Alguns deles tinham identidade ideológica com o partido, seguiam a sua linha política, mas não se reuniam formalmente como militantes comunistas. A principal influência (desarmada) do PCB estava no Conselho de Segurança Nacional, onde o coronel Paulo Eugenio Pinto Guedes chefiava o gabinete de sua secretaria-geral. Estava no Partido também o piloto de Jango, o tenente-coronel Hélio de Anísio. Gravitavam em torno do PCB, no Rio, o coronel Joaquim Ignacio Cardoso e o ajudante de ordens do general Assis Brasil, capitão Eduardo Chuahy.[36] Na FAB podem ter sido vinte, entre os quais dois brigadeiros e três coronéis. Com quatro estrelas, o brigadeiro Francisco Teixeira comandava a poderosa III Zona Aérea, sediada no Rio. Uma das bases da FAB, a "Olavo Bilac", era composta por cinco oficiais que usavam como codinomes a identidade completa do poeta: Olavo, Brás, Martins, Guimarães e Bilac.[37]

O cuidado com que fora montado o "dispositivo" podia ser mais bem percebido quando se olhava para os generais que certamente estariam conspirando. Podia-se temer a capacidade de articulação do general Oswaldo Cordeiro de Farias. Conspirador e insurreto desde 1924, era uma espécie de patriarca das revoltas militares nacionais. Comandara a artilharia da Força Expedicionária Brasileira, no front italiano da Segunda Guerra

---

[36] Para essa estimativa e para os nomes, vali-me das informações dadas pelos coronéis Hélio de Anísio e Sérgio Cavallari em junho de 1997. Em outras oportunidades fui socorrido pelas lembranças de Marco Antônio Coelho, Givaldo Siqueira e Eduardo Chuahy. O tenente-coronel Kardec Lemme, militante do Partido, estimou que seriam só cem oficiais "de carteirinha". Ver Mário Magalhães, *Marighella*, p. 284.
[37] Sérgio Cavallari, junho de 1997.

Mundial. Sem função, comandava o motorista do seu automóvel. O general Orlando Geisel, outrora poderoso chefe de gabinete do ministro da Guerra, chefiava baterias de telefones na subdiretoria de material de engenharia. Seu irmão Ernesto, que até bem pouco comandara a guarnição do Paraná, caíra para a 2ª Subchefia do Departamento de Provisão Geral, onde movia papéis. O coronel Golbery do Couto e Silva, que desde 1952 redigira todos os manifestos sediciosos contra Vargas e Jango, passara voluntariamente para a reserva em 1961. Mesmo generais que em outras épocas ficaram fora do golpismo mas não inspiravam confiança, tinham sido mantidos longe da tropa, naquele limbo burocrático da administração militar que se denomina "canil". Ao quatro-estrelas Arthur da Costa e Silva, ex-comandante do IV e do II Exército, haviam dado o Departamento de Produção e Obras, onde se queixava de comandar um contingente de apenas vinte e poucos homens. Pressionado pelo soldo modesto e pela falta de sorte nas cartas, andara mal de finanças e chegara a pedir ao poderoso Oromar Osorio que lhe conseguisse uma embaixada.[38] Mesmo depois do comício de Jango na Central do Brasil o general Costa e Silva sentia o peso do "dispositivo". Num encontro em que Cordeiro de Farias o convidou para botar a tropa na rua, reagiu: "Você está maluco? Nós não podemos fazer nada".[39]

Entre os mais respeitados quatro-estrelas estava o general Humberto de Alencar Castello Branco, um cearense de 63 anos, fisicamente inesquecível por desconexo. Tinha as pernas compridas demais para o tronco atarracado, em que estava enfiada uma das mais típicas cabeças chatas produzidas pelo Nordeste. Sua postura rígida, projetando-lhe o peito e os ombros, parecia reflexo de um temperamento hierático quando, na realidade, era uma construção do colete ortopédico de alumínio e lona em que o general vivia amarrado.[40] De uma ponta a outra media 1,64 metro. Estava havia menos de um ano na chefia do Estado-Maior do Exército, função biograficamente honorífica e operacionalmente inócua.

---

[38] Olympio Mourão Filho, *Memórias*, p. 288.
[39] Aspásia Camargo e Walder de Góes, *Meio século de combate*, p. 561. A adesão de Costa e Silva à conspiração depois do dia 13 de março está documentada também em Hernani d'Aguiar, *Ato 5*, pp. 50-1.
[40] Castello tinha diversas anomalias na coluna e raramente tirava o colete, salvo para dormir. Coronel-médico Americo Mourão, outubro de 1992 e fevereiro de 1998.

Comandava o sexto andar do prédio do Ministério da Guerra, no Centro do Rio. Fora isso, mandava apenas em sua casa da rua Nascimento Silva, em Ipanema. Fora um respeitado chefe da seção de operações da Força Expedicionária Brasileira. Nas primeiras horas da crise provocada pela renúncia de Jânio Quadros, em 1961, defendera reservadamente a posse de João Goulart.[41] Mais tarde, condenara as jogadas militares do "dispositivo" janguista. Num documento enviado ao ministro Jair Dantas Ribeiro, advertira: "Tutelando policialmente o país, mais sofreremos vexames, perante a Nação, dos qualificativos rudes de 'gorilas', 'reacionários', 'golpistas' e 'patetas'".[42]

Na noite do comício da Central, Castello estarrecera-se com a ida de Jair ao palanque. Uma semana depois, distribuiu aos seus comandados no Estado-Maior uma *Circular Reservada*, na qual atacava o "grupamento pseudossindical", acusando-o de "antipátria, antinação e antipovo", e pedia aos subordinados para "perseverar, sempre dentro dos limites da lei".[43]

Castello fora trazido para a conspiração por dois velhos amigos, o marechal Ademar de Queiroz, na reserva desde dezembro de 1963, e o general Cordeiro de Farias. Em fevereiro estava documentadamente nela. Em carta a um coronel amigo que servia no Recife, informava: "O IV Exército, na reação legalista, é básico. Basta durar na ação umas 48 horas. Não ficará só".[44]

Sua circular era um exercício em torno da "reação legalista". Apesar do prestígio da assinatura, o documento não sacudiu aquele grande pedaço da oficialidade que vive numa rotina em que a ordem e a disciplina se misturam à carreira, formando o perfil do militar a quem os governantes chamam de profissional e os conspiradores de indeciso. O próprio 1º subchefe do Estado-Maior, general Aurelio de Lyra Tavares, recebeu o documento com sobressalto, a ponto de julgar-se obrigado a uma resposta. Deu-a por escrito, numa carta a Castello, deixando claro que só vira o papel na véspera de sua expedição (portanto, não ajudara a escrevê-lo). Em

---

41 Ernesto Geisel, outubro de 1994.
42 Carta de Castello ao ministro Jair Dantas Ribeiro, de 4 de outubro de 1963, em *Documentos históricos do Estado-Maior do Exército*, pp. 365-7.
43 Carlos Luiz Guedes, *Tinha que ser Minas*, pp. 166-8.
44 Carta de Castello Branco ao coronel Helio Ibiapina, de 2 de fevereiro de 1964. APHACB.

seguida, protestou: "Continuo a julgar que o referido documento devia, e deve, ser discutido com o ministro, antes de sua expedição definitiva".[45] Uma cópia da circular chegara aos generais do "dispositivo", e a cabeça de Castello ficou a prêmio. Jango decidiu que o demitiria.[46]

Uma semana depois da distribuição da circular, a revolta dos marinheiros deu à advertência do chefe do Estado-Maior quase que um tom de profecia. O que sucedera na Marinha fora a quebra da hierarquia. O ministro da Justiça de Jango, Abelardo Jurema, percebera a extensão desse estrago logo que a confusão começou. Paraibano loquaz e boêmio, era um agradável frequentador da noite carioca. Encontrara-se num restaurante com um amigo, o coronel da Aeronáutica Lino Teixeira, que o alertara: em defesa da hierarquia militar, seria capaz de se juntar aos piores adversários do governo. Lino, além de amigo de Jurema, era irmão do brigadeiro Francisco Teixeira.[47] Nem sequer no Setor Mil do partido havia simpatia para com a baderna. Carlos Marighella, secretário de agitação e propaganda da comissão executiva do PCB, telefonou para a casa do tenente-coronel Kardec Lemme, veterano militante comunista, e lhe disse: "O senhor não deveria estar aí. No Sindicato dos Metalúrgicos está se decidindo o futuro do nosso país". O coronel respondeu: "Se você não fosse o que é, eu iria dizer por que não estou lá. Como você é o que é, vou descer e tomar uma Coca-Cola".[48]

À direita, não havia data nem base definidas, mas havia uma senha.[49] Ela seria qualquer ato de força do governo, quer contra o Congresso, quer contra os governadores que lhe eram hostis. A base mais sólida estava em Minas Gerais, pois se desejava que o movimento eclodisse numa área onde houvesse harmonia entre as tropas rebeladas e o poder civil que as deveria amparar. Em nenhum outro estado-chave os generais e o governador tinham se aproximado tanto no planejamento da insurreição. Militarmente inexpressiva, Minas era governada por José de Magalhães Pinto, dono do Banco Nacional de Minas Gerais, que sonhava com a Presidência. Ligara-se a Castello e acabara de formar um

---

45 Carta de Lyra Tavares a Castello Branco, de 21 de março de 1964. APHACB.
46 Hélio Silva, 1964 — Golpe ou contragolpe?, p. 354.
47 Abelardo Jurema, Sexta-feira, 13, p. 163.
48 Coronel Kardec Lemme, julho de 2001. Mário Magalhães, Marighella, p. 297.
49 Para o fato de não haver data, Ernesto Geisel, novembro de 1994.

secretariado suprapartidário. Nele dera ao ex-chanceler Afonso Arinos a bizarra função de secretário de Relações Exteriores. Divulgara um manifesto pedindo a "restauração da ordem constitucional". Mobilizara sua polícia militar, estocara gasolina e confessara-se ao arcebispo de Belo Horizonte, d. João Resende Costa. Dele recebera uma bênção pessoal para "a causa de Minas contra o comunismo".[50]

Os dois generais de Minas tinham pressa. O comandante da Infantaria Divisionária/4, Carlos Luiz Guedes, e o general Olympio Mourão Filho, da 4ª Região Militar e da 4ª Divisão de Infantaria, não podiam esperar pela senha. Mourão estava a um passo da compulsória, com poucos meses de vida no serviço ativo, depois dos quais seria metido num pijama. Guedes estava a um passo da substituição. Já sabia o nome do oficial que viria rendê-lo, relegando-o a um fim de carreira no "canil". O "dispositivo" não confiava neles e os deixara nos postos porque, juntos, não somavam um regimento adestrado. Detestavam-se. Mourão chamava Guedes de "falastrão insuportável", e Guedes o via como um indeciso.[51] A ideia de Mourão era derrubar Jango através de um golpe fulminante que denominava *Operação Popeye*. Desceria de seu quartel, em Juiz de Fora, a 150 quilômetros do Rio, com uma tropa pequena e bem-treinada. Acreditava que poderia tomar de assalto o prédio do Ministério da Guerra em menos de 24 horas. O resto cairia de podre. Guedes e Magalhães Pinto, em Belo Horizonte, trabalhavam noutra linha, que consistia em rebelar Minas Gerais, separando-a do governo Goulart. O resto cairia de podre.

Os conspiradores do Rio de Janeiro planejavam um levante com base em São Paulo. À meia-noite do dia 30 de março, esse plano assentava-se em condicionais. Dependia do comportamento de Goulart.[52] Não esperavam muita coisa dos generais mineiros. Um emissário de Guedes visitara almirantes para comunicar-lhes que a ID-4 se rebelaria no dia 30 de março. Mas seria difícil para esses oficiais acreditar na eficácia do

---

50 Pedro Gomes, "Minas — Do diálogo ao 'front'", em Alberto Dines e outros, *Os idos de março e a queda em abril*, p. 98. Para a estocagem de gasolina, ver também Luiz Alberto Moniz Bandeira, *O governo João Goulart*, p. 16.
51 Mourão sobre Guedes, em Olympio Mourão Filho, *Memórias*, p. 351. Guedes sobre Mourão, em Carlos Luiz Guedes, *Tinha que ser Minas*, p. 180.
52 Telegrama do coronel Vernon Walters ao Estado-Maior Conjunto, em Washington, de 30 de março de 1964. BLBJ.

movimento depois que lhes fosse explicada a razão pela qual Guedes se fixara naquela data: "Porque 30 é o último dia de lua cheia, e eu não tomo nenhuma iniciativa na minguante; se não sairmos sob a cheia, irei esperar a lua nova, e então será muito tarde".[53]

As conversas mineiras podiam parecer coisa de lunáticos, mas quando a Mercedes de Jango com seus batedores ia a caminho do Automóvel Clube, já haviam chegado a Washington. O consulado em São Paulo avisara que "duas fontes ativas do movimento anti-Goulart dizem que o golpe contra o governo do Brasil deverá acontecer em 48 horas". Uma delas contava que o movimento viria de Minas Gerais.[54] Dois outros informes da Central Intelligence Agency, a CIA, tratando dos "planos dos conspiradores revolucionários em Minas Gerais", diziam que o golpe viria em "poucos dias". O comandante de uma unidade militar informava que os conspiradores receavam ficar sem combustível e advertia: "Petróleo é um problema. Os comunistas controlam os portos e as ferrovias, mas não as rodovias. As reservas de petróleo em estados-chave foram mantidas no mínimo, em geral na base de um dia de uso".[55] O cônsul em Belo Horizonte, Herbert Okun, estivera com Magalhães no palácio da Liberdade a pretexto de convidá-lo para um concerto sinfônico. O governador falara em "reação" caso Jango não punisse os marinheiros rebelados, mas o que mais impressionou o jovem diplomata foi ver a sede do governo mineiro superprotegida, com PMs armados de submetralhadoras nos corredores do casarão.[56] O adido militar, baseado no Rio, anunciava a iminência de outra rebelião, marcada para a semana seguinte.[57]

---

53 Carlos Luiz Guedes, *Tinha que ser Minas*, p. 193.
54 Telegrama do cônsul americano em São Paulo, Niles Bond, para o Departamento de Estado, de 30 de março de 1964. BLBJ.
55 Dois telegramas da CIA, de Belo Horizonte para Washington, de 30 de março de 1964. BLBJ.
56 Telegrama do cônsul americano em Belo Horizonte, Herbert Okun, ao Departamento de Estado, de 30 de março de 1964. BLBJ. Embaixador Okun, outubro de 1997. O embaixador Okun informou que não foi a fonte dos dois telegramas da CIA. A agência tinha um funcionário americano em Belo Horizonte. Ele se dispensou de revelar seu nome.
57 Telegrama do coronel Vernon Walters ao Estado-Maior Conjunto, de 30 de março de 1964. BLBJ.

Em Washington, trabalhava-se havia dez dias na armação de uma força-tarefa naval que, em caso de necessidade, zarparia para a costa brasileira. Sua formação fora proposta pelo embaixador americano, Lincoln Gordon. Professor de economia da Universidade Harvard, fora mandado ao Brasil pelo falecido presidente John Kennedy dentro do mesmo espírito de reformismo iluminado que remetera John Kenneth Galbraith para a embaixada em Nova Delhi. Homem de memória prodigiosa, Gordon entrara em Harvard aos dezessete anos, formara-se aos vinte e recebera seu PhD por Oxford aos 23. Amadurecera como economista nas mais seletas equipes do liberalismo americano. Antes que os procedimentos burocráticos da sua nomeação para o Rio começassem a tramitar, Kennedy ofereceu-lhe o cargo de secretário de Estado assistente para Assuntos Interamericanos, hierarquicamente mais valioso. Ele preferiu a embaixada no Brasil. Apresentara suas credenciais no final de 1961. Pela primeira vez desde 1945, quando Franklin Roosevelt mandou para o Brasil seu amigo Adolf Berle Jr., desembarcou no Rio um embaixador dos Estados Unidos que sabia ler português.

A costura militar do embaixador era antiga e profunda. Era anterior ao plebiscito que devolvera os poderes presidenciais a Jango e se baseava no receio de que se estivesse caminhando para uma "ditadura pessoal e populista". Gordon reunira-se com Kennedy na Casa Branca na manhã de 30 de julho de 1962, quando o presidente estava inaugurando o sistema de gravação clandestina de suas conversas no Salão Oval.[58] Desse encontro sobreviveram as lembranças de Gordon e 28 minutos de fita. O embaixador dissera a Kennedy que a hipótese de um golpe militar estava no baralho. Opunha-se à ideia de se pensar na deposição de Jango como estratégia, mas desejava ter a carta à mão. Tiveram o seguinte diálogo:

---

[58] Entre 1940 e 1973 todos os presidentes americanos gravaram conversas que tiveram na Casa Branca. Alguns, como Franklin Roosevelt e Harry Truman, fizeram poucos registros. Kennedy foi o primeiro a gravá-las extensivamente. Entre julho de 1962 e sua morte, em novembro de 1963, deixou pelo menos 248 horas de reuniões e doze de conversas telefônicas. *The presidential recordings — John F. Kennedy*, vol. 1: *July 30-August 1962*, editado por Timothy Naftali, p. xx.

[GORDON] — Creio que uma de nossas tarefas mais importantes consiste em fortalecer a espinha militar. É preciso deixar claro, porém com discrição, que não somos necessariamente hostis a qualquer tipo de ação militar, contanto que fique claro o motivo.
— Contra a esquerda — cortou Kennedy.
— Ele está entregando o país aos...
— Comunistas — completou o presidente.
— Exatamente. Há vários indícios de que Goulart, contra a sua vontade ou não [inaudível]...[59]

Kennedy decidiu reforçar a base militar da embaixada. A reunião com Gordon levou-o a temer uma derrocada, nada menos que a instalação de um regime comunista ao longo de 1963: "Do jeito que o Brasil vai, daqui a três meses o Exército pode vir a ser a única coisa que nos resta".[60] Abandonara a política de hostilidade a golpes militares e estava pronto para reconhecer a junta que duas semanas antes derrubara o presidente do Peru. Referindo-se aos militares brasileiros, o subsecretário de Estado assistente para Assuntos Interamericanos, Richard Goodwin, arriscara: "Nós podemos muito bem querer que eles assumam até o fim do ano, se puderem".[61] Combinaram a transferência do coronel Vernon Walters, adido do Exército em Roma, para o Rio. Aos 46 anos, enorme e desengonçado, Walters já era uma lenda na diplomacia militar. Fluente em sete línguas, servira como oficial de ligação entre o IV Corpo de Exército e a FEB na frente italiana, e traduzira todas as entrevistas de presidentes brasileiros e americanos desde o encontro do marechal Dutra com Harry Truman, em 1947. Vivera no Rio de Janeiro de 1945 a

---

59 Timothy Naftali (ed.), *The presidential recordings — John F. Kennedy*, vol. 1: July 30-August 1962, pp. 5-25. Transcrito na reportagem de Carlos Haag, "Todos os *tapes* do presidente", Valor, 19 de outubro de 2001.
60 Kennedy fez dois comentários posteriores sobre a situação brasileira. O primeiro, horas depois do encontro com Gordon. Timothy Naftali (ed.), *The presidential recordings — John F. Kennedy*, vol. 1: July 30-August 1962, p. 37. O segundo, no dia 6 de agosto, no qual falou da possibilidade de instalação de um regime comunista. Atribuiu essa previsão a Gordon. Idem, p. 237.
61 Timothy Naftali (ed.), *The presidential recordings — John F. Kennedy*, vol. 1: July 30-August 1962, p. 19.

1948 como adido assistente.⁶² O coronel detestou a ideia de deixar um posto de primeira grandeza com uma equipe de trinta pessoas para chefiar um escritório onde havia apenas um major e uma secretária: "Se eles querem que eu faça o que eu penso que eles querem, eu não terei status suficiente". Chegou a pensar em pedir transferência para a reserva.⁶³ Em outubro desceu no Rio, com treze generais esperando-o no aeroporto.⁶⁴

No dia 20 de março de 1964, uma semana depois do comício da Central, o presidente Lyndon Johnson autorizara a formação de uma força naval para intervir na crise brasileira, caso isso viesse a parecer necessário. A decisão foi tomada durante reunião na Casa Branca a que compareceram Gordon, o secretário de Estado Dean Rusk, o chefe da Central Intelligence Agency, John McCone, e representantes do Departamento de Defesa. Eram ao todo oito ou dez pessoas. Quando o embaixador expôs seu plano, McCone revelou que um empresário paulista (Alberto Byington) procurara a CIA em Washington e pedira que se estudasse um sistema de distribuição de combustível para abastecer as áreas insurretas.⁶⁵ Nesses mesmos dias o general Cordeiro de Farias fizera solicitação semelhante a Walters.⁶⁶ Gordon pedira a Washington uma demonstração de força naval, para "mostrar a bandeira", indicando em que direção ela tremulava. Diante da informação levada por McCone, decidiu-se incorporar alguns navios-tanque à frota.

Desde janeiro a Casa Branca orientava-se de acordo com o que viria a ser chamado de *Plano de Contingência 2-61*.⁶⁷ Nas suas sete páginas, refle-

---

62 Walters falava inglês, português, espanhol, italiano, francês, alemão e russo. Vernon A. Walters, *Silent missions*, pp. 5 e 355 para os idiomas. Sabendo que era considerado burro, brincava: "Falo todas essas línguas, mas não penso em nenhuma". Paulo Castello Branco, 1972.
63 Carta de 31 de agosto de 1962, de Vernon Walters a Hildegarde (Hildy) Shishkin, secretária de Averell Harriman, subsecretário de Estado para Assuntos Políticos. Essa carta se encontra no arquivo de Averell Harriman. Agradeço a Kai Bird, biógrafo de John McCloy, a cessão de uma cópia.
64 Para os treze generais, Vernon A. Walters, *Silent missions*, p. 374.
65 Para a observação de McCone, Lincoln Gordon, julho de 1989. O diretor da CIA não identificou o autor da gestão. Há uma referência às gestões de Alberto Byington para conseguir petróleo na entrada de 2 de abril do diário de Adolf Berle, ex-embaixador dos Estados Unidos no Brasil. Ver Beatrice Bishop Berle e Travis Beal Jacobs (eds.), *Navigating the rapids — 1918-1971*, pp. 788-9.
66 Aspásia Camargo e Walder de Góes, *Meio século de combate*, p. 571, para o pedido de Cordeiro.
67 Para a denominação do plano, telegrama do Joint Chiefs of Staff, de 31 de março de 1964. BLBJ.

tia o clima de uma reunião presidida por Kennedy em outubro do ano anterior, seis semanas antes de seu assassinato. Nela haviam estado Gordon, o secretário da Defesa, Robert McNamara, o vice-diretor da CIA e seu diretor de operações clandestinas. O embaixador fizera uma longa exposição, na qual se mostrara temeroso de que a crise se agravasse, sobretudo se isso resultasse de uma guinada de Jango à esquerda. As chances de um golpe de militares direitistas seriam poucas e ele acreditava que, se a tropa saísse dos quartéis, isso ocorreria num cenário defensivo, reagindo a uma ação do governo contra o Congresso ou contra governadores oposicionistas. Kennedy perguntara quais ações concretas poderiam ser tomadas e o embaixador explicara que via dois cenários.

No primeiro, Goulart iria embora "em paz". Antes que o embaixador entrasse no segundo cenário, Kennedy interrompeu-o, mencionando a possibilidade de uma "situação bizarra" que demandasse invervenção militar direta. Para Gordon, essa era a "contingência perigosa". O embaixador não temia que Jango arriscasse a instalação de um "regime fidelista": "Se ele tentar, cai". Também não via um cenário de guerra civil e descartava a possibilidade de uma ampla intervenção militar. Apesar disso, lembrou que a possibilidade de um cenário catastrófico, com o Brasil dividido e um governo esquerdista hostil aos Estados Unidos, fora avaliada em Washington, no Rio e no Comando Militar do Sul, baseado no Panamá. Seu comandante, o general Andrew O'Meara, levantara a questão e um estudo preliminar mostrara que seria necessária uma "ação militar maciça", envolvendo "seis divisões, (...) navios e apoio aéreo".[68]

Uma operação dessa envergadura mobilizaria 60 mil homens. Ao final de 1963 os Estados Unidos tinham apenas 16.300 homens no Vietnã. No campo das conjecturas, a "ação militar" estudada para o Brasil seria a maior intervenção militar americana desde a Guerra da Coreia. Equivalia ao plano elaborado pelo Departamento de Defesa em 1940, quando os Estados Unidos armavam cenários para a sua eventual entra-

---

[68] Para o diálogo de Kennedy e Gordon. *Meeting on Brazil, Meeting on Vietnam, October 1963*: 7-8. Meetings: Tape 114/A50. BJFK. <http://www.jfklibrary.org/Asset-Viewer/Archives/JFKPOF-MTG-114-A50c.aspx>.

da na Segunda Guerra. Denominado *Pot of Gold*, trabalhara com a hipótese de uma expansão do conflito à América do Sul e previa o desembarque de 100 mil soldados em diversos pontos da costa brasileira.[69]

Gordon achava mais provável que, havendo uma divisão territorial, um dos lados pedisse combustível e munições: "Nesse caso, não excluo a possibilidade de uma ajuda discreta".

O Departamento de Defesa encarregou-se do trabalho logístico e produziu o *Plano de Contingência 2-61*.[70] Nele estabeleceu-se que, na hipótese de uma "revolta democrática", o governo americano poderia entrar com "apoio clandestino, ou mesmo ostensivo, particularmente com ajuda logística (combustíveis, alimentos, armas e munições), intervindo com tropas apenas se houver provas claras de intervenção do bloco soviético ou de Cuba".[71]

A Mercedes de Jango parou em frente ao Automóvel Clube, um prédio onde funcionara no Império o Cassino Fluminense e, na República, um museu de cera. No grande salão transformado em auditório fazia um calor insuportável. O personagem mais aplaudido da noite fora o *Cabo Anselmo*, com 23 anos e sorriso de menino. Zanzava atrás da mesa das autoridades depois que militares preocupados com o tamanho da crise o tinham impedido de discursar. Ganhara um grande e espalhafatoso abraço do ex-comandante do Corpo de Fuzileiros Navais, Cândido Aragão, o *Almirante do Povo*, para a plateia janguista. Havia a bordo sete ministros, inclusive os três militares.[72] Já se estava pelo vigésimo discurso quando o presidente entrou. Não entrou pro-

---

69 *United States Army in World War — The Western Hemisphere*, de Stetson Conn e Byron Fairchild, Center of Military History United States Army — Washington, D.C., 1989. BJFK. <http://www.history.army.mil/books/wwii/Framework/ch11.htm>.

70 Carta do embaixador Lincoln Gordon ao autor, de 5 de junho de 1989, e Lincoln Gordon, julho de 1989. BLBJ.

71 Carlos Fico, *O Grande Irmão*, Anexo I.

72 Mário Victor, *Os cinco anos que abalaram o Brasil*, pp. 505-6. Nessa cena, o ministro da Guerra era o general Genaro Bontempo, que ocupava a pasta interinamente, pois o titular, Jair Dantas Ribeiro, estava hospitalizado.

priamente o presidente, mas uma bola humana, no meio da qual, arrastando ligeiramente a perna direita, com seu habitual meio sorriso e a cabeça um pouco abaixada, ia João Goulart. Não era um demagogo de multidões. Aos gritos de "Manda brasa, presidente", respondia com gestos quase modestos.

Os oradores apressaram-se, e em alguns minutos ele estava diante do microfone. Passava um pouco das 22 horas. A essa hora já chegara à Casa Branca um telegrama do consulado americano em São Paulo. Ele informava: "Duas fontes ativas do movimento contra Goulart dizem que o golpe contra o governo do Brasil deverá vir nas próximas 48 horas".[73]

À tarde, Jango tivera três textos para ler no Automóvel Clube. Divertiu-se quando um amigo selecionou o mais moderado. Viera de Luiz Carlos Prestes.[74]

O presidente disse a parte decisiva de improviso, nervoso, agressivo: *"A crise que se manifesta no país foi provocada pela minoria de privilegiados que vive de olhos voltados para o passado e teme enfrentar o luminoso futuro que se abrirá à democracia pela integração de milhões de patrícios nossos".*[75]

Em Juiz de Fora, o general Mourão decidira sair com sua tropa naquela madrugada. À tarde, se aborrecera com Magalhães Pinto porque o governador, apesar do que tinham combinado, relutara em pedir publicamente a deposição de Jango. Sentira dores no peito e colocara uma pastilha de trinitrina debaixo da língua. Estava diante da televisão, quis sair da sala para não ver, mas sua mulher, Maria, convenceu-o a ficar.[76]

"Quem fala em disciplina, senhores sargentos, quem a alardeia, quem procura intrigar o presidente da República com as Forças Armadas em nome da disciplina são os mesmos que, em 1961, em nome da disciplina e da pretensa ordem e legalidade que eles diziam defender, prenderam dezenas de sargentos."

---

[73] Telegrama do consulado-geral dos Estados Unidos em São Paulo ao Departamento de Estado, de 30 de março de 1964, transmitido às dezesseis horas e mandado à Casa Branca às 20h17, hora de Washington. BLBJ.
[74] Aspásia Camargo e outros, *Artes da política*, p. 467.
[75] O discurso de Goulart está em Alberto Dines e outros, *Os idos de março e a queda em abril*, pp. 396-400.
[76] Olympio Mourão Filho, *Memórias*, p. 309.

Em Ipanema, Castello Branco via a cena na sala de sua casa. Estavam com ele os generais Ernesto Geisel e Golbery do Couto e Silva. Todos achavam que a reação ainda demoraria alguns dias. Geisel gostou do discurso. Se o tivesse escrito, não faria melhor.[77]

"*A disciplina se constrói sobre o respeito mútuo, entre os que comandam e os que são comandados.*"

O telefone tocou na mansão tropical do embaixador americano, na rua São Clemente, em Botafogo. Gordon tinha a televisão ligada e dois convidados na sala. Não entendiam uma palavra do que Jango dizia. Acrobaticamente, o embaixador tentava ser gentil traduzindo pedaços, ao mesmo tempo em que procurava não se distrair. Do outro lado da linha, entrou o secretário de Estado, Dean Rusk. Queria saber o que Jango dizia. Gordon avisou que o processo de radicalização avançava. Rusk leu-lhe trechos do rascunho de um telegrama de instruções que seguiria pouco depois. Mostrava-se preocupado com a viabilidade de um golpe militar e com a legitimidade do governo que dele resultasse. Ponderava que "embarcações com armas e munições não poderiam chegar ao Sul antes de dez dias", temia meter-se num fiasco, mas advertia: "Não podemos ficar paralisados por filigranas teóricas". Para Rusk a questão central era "determinar até onde está se apresentando uma oportunidade que poderá não vir a se repetir".[78] Às 22h58 o Departamento de Estado determinara a todos os consulados no Brasil que informassem diretamente a Washington "qualquer desenvolvimento significativo envolvendo resistência militar ou política a Goulart". Mais: "Todos os postos devem manter um alerta de 24 horas para esses acontecimentos".[79]

"*Se os sargentos me perguntassem — estas são as minhas últimas palavras — donde surgiram tantos recursos para campanha tão poderosa,*

---

77 Ernesto Geisel, agosto de 1988 e novembro de 1994.
78 Telegrama de Dean Rusk a Lincoln Gordon, das 21h52 (hora de Washington) de 30 de março de 1964, em Lincoln Gordon, *Brazil's second chance*, pp. 68-70. BLBJ.
79 Telefonema de Dean Rusk a Lyndon Johnson, de 30 de março de 1964, fita WH6403.19, BLBJ, "Recordings of conversations and meetings", traduzida por Lincoln Gordon e publicada na *Folha de S.Paulo* de 10 de setembro de 1999. Para o alerta, telegrama de Dean Rusk à embaixada no Rio e a todos os consulados no Brasil, de 30 de março de 1964.

para mobilização tão violenta contra o governo, eu diria, simplesmente, sargentos brasileiros, que tudo isto vem do dinheiro dos profissionais da remessa ilícita de lucros que recentemente regulamentei através de uma lei. É do dinheiro maculado pelo interesse enorme do petróleo internacional."

Na redação do *Correio da Manhã*, matutino liberal que se batera pela posse de Jango em 1961, o jornalista Edmundo Moniz, veterano trotskista, havia baixado à oficina o texto de um editorial para o alto da primeira página da edição seguinte. Seu título: "Basta!". Seu último parágrafo: "O Brasil já sofreu demasiado com o governo atual. Agora, basta!".[80]

"Senhores sargentos, que constituem um dos alicerces da nossa estrutura militar, a minha palavra, e meu apelo é para que os sargentos brasileiros continuem cada vez mais unidos, mais disciplinados naquela disciplina consciente, fundada no respeito recíproco entre comandantes e comandados. (...) Os sargentos jamais aceitarão sectarismos, partam de onde partirem, porque o caminho que lhes é traçado é o caminho que me foi traçado também."

Para a plateia, que temia um discurso conciliador, Jango parecia em grande forma, numa nova forma. O auditório respondia: "Manda brasa, presidente!".

Defendeu ao mesmo tempo a unidade das Forças Armadas e a conduta do governo diante da rebelião dos marujos. Adiante, fez uma demorada defesa da reforma da Constituição: "Triste do país que tivesse uma Constituição intocada".

---

80 *Correio da Manhã*, 31 de março de 1964. Os quatro principais redatores de editoriais do *Correio* nesses dias eram Edmundo Moniz, Osvaldo Peralva, Newton Rodrigues e Otto Maria Carpeaux. A redação do "Basta!" é frequentemente atribuída a Moniz, que coordenava o trabalho de seus colegas, a quem cabia a decisão final sobre os textos. Moniz e Peralva negaram, em conversas separadas, em agosto de 1988, que o tivessem redigido, embora admitissem que o tivessem discutido. Carpeaux morreu em 1978. Nem Moniz nem Peralva insinuaram que ele fosse o redator. Em julho de 1999, o jornalista Carlos Heitor Cony contou-me que a base do editorial, na sua primeira versão, fora manuscrita por Carpeaux. Submetida a Moniz, começou um processo de redação conjunta, da qual participaram ele (Cony), Carpeaux e Moniz. Cony informa que o tom do texto pode ser atribuído a ele e a Carpeaux. "Na boa técnica da produção dos editoriais, esse foi resultado de um trabalho coletivo. Entraram ideias de diversas pessoas. Um bom editorial, em termos de autoria, é coletivo como uma catedral gótica." Ver também "Um basta no 'basta'" de Carlos Heitor Cony, *Folha de S.Paulo*, 30 de novembro de 2002.

Goulart entrava no final de sua fala. O senador Ernâni do Amaral Peixoto, genro de Getulio Vargas, ex-oficial da Marinha e um dos mais respeitados caciques do Congresso, ouvia o discurso na varanda de seu apartamento e um amigo, que lera o texto escolhido horas antes, disse-lhe que Goulart improvisara em alguns momentos. Com sua experiência em golpes, ora como beneficiário, ora como vítima, deu sua sentença: "O Jango não é mais presidente da República".[81]

"*Se os sargentos me perguntarem sobre o dinheiro mais miúdo, mas também muito poderoso, eu diria que é o dinheiro dos proprietários profissionais de apartamentos em todo o Brasil, de apartamentos que estavam sendo negados aos brasileiros, de apartamentos que não se alugavam mais em cruzeiros.*"

Terminara.

Às 23h35, quando Jango já retornara ao Laranjeiras, o presidente Lyndon Johnson recebeu em seu rancho, no Texas, um telefonema de Rusk. Ele informava: "A coisa pode estourar a qualquer momento. (...) Pedi ao Bob McNamara[82] que apronte alguns navios-tanque para suprimentos. (...) Esta é uma oportunidade que pode não vir a se repetir. Acho que é possível que esse assunto brasileiro exploda de hoje para amanhã, e vou estar em contato com o senhor sobre isso, para que o senhor possa se planejar".[83]

Johnson ouviu-o por nove minutos e disse-lhe que, se fosse o caso, voaria para Washington.[84] Tocou para seu assessor de imprensa e combinou as minúcias da possível viagem inesperada. A essa hora o general Andrew O'Meara, chefe do Comando Sul das forças militares americanas, que estava em Nova York, recebera ordens para apresentar-se na capital.[85] Àquela altura, O'Meara era o único militar mobilizado pela crise brasileira.

---

[81] Aspásia Camargo e outros, *Artes da política*, p. 468.
[82] Robert McNamara, secretário de Defesa.
[83] Fita WH6403.19, BLBJ, "Recordings of conversations and meetings", traduzida por Lincoln Gordon e publicada na *Folha de S.Paulo* de 10 de setembro de 1999.
[84] Fita WH6403.19, BLBJ, "Recordings of conversations and meetings".
[85] Idem.

Nas primeiras horas do dia 31, o *Jornal do Brasil* começara a circular. Trazia um artigo de Carlos Castello Branco intitulado "Minas desencadeia luta contra Jango". Registrava dois prognósticos da liderança oposicionista para um "desfecho da situação nacional". Num, ele ocorreria em 24 horas. Noutro, em 72. Dava conta de que a oposição poderia tentar transferir a sede do Congresso para São Paulo ou Belo Horizonte. Admitia a possibilidade de uma renúncia teatral de Jango.[86]

Em Juiz de Fora, o general Mourão Filho iniciava um solilóquio com seu diário.

Às 2h30 da manhã ele registrou: "Acendi o cachimbo e pensei: 'não estou sentindo nada e, no entanto, dentro de poucas horas deflagrarei um movimento que poderá ser vencido, porque sai pela madrugada e terá de parar no meio do caminho'".

Uma hora depois, despedia-se da vida: "Nunca abaixei minha crista para ninguém, nunca curvei minha espinha para fazer pedidos na carreira e nunca desviei ou deixei desviar um ceitil da Fazenda Nacional. Morro pobre, mas até a última hora posso andar de cabeça erguida. Viva o Brasil!".[87]

Mourão tinha muito boa opinião a respeito de si. Em 1937, como aluno da Escola de Estado-Maior e chefe do serviço secreto da Ação Integralista Brasileira, fora o redator de um hipotético esquema de subversão comunista. O exercício de ficção fora batizado de Plano Cohen e, dado por autêntico, servira de justificativa para o golpe do Estado Novo. O general Mourão sempre se defendeu dizendo que entre o seu trabalho e o embuste pelo qual era apresentado como documento verdadeiro, produzido pela Internacional Comunista, houvera uma falcatrua. Infelizmente, na época, o capitão Mourão, se não participara conscientemente da fraude, baixara a crista quando viu o destino dado à sua obra. Naquela madrugada, combatia mais uma vez com o fantasma do Plano Cohen: "Só numa nação de boçais como a nossa uma besteira deste jaez pode progredir".[88] Não há registro de que Mourão tenha curvado a

---

[86] *Jornal do Brasil*, 31 de março de 1964, p. 4.
[87] Olympio Mourão Filho, *Memórias*, pp. 369 e 371.
[88] Idem, p. 371.

espinha, mas pedidos fazia. Em novembro de 1960, quando presidia a Comissão Técnica de Rádio, um cargo de natureza civil, escrevera ao ministro da Guerra, pedindo que não fosse retirado do quadro de oficiais, porque nesse caso "perderia, além de outras vantagens, automóvel, gasolina, ajudante de ordens, e a quantia de 8.750 cruzeiros [o equivalente a 45 dólares]".[89] Sua opinião sobre Jango já fora melhor: em setembro de 1961 lhe telegrafara, cumprimentando-o por sua posse na cadeira de onde queria agora apeá-lo.[90]

Às cinco horas, Mourão anotou: "Eu estava de pijama e roupão de seda vermelho. Posso dizer com orgulho de originalidade: creio ter sido o único homem no mundo (pelo menos no Brasil) que desencadeou uma revolução de pijama".[91] Em seguida, disparou sua metralhadora. Tinha números por munição e o telefone por artefato.

O primeiro tiro foi para 25-8432 e acordou o deputado Armando Falcão. Dono de um cartório de registro de imóveis, conspirava em tempo integral.

"O senhor está articulado com alguém?", perguntou Falcão, que alimentou o tiroteio atingindo o aparelho 47-1428 na mesa de cabeceira do general Castello Branco.[92]

Surpreendido pela notícia, o chefe do Estado-Maior agiu em duas direções. Numa, empurrou a insurreição para a frente, noutra, procurou paralisá-la.

No ataque, acordou o irmão do comandante do II Exército e informou-o de que Mourão estava pondo a tropa na rua. Pediu-lhe que avisasse o general Amaury Kruel, pois, a seu ver, sem ele tudo não passaria de uma "aventura".[93] Castello e Kruel haviam sido amigos na juventude, mas um desentendimento, ocorrido durante os combates da FEB, na Itália, enve-

---

[89] Carta do general Olympio Mourão Filho ao ministro Odylio Denys, de 9 de novembro de 1960. APGCS/HF. A conversão para o dólar baseia-se na tabela publicada por Clarice Pechman, em *O dólar paralelo no Brasil*, pp. 128-39. Todas as conversões feitas neste livro se basearão na tabela de cotação do dólar no mercado paralelo.
[90] *Diário de Heitor Ferreira*, 8 de abril de 1965: "(...) encontrei um telegrama do general Mourão cumprimentando Jango pela posse... em 1961!". Heitor Ferreira remeteu o documento ao arquivo do SNI. APGCS/HF.
[91] Olympio Mourão Filho, *Memórias*, p. 372.
[92] Idem, p. 373, e Armando Falcão, *Tudo a declarar*, p. 245.
[93] Hélio Silva, *1964 — Golpe ou contragolpe?*, p. 348.

nenara a camaradagem para o resto de suas vidas.[94] Dias antes tinham conversado e acertado que agiriam juntos.[95] O recado chegou ao quartel-general do II Exército, em São Paulo, mas àquela hora Kruel era amigo de Jango, que acabara de nomear seu filho agente do Lloyd Brasileiro em Nova Orleans e que lhe conseguira financiamentos públicos para a compra de uma fazenda de café no Espírito Santo.[96] Menos de duas horas depois, ao receber novamente a notícia do levante, Kruel deu um passa-fora no emissário: "Isso não passa de uma quartelada do Sr. Mourão, não entrarei nela".[97]

O movimento seguinte de Castello foi na direção oposta. Acabara de saber que Mourão chamara a Juiz de Fora o general Antonio Carlos Muricy, um conspirador tonitruante e ardoroso que o "dispositivo" empilhara na subdiretoria da reserva.[98]

Castello tocou para o general Guedes:

— O que está havendo por aí em Minas? O Muricy me comunicou que foi chamado pelo Mourão, e eu lhe disse que fosse para prevenir qualquer bobagem que aquele pretendesse fazer.
— Não vai haver. Houve. Desde as seis horas da manhã as nossas tropas se deslocam em várias direções. Deflagramos a revolução.
— Mas isso é uma precipitação; vocês estão sendo precipitados; vão prejudicar tudo.

---

[94] Em dezembro de 1944, durante o terceiro ataque da FEB a Monte Castelo, o então tenente Ernani Ferreira Lopes, da 7ª Companhia do 3º Batalhão do 11º RI, viu o coronel Amaury Kruel tentando agredir Castello na barraca do posto de comando. Kruel foi afastado pelo capitão Olegário Memória. Horas antes, Castello ordenara que a companhia fosse lançada na direção do local onde uma tropa brasileira estava imobilizada pela artilharia alemã. No entendimento de Kruel, essa ordem significava uma inútil superposição de forças. General Ernani Ferreira Lopes, agosto de 2001.
[95] General Antonio Carlos Muricy, agosto de 1988.
[96] Para a nomeação do filho de Kruel, conversa de Goulart com Marco Antônio Coelho, março de 1964. Marco Antônio Coelho, agosto de 1988. Para os financiamentos, Ernesto Geisel, agosto de 1988, e general Rubens Resstel, setembro de 1988.
[97] Jayme Portella de Mello, *A Revolução e o governo Costa e Silva*, p. 128.
[98] Para esse chamado, feito pelo promotor Antonio Neder, que disse falar em nome de Mourão, depoimento do general Muricy ao CPDoc, vol. 3, fita 38, p. 12. Mourão Filho, em suas *Memórias*, p. 412, desmente que tenha mandado chamar Muricy.

— Falei no tempo passado, "partimos", mas, se houver alguma coisa em cogitação aí no Rio, ainda haverá tempo de sobra para uma tomada de posição. Hoje, nos deteremos na divisa com o estado do Rio, no corte Paraíba-Paraibuna, na expectativa do comportamento da tropa do I Exército.
— Cuidado! Cuidado! Veja o que diz.
— Silêncio era até o desencadeamento da operação. Agora nada mais temos a temer.
— Bem, vou sair e avisar o pessoal — encerrou Castello.[99]

Nova ligação do chefe do Estado-Maior, dessa vez para o número 27-4759, ao lado do qual dormia o banqueiro José Luís de Magalhães Lins, sobrinho do governador de Minas Gerais e principal executivo do Banco Nacional.[100] Banqueiro de cineastas brilhantes sem crédito e de jornalistas de crédito com pouco saldo, *Zé Luís* era um homem sem sombra que nas últimas semanas vagara pelas guaritas da conspiração. Castello pediu-lhe que falasse com o tio para verificar se ainda era possível retardar Mourão. Menos de uma hora depois ele estava na casa do general, dizendo-lhe que Magalhães já não via como recuar.[101] Por volta das dez horas Castello deixou Ipanema e foi para o trabalho, no sexto andar do Ministério da Guerra. De lá, ainda tentaria segurar o levante duas outras vezes. Numa, disse ao general Guedes que "não foi possível fazer nenhuma articulação; a solução é vocês voltarem, porque, se não, vão ser massacrados". Noutra, falou direto com Magalhães Pinto: "Se não voltarem agora, voltarão derrotados".[102]

A notícia do levante espalhava-se aos cacos. Havia algo em Minas, mas não se sabia precisamente o quê. A insurreição estava envolta numa nuvem que se parecia ora com uma quartelada sem futuro, ora com uma tempestade de boatos. O general Assis Brasil sabia que Mourão e Guedes

---

99 Carlos Luiz Guedes, *Tinha que ser Minas*, p. 215.
100 José Luís de Magalhães Lins, agosto de 1988.
101 Pedro Gomes, "Minas — Do diálogo ao 'front'", em Alberto Dines e outros, *Os idos de março e a queda em abril*, p. 106, e José Luís de Magalhães Lins, agosto de 1988.
102 Carlos Luiz Guedes, *Tinha que ser Minas*, p. 215.

maquinavam contra o governo, mas desdenhava-os: "São dois velhinhos gagás! Não são de nada".[103] Acreditava no seu "dispositivo" e acionou-o.

O aeroporto de Brasília foi fechado pouco depois das nove horas. O deputado oposicionista Luiz Viana Filho acabara de desembarcar do último voo que saíra do Rio. Ouviu a notícia do fechamento das pistas e assustou-se: "Caímos numa ratoeira, estamos perdidos!".[104] Ao meio-dia a reação do "dispositivo" era visível e severa. Na avenida Brasil, principal saída do Rio e caminho para Juiz de Fora, marchavam duas colunas de caminhões. Numa, iam 25 carros cheios de soldados, rebocando canhões de 120 milímetros, pertencentes ao Grupo de Obuses. Noutra, em 22 carros, ia o Regimento Sampaio, o melhor contingente de infantaria da Vila. De Petrópolis, a meio caminho entre o Rio e Mourão, partira o 1º Batalhão de Caçadores.[105] Era tropa para dar e vender. No palácio Laranjeiras havia tamanha calma que o ministro Abelardo Jurema, inquieto com o que se dizia de Minas, surpreendeu-se.[106]

No início da tarde nenhum soldado de Mourão tinha saído do lugar, mas ele já trocara o roupão de seda pelo uniforme de campanha, um pouco folgado na sua pequena e magra figura. Tanto ele como Guedes, alcançados por telefonemas de jornalistas e oficiais ligados ao governo, desmentiam que estivessem rebelados.[107] Mourão estava inspecionando o 10º Regimento de Infantaria — peça-chave em seu esquema — quando teve a primeira contrariedade. O comandante, coronel Clovis Calvão, acabara de saber que, ao contrário do que lhe haviam dito de manhã, o ministro da Guerra não apoiava o levante. Ele, portanto, estava fora. Tamanha divergência, com um general querendo derrubar o governo e um coronel comandante de regimento mostrando-se leal ao ministro, poderia parecer um sério impasse militar, mas os dois resolveram o problema com a ajuda da legislação trabalhista. Calvão pediu férias, e

---

103 João Pinheiro Neto, *Jango*, p. 78.
104 Antonio Carlos Magalhães, fevereiro de 1988.
105 Pedro Gomes, "Minas — Do diálogo ao 'front'", em Alberto Dines e outros, *Os idos de março e a queda em abril*, p. 120.
106 Abelardo Jurema, *Sexta-feira, 13*, p. 182.
107 Olympio Mourão Filho, *Memórias*, pp. 310-1. Carlos Luiz Guedes, *Tinha que ser Minas*, p. 217. *Correio da Manhã*, 1º de abril de 1964, em Jeferson de Andrade e Joel Silveira, *Um jornal assassinado*, p. 5.

Mourão as deu, cumprindo até mesmo a praxe burocrática de mandar lavrá-las no boletim oficial do governo que pretendia depor.

Sem mais a fazer, Calvão foi para casa.[108] Dois outros coronéis recusaram-se a ficar no levante e combinaram com o general que permaneceriam em suas casas, "não intervindo nem atrapalhando". Fracassara também a tentativa de levantar a Escola de Sargentos, em Três Corações.[109] Às treze horas o general teve fome e foi para casa almoçar. Depois, mantendo seus hábitos, dormiu.[110] Julgava-se à frente de uma revolução, mas continuava a 150 quilômetros do Rio de Janeiro. Tinham se passado oito horas desde o momento em que se considerara insurreto. Salvo os disparos telefônicos e a movimentação de um pequeno esquadrão de reconhecimento que avançara algumas dezenas de quilômetros, sua tropa continuava onde sempre estivera: em Juiz de Fora.

Alguma fama Mourão já conseguira. Em Washington, o Departamento de Estado fazia chegar à Casa Branca um perfil do "General Olimpia Mourão Filho". O texto, nada galante, classificava-o como "uma espécie de oportunista" e "opiniático, interessado em economia a ponto de se fantasiar de economista". O documento concluía, cruel e pessimista: "Ele não é bem-visto no Exército e provavelmente não liderará uma conspiração contra o governo, em parte porque não tem muitos seguidores. É visto como uma pessoa que fala mais do que pode fazer".[111] Às treze horas, surpreendido pela rebelião, Gordon respondeu à questão colocada por Dean Rusk na noite anterior: "Meu julgamento é de que esta pode não ser a última oportunidade, mas pode ser a última boa oportunidade para apoiar uma ação contra o grupo de Goulart".[112]

---

108 Olympio Mourão Filho, *Memórias*, p. 375.
109 Jayme Portella de Mello, *A Revolução e o governo Costa e Silva*, p. 121.
110 Olympio Mourão Filho, *Memórias*, p. 375. Carlos Luiz Guedes, *Tinha que ser Minas*, p. 217. Mourão Filho não foi o primeiro general a tirar a sesta no dia de seu golpe. O general Goes Monteiro dormiu depois do almoço no dia 29 de outubro de 1945, quando derrubou Getulio Vargas. Em "Depoimento de Gois Monteiro", publicado em Paulo Bonavides e Roberto Amaral, *Textos políticos da história do Brasil*, vol. 5, p. 487.
111 Documento do Departamento de Estado ao secretário Dean Rusk, de 31 de março de 1964. BLBJ. O nome do general, como se vê, foi grafado erradamente.
112 Telegrama de Lincoln Gordon a Dean Rusk, das treze horas (hora de Washington) de 31 de março de 1964, em Lincoln Gordon, *Brazil's second chance*, pp. 70-1.

A essa hora o general Guedes já concluíra a gestão mais sigilosa de seu dia. Segundo relatou nas suas memórias, entrara na garagem de um prédio da rua Goitacazes e subira pelo elevador de serviço até um apartamento do terceiro andar. Era a casa de um sobrinho. Lá encontrou o vice-cônsul americano, Lawrence Laser. Conheciam-se, e Guedes via nele um funcionário "em busca de informações". Contou-lhe que a rebelião precisava de apoio. Para já, "blindados, armamentos leves e pesados, munições, combustível [e] aparelhagem de comunicações". Para mais tarde, equipamento necessário para mobilizar 50 mil homens.[113]

Mourão surpreendera os dois lados. Com isso, beneficiara o "dispositivo", que parecia engolir a quartelada. Kruel estava calado. O I Exército, insensível, obediente. Pior, Castello Branco estaria preso ou, pelo menos, em vias de sê-lo.[114]

Durante toda a manhã, o principal foco de conspiradores da antiga capital fora a Escola de Comando e Estado-Maior do Exército. Situada na praia Vermelha, a EsCEME era tão prestigiosa quanto militarmente inútil. Tinha algo como quatrocentos alunos e instrutores, quase todos majores e tenentes-coronéis indignados com o governo e dispostos a lutar contra ele, mas todo o esforço armamentista a que se haviam dedicado nos últimos dias juntara um arsenal de apenas 28 pistolas calibre 45, trinta fuzis e três submetralhadoras.[115] A notícia do levante mineiro agitou a escola, provocou a suspensão das aulas e estimulou os oficiais a procurar seus postos de combate.

Não havia combates à vista, até que chegou à escola um tenente-coronel pedindo que se formasse uma guarda para proteger Castello no Estado-Maior.[116] Foram destacados sessenta oficiais. Essa viria a ser a maior movimentação de tropas revolucionárias no Rio de Janeiro durante

---

113 Carlos Luiz Guedes, *Tinha que ser Minas*, pp. 223-4. Guedes data esse encontro na manhã do dia 31. O telegrama da CIA em que está narrado o pedido de combustível feito por um "comandante" integrado aos "conspiradores de Minas Gerais" é de 30 de março.
114 Em seu diário, o general Ladário Pereira Telles, comandante da 1ª Região Militar na manhã do dia 31, e nomeado para o comando da 6ª Divisão de Infantaria às quinze horas, registrou que Goulart lhe pediu que comunicasse ao comandante do I Exército seu desejo de ver o general Castello preso e levado para o forte da Lage. Em Hélio Silva, *O poder militar*, p. 398.
115 Hernani d'Aguiar, *A Revolução por dentro*, p. 144.
116 Idem.

o dia 31. Eles foram para o quartel-general a fim de impedir a prisão de Castello e, se possível, dominar o prédio.[117]

Durante algumas horas da jornada de 31 de março de 1964, o grande edifício do Ministério da Guerra abrigou um cenário de faroeste. Os expedicionários instalaram-se no sexto andar, em torno de Castello. Desligaram os elevadores principais e bloquearam as passagens de quatro pavimentos. A revolta controlava os corredores do quinto ao oitavo andar, enquanto o governo funcionava do térreo ao quarto e do nono (onde estava o gabinete do ministro) ao décimo. Uma situação desse tipo não poderia durar. Por volta das 15h30 o grande pátio interno do QG foi ocupado por carros de choque da Polícia do Exército. Entraram com as sirenes ligadas e despejaram a tropa, que ocupou os andares de baixo. Conta o coronel Luiz Helvecio da Silveira Leite, que viera da EsCEME:

> Perguntamos: "E se a PE tentar subir?".
> Resposta: "Atirem".
> Engatilhei minha pistola, olhando os homens lá embaixo. (...) Havia um verdadeiro paliteiro de carros de combate apontados para o Ministério da Guerra. Fiz pequena oração, entregando minha alma a Deus, estava pronto para o que desse e viesse. Que afastasse de mim qualquer sentimento de covardia, de medo. (...) Diziam que iam nos desentocar com bazucas, à noite.
>
> De repente, veio o coronel Tulio Chagas Nogueira e nos disse que poderíamos nos retirar. Que o general Castello Branco, livre, acabava de deixar o QG e se dirigia à praia Vermelha, para onde devíamos ir.
>
> Muitos ficaram frustrados e um deles comentou comigo: "Seu Helvecio, que vergonha essas revoluçõezinhas que não dão em nada...".
>
> Outro disse: "Revoluçãozinha de expediente".[118]

---

[117] Coronel Luiz Helvecio da Silveira Leite, maio de 1985.
[118] Idem.

Castello deixara o prédio do ministério às dezesseis horas, em companhia de Geisel.[119] Caíram na clandestinidade e trancaram-se num aparelho, na avenida Atlântica.[120] O chefe do Estado-Maior telefonou ao comandante da EsCEME, seu amigo Jurandyr de Bizarria Mamede, ordenando-lhe que reiniciasse as aulas interrompidas pela manhã, quando ambos tiveram a impressão de que seria possível amparar Mourão. O general Mamede, veterano conspirador, prendera oito oficiais-alunos e alguns sargentos que se haviam recusado a apoiar a revolta. Diante da nova situação, mandou libertá-los.[121] Quando os expedicionários voltaram à praia Vermelha e contaram o que acontecera, o tenente-coronel Newton Araujo de Oliveira e Cruz não acreditou no que ouviu. "Zero a zero e bola ao centro. Quando eu vi isso, cheguei a chorar, porque revolução que começa e acaba com todo mundo voltando para casa não dá em nada. Não ia haver revolução nenhuma."[122]

Só o "dispositivo" avançava. No Rio o general Luís Tavares da Cunha Mello, designado chefe da operação militar que iria buscar Mourão Filho nas montanhas, comunicou ao seu estado-maior: "Bem, meus senhores, as ordens estão dadas, a situação perfeitamente esclarecida, vamos tocar para a frente. Preparem rapidamente suas unidades porque amanhã iremos almoçar em Juiz de Fora. Temos conversado".[123]

No fim da tarde a vanguarda da tropa mineira descera 25 quilômetros em direção ao Rio, deslocando-se pela estrada União e Indústria, e parara na localidade de Estação Paraibuna. Chefiava-a o general Antonio Carlos Muricy. Apanhado de surpresa, perdera a manhã ao volante de sua camionete Willys, serra acima. Depois de inspecionar as tropas de Juiz de Fora, Muricy percebeu que mais de metade de seus homens eram recrutas mal-instruídos. Pior, tinha munição para poucas horas.[124] Mourão aborrecera-se com o imobilismo de Guedes à sua retaguarda, em Belo Horizonte:

---

119 Ernesto Geisel, novembro de 1994.
120 Carta de 28 de abril de 1964, de Castello Branco a Carlos Bicalho Goulart, proprietário do apartamento 101 da avenida Atlântica, 3.916. APGCS/HF.
121 Jayme Portella de Mello, *A Revolução e o governo Costa e Silva*, p. 132.
122 General Newton Cruz, setembro de 1987.
123 Carlos Luiz Guedes, *Tinha que ser Minas*, pp. 206 e segs.
124 General Antonio Carlos Muricy, agosto de 1988.

"Resolvi me abstrair desse idiota". Atirara um manifesto contra Jango: "Não merece ser havido como guardião da Lei Magna e, portanto, há de ser afastado do poder de que abusa".[125]

As forças legalistas também atiravam. Um avião T-6 da Força Aérea bombardeara Juiz de Fora com panfletos. Eles traziam duas notas oficiais. Uma, da Presidência da República, confiava no "espírito legalista das Forças Armadas". A outra vinha do ministro da Guerra, Jair Dantas Ribeiro, que estava fazia uma semana internado no hospital dos Servidores do Estado, onde fora operado de um câncer na próstata. Jair garantia a lealdade do "dispositivo". Exonerava os dois generais rebeldes e avisava: "Não hesitarei em sacrificar minha própria saúde para cumprir este dever que tenho para com minha pátria e para com o regime democrático que defendo. Haveremos de cumprir nossa missão haja o que houver, custe o que custar".[126]

As coisas pareciam cada vez mais difíceis. Os conspiradores recuavam. O general Costa e Silva, por exemplo, decidira abandonar seu gabinete no quartel-general argumentando que "estamos nos arriscando demais e podemos ser presos".[127] Kruel continuava parado. O único general a entrar no gabinete de Jango com algum tipo de proposta foi o chefe do Estado-Maior das Forças Armadas, Pery Constant Bevilaqua, que meses antes chamara as bases sindicais do governo de "serpentários de peçonhentos inimigos da democracia".[128] Pery entregou ao presidente um documento em que denunciava o risco da "ignomínia de uma ditadura comuno-sindical". Dizia que ainda era possível "restabelecer a necessária confiança" das Forças Armadas no presidente, desde que ele, com seu "agudo senso político", tomasse algumas atitudes afirmativas. De concreto, pedia uma política de combate às greves. Queria também uma derrubada ministerial e acreditava que, com isso, seria possível recompor a situação.[129]

---

125 Olympio Mourão Filho, *Memórias*, pp. 377 e 311.
126 Carlos Luiz Guedes, *Tinha que ser Minas*, pp. 218-9.
127 Nelson Dimas Filho, *Costa e Silva*, p. 67.
128 *Nota de Instrução nº 7*, de 15 de setembro de 1963, do general Pery Constant Bevilaqua, comandante do II Exército. Citado em *Posição do EMFA face aos Recentes Acontecimentos Ocorridos no País*, de Pery Bevilaqua, transcrito em Bilac Pinto, *Guerra revolucionária*, p. 211.
129 Depoimento do marechal Pery Bevilaqua a Hélio Silva, publicado em *História*, revista mensal, nº 27, s. d., pp. 58-72.

Enquanto as lascas do levante choviam em forma de boatos sobre Brasília, alguns parlamentares que namoravam o golpe do "dispositivo" viam nas notícias um pretexto para lances mais audaciosos. Francisco Julião, chefe das Ligas Camponesas, que organizavam trabalhadores rurais no interior do Nordeste, anunciava que "a vontade do povo prevalecerá, com Congresso ou sem Congresso", porque "a esta altura dos acontecimentos é inútil querer resistir". Julião supunha iminente "a rebelião das massas inconformadas do Brasil".[130] O deputado Guerreiro Ramos, sociólogo por diploma e linguagem, discursara no início da sessão da Câmara, fazendo um paralelo explícito entre Jango de 1964 e Getulio Vargas de 1937, às vésperas do golpe que jogou o país nos oito anos de ditadura do Estado Novo: "Talvez a História leve o Sr. Presidente João Goulart, neste ponto, a repetir Vargas, tomando os burgueses e os capitalistas deste país, em sua maioria cegos, pela gola do paletó, e obrigando-os a fazer a Revolução burguesa nacional, que eles não têm capacidade de fazer".[131]

No Senado, o líder do governo, Arthur Virgílio, ia no mesmo tom: "Nós vamos pagar para ver. (...) Esses homens que há muitos anos pensam no golpe, preparam o golpe, tramam o golpe, desta vez vão demonstrar se têm coragem de fato para a luta, porque nós vamos pagar para ver! Vamos convocar aqui todos os impatriotas que estão tramando contra esta nação!".[132]

No Rio de Janeiro, Luiz Carlos Prestes convocara uma reunião dos dirigentes do comitê central do Partido Comunista que estavam no Rio e relatara-lhes os contatos que fizera durante a manhã. Parecia tranquilo. Em fevereiro mostrara a força de Jango e o prestígio do PCB ao primeiro-ministro soviético Nikita Kruchev, com quem almoçara no Kremlin. Kruchev admirou-se quando ouviu que o partido tinha dois generais no Alto-Comando do Exército. Pouco depois, numa reunião no Departamento de Relações Internacionais do PCUS, Prestes informara: "Se a reação levantar a cabeça, nós a cortaremos".[133] Na última semana,

---

130 Francisco Julião, discurso de 31 de março de 1964, em *Grandes momentos do Parlamento brasileiro*, vol. 2, pp. 289-90.
131 *Diário do Congresso Nacional*, 1º de abril de 1964, pp. 1934-6.
132 Idem, p. 666.
133 Maria Prestes, *Meu companheiro*, pp. 22-3.

já no Brasil, usara duas vezes a mesma expressão.[134] Repetiu a profecia ao comitê central. Aos 66 anos, o veterano chefe do PCB estava feliz. Metido em levantes desde 1924, sempre acabara fugido, exilado ou preso. Era a primeira vez que jogava com a camisa do governo. Encontrara-se secretamente com Jango no início de janeiro e defendia sua reeleição, manobra impossível sem que se golpeasse a Constituição.[135] Dois generais no Alto-Comando, nunca tivera. Um dos participantes da reunião, Orestes Timbaúva, arriscou uma pergunta: "Camarada Prestes, e se os generais com quem você conversou estiverem enganados?". Prestes não deu importância a Timbaúva e foi adiante com os itens de sua agenda.[136]

Em dezenas de unidades militares, oficiais e sargentos leais ao governo dominavam a situação. Os conspiradores não conseguiram furar a couraça do I Exército. Os comandantes dos Dragões da Independência, do Regimento de Reconhecimento Mecanizado e do 2º Batalhão de Infantaria Blindada refugaram convites para aderir ao levante.[137] O coronel Euler Bentes Monteiro, comandante da Escola de Comunicações, estabelecimento vizinho à EsCEME, recusou-se até mesmo a ceder equipamentos de interferência radiofônica aos insurretos.[138] Na baía de Guanabara uma tentativa de levar alguns barcos para fora da barra fracassou. Na ilha do Mocanguê, onde estavam atracados dois submarinos, o almirante Sylvio Heck, ex-ministro da Marinha, depois de desembarcar de uma lancha disfarçado de pescador, descobriu que perdera a viagem, pois a um deles faltavam peças e ao outro, tripulantes.[139] No palácio Guanabara, o governador Carlos Lacerda, barricado em caminhões de lixo, soube que dispunha de apenas seis minutos de tiro. Tinha razão o general Castello Branco, que o chamara ao telefone no meio da tarde sugerindo que abandonasse o palácio, pois "o Guanabara é indefensável".[140] Como registraria o

---

134 Jacob Gorender, *Combate nas trevas*, p. 70. Prestes repetiu a frase no dia 27 de março na ABI e no dia 29 no estádio do Pacaembu.
135 Maria Prestes, *Meu companheiro*, p. 24. *Novos Rumos*, suplemento especial, 24 a 30 de janeiro de 1964.
136 Salomão Malina, agosto de 1988.
137 Jayme Portella de Mello, *A Revolução e o governo Costa e Silva*, pp. 131-2.
138 Carta de Heitor Herrera a Heitor Ferreira, de 15 de agosto de 1978.
139 Araken Távora, *Brasil, 1º de abril*, pp. 127-8.
140 Carlos Lacerda, *Depoimento*, pp. 284-5.

general Guedes: "O Rio era impermeável".[141] Em São Paulo, no palácio dos Campos Elíseos, o governador Adhemar de Barros desligara o telefone quando Lacerda lhe perguntou se apoiava o levante. Na 2ª Divisão de Infantaria, a principal unidade militar do estado, o general Aluizio de Miranda Mendes dizia-se disposto a prender Kruel caso ele tentasse aderir.[142] No Rio Grande do Sul o comandante da 6ª Divisão de Infantaria, Adalberto Pereira dos Santos, fugira de Porto Alegre para resistir ao "dispositivo" a trezentos quilômetros de distância, em Cruz Alta.[143]

Em Juiz de Fora, Mourão dera-se conta de que o 12º Regimento de Infantaria, prometido por Guedes havia dias, não aparecia. Às 22 horas, quando chegou, estava sem armas automáticas, sem comida e sem dinheiro.[144] A embaixada americana advertia Washington da tão falada movimentação de Mourão: "É importante observar que embora tenhamos ouvido essa informação de diversas fontes, não estamos absolutamente seguros de que o movimento já tenha começado". Mesmo quando Kruel divulgou uma nota dizendo que a situação das tropas no estado era de "expectativa", a embaixada acautelava: "O significado que isso possa ter no alinhamento político de Kruel é obscuro".[145] Certo mesmo, o telex do Departamento de Estado registrava:

-2. ?)9:(-63 9! -4.36 !94:3 04953:58,& 04838$3,5 90-)-:3 8 ,92:9. 7938 9! 4.6 09)8:3 -,$.-48,3 285#!8;3 .-41.

(A salada significava: "A proteção do palácio do presidente está sendo feita por um bloqueio da Polícia do Exército e de fuzileiros com cinco tanques M-41 e um *scout car*".)[146]

141 Carlos Luiz Guedes, *Tinha que ser Minas*, p. 241.
142 Para o telefonema de Lacerda, John W. F. Dulles, *Carlos Lacerda*, vol. 2: *1960-1977*, p. 225. Para Miranda Mendes, depoimento do general Euryale de Jesus Zerbini, em Hélio Silva, *1964 — Golpe ou contragolpe?*, p. 390.
143 Para Adalberto Pereira dos Santos, sua narrativa, de quatro folhas, intitulada *Acontecimentos Político-Militares de Março e Abril de 1964*, fl. 3. APGCS/HF.
144 Olympio Mourão Filho, *Memórias*, p. 315.
145 Telegrama da embaixada dos Estados Unidos a Washington, de 31 de março de 1964. BLBJ.
146 Idem.

Às 19h05 o coronel Walters alarmara-se: "A rebelião parece estar perdendo *momentum* por falta de apoio, particularmente de São Paulo e outros estados. As forças democráticas estão em sério perigo".[147] O chefe da representação americana em Brasília acreditava que o movimento fracassara.[148] No palácio Guanabara, um assessor de Lacerda dizia ao presidente da UDN paulista, Roberto de Abreu Sodré: "É, não adianta. O Kruel não vem mesmo. Acho que nós entramos pelo cano". Irritado, Sodré retirou-se da sala: "Não aguento esse pessimismo de vocês. Assim não é possível".[149]

Nas sessões noturnas da Câmara e do Senado, a oposição a Jango começava a exercitar a retórica do sacrifício. O "dispositivo" ocupara militarmente as saídas da cidade e controlava as comunicações. A fita com a gravação de um pronunciamento do presidente do Senado, Auro Moura Andrade, fora confiscada e não conseguira ir ao ar. Da tribuna, o senador Aloysio de Carvalho denunciava: "Ninguém tem dúvida, pelos atos praticados em Brasília, de que o presidente da República não pretende outra coisa senão se fazer ditador no país, utilizando as forças armadas no seu objetivo disfarçado, a pretexto de garantir a ordem e o regime. Depois do fato consumado, da luta, se transformará em ditador".[150]

O plenário da Câmara se transformara num pandemônio. A muito custo os parlamentares mais experientes conseguiam impedir que a sessão degenerasse em pancadaria, deixando à seção de taquigrafia o expurgo dos palavrões que pontilhavam os apartes. O deputado Amaral Netto, dentro do sentimento catastrofista dos conspiradores, proclamava: "Fiquemos neste mausoléu, morramos aqui dentro, mas que todos morram com dignidade, que ninguém se curve a este homem que não mais preside o país legalmente".[151]

A oposição alternava períodos de desânimo e espasmos de euforia com a chegada ao plenário de notícias segundo as quais Kruel, o grande mudo do dia, aderira à rebelião. Passava pouco da meia-noite, e, diante de um

---

[147] Telegrama dos adidos militares a Washington, de 31 de março de 1964. BLBJ.
[148] Herbert Okun, outubro de 1997.
[149] Claudio Mello e Souza, "O vizinho do presidente", em Alberto Dines e outros, *Os idos de março e a queda em abril*, pp. 179-80.
[150] *Diário do Congresso Nacional*, 1º de abril de 1964, Seção B, p. 5.
[151] Idem, Suplemento, p. 7.

reaparecimento do boato, o líder do PTB, deputado Doutel de Andrade, ironizava: "Essa notícia não tem amparo na verdade dos fatos. Na realidade, ela já foi difundida esta noite cerca de seis vezes. Por seis vezes testada e por seis vezes foi desmentida e quero acreditar que antes que a primeira estrela surja, será desmentida mais vinte e mais cem vezes".[152]

Doutel iria mais longe. Por seu intermédio, o braço civil do "dispositivo" exercitava a retórica do triunfo: "Vossas excelências tentaram passar o primeiro de abril com uma antecipação de 24 horas. (...) Mercê de Deus, está salva a democracia neste país, está restaurado o império da lei. Mercê de Deus este festival de insurreição está findo, está agonizante, está moribundo, está desesperado. Dele nada mais restará, como disse, senão a frustração, senão o sentimento de não ver os intentos golpistas consumados".[153]

O general Cordeiro de Farias, que desde a manhã voara do Rio para São Paulo e de lá para Minas Gerais, fechava seu dia de conspirador com uma ponta de amargura. Vinte e seis anos depois ele recordaria: "A verdade — é triste dizer — é que o Exército dormiu janguista no dia 31...".[154]

---

[152] *Diário do Congresso Nacional*, Suplemento, p. 9. Para a hora, discurso de Doutel de Andrade de 31 de março de 1964, em *Grandes momentos do Parlamento brasileiro*, vol. 2, pp. 304-7.
[153] *Diário do Congresso Nacional*, 2 de abril de 1964, p. 1974.
[154] Aspásia Camargo e Walder de Góes, *Meio século de combate*, p. 566.

O Exército acordou revolucionário

"...E acordou revolucionário no dia 1º", prosseguiria o general Cordeiro.[1]

Jango pareceu estar a um passo da vitória. Só quando chegou perto dela é que se pôde perceber a força da teia que o levante tirara da semiclandestinidade.

Para que o presidente vencesse nos termos em que seu "dispositivo" colocara a questão, era indispensável que se atirasse num último lance de radicalismo, límpido, coordenado e violento. Contra o levante mineiro, a bandeira da legalidade era curta. Para prevalecer no quadro que radicalizara, Jango precisaria golpear o Congresso, intervir nos governos de Minas Gerais, São Paulo e Guanabara, expurgar uma parte da oficialidade das Forças Armadas, censurar a imprensa, amparar-se no "dispositivo", na sargentada e na máquina sindical filocomunista. Tratava-se de buscar tamanha mudança no poder que, em última análise, durante o dia 31 de março tanto o governo (pela esquerda) como os insurretos (pela direita) precisavam atropelar as instituições republicanas. Discursando

---

[1] Aspásia Camargo e Walder de Góes, *Meio século de combate*, p. 566.

na Câmara, o vice-líder Almino Affonso vocalizava a radicalização pela esquerda: "Os trabalhadores hão de parar porto por porto, navio por navio, fábrica por fábrica, e as greves vão também parar o campo. (...) Querem a guerra civil, pois teremos a revolução social. Querem sangue, pois nós aceitaremos o sangue. (...) Uma guerra civil não se faz com marechais, almirantes e generais. Faz-se com a tropa, e essa tropa é povo e é o povo que compõe todos os quartéis. São os sargentos, os cabos, os marinheiros".[2]

Esse passo, de natureza revolucionária, Jango não deu. Nessa vacilação, misturaram-se dois ingredientes. Um, de natureza histórica, reunia o presidente, seu "dispositivo" e todas as forças políticas que haviam "mandado brasa" nas últimas semanas. Vigorosos na retórica, murcharam como um balão furado. O segundo ingrediente estava na própria personalidade de Jango. Aprende-se que condicionantes de classe interferem na conduta dos homens públicos, podendo levá-los da temeridade à vacilação e dela ao imobilismo, mas no caso de João Goulart, independentemente da classe em que estivesse, ele seria sempre um pacato vacilante. Os conflitos que tivera com a plutocracia e a cúpula militar alimentaram-lhe muito mais o conformismo do que a combatividade. Não era um covarde, mas se habituara a contornar os caminhos da coragem. Avisado ainda na manhã do dia 31 do levante de Mourão, permaneceu fechado no palácio Laranjeiras, confiante na precariedade da tropa sublevada, na capacidade do "dispositivo" de desbaratá-la e na sua própria de achar um entendimento. O homem que havia menos de 24 horas discursara no Automóvel Clube manteve-se em silêncio.

Com o tempo, cristalizou-se em torno das 48 horas de 1964 um acordo historiográfico entre vencedores e vencidos. A apologia dos vencedores, procurando abrir a porteira das adesões, estabeleceu que Jango foi derrubado pela vontade geral do povo e das Forças Armadas. A necrologia dos vencidos, procurando fechar o diafragma das responsabilidades, atribuiu à inércia de Jango a causa do desmoronamento do "dispositivo" militar e político sobre o qual se abrigava o radicalismo. Sem dúvida a inércia de Goulart foi um detergente para as forças que o apoiavam. No

---

2 *Diário do Congresso Nacional*, 1º de abril de 1964, Suplemento, p. 9.

entanto, ninguém apoiava Jango supondo-o um resoluto. Além disso, nenhuma força à esquerda do presidente tomou iniciativa militar relevante durante o dia 31.

Prestes manteve os 40 mil militantes do Partido Comunista em estado de sobreaviso. As temidas Ligas Camponesas, que pareciam brigadas pré-revolucionárias, dispunham, no máximo, de 2 mil homens e não produziram nenhuma mobilização organizada.[3] Leonel Brizola, feroz crítico da política de conciliação do cunhado, consumiu o dia 31 articulando um esquema militar defensivo em Porto Alegre. Seus Grupos dos Onze, que reuniriam dezenas de milhares de militantes, não se moveram. Na manhã do dia 1º, em Brasília, alguns deles participaram de uma inédita operação de montagem de uma milícia popular por meio de um sistema de cadastramento. Convocaram o povo ao Teatro Nacional e receberam cerca de mil pessoas. A cada um pediu-se que preenchesse uma ficha em que devia informar nome, endereço e profissão. Receberiam instruções e armas no dia seguinte, num núcleo de colonização rural nas cercanias da cidade. O cadastro foi levado para o Sindicato dos Servidores Civis.[4]

O Comando Geral dos Trabalhadores, central sindical controlada pelo governo em condomínio com os comunistas, recomendou ao povo que se mantivesse "unido em sua vigorosa repulsa à insurreição". A UNE pediu aos estudantes que se mobilizassem em passeatas e atos públicos, permanecendo "em estado de alerta" para a hipótese da resistência.[5] Sua sede achava-se desarmada. O radicalismo dos marinheiros estava ao desamparo de qualquer apoio logístico. O *Cabo Anselmo* perdera o rumo, escondendo-se nas cercanias de Magé.[6] Salvo os ferroviários da Leopoldina que ocuparam a estação central, bloqueando-lhe os trilhos, e o chefe do Gabinete Civil, Darcy Ribeiro, que desde o primeiro momento

---

[3] Wanderley Guilherme dos Santos, dezembro de 2000.
[4] Fernando César Mesquita, janeiro de 2001.
[5] Notas do CGT e da UNE, de 31 de março de 1964, em Hemílcio Fróes, *Véspera do primeiro de abril*, pp. 177-80. Diretor da Rádio Nacional, Fróes preservou 54 das mensagens transmitidas pela Rede da Legalidade entre a noite de 31 de março e a tarde de 1º de abril. Nenhuma delas fala em resistência armada. Diversas, como a do Sindicato dos Bancários do Rio, pedem aos trabalhadores que se reúnam nos sindicatos, suave sugestão de que não fossem para as ruas.
[6] *José Anselmo dos Santos — Declarações Prestadas nesta Especializada de Ordem Social*, do Setor de Análise, Operações e Informações do DOPS de São Paulo, s. d., fl. 3.

defendia o bombardeio das tropas de Mourão, nenhum personagem ou grupo significativo da esquerda tomou posição de ataque ou lembrou-se de "mandar brasa".[7]

À noite, Luiz Carlos Prestes telefonou ao brigadeiro Francisco Teixeira indagando-lhe das condições de bombardear o palácio Guanabara. Teixeira respondeu-lhe que "meus tenentes já estão todos do outro lado".[8] Em pelo menos outra ocasião, esse bombardeio foi sugerido a Teixeira, que refugou a iniciativa, dizendo que só agiria por ordem do presidente da República. Mesmo que a recebesse, não tinha condições para reunir oficiais da Base de Santa Cruz dispostos a voar para bombardear a cidade.[9] Uma expedição aérea contra os jardins do palácio (visto que o bombardeio do prédio poria em risco os moradores dos edifícios vizinhos) seria muito mais um ato terrorista do que uma ação militar.

Nas altas horas da noite de 31 de março o golpe tinha uma bandeira: tirar Jango do poder, para combinar o resto depois. Já a defesa do governo caíra numa posição canhestra. Tratava-se de manter Jango no palácio, sem se saber direito para quê, nem em benefício de quem. As poucas forças conservadoras que, por razões de conveniência, ainda estavam associadas ao presidente, dispunham de meios para ajudá-lo, mas não tinham um propósito para mantê-lo no poder. As forças da esquerda, que tinham o propósito, não tinham os meios. A árvore do regime constitucional começava a dar sinais de que cairia para a direita.

A esquerda temia que Jango a traísse. No meio da tarde do dia 31, o deputado Max da Costa Santos, petebista radical, estava certo de que Mourão seria esmagado em poucas horas e mostrava-se preocupado "com a força que o Jango terá nas mãos".[10] Às 23 horas, depois de rece-

---

7 Depoimento de Darcy Ribeiro, em Dênis de Moraes, *A esquerda e o golpe de 64*, p. 297, e Darcy Ribeiro, *Confissões*, p. 353.
8 Dênis de Moraes, *A esquerda e o golpe de 64*, p. 195.
9 Aloisio Teixeira ouviu de seu pai o relato de uma conversa, na manhã do dia 1º, com o almirante Cândido Aragão. Nela Aragão levantou a hipótese de um bombardeio do palácio. Aloisio Teixeira, junho de 1997. O coronel Sérgio Cavallari informou ao autor, em junho de 1997, que Teixeira recebeu ordem de Jango para não atirar. É dele também a informação a respeito da Base de Santa Cruz. Para a posição de Teixeira, ver sua entrevista a *Manchete*, em Carlos Chagas, *O Brasil sem retoque — 1808-1964*, vol. 2, p. 1122.
10 Marco Antônio Coelho, agosto de 1988.

ber instruções da direção do Partido Comunista, o secretário do comitê universitário do Rio de Janeiro, José Salles, reuniu à porta da Faculdade Nacional de Filosofia o comando dos estudantes que a haviam ocupado e disse-lhes que evitassem radicalizar, pois Jango controlara a situação e poderia usar seu fortalecimento para golpear a esquerda.[11]

A direita tinha o mesmo receio. O ex-presidente Juscelino Kubitschek terminara a manhã do dia 31 achando que Jango estava acabado.[12] Divulgara um manifesto sibilino em que defendia uma legalidade que repousava simultaneamente na "disciplina" (ofendida pela rebelião mineira) e na "hierarquia" (ofendida pela insubordinação dos marinheiros).[13] No meio da tarde, JK foi ao Laranjeiras e sugeriu a Jango que fizesse um pronunciamento afastando-se das lideranças sindicais e da retórica dos sargentos.[14] À noite, recebeu Lincoln Gordon em seu apartamento. Enquanto o embaixador falava da necessidade de se conduzir a substituição de Jango através do Congresso e de um processo que guardasse algum sinal de legitimidade, o ex-presidente ouvia ao mesmo tempo o embaixador e dois aparelhos de rádio, trocando nervosamente de estação, em busca de notícias de Kruel.[15]

Por volta das dez horas da noite do dia 31, o general Kruel, num dramático telefonema, pediu ao presidente que rompesse com a esquerda. Queria a demissão de Abelardo Jurema do Ministério da Justiça e de Darcy Ribeiro da chefia do Gabinete Civil. Eram os colaboradores do presidente mais identificados com o radicalismo. Pedia também que o Comando Geral dos Trabalhadores fosse posto fora da lei. Jango ponderou que esse tipo de acordo o levaria a uma capitulação humilhante, transformando-o num "presidente decorativo". Kruel aos poucos mudou de tom, mostrando-se formal e cerimonioso. O presidente encerrou a conversa com rispidez: "General, eu não abandono os meus amigos. Se es-

---

11 Cena testemunhada pelo autor.
12 Telegrama de Lincoln Gordon ao Departamento de Estado, narrando uma conversa de Jimmy Minotto com Kubitschek, e Lincoln Gordon, julho de 1989. BLBJ.
13 Suplemento do *Diário do Congresso Nacional*, 1º de abril de 1964, p. 6.
14 Depoimento do general Pery Bevilaqua, em Hélio Silva, *1964 — Golpe ou contragolpe?*, pp. 402-3. Para a ida de JK a Jango no meio da tarde, Humberto Braga, "Juscelino e a Revolução de 1964", em *Revista do Tribunal de Contas do Estado do Rio de Janeiro*, nº 144, abril-junho de 1999, p. 50.
15 Lincoln Gordon, março e julho de 1989.

sas são as suas condições, eu não as examino. Prefiro ficar com as minhas origens. O senhor que fique com as suas convicções. Ponha as tropas na rua e traia abertamente".[16]

Kruel não o estava traindo. Telefonava na presença de outros oficiais. Durante todo o dia os generais do "dispositivo" que comandavam as principais unidades do II Exército oscilaram entre a inquietação e a cautela. Desde a manhã, quando recebeu o aviso de Castello, Kruel ficara literalmente sem saber para onde ir. No início da tarde abandonara seu quartel-general, no Centro da cidade, com receio de que ele fosse atacado pelos conspiradores. Foi para o comando da 2ª Divisão de Infantaria, nos jardins do Ibirapuera, mas à noitinha resolveu voltar para o Centro. Quando chegou ao seu QG, viu-se numa armadilha, pois se tentasse ficar com o governo, correria perigo, já que um grupo de oficiais planejara sequestrá-lo e enfiá-lo numa casa de subúrbio.[17] A ambiguidade de Kruel corroera-lhe o comando. A essa altura a guarnição paulista dava sinais de erosão. O general sabia que o coronel Carlos Alberto Cabral Ribeiro, do 4º Regimento de Infantaria, de Quitaúna, uma das peças-chave da estrutura militar em São Paulo, alinhava-se à rebelião. O comandante do II Exército entrara na sublevação precisamente como previra dias antes o general Castello Branco: "É preciso que o Kruel marche, nem que seja com uma baioneta nas costas".[18]

Na Câmara dos Deputados, Almino Affonso estava na tribuna quando um colega lhe passou um bilhete: "Kruel aderiu".[19] No palácio Guanabara, Roberto de Abreu Sodré voltou à sala onde os lacerdistas faziam sua vigília cívica: "Vão todos pra puta que os pariu que o Kruel já está vindo".[20] Em Copacabana, onde alguns quarteirões estavam sem luz, o marechal Floriano de Lima Brayner abriu a porta de serviço de seu apartamento para um visitante inesperado que se anunciara "um coronel". Na soleira uma vela iluminava o rosto do coronel Vernon Walters, seu camarada dos tempos da FEB. Procurava notícias, e Brayner disse-lhe: "Kruel acaba de

---

16 Luiz Alberto Moniz Bandeira, *O governo João Goulart*, p. 180, baseado em entrevistas com Goulart e Kruel.
17 General Rubens Resstel, setembro de 1988, e Roberto de Abreu Sodré, março de 1991.
18 General Rubens Resstel, setembro de 1988.
19 Almino Affonso, abril de 1988.
20 Claudio Mello e Souza, "O vizinho do presidente", em Alberto Dines e outros, *Os idos de março e a queda em abril*, p. 180.

lançar um manifesto". "Graças a Deus!", respondeu Walters, um devoto católico.[21] Eram quase 23 horas.

O "dispositivo" de Jango começava a desabar. Durante as doze horas que se seguiram aos disparos telefônicos de Mourão ele funcionara por inércia, sustentado pela modorra que invade as instituições burocráticas postas diante de situações imprevistas. Fora de Minas Gerais, nenhum general em comando de tropa aderira publicamente ao movimento. A cúpula militar manteve um olho para cima, esperando pela ação do governo, e outro para baixo, esperando a reação dos oficiais. A inércia do governo exacerbou-lhe as vulnerabilidades, tanto no sentido vertical — da linha de comandos — como no horizontal — na base da oficialidade.

Goulart não podia contar com a ação de dois dos seus três ministros militares. O general Jair Dantas Ribeiro, da Guerra, achava-se recluso no hospital, abatido por complicações pós-operatórias. O almirante Paulo Mário mal conhecia seu gabinete. O comando das operações legalistas estava entregue a Assis Brasil, um oficial medíocre que acabara de ganhar as estrelas de general de brigada.[22] Diante da hostilidade de Castello Branco, o "dispositivo" decidira substituí-lo na chefia do Estado-Maior pelo general Benjamin Rodrigues Galhardo, que estava no comando do III Exército. Parecia uma manobra brilhante, pois no mesmo lance designou-se o general Ladário Pereira Telles (em férias em Nova Friburgo) para o comando da 6ª Divisão de Infantaria, em Porto Alegre, abandonada por seu titular, Adalberto Pereira dos Santos. Por ser o general de divisão mais antigo na área, Ladário se tornaria comandante interino do III Exército, o mais poderoso do país. Com uma cajadada matavam-se dois coelhos, Castello e Adalberto. Na realidade, quebraram-se dois cajados, e não se matou coelho algum. Galhardo não chegou a pôr o pé no Estado-Maior, e Ladário caiu num comando desarticulado.

O poderoso esquema do Sul ainda tinha mais surpresas. O "dispositivo" contava com os generais Floriano Machado (3ª Região Militar) e Newton Barra (Artilharia Divisionária/3). Subindo-se em direção ao norte, no Paraná tinha os generais Crisanto de Figueiredo (Infantaria

---

21 John W. F. Dulles, *Castello Branco*, p. 347.
22 Darcy Ribeiro retrata Assis Brasil em suas *Confissões*, chamando-o de "ingênuo e tolo", p. 312.

Divisionária/5) e Silvino Castor da Nóbrega (5ª Região Militar). Os quatro se encontravam em férias no dia 31 de março. Crisanto e Silvino, que estavam no Rio de Janeiro, tomaram um avião para Curitiba e, por falta de visibilidade para pousos, acabaram descendo em Porto Alegre.[23]

No II Exército, a principal peça do "dispositivo" era o general Euryale de Jesus Zerbini, comandante da Infantaria Divisionária/2, em Caçapava. Assumira a guarnição na véspera e mal conhecia os coronéis que comandavam os regimentos com que o governo contava para controlar o vale do Paraíba, principal via de comunicação entre São Paulo e o Rio. Por conta disso, à uma da manhã do dia 1º, quando telefonou para o comandante do 5º Regimento de Infantaria, teve a surpresa de verificar que o quartel estava vazio. Zerbini mandou uma patrulha motorizada procurar o 5º RI. Anos depois, comentaria: "Nunca eu tive notícias dela".[24]

Ao amanhecer do dia 1º de abril Kruel persistia na posição de emparedar Jango sem depô-lo. Em seu manifesto dissera que era necessário "salvar a pátria em perigo, livrando-a do jugo vermelho", mas não mencionara o presidente. Declarara-se "fiel à Constituição" e à "manutenção dos poderes constituídos", e informava que o objetivo do II Exército visava "exclusivamente a neutralizar a ação comunista que se infiltrou em alguns órgãos governamentais".[25] Depois do telefonema das 22 horas, falara com Jango duas outras vezes, sempre lhe pedindo, em vão, que jogasse a esquerda ao mar.[26]

No IV Exército, com sede no Recife, o general Justino Alves Bastos, que dera a Jango a garantia do controle de sua área e a Castello a certeza da adesão, aproximava-se cautelosamente do levante.[27] Às dez horas do dia 1º, recebeu em seu gabinete o economista Celso Furtado, superintendente da Sudene e ex-ministro do Planejamento de Jango. Disse-lhe

---

23 M. Poppe de Figueiredo, *A Revolução de 1964*, p. 59, e Hernani d'Aguiar, *A Revolução por dentro*, p. 129.
24 Hélio Silva, *1964 — Golpe ou contragolpe?*, p. 392.
25 Glauco Carneiro, *História das revoluções brasileiras*, p. 523, e *O Estado de S. Paulo*, segundo clichê, 1º de abril de 1964.
26 Eurilo Duarte, "32 mais 32, igual a 64", em Alberto Dines e outros, *Os idos de março e a queda em abril*, p. 144.
27 Para a adesão a Castello, carta de Justino Alves Bastos a ele, de 23 de março de 1964. Para o apoio a Jango, João Ribeiro Dantas (Dantinhas), dezembro de 1985, e entrevista de Assis Brasil a *Manchete*, em 1979, transcrita em José Wilson da Silva, *O tenente vermelho*, pp. 125-7.

que esperava um expurgo dos ministros de esquerda, uma guinada do presidente. Nada mais que isso. Estava disposto a prender quem atentasse contra a ordem pública.[28]

A mudança de posição de Kruel e, em certo sentido, a de Justino resultaram da decomposição da base militar do governo. Ambos tiveram doze horas para ver em que direção o vento sopraria, e ele soprou com tamanha clareza que chegou a ser um exagero esperar tanto.

A revolta dos marinheiros, na semana anterior, e o discurso de Jango no Automóvel Clube, na véspera, desestabilizaram as Forças Armadas. A organização militar, baseada em princípios simples, claros e antigos, estava em processo de dissolução. Haviam sido abaladas a disciplina e a hierarquia. Além disso, o discurso do presidente mostrara que a mazorca tinha o seu amparo. Desde 1961, quando os sargentos foram peças importantes para neutralizar a ação de oficiais que pretendiam impedir a posse de Jango, algumas unidades viviam sob uma espécie de duplo comando. Centenas de oficiais suportaram situações vexatórias. Numa unidade da Vila Militar havia sargentos que não cumpriam escalas de guarda e mantinham paióis particulares.[29] Um deles ameaçara os "senhores reacionários": "O instrumento de trabalho dos militares é o fuzil".[30] Outro, eleito deputado, falava em "enforcamento dos responsáveis pela tirania dos poderes econômicos". Em 1963 o general esquerdista Osvino Ferreira Alves, o mais destacado dos "generais do povo", comemorara seu aniversário com uma festa a que compareceram oitocentos subtenentes e sargentos.[31] Os marinheiros usavam a rede de transmissão dos navios para comunicar suas palavras de ordem e, pelo menos uma vez, abriram o cofre do Conselho do Almirantado para co-

---

28 Celso Furtado, *Obra autobiográfica de Celso Furtado*, tomo II: *A fantasia desfeita*, p. 293.
29 Coronel Carlos Alberto Brilhante Ustra, março de 1988.
30 Adolpho João de Paula Couto, *Revolução de 1964*, p. 68, citando um trecho de discurso do subtenente Jelsy (Rodrigues Corrêa), no dia 11 de agosto de 1963, na comemoração do aniversário do general Osvino Ferreira Alves.
31 Agnaldo Del Nero Augusto, *A grande mentira*, pp. 105 e 103.

piar a ata de uma reunião secreta.[32] Sua associação recebera do Gabinete Civil da Presidência um cheque de 8 milhões de cruzeiros, cinco dos quais deveriam ser repassados a um grupo de sargentos paulistas.[33] Essa anarquia era protegida por alguns poucos oficiais simpáticos ao governo e tolerada por muitos outros, temerosos de enfrentar o "dispositivo" e, com isso, arriscar a liquidação de suas carreiras. A revolta dos marujos ofendeu a grande massa politicamente amorfa. O levante de Mourão sugeriu-lhe a possibilidade do desafio. A inércia do governo incentivou-a a mover-se ou, pelo menos, a não fazer nada.

Fosse qual fosse o governo, fosse qual fosse o presidente, depois de acontecimentos como a insubordinação da marujada e o discurso do Automóvel Clube, em algum lugar do Brasil haveria um levante. Por definição, esse levante não poderia ser reprimido utilizando-se tropas submetidas aos regulamentos convencionais. Um governo que tolerava a indisciplina não deveria acreditar que seria defendido de armas na mão por militares disciplinados, obedecendo a ordens da hierarquia. Repetiu-se nos quartéis o dilema que paralisou Goulart durante o dia 31: o situacionismo esperou ser defendido pela estrutura convencional que desafiara, quando só lhe restava o caminho de atacá-la, antes que ela o liquidasse.

A fraqueza inata da base do "dispositivo" achava-se espalhada no próprio coração da tropa que o governo mandou serra acima para conter Mourão. Na coluna que marchava pela avenida Brasil na manhã do dia 31 encontravam-se o Grupo de Obuses e a 1ª Bateria do 8º Grupo de Canhões Automáticos de 90 milímetros. Os obuses estavam sem os percussores.[34] A bateria era comandada pelo capitão Carlos Alberto Brilhante Ustra, conhecido por ter se atritado com sargentos militantes e se recusado a servir como ajudante de ordens de um "general do povo". Acreditar que um capitão como Ustra dispararia seus canhões por Jango era excesso de otimismo. Sua tropa entrou na estrada submetida a um complicado mecanismo de comando. Ustra tinha o armamento, os cabos e os solda-

---

32 Avelino Bioen Capitani, *A rebelião dos marinheiros*, pp. 35 e 46.
33 Depoimento de José Anselmo dos Santos à Polícia Federal, 10 de junho de 1964, fl. 5.
34 Depoimento do coronel Alberto Fortunato, em José Amaral Argolo e outros, *A direita explosiva no Brasil*, p. 187.

dos da 1ª Bateria. Ainda assim, empurraram-lhe os sargentos da 2ª, mal-equipada, porém servida por janguistas. Além disso, mandaram-no levar no seu jipe outro capitão, mais antigo* que ele e devoto do governo. Elementar: no alto da serra, ao menor sinal de vacilação, seria deposto do comando pelos sargentos e substituído pelo carona. Durante o tempo gasto na estrada, Ustra armou um contragolpe através do ordenança, conspirando com um cabo e meia dúzia de soldados que o ajudaram até mesmo a provocar um engarrafamento na avenida Brasil para retardar a marcha da coluna. Assim, o "dispositivo" se protegia com os canhões de um capitão que não lhe era leal, supondo que ele poderia ser neutralizado pelos sargentos, os quais, por sua vez, tinham de enfrentar o complô do capitão com os cabos.[35] Uma verdadeira anarquia.

Essa embrulhada repetia-se no principal corpo de tropa que o governo mobilizara. O comandante do 1º Regimento de Infantaria, coronel Raymundo Ferreira de Souza, era homem da confiança do general Oromar Osorio, mas fora também assistente-secretário do general Odylio Denys, veterano conspirador, reservista e rebelde. Durante toda a tarde, até chegar a Três Rios, cidade situada a meio caminho entre o Rio e Juiz de Fora, o coronel Raymundo marchou como um soldado de Oromar. Às 22 horas sua tropa aproximava-se do que poderiam ser as linhas de combate, mas tropeçou numa linha telefônica. No posto de gasolina Triângulo, o coronel atendeu a uma chamada de Denys, que estava na casa-grande de uma fazenda, convidando-o a aderir. Ele não vacilou: "Eu e toda minha tropa nos solidarizamos com o movimento revolucionário".[36]

Muricy, que vinha descendo no comando da vanguarda rebelde, estava num grande dia. Começara com uma tropa mal-instruída, preocupado

---

* Na hierarquia militar um oficial é mais "antigo" e o outro mais "moderno" quando, tendo a mesma patente, um chegou a ela antes do outro. Assim, um capitão promovido em março de um ano é mais "antigo" que outro, promovido em dezembro do mesmo ano. O oficial mais "antigo" tem precedência sobre o mais "moderno".

35 Coronel Carlos Alberto Brilhante Ustra, março de 1988.
36 Odylio Denys, *Ciclo revolucionário brasileiro*, p. 120. Hugo Abreu, em *Tempo de crise*, p. 253, conta que anos depois, já promovido a general, Raymundo Ferreira de Souza narrou-lhe os episódios dessa noite negando importância ao telefonema do marechal Denys. Segundo ele, desde a hora da partida do Rio estava disposto a juntar-se às tropas rebeldes.

apenas em localizar desfiladeiros que lhe permitissem tirar partido das montanhas mineiras para conter o avanço dos legalistas enquanto esperava que outras unidades se rebelassem. "Tínhamos munição para poucas horas, mas eu vivi as revoluções de 1930 e 1932 e sabia como são os indecisos. Nessa hora de indecisão, você pode fazer o diabo e, quanto mais diabo fizer, melhor", explicou mais tarde. Antes de saber por Denys que o Regimento Sampaio não lhe daria combate, o general recebera uma proposta de adesão de dois tenentes que comandavam pelotões na primeira linha do 1º Batalhão de Caçadores, de Petrópolis. Pela sua localização geográfica, no alto da serra, o BC era a vanguarda da tropa legalista. Pela hora em que se aproximou das linhas mineiras, Muricy concluiu que o haviam reunido às pressas. Quando soube da adesão dos tenentes, percebeu que o batalhão estava desarticulado. Afinal de contas, na linha de fogo poderia haver, no máximo, cinco pelotões. Se dois trocavam de lado, com cerca de cinquenta homens, o inimigo estava se desmanchando.[37]

Com o tempo, tanto a adesão do coronel Raymundo como a dos oficiais do 1º BC passaram a ser assinaladas como estandartes de uma marcha triunfal e a ser antecipadas para a noite do dia 31 pela historiografia do êxito. Apesar das conversas da noite anterior, Muricy só recebeu os pelotões do 1º BC por volta de meia-noite, e a adesão do comandante do 1º RI só se consumou às sete horas da manhã seguinte. "Estávamos flutuando, sem apoio algum e na expectativa de um ataque das tropas que subiam a serra", escreveu Mourão à uma hora da madrugada.

O Exército, que no dia 31 dormira janguista, acordaria revolucionário, mas sairia da cama aos poucos. No meio da madrugada, no Recife, um filho do governador Miguel Arraes interrompeu a vigília montada no palácio das Princesas e entrou no salão gritando: "Os soldados estão cercando a casa!". Houve um sobressalto, mas o menino sorriu e confessou a brincadeira: "Primeiro de abril...".[38] Começara, de fato, um gigantesco Dia da Mentira, não só pelo que nele se mentiu, mas sobretudo pelo que dele se falseou.

---

[37] General Antonio Carlos Muricy, agosto de 1988.
[38] Violeta Arraes, maio de 1991.

João Goulart era um homem sem inimigos. Os ódios que despertou vieram todos da política.

13 de março de 1964. Jango no palanque do comício da Central, com sua mulher, Maria Thereza. Ela, numa de suas raras aparições públicas.

A última manifestação popular do governo Goulart, ao lado do Ministério da Guerra, foi animada pela Banda dos Fuzileiros Navais e protegida pela Polícia do Exército.

9 de março de 1964. O palanque da Marcha da Família com Deus pela Liberdade, em São Paulo.

27 de março de 1964. Marinheiros rebelados carregam o almirante Cândido Aragão, o *Almirante do Povo* ou *Almirante Vermelho*.

Manhã de 1º de abril de 1964. Sob o comando do tenente Freddie Perdigão Pereira, tanques d[o] 1º RecMec guardam o portão do palácio Laranjeiras, onde está João Goulart. Simbolizam o apo[io] do Exército ao presidente.

1º de abril. João Goulart, acompanha[do] de um guarda-costas e de seu secretár[io] particular, Eugênio Caillard (à direit[a], abandona a "ratoeira" do Rio de Janei[ro]

...rde de 1º de abril de 1964. Os mesmos tanques, comandados pelo mesmo tenen-
..., deixam o Laranjeiras e vão guardar o palácio Guanabara, onde está o governa-
...or Carlos Lacerda. Simbolizam a vitória da rebelião.

...ês vencedores: os generais Antonio Carlos Muricy e Mourão Filho (de cachimbo), com o gover-
...dor de Minas Gerais, Magalhães Pinto.

Rio de Janeiro, 2 de abril. A Marcha da Vitória, abençoada pelo cardeal Jaime Câmara, que atribuiu a derrubada do governo ao "auxílio divino obtido por nossa Mãe Celestial, pelo Venerável Anchieta, pelos quarenta mártires do Brasil e outros santos protetores de nossa pátria".

 Luiz Carlos Prestes
 Amaury Kruel
 San Tiago Dantas

 Darcy Ribeiro
 Carlos Lacerda
 Lincoln Gordon

2 de abril de 1964. Um grupo a caminho da Marcha da Vitória, organizada pela Camde, a Campanha da Mulher pela Democracia.

Abril de 1964. Depois de ter sido amarrado à traseira de um jipe e conduzido pelas ruas do Recife, o comunista Gregório Bezerra, de 64 anos, foi mostrado à imprensa no pátio do quartel onde havia sido espancado.

O palanque da nova ordem. O general Mourão Filho conversa com o vice-presidente José Maria de Alkmin, e o presidente Castello Branco com o ministro da Guerra, Arthur da Costa e Silva. No centro, de óculos, o governador Carlos Lacerda.

O coronel Vernon Walters, adido do Exército da embaixada americana, e seu velho amigo Castello Branco.

Cassado, o ex-presidente Juscelino Kubitschek foi humilhado com sucessivas convocações para depor em quartéis.

O general Ernesto Geisel recusou um comando turístico (a Artilharia de Costa do Rio) e tornou-se chefe do Gabinete Militar do marechal Castello Branco.

O general Golbery do Couto e Silva concebeu, montou e chefiou o Serviço Nacional de Informações: "Nós éramos meia dúzia de gatos-pingados". Intitulava-se "ministro do silêncio".

Aos 27 anos, o capitão Heitor Ferreira foi para o palácio Laranjeiras, como assistente de Golbery. Os três dividiam a mesma sala. Lá, em junho de 1964, Heitor começou seu diário.

1967. O jornalista Marcio Moreira Alves, do *Correio da Manhã*, chega à Polícia Federal para depor. Consegue liberar seu livro *Torturas e torturados*.

Ênio Silveira, dono da Editora Civilização Brasileira, publicava um livro por dia. Em 1965, foi preso. Era acusado de, entre outras faltas, ter oferecido uma feijoada a Miguel Arraes.

Na página ao lado, bilhete do presidente Castello Branco a Geisel, reclamando da prisão de Ênio Silveira. É a seguinte a sua íntegra:

Reservado

— *Por que a prisão do Enio? Só para depor? A repercussão é contrária a nós, em grande escala. O resultado está sendo absolutamente negativo.*

— *Por que anunciar a prisão de Helio de Almeida? Há como que uma preocupação de mostrar "que se pode prender". Isso nos rebaixa.*

— *Penso que devemos tomar medidas decisivas. Comprometo-me a amparar os IPM. Mas não devo estar apoiando uma espécie de chicana policial e judicial.*

— *Devemos fazer força para que os inquéritos cheguem a resultados corretos e os conselhos funcionem. Tudo sem perda de tempo. Há uma verdadeira deterioração. Os companheiros do governo se sentem constrangidos. É difícil a defesa do que desejam fazer Martineli, Pina, etc.*

— *Apreensão de livros. Nunca se fez isso no Brasil. Só de alguns (alguns!) livros imorais. Os resultados são os piores possíveis contra nós. É mesmo um terror cultural.*

[A expressão "terror cultural" foi criada por Tristão de Athayde. Era ridicularizada pelo governo e pelos intelectuais que o apoiavam.]

PRESIDÊNCIA DA REPÚBLICA
GABINETE DO PRESIDENTE

1

Reservado

— Por que a prisão de Ênio? Só para depor? A repercussão é contrária a nós, em grande escala. O resultado está sendo absolutamente negativo.

Reservado

— Apreensão de livros. Nunca se fez isso no Brasil. Só de alguns (alguns!) livros imorais. Os resultados são os piores possíveis contra nós. É mesmo um terror cultural

O marechal Castello Branco e seu sucessor, general Arthur da Costa e Silva, ministro da Guerr

No forte de Copacabana, no Rio de Janeiro, preservou-se uma narrativa intitulada *A Revolta do Forte, Vitória da Legalidade*.[39] São três folhas rubricadas por oficiais rebelados e se propõem a contar "os acontecimentos, exatamente como se passaram", desde a noite em que o comandante do forte informou aos revoltosos da EsCEME que ia se rebelar, até as sete horas da manhã seguinte, quando a unidade se sublevou, reforçada por 27 oficiais da Escola de Estado-Maior. Os fatos estão corretamente apresentados, mas a relíquia contém uma falsidade: a data. Segundo a narrativa, o forte rebelou-se na manhã de 31 de março, poucas horas depois de Mourão e vinte horas antes da proclamação de Kruel. Na realidade, os acontecimentos se passaram exatamente um dia depois, 27 horas depois de Mourão e sete depois de Kruel.

Na madrugada de 1º de abril, o general Castello Branco mudou três vezes de esconderijo. Costa e Silva, codinome *Tio Velho*, duas.[40] Ambos procuravam coordenar a insurreição no I Exército, mas por toda a manhã do dia 1º atiraram a esmo, usando artilharia telefônica e oficiais sem comissão. Um general da reserva que trabalhava na companhia telefônica socorreu os revoltosos abrindo-lhes linhas interurbanas. Costa e Silva fixou-se num apartamento em Botafogo onde, valendo-se dos dois telefones da casa, disparou em poucas horas cerca de cem ligações. Mandou três generais levantarem as principais unidades do Rio. Um rebelaria a 1ª Divisão de Infantaria, outro tomaria o 1º Batalhão de Carros de Combate, e o terceiro ficaria com a Brigada Paraquedista. Nenhum deles conseguiu levantar sequer uma sentinela nas primeiras doze horas do dia 1º.[41]

Quando o dia raiou, no Rio de Janeiro só havia fogo na trincheira do *Correio da Manhã*. Um editorial intitulado "Fora!", estampado no alto de sua primeira página, atirava: "Não resta outra saída ao Sr. João Goulart senão a de entregar o governo ao seu legítimo sucessor. Só há uma coisa

---

39 *A Revolta do Forte, Vitória da Legalidade*, cópia do texto em poder do general Newton Cruz.
40 Para o codinome, Jayme Portella de Mello, *A Revolução e o governo Costa e Silva*, p. 646.
41 Para as ligações telefônicas, John W. F. Dulles, *Castello Branco*, p. 343. O general Raphael de Souza Aguiar levantaria a 1ª DI, José Horacio da Cunha Garcia, o 1º BCC, e Augusto Cezar Moniz de Aragão, a Brigada. Idem, pp. 345-6. Hernani d'Aguiar, *A Revolução por dentro*, p. 149, menciona duas tentativas infrutíferas de sublevação do BCC, feitas pelo general Cunha Garcia durante a manhã. É certo que à tarde ele estava sublevado.

a dizer ao Sr. João Goulart: saia". A essa coragem civil não correspondia um equivalente desassombro militar. No fim da manhã do dia 1º estavam rebeladas apenas duas unidades de combate em todo o Rio: o forte de Copacabana e a fortaleza de São João.[42] Juntas, não somavam tropa para enfrentar uma companhia de fuzileiros. O grosso da guarnição movia-se para a rebeldia, mas ainda não decidira tomar riscos.

Às oito da manhã a Rádio Nacional transmitiu o *Repórter Esso*, "testemunha ocular da história". Era o principal noticiário radiofônico do país e oferecia a súmula do oficialismo: Jair Dantas Ribeiro assumira o comando das operações contra a rebelião, Goulart recebera uma delegação de industriais e comerciantes no Laranjeiras e divulgara uma nota oficial contando com "a fidelidade das Forças Armadas". Tudo fantasia. Até a previsão do tempo: "instável, com chuvas, melhorando no decorrer do período". O chuvisco da tarde acabou em temporal à noite.[43]

No Laranjeiras, Jango ouvia de tudo. Apelos para que se livrasse da esquerda, sugestões para buscar entendimento com Magalhães Pinto e um plano para ocupar o Rio de Janeiro em duas horas.[44] Uma conversa, porém, haveria de marcá-lo. O deputado mineiro Francisco Clementino de San Tiago Dantas, erudito professor de direito que transitava com igual desenvoltura da elite à esquerda, chegou ao Laranjeiras no final da manhã do dia 1º e expôs-lhe uma ameaça:

> Não devemos nos deixar perturbar pelas emoções. É hora de nos mantermos com a cabeça fria. Não podemos nos dar ao luxo de sermos mais imprudentes. Como o senhor deve saber, presidente, o Departamento de Estado norte-americano hoje não sofre mais a influência da política de Kennedy, sofre outras influências, bem diversas. Não é impossível que esse movimento de Minas venha a ser apoiado pelo Departamento de Estado. Não é impossível que ele tenha se deflagrado com o conhecimento e a concordância do

---

42 Hernani d'Aguiar, *A Revolução por dentro*, pp. 131 e 148.
43 Noticiário do *Repórter Esso*, 1º de abril de 1964, em Hemílcio Fróes, *Véspera do primeiro de abril*, pp. 173-6.
44 O entendimento com Magalhães foi sugerido e tentado por San Tiago Dantas. O plano para ocupar o Rio foi lembrado pelo general da reserva Osvino Ferreira Alves. Abelardo Jurema, *Sexta-feira, 13*, p. 191.

Departamento de Estado. Não é impossível que o Departamento de Estado venha a reconhecer a existência de um outro governo em território livre do Brasil.

O presidente perguntou se San Tiago estava especulando.
"Não", respondeu o professor.[45]
San Tiago soubera da disposição americana de apoiar um governo de insurretos pelo ex-chanceler Afonso Arinos, a quem Magalhães Pinto dera dias antes a Secretaria de Relações Exteriores do governo mineiro.[46] Até que ponto San Tiago se baseou apenas na conversa de Arinos, não se sabe. Jango tomou a advertência como um recado do embaixador Gordon.[47] Sua intuição ia na direção certa. Gordon mandara recados a governadores e militares, estimulando-os a produzir um desfecho que pudesse ser considerado legítimo.

O deputado fantasiava num ponto. O dispositivo militar dos americanos começara a ser montado em julho de 1962, no Salão Oval da Casa Branca, pelo presidente Kennedy. Um ano depois, Gordon advertira o Departamento de Estado: "Parece-me cada vez mais claro que o objetivo de Goulart é perpetuar-se no poder através de um golpe como o de Vargas em 1937". Baseava-se em opiniões de todo tipo: desde aquelas de inimigos de Jango, como Juracy Magalhães, às de pessoas de sua intimidade, como o jornalista Samuel Wainer, incluindo as de diplomatas conservadores como o núncio apostólico e as de comunistas como o embaixador iugoslavo: "Se Deus é realmente brasileiro, Goulart terá uma recaída do problema cardíaco que sofreu em 1962".[48]

---

[45] Hélio Silva, *1964 — Golpe ou contragolpe?*, p. 404.
[46] Luiz Alberto Moniz Bandeira, *O governo João Goulart*, p. 181.
[47] João Pinheiro Neto, *Jango*, p. 52. Pinheiro Neto estava no palácio Laranjeiras quando San Tiago se entrevistou com Jango e ouviu dele um relato da conversa.
[48] Telegrama 373, de 21 de agosto de 1963, do embaixador Lincoln Gordon ao Departamento de Estado. Jango sofreu uma isquemia durante uma visita oficial ao México. BJFK.

O telegrama de Gordon desencadeara uma reação burocrática em Washington. No dia 30 de setembro o Departamento de Estado esboçara uma proposta de política de curto prazo para o Brasil na qual se incluíra um programa clandestino de penetração no meio militar e desde logo se recomendara "o apoio e imediato reconhecimento de qualquer regime que os brasileiros estabeleçam para substituir Goulart".[49] O serviço de estimativas da CIA, que em julho confiara no fôlego de Jango, mudara de rumo em outubro: "Achamos que não é mais apropriado estimar que, a despeito dos profundos problemas políticos e econômicos do Brasil, 'as chances ainda favorecem' a permanência do presidente Goulart até o fim do seu mandato".[50] Também propunha o reconhecimento do regime que viesse a emergir de um golpe, "desde que ele pareça razoavelmente instalado".[51]

Tudo isso no governo de Kennedy, que, em outubro, discutira a hipótese de uma intervenção militar direta.

San Tiago estivera convencido de que Brizola planejava um golpe e chamara um jovem diplomata em quem depositava grande confiança para uma conversa no Jardim Botânico. Falou-lhe de seus temores e contou-lhe que apoiava um projeto de resistência articulado em Minas Gerais. Precisava que o amigo estivesse a postos para a eventualidade de ir aos Estados Unidos negociar o suprimento de armas.[52]

Às 11h30 da manhã de 31 de março de 1964, quando Mourão mal tinha tirado seu roupão de seda vermelho e o general Muricy ainda subia a serra ao volante de sua camionete, estavam reunidos em Washington o secretário de Estado, Dean Rusk, o secretário de Defesa, Robert McNamara, o chefe da junta de chefes de Estado-Maior, general

---

49 *Proposed Short Term Policy: Brazil*, doze páginas do Departamento de Estado, de 30 de setembro de 1963. BJFK.
50 Cinco páginas do *Office of National Estimates*, Central Intelligence Agency, de 18 de outubro de 1963. BLBJ.
51 *Comissão de Política Latino-Americana — Política de Curto Prazo Aprovada para o Brasil*, da Central Intelligence Agency, de 11 de outubro de 1963, em Rosental Calmon Alves, "O testamento de Kennedy para Jango", *Jornal do Brasil*, 27 de novembro de 1988, Caderno B Especial, pp. 4-6.
52 A conversa foi com o secretário Marcílio Marques Moreira. Ver seu *Diplomacia, política e finanças*, organizado por Dora Rocha e Alexandra de Mello e Silva, pp. 91-4. Em dezembro de 1963, depois da morte de Kennedy, San Tiago tivera um encontro com o embaixador Lincoln Gordon no qual o aconselhou a comunicar-se com "alguns círculos do Exército, especialmente com o ministro da Guerra, Jair (Dantas Ribeiro), entendendo que o Brasil possa vir a precisar de matérias-primas, peças de reposição e petróleo". Telegrama de Gordon ao Departamento de Estado, de 13 de dezembro de 1963. BLBJ.

Maxwell Taylor, e o diretor da CIA, McCone. A agenda tinha seis itens. O quarto era um relatório sobre "a capacidade de apoio aéreo e naval americano" aos revoltosos.[53] A Casa Branca acordara cedo. Uma hora e vinte minutos depois dessa reunião, enquanto Mourão dormia a sesta, o contra-almirante John Chew, vice-diretor de operações navais, ordenava ao comandante em chefe da Esquadra do Atlântico o deslocamento de um porta-aviões à frente de uma força-tarefa para a "área oceânica nas vizinhanças de Santos, Brasil".[54] Era o plano que o presidente Lyndon Johnson aprovara no dia 20.

A esquadra foi composta pelo porta-aviões *Forrestal*, seis contratorpedeiros com 110 toneladas de munição, um porta-helicópteros, um posto de comando aerotransportado e quatro petroleiros que traziam 553 mil barris de combustível.[55] Era a *Operação Brother Sam*. Os barcos de guerra estavam instruídos para entrar na zona de operações com os tanques tão cheios quanto possível, mas o *Forrestal* não poderia chegar a Santos antes do dia 10 de abril. Os cargueiros poderiam aportar entre os dias 8 e 13.[56] Vinham com o combustível equivalente a um dia do consumo nacional, o bastante para impedir que a revolta ficasse com o tanque vazio. Os prazos pareceram muito longos e levantou-se a possibilidade da primeira remessa de gasolina ser feita por avião. No meio da tarde do dia 31, quando o coronel Helvecio rezava, com sua pistola engatilhada, no sexto andar do Ministério da Guerra, o Departamento de Estado informou ao embaixador que a hipótese do transporte aéreo requereria "um aeroporto seguro para receber jatos" e provavelmente "cobertura de combate durante o trânsito pelo Brasil".[57]

Por volta das 16h30, o professor Gordon recebeu de Washington um questionário para uma teleconferência da qual participaria o subsecretário de Estado, George Ball. Lista curta e grossa:

53 Agenda da reunião das 11h30, em Washington. BLBJ.
54 Marcos Sá Corrêa, *1964 visto e comentado pela Casa Branca*, p. 32.
55 O telegrama 5.595 dos chefes de Estado-Maior informa o movimento de quatro petroleiros: *Santa Inez, Chepachet, Hampton Roads* e *Nash Bulk*. BLBJ.
56 Para a data de chegada dos navios, telefonema de George Ball a Lyndon Johnson, de 31 de março de 1964, fita WH6403.19, BLBJ, traduzido por Lincoln Gordon e publicado pela *Folha de S.Paulo* de 10 de setembro de 1999.
57 Comunicação do Departamento de Estado para a embaixada no Rio de Janeiro. BLBJ.

O dilema que temos pela frente é:
a) nossa preocupação de não deixar a oportunidade passar, pois ela pode não voltar;
b) nossa preocupação de não pôr o governo americano à frente de uma causa perdida. Sugerimos, portanto, que não sejam mandadas novas mensagens a governadores ou militares brasileiros até que tenhamos tido a oportunidade de chegar a uma decisão com base nesta teleconferência e em outros acontecimentos durante o dia.
(...) Você já mandou recados aos governadores enfatizando a necessidade de criação de um governo que possa dizer-se legítimo. Na nossa maneira de ver, as condições para a ajuda do governo americano são:
a) a formação de um governo que diga ser o governo do Brasil;
b) o estabelecimento de algum tipo de legitimidade;
c) a tomada e manutenção de uma parte significativa do território brasileiro por esse governo; e
d) um pedido de reconhecimento e de ajuda deste governo e de outros Estados americanos, para manter o governo constitucional.
(...) Os elementos mínimos de legitimidade que requeremos são uma espécie de combinação dos seguintes:
a) o entendimento de que Goulart praticou atos inconstitucionais;
b) reivindicação da Presidência por alguém que esteja na linha da sucessão;
c) ação do Congresso ou de alguns elementos do Congresso que reivindiquem a autoridade do Legislativo;
d) reconhecimento ou ratificação por alguns ou todos os governos estaduais.
(...) Quem são os possíveis civis que podem reivindicar a Presidência num novo governo? Isso não exclui a possibilidade de uma junta militar como último recurso, o que, porém, tornaria muito mais difícil a ajuda americana.[58]

---

[58] Comunicação do Departamento de Estado para a embaixada no Rio de Janeiro. BLBJ.

O governo americano estava pronto para se meter abertamente na crise brasileira caso estalasse uma guerra civil.

Às 17h38 tocara novamente o telefone do presidente Lyndon Johnson, que continuava em seu rancho do Texas. Era o subsecretário de Estado, George Ball. Na extensão estava o secretário de Estado assistente para Assuntos Interamericanos, Thomas Mann. Ball contou-lhe o que dissera a Gordon. Johnson aprovou: "Acho que devemos tomar todas as medidas que pudermos e estar preparados para fazer tudo que for preciso, exatamente como faríamos no Panamá — desde que seja viável. (...) Eu seria a favor de que a gente se arrisque um pouco".[59]

Parece improvável que o *Forrestal* continuasse a descer o Atlântico se o levante tivesse sido imediatamente sufocado, mas é certo que, na hipótese de os revoltosos controlarem um porto e pistas de pouso capazes de receber aviões-tanque, os Estados Unidos estavam dispostos a garantir o suprimento de combustível e até mesmo armas. Não há registro documentado que previsse um imediato desembarque de tropa, e o *Forrestal* jamais chegou a entrar em águas brasileiras. A frota americana só foi avistada doze anos depois, quando o jornalista Marcos Sá Corrêa desenterrou os documentos da *Operação Brother Sam* na Biblioteca Lyndon Johnson, no Texas.

Apesar do poderio militar mobilizado pelo governo americano e do significado que ele traria caso viesse a ser conhecido, nenhum brasileiro, civil ou militar, participou da deposição de João Goulart porque os Estados Unidos a desejavam. Nessa associação de interesses comuns, ou mesmo complementares, deu-se o inverso. Ela também não era a única associação de interesses internacionais envolvidos no episódio. Noutra, oposta, juntavam-se à esquerda os governos soviético e cubano. Na manhã de 1º de abril, quando San Tiago Dantas advertiu Goulart, registrou-se o óbvio: o governo americano apoiava a insurreição, e a embaixada nela se envolvera.[60]

---

59 Telefonema de George Ball a Lyndon Johnson, de 31 de março de 1964, fita WH6403.19, BLBJ, traduzida por Lincoln Gordon e publicada pela *Folha de S.Paulo* de 10 de setembro de 1999.
60 Durante 34 anos, de 1971 a 2005, discuti com o embaixador Lincoln Gordon, em conversas que somaram mais de vinte horas, o real alcance da sua decisão de requisitar a força naval. Em 1964 ele proclamava que "nem um só dólar" esteve envolvido com a insurreição (Clarence W. Hall, "O país que

Abatido pela decisão de Kruel, pela adesão do 1º RI e pelo agouro de San Tiago, Jango resolveu voar. Determinou ao seu piloto que preparasse o Avro presidencial, enquanto tentava conseguir um jato da Varig. "Vamos, vou sair daqui. Vou para Brasília. Isto aqui está se transformando numa ratoeira", disse a Raul Ryff. O presidente decolou às 12h45. Pouco antes, estivera com o general Moraes Âncora, comandante do I Exército, que o aconselhara a deixar o Rio. O ministro da Guerra, Jair Dantas Ribeiro, telefonara-lhe com o mesmo ultimato que Kruel formulara doze horas antes: exigia que rompesse com a esquerda. Jango recusou novamente a oferta, e Jair respondeu: "A partir desse momento, presidente, não sou mais seu ministro da Guerra".[61]

O general pulava do barco antes do naufrágio. Seria o único membro do ministério a tentar o transbordo. Àquela altura, já não se servia café no Laranjeiras. Do segundo andar do palácio, a deputada Yara Vargas gritava: "O Jango foi embora! E pelo tamanho do avião pedido, acho que ele vai para o Uruguai".[62]

---

salvou a si próprio", *Seleções*, novembro de 1964, p. 97). Posteriormente, Gordon insistiu em que nunca se planejou nenhuma intervenção militar. Tratava-se de "mostrar a bandeira e de intimidar os partidários de Jango". Essa posição do embaixador está amparada na documentação.

Em julho de 1989 perguntei-lhe: "Admitamos que houvesse uma guerra civil, que os navios aportassem em Santos, que os combates continuassem e que os revoltosos pedissem tropas. O senhor aconselharia que se embrulhasse a bandeira e retirasse a frota?".

Gordon respondeu numa carta de 13 de abril de 1990: "Eu não sei se teria recomendado uma intervenção direta. Felizmente nós nunca tivemos que encarar essa questão e só o teríamos feito quando a sua hipótese se materializasse. Então, teríamos que fazer uma nova avaliação do quadro brasileiro e uma reavaliação de suas repercussões no Brasil, nos Estados Unidos, no hemisfério e no mundo. Qualquer decisão desse tipo seria tomada em Washington, e não no Rio. Repito que, em todo caso, a *Operação Brother Sam* não estava equipada para uma intervenção militar direta e não havia plano para intervir".

Em julho de 1990, o embaixador acrescentou: "É possível que planejadores militares no Pentágono ou no Panamá tenham discutido essa possibilidade, como muitas vezes o fazem em planos de contingência. Nunca houve, porém, discussões desse tipo comigo ou na minha presença". O áudio da reunião de outubro de 1963 com o presidente Kennedy mostra que o assunto foi discutido com ele.

Sem guardar relação direta com a profundidade projetada para a intervenção, mas refletindo o entendimento que tivera da participação de seu governo na queda de João Goulart, o presidente americano Lyndon Johnson costumava dizer que "sou um presidente caipira, que não foi a Harvard, mas o Brasil ainda não virou um país comunista". (Declaração feita ao jornalista Hugh Sidey, publicada na revista *Life International* de 17 de outubro de 1966, referida em telegrama do Departamento de Estado à embaixada no Rio de Janeiro, de 10 de dezembro de 1966. BLBJ.)

61 Hélio Silva, *1964 — Golpe ou contragolpe?*, p. 400.
62 João Pinheiro Neto, *Jango*, p. 125.

Goulart voou de uma ratoeira para uma arapuca. A partida do presidente para Brasília precipitou a dissolução do "dispositivo" no I Exército. No Nordeste, o IV Exército estava rebelado e o governador Miguel Arraes, cercado. As tropas de Kruel moviam-se no vale do Paraíba. Muricy, na pequena cidade de Areal, preparava-se para encontrar a coluna do general Cunha Mello. No Rio Grande do Sul, onde Jango supunha dispor de uma base mais sólida, os principais entroncamentos ferroviários estavam obstruídos por rebeldes. Num deles, um coronel bloqueara toda uma composição mandada a Santa Cruz do Sul para levar a Porto Alegre o 8º Regimento de Infantaria.[63]

Ao meio-dia uns poucos automóveis pararam em frente ao quartel-general da Artilharia de Costa, vizinho lindeiro do forte de Copacabana. De um dos carros desceu um senhor que, ao ser interceptado pela sentinela, deu-lhe um empurrão e, de arma na mão, entrou no quartel. Era o coronel Cesar Montagna de Souza. Atrás dele, armados e gritando, entrariam dezenove oficiais, todos em roupas civis. O comandante da Artilharia de Costa, general Antonio Henrique Almeida de Moraes, tolerara a rebelião do forte. Limitara-se a pedir ao coronel rebelado que mudasse de ideia. Como ele não mudou, ficaram de um lado os revoltosos com o forte e do outro o general com o QG, doze sargentos e vinte soldados. Durante toda a manhã a revolta e a legalidade se confundiram pastosamente. Os dois quartéis não tinham sequer uma cerca a separá-los. Os rebeldes entravam pelos fundos do terreno do QG sem serem incomodados e sem incomodar o general. Quando a Artilharia de Costa foi invadida, o tenente-coronel Newton Cruz, um dos rebeldes do forte, estava no QG do general Almeida de Moraes. Ele conta: "Estávamos lá dentro, com a situação controlada, quando o Montagna entrou. Eles entraram gritando. Eu perguntei o que era tudo aquilo e eles gritavam mais, como se estivessem num combate. Pensei comigo mesmo: 'mal, não vai fazer'. Não havia razão para aquele espalhafato. O QG estava tomado. Foi um golpe contra meia dúzia de burocratas que estavam lá dentro. Uma palhaçada".[64]

---

[63] M. Poppe de Figueiredo, *A Revolução de 1964*, p. 65.
[64] General Newton Cruz, 1987, e Mário Victor, *Os cinco anos que abalaram o Brasil*, p. 531.

Uma palhaçada para quem olhava de dentro para fora. Para quem olhava de fora para dentro, a revolta militar que em mais de 24 horas não produzira uma única troca de tiros acabara de ter o seu grande momento. A guarita do QG ficava debaixo das janelas da maior emissora de televisão do país — a TV Rio — e parte do episódio fora filmado. Pouco depois, estava no ar, com grande sucesso.[65]

O "dispositivo" esfacelava-se, mas ainda assim os rebeldes não conseguiam levantar unidades importantes do Rio, como a Divisão Aeroterrestre. O tenente-coronel Hugo Abreu tentara rebelar o Regimento Escola de Cavalaria e fora polidamente rechaçado: "Despedi-me e saí. O coronel não quis nos apoiar, mas também não me denunciou aos seus superiores".[66] Ninguém sabia o que poderia acontecer quando Cunha Mello e Muricy se encontrassem. A situação militar de Muricy era precária. Àquela altura, porém, nem ele nem seus colegas jogavam uma partida militar. Jogavam cartadas políticas.

A primeira, fulminante, era trazer os indecisos para o lado da revolta, ao menor preço possível, permitindo que o governo fosse deposto sem fraturas sangrentas nas Forças Armadas. Isso vinha sendo conseguido de forma brilhante. O governo estava por um fio, e em todo o território nacional não morrera um só soldado. Revoltosos e legalistas conviviam burocrática e cavalheirescamente, dentro da doutrina de "quem não ajuda também não atrapalha".

Na segunda cartada, tratava-se de decidir o que fazer depois que o governo estivesse no chão, de forma a permitir que a desordem da rebelião fosse imediatamente cauterizada, mantendo-se intactas a cadeia de comando e a hierarquia militar. Os generais de 1964 queriam evitar a bagunça que haviam produzido como tenentes em 1930, quando o Exército, lacerado por levantes, levou quase uma década para se rearrumar, dividido entre "tenentes" e "carcomidos", "rabanetes" e "picolés".[67] Como disse

---

[65] Para a cena da tomada do QG, Paulo Cesar Ferreira, *Pilares via satélite*, pp. 128-9.
[66] Hugo Abreu, *Tempo de crise*, pp. 252-3.
[67] Chamavam-se "carcomidos" os oficiais ligados ao governo deposto; "rabanetes", os militares exaltados que seriam vermelhos por fora e brancos por dentro. "Picolés" eram os oficiais que, expulsos do Exército em rebeliões anteriores, haviam sido promovidos rapidamente às patentes a que teriam direito se tivessem permanecido na tropa.

Cordeiro de Farias, antes de começar, "revolução é uma conta de dividir. Depois de vitoriosa, é uma conta de multiplicar. Multiplica bastante".[68]

Buscava-se preservar o máximo possível de unidade militar, esquecendo-se as lealdades e malquerenças da véspera. A peça típica desse cuidado fora o *Manifesto dos Generais da Guanabara*. Redigida por Golbery na manhã de 1º de abril e assinada por Castello e Costa e Silva, a proclamação acusava Jango de ser dominado por um "ostensivo conluio com notórios elementos comunistas" e de ter caído em "flagrante ilegalidade". Fazia um apelo para que, "coesos e unidos, restauremos a legalidade", e concluía repetindo o refrão: "Camaradas do Exército, unamo-nos em defesa do Brasil".[69]

No final da manhã, Castello, Geisel e Golbery estavam escondidos num apartamento em Copacabana, artilhados com os telefones do anfitrião e de um vizinho.[70] Na sala estava também o marechal Ademar de Queiroz. Sentia-se no ar o cheiro da vitória quando o marechal filosofou: "Agora vem o pior, a fase das ambições". Por falar em ambições, eles começaram a estruturar o novo "dispositivo". Com papel à mão, listaram os nomes dos oficiais e de comandos. "Quem onde?", resumia Ademar.[71]

Do seu aparelho, Costa e Silva sugeriu ao general Âncora que se rendesse, argumentando que o movimento rebelde tinha força e raízes fundas, pois não nascera "como tiririca". Âncora, surpreendentemente, invocou uma promessa feita a Jango e pediu para conferenciar com Kruel na Academia Militar das Agulhas Negras, a AMAN, a meio caminho entre o Rio e São Paulo. O I Exército estava grogue, mas ainda não caíra. Às 14h30, enquanto num telefonema Costa e Silva dizia a Âncora que ele estava perdido, noutro, dois generais que designara para levantar unidades na Vila trocavam queixas. Viam que tinham desperdiçado seu tempo vagando pelas portas de quartéis da Zona Norte e retornaram ao remanso da Escola de Estado-Maior.[72]

---

[68] Aspásia Camargo e Walder de Góes, *Meio século de combate*, p. 582.
[69] Glauco Carneiro, *História das revoluções brasileiras*, pp. 523-4, e Luiz Viana Filho, *O governo Castello Branco*, p. 27.
[70] John W. F. Dulles, *Castello Branco*, pp. 349-50.
[71] *Diário de Heitor Ferreira*, 31 de agosto de 1972. APGCS/HF.
[72] Hernani d'Aguiar, *A Revolução por dentro*, p. 148. Para a hora do telefonema, Jayme Portella de Mello, *A Revolução e o governo Costa e Silva*, p. 178.

Âncora chegou à AMAN no meio da tarde, disposto a render-se, mas Kruel só apareceu às dezoito horas.[73] Em Areal, sem a tropa do 1º RI, Cunha Mello percebeu que defendia uma legalidade sem retaguarda. Muricy mandara-lhe um recado informando que "como cavalheiro" não daria o primeiro tiro sem avisá-lo. Antes do pôr do sol o general enviou um emissário ao comandante rebelde. Sabia do encontro da AMAN e julgava-se sem comandante. Queria retrair sua tropa, mas pedia aos revoltosos que só avançassem duas horas depois de sua retirada, para que ela não parecesse fuga. Muricy deu-lhe uma hora de vantagem e começou a descer a serra.[74]

O que Jango pretendeu ao mandar Âncora falar com Kruel não se sabe. Do seu campo partiam mensagens desencontradas. De um lado, informava-se que havia pedido a Juscelino Kubitschek que tentasse uma mediação com o governador Magalhães Pinto.[75] De outro, o chefe de seu Gabinete Civil, Darcy Ribeiro, planejara a ocupação do Congresso e convocara ao palácio do Planalto dois dirigentes do Partido Comunista Brasileiro.[76] Um deles era o deputado federal Marco Antônio Coelho, velho conhecido de Darcy, que o recrutara para o PCB em 1942.[77] Para esse encontro há duas versões e uma elipse. Uma, que circulou na época, foi confirmada ao autor em julho de 1969 por Darcy e em 1988 por Marco Antônio.[78] O professor teria oferecido aos comunistas submetralhadoras e uma lista de políticos que deveriam ser executados. Nela estariam os nomes do presidente do Supremo Tribunal Federal (Álvaro Ribeiro da Costa), do presidente do Senado (Auro Moura Andrade) e de alguns parlamentares, entre os quais Milton Campos e Bilac Pinto. A oferta foi

---

73 Uma explicação para o atraso de Kruel está em Eurilo Duarte, "32 mais 32, igual a 64", em Alberto Dines e outros, *Os idos de março e a queda em abril*, p. 151. Viajando num comboio de três viaturas, seu carro enguiçou, e os outros dois distanciaram-se, deixando-o, em uniforme de campanha, no meio da estrada. Foi socorrido por uma patrulha da Polícia Rodoviária, que o levou a Resende.
74 General Antonio Carlos Muricy, agosto de 1988.
75 Senador Edmundo Levy, em *Diário do Congresso Nacional*, 2 de abril de 1964, p. 685.
76 Para a ocupação do Congresso por cerca de mil trabalhadores acantonados no Teatro Nacional, ver Darcy Ribeiro, *Confissões*, p. 355.
77 Entrevista de Marco Antônio Coelho, em Alberto Dines, Florestan Fernandes Jr. e Nelma Salomão (orgs.), *Histórias do poder*, vol. 1: *Militares, Igreja e sociedade civil*, p. 68.
78 A confirmação de Darcy ocorreu em julho de 1969, durante uma convivência de duas semanas no Batalhão de Comando do Corpo de Fuzileiros Navais, na ilha das Cobras.

rejeitada.[79] Darcy não registrou esse fato em suas memórias. Na elipse, lembrou-se que, nessa tarde, deu "ordens incumpríveis".[80] Em 1999 Marco Antônio concluiu suas memórias e, duvidando de sua lembrança, registrou uma situação diferente. As armas, com certeza, limitavam-se a um fuzil-metralhadora. O propósito teria sido prender, e não matar, as pessoas que constavam da lista. Os comunistas responderam que não se lançariam a atos de "terrorismo".[81]

No edifício de mármore branco e vidros verdes da embaixada americana, no Centro do Rio, o embaixador Gordon, preocupado com a aglomeração popular na Cinelândia, a trezentos metros de seu gabinete, mandara levar os documentos secretos para o último andar do prédio e determinara que se desligasse o sistema de ar-refrigerado do edifício, para evitar um incêndio caso a embaixada fosse atacada.[82]

O que Kruel pretendeu indo se encontrar com Âncora em Resende já parece mais claro. Jango estava no chão, vivia-se "a fase das ambições", e o comandante do II Exército, que começara a decidir a parada ao abandonar o presidente, tinha um fantasma à sua frente: o seu velho inimigo Castello Branco e todo aquele grupo de oficiais que passara a girar em torno do chefe do Estado-Maior. Um passo em falso e Castello poderia ultrapassá-lo. Âncora chegou à AMAN em estado deplorável, abatido por uma crise de asma. Os dois generais entenderam-se. O I Exército se renderia, e o general Costa e Silva, conforme proposta de Kruel, assumiria o Ministério da Guerra.[83] Pelo manual, na ausência de titular, o cargo cabia ao chefe do Estado-Maior do Exército.

Castello sabia disso. Às 17h45 saiu da clandestinidade, tomou um carro e foi visitar o forte de Copacabana, onde resolveram homenageá-lo, como se fosse o novo ministro, com uma salva de 24 tiros dos velhos canhões Schneider.[84] Ao quinto disparo espalhou-se o pânico na Zona Sul,

---

[79] Marco Antônio Coelho, agosto de 1988, no que se refere à reunião com os representantes do PCB. O outro dirigente comunista era Walter de Souza Ribeiro, desaparecido em 1974. Marco Antônio Tavares Coelho, *Herança de um sonho*, p. 268.
[80] Darcy Ribeiro, *Confissões*, p. 355.
[81] Marco Antônio Coelho, agosto de 1999.
[82] Lincoln Gordon, agosto de 1988.
[83] José Stacchini, *Março 64*, pp. 99 e 102-3.
[84] John W. F. Dulles, *Castello Branco*, p. 353.

e a salva foi interrompida, sendo assim cinco os cartuchos de artilharia consumidos em todo o país. O general demorou-se um pouco e saiu para o quartel-general.

Chegou às vinte horas. Logo depois, apareceu Costa e Silva. Foi ao gabinete de Castello, onde estava Geisel, tratar do futuro.

O tenente-coronel Leonidas Pires Gonçalves, saindo do banheiro, cuja porta ficava no corredor do gabinete de Castello, presenciou o seguinte diálogo de Geisel com Costa e Silva:

— Por que o senhor não vai assumir o I Exército?
— Porque eu vou assumir essa coisa toda — respondeu Costa e Silva, elevando a voz.[85]

Costa e Silva assumiu na marra. Seu cacife estava no apoio de Kruel, que via no tropeiro de passado inexpressivo uma barreira eficaz para cortar o caminho de Castello.

Essas manobras pareciam não ter importância para a classe média do Rio de Janeiro, que enfeitava com papel picado a forte chuva que caía sobre a cidade. Não tinham importância também para o governador Carlos Lacerda, que, aos prantos, falava pelo telefone com a TV Rio: "Obrigado, meu Deus, muito obrigado". Nem eram relevantes para o governador de São Paulo, Adhemar de Barros, que atribuía a vitória da rebelião a mais um milagre de Nossa Senhora Aparecida, de quem se dizia devoto. Também não mereciam a atenção da embaixada americana, onde Gordon anunciava a Washington que "a revolta democrática está 95% vitoriosa". Tratando do futuro, informava que "começamos um trabalho de equipe sobre possíveis necessidades de ajuda em segurança interna, estabilização financeira etc.".[86] Tudo isso com o ar-refrigerado religado. A essa altura a embaixada soviética queimava papéis, com

---

85 General Leonidas Pires Gonçalves, agosto de 1998.
86 Mensagem da embaixada no Rio de Janeiro ao Departamento de Estado, de 1º de abril de 1964. BLBJ.

medo de ser atacada.⁸⁷ "Sensação geral de alívio", escreveu em seu diário o poeta Carlos Drummond de Andrade.⁸⁸

O governo de João Goulart se desmanchara. Às quatro da tarde de 1º de abril de 1964, os cinco tanques M-41 do 1º Regimento de Reconhecimento Mecanizado, sob o comando do tenente Freddie Perdigão Pereira, fizeram o percurso emblemático das derrotas, indecisões e vitórias da jornada. A coluna de Perdigão guardava a entrada do parque Guinle, sobre o qual está encarapitado o palácio Laranjeiras. Tivera a soberba missão de proteger o presidente. Jango voara para Brasília, e o tenente vigiava um portão no caminho de um casarão vazio. Convidado a aderir ao levante por um major da EsCEME, Perdigão justificou-se: não o fizera ainda porque sua unidade continuava leal ao governo e também porque temia a reação dos quatro sargentos de seu pelotão. Mais tarde, chegou-se a um acordo. Os sargentos ficaram com um dos tanques e regressaram ao quartel, enquanto Perdigão saiu com os outros quatro, tripulados por cabos.⁸⁹

O tenente percorreu a curta distância que separa o palácio Laranjeiras do Guanabara. Minutos depois, os ferros que protegiam o governo de Jango passaram a guarnecer Lacerda e a revolta. Os tanques do tenente Perdigão chegaram antecedidos por um Volkswagen em cujo estribo subiu o major Etchegoyen, que estava pela redondeza, procurando uma trincheira. Em questão de minutos criou-se a lenda heroica segundo a qual aqueles tanques, sob o comando do major, salvaram o Guanabara, Lacerda e o Brasil. Lacerda abraçou o carona e chorou. Fizeram-se fotografias e discursos. O tenente Perdigão perdeu-se na multidão. Sua operosidade só voltou a ser necessária no dia seguinte, quando se tratou de devolver os tanques à garagem do RecMec. No caminho, ele cruzou com os primeiros agrupamentos da primeira celebração pública da nova ordem, a Marcha da Vitória.⁹⁰

---

87 Entrevista de Nikolai V. Mostovietz, chefe do Departamento de Américas do PCUS em 1964, a Jaime Spitzcovsky, *Folha de S.Paulo*, 27 de março de 1994, B-2, Caderno Especial *30 anos depois*.
88 José Maria Cançado, *Os sapatos de Orfeu*, p. 290.
89 Depoimento de Freddie Perdigão Pereira, em José Amaral Argolo e outros, *A direita explosiva no Brasil*, pp. 246-7, e Hernani d'Aguiar, *A Revolução por dentro*, pp. 162-3.
90 Depoimento de Perdigão, em José Amaral Argolo e outros, *A direita explosiva no Brasil*, p. 247. Ver também Hernani d'Aguiar, *A Revolução por dentro*, p. 162. E, ainda, "Boletim nº 1 (Colaboração de jornalis-

Jango passou em Brasília apenas o tempo necessário para notar que trocara de ratoeira. Na capital o presidente do Senado, Auro Moura Andrade, preparava a associação do Congresso à rebelião. Militarmente, era um pobre. Dispunha de seis submetralhadoras e doze fuzis.[91] Politicamente, encarnava com sua voz de baixo um Congresso que já percebera o fim do governo. Às 22h30 o presidente abandonou a granja do Torto e voou para Porto Alegre num Avro da FAB. Nem sequer passou pelo palácio do Planalto para limpar a mesa ou o cofre. Deixou à mulher, Maria Thereza, uma linda gaúcha de 27 anos, a tarefa de tirar os filhos da cama, juntar algumas malas e segui-lo para o Sul. Ela viajou com um tailleur, duas mudas de roupa e uma bolsa de maquiagem.[92] O avião em que embarcaria pousou no Torto com a ajuda de automóveis com faróis acesos a balizar a pista.

Enquanto o presidente voava para o Rio Grande do Sul, Auro Moura Andrade, baseado "nos fatos e no regimento", declarou vaga a Presidência da República e organizou uma cerimônia bizarra.[93] No meio da madrugada, acompanhado pelo presidente do Supremo Tribunal Federal, rumou para o palácio do Planalto. Levava consigo o deputado Ranieri Mazzilli, que, como presidente da Câmara, seria o sucessor de Jango, caso a República estivesse acéfala. Formaram a menor comitiva de posse de um presidente da história republicana. Atravessaram a praça dos Três Poderes nuns poucos automóveis e encontraram o Planalto às escuras. O deputado Luiz Viana Filho subiu as escadas com a ajuda de fósforos acesos e a certa altura viu-se ao lado de Robert Bentley, o jovem secretário de embaixada encarregado das relações parlamentares da representação americana em Brasília.[94] O comandante da Região Militar, general Nicolau Fico, passara as últimas horas aceitando ordens de Costa e Silva e de Darcy. Quando Mazzilli começou a ser empossa-

---

tas que estão cobrindo a crise no palácio Guanabara, 1º de abril de 1964)", em Mauro Magalhães, *Carlos Lacerda, o sonhador pragmático*, pp. 181-6.
91 Auro Moura Andrade, *Um Congresso contra o arbítrio*, pp. 235-6.
92 Para as roupas, entrevista de Maria Thereza Goulart a Luiz Antonio Ryff, *Folha de S.Paulo*, 23 de novembro de 1997, Brasil 1-6.
93 *Grandes momentos do Parlamento brasileiro*, 1999. CD-4, trilha 4.
94 Luiz Viana Filho, *O governo Castello Branco*, p. 46.

do, a legalidade, representada por Darcy e Fico, estava no piso de cima. Encontraram-se na escuridão. Deu-se uma discussão em torno da lealdade do general. Darcy chamou-o de "macaco traidor" ("estou vendo os pelos crescendo no seu corpo") e foi-se embora.[95] Um empurrão, dado no Rio por um coronel numa sentinela, e um insulto humilhante, imposto em Brasília por um professor a um general, simbolizaram a violência dos combates na cúpula do regime e na vanguarda da rebelião.

Na rua, a revolta militar saiu mais cara. No Recife dois estudantes foram mortos quando uma passeata marchou para o palácio do Campo das Princesas e se encontrou com as tropas que o cercavam. Alguns manifestantes davam vivas ao "Exército brasileiro" quando se ouviram alguns disparos. Chegou-se a pensar que eram balas de festim do "dispositivo". No Rio de Janeiro militares atiraram contra manifestantes que se haviam reunido em frente ao Clube Militar, na Cinelândia. Ainda assim, na contabilidade das quarteladas latino-americanas, a deposição do presidente João Goulart foi praticamente incruenta. Custou sete vidas, todas civis, nenhuma em combate.[96]

A posse do deputado Ranieri Mazzilli na Presidência era inconstitucional, visto que João Goulart ainda se encontrava no Brasil. Preenchia, contudo, a necessidade de um desfecho aparentemente legítimo. O Departamento de Estado americano estava pronto para recebê-lo desde setembro de 1963. Em poucas horas a Casa Branca e a embaixada no Rio começaram a discutir o texto e a oportunidade de uma nota do presidente Lyndon Johnson reconhecendo o novo governo brasileiro. A Constituição determinava que, em caso de vacância da Presidência na segunda metade do mandato do seu titular, a vaga deveria ser preenchi-

---

[95] Waldir Pires, junho de 2002. Darcy Ribeiro, *Confissões* (p. 355), e depoimento de Waldir Pires em *Caros Amigos*, nº 12, ano 1, março de 1998, pp. 34-6.
[96] No dia 1º de abril morreram sete pessoas. No Rio de Janeiro, em frente à Faculdade Nacional de Direito, foi baleado Ari de Oliveira Mendes Cunha; na Cinelândia, Labib Elias Abduch; na Faculdade Nacional de Filosofia, o estudante Antônio Carlos Silveira Alves, baleado acidentalmente por um colega. No Recife, a tropa do Exército que cercava o palácio das Princesas matou os estudantes Ivan Rocha Aguiar e Jonas José Albuquerque. Em Governador Valadares, Minas Gerais, pistoleiros arregimentados pelo delegado da cidade mataram Augusto Soares da Cunha e seu filho, Otávio Soares da Cunha. (Otávio, baleado no rosto, morreu no dia 4 de abril.) Nilmário Miranda e Carlos Tibúrcio, *Dos filhos deste solo*, pp. 545-7 e 558. Ver também *Dossiê dos mortos e desaparecidos políticos a partir de 1964*, pp. 41-6.

da pelo Congresso. Mazzilli não tinha biografia que lhe permitisse durar. Como informava a CIA à Casa Branca no dia 2 de abril, "Ranieri Mazzilli acumulou considerável fortuna, mas sua riqueza não veio de herança. Ela foi amealhada ao longo de uma dura ascensão burocrática".[97]

Enquanto Mazzilli tomava posse no Planalto, o Avro AC2501 pousava em Porto Alegre com o presidente. Durante o resto da madrugada de 2 de abril Jango explorou a fantasia da resistência. Foi para a casa do comandante do III Exército escoltado pela Companhia de Guarda, reuniu-se com Brizola, colecionou notícias desastrosas e teve uma crise de choro. No início da manhã, como sucedera no Rio e em Brasília, viu-se novamente na ratoeira. O general Floriano Machado entrou no quarto onde estava o presidente e avisou: "Tropas de Curitiba estão marchando sobre Porto Alegre. O senhor tem duas horas para deixar o país se não quiser ser preso".[98]

Às 11h45 Jango voou com o general Assis Brasil para a Fazenda Rancho Grande, em São Borja, onde já estavam Maria Thereza e seus filhos. A permanência na mais conhecida de suas fazendas era uma temeridade. Assis Brasil organizara uma segurança precária valendo-se dos peões. Garantindo-se, mantiveram abastecidos os três aviões da propriedade. Tomaram um C-47 e se mandaram para um rancho às margens do rio Uruguai. Esconderam o avião no mato. O presidente cozinhou um ensopadinho de charque com mandioca enquanto fazia seus planos. Queria ir para o Xingu, no meio da mata amazônica.[99] Fazer o quê, não se sabe.

Nas barrancas do rio Uruguai, João Goulart viveu os últimos momentos de seu aniquilamento político num estado de deprimente solidão. É conhecida a orfandade dos fracassos, mas alguns aspectos do comportamento dos generais de Jango acabaram por engrandecer sua pequena figura. Desde o momento em que Moraes Âncora lhe sugeriu que deixasse o Laranjeiras até a hora em que Floriano Machado lhe disse que fugisse do Brasil, os oficiais do "dispositivo" praticamente enxotaram o presidente,

---

[97] Perfil do presidente Ranieri Mazzilli, Central Intelligence Agency, 2 de abril de 1964. BLBJ.
[98] Para a chegada de Jango, M. Poppe de Figueiredo, *A Revolução de 1964*, p. 67. Para os acontecimentos na casa do comandante do III Exército, José Wilson da Silva, *O tenente vermelho*, pp. 103-8.
[99] Entrevista do general Argemiro de Assis Brasil à revista *Manchete*, em 1979. Em José Wilson da Silva, *O tenente vermelho*, pp. 125-7.

do Rio para Brasília, de Brasília para Porto Alegre e de Porto Alegre para o diabo que o carregasse, desde que fosse para longe de suas biografias. Faziam isso em derradeira tentativa de buscar a qualquer preço um acordo que lhes salvasse as dragonas.

As exceções se deram no meio civil. Numa sessão da Câmara em que se tomara o cuidado de evitar a conflagração da madrugada anterior e se pusera em votação um projeto que isentava de impostos os equipamentos para o beneficiamento do sisal, o deputado petebista Zaire Nunes afundava atirando: "O meu estado, o Rio Grande do Sul, que vinha pelas suas forças vivas resistindo ao golpe — fui informado há poucos minutos — cessou. O povo gaúcho foi também esmagado por essas forças que se uniram contra as aspirações de libertação nacional".[100]

"O governo que se instala o faz na base da tirania e da ditadura", denunciava o deputado Fernando Santana, eleito com os votos comunistas da Bahia.[101]

Quando Jango contou a Assis Brasil que estava pensando em ir para uma fazenda no Xingu, o general rebateu: "O senhor vai sozinho? Eu tenho que me apresentar ao Exército, porque, caso contrário, serei considerado desertor". Passou algum tempo e o assunto voltou. O general foi mais fundo: "O senhor vai acabar sendo jogado numa ilha qualquer como Fernando de Noronha. Tem duas crianças e uma mulher. Pode aguentar, mas será que essas crianças resistirão, com o pai na prisão?". Começaram a traçar o caminho da fuga.[102] Numa folha de caderno escolar, o presidente escreveu uma nota ao governo uruguaio pedindo asilo. Esse texto nervoso, onde grafou "Rep." em vez de "República", foi entregue ao piloto que levara Maria Thereza e os dois filhos para Montevidéu.[103]

À solidão do pampa contrapunha-se a ansiedade de Brasília e Washington. João Goulart estava mais que deposto, mas o artigo 85 da

---

[100] *Diário do Congresso Nacional*, sessão de 2 de abril de 1964, p. 1990.
[101] Idem, p. 1993.
[102] Entrevista do general Argemiro de Assis Brasil à revista *Manchete*, em 1979. Em José Wilson da Silva, *O tenente vermelho*, pp. 125-7.
[103] O destinatário da carta era seu amigo João Alonso Mintegui, adido comercial da embaixada do Brasil em Montevidéu. Jango datou-a de 4 de abril, mas, segundo Juan Carlos Mintegui, filho do adido, ela foi escrita no dia 3. Entrevista de Mintegui a José Mitchell, *Jornal do Brasil*, 29 de novembro de 1992, p. 16, com a reprodução do manuscrito.

Constituição só permitia que a Presidência fosse declarada vaga se ele deixasse o país sem autorização do Congresso. Jango continuava em Rancho Grande quando o embaixador Lincoln Gordon avisou a Washington: "Estou confuso diante da situação jurídica discutível que envolve a posse de Mazzilli, nesta manhã. A declaração do presidente do Congresso, senador Moura Andrade, de que a Presidência ficou vaga, não tem o amparo do voto dos parlamentares. O presidente do Supremo Tribunal Federal dirigiu a cerimônia de posse de Mazzilli, mas não tinha o amparo de um voto da Corte".[104] Três horas depois a questão parecia resolvida. Gordon revelava que, segundo um "informe confiável", o presidente estava voando para Montevidéu, aonde chegaria "a qualquer momento".

Enquanto isso, os americanos conversavam. Em Brasília, Auro reuniu-se com o chefe da representação americana na capital. No Rio, o general Castello Branco encontrou-se com o coronel Vernon Walters, seu amigo desde a guerra na Itália. Na embaixada, Gordon redigiu o rascunho do que haveria de ser a cerimoniosa indicação do lado para o qual a bandeira americana tremulava: um telegrama de felicitações do presidente Lyndon Johnson a Mazzilli.[105]

Jango continuava nas barrancas do rio Uruguai. De lá decolaria duas vezes, sempre em direção às suas fazendas. Durante as 72 horas em que vagou pelo pampa, descendo em quatro de suas propriedades, comportou-se mais como um estancieiro administrando uma longa ausência do que como um governante que procura se manter no poder. Ele só chegou a Montevidéu no dia 4, mas isso já não tinha a menor importância. Johnson telegrafara a Mazzilli na noite do dia 2 apresentando-lhe "calorosos votos de felicidade" e proclamando que "as relações de amizade e cooperação entre nossos dois governos e povos representam um grande legado histórico e arma preciosa para os interesses da paz, da prosperidade e da liberdade neste hemisfério e no mundo". Por via das dúvidas, cortou-se um trecho da minuta, evitando-se dizer que a posse se dera "de acordo com as disposições constitucionais".[106]

---

[104] Teleconferência das quinze horas GMT do dia 2 de abril, entre a embaixada americana no Rio de Janeiro e a Casa Branca. Marcos Sá Corrêa, *1964 visto e comentado pela Casa Branca*, p. 136.
[105] Idem, p. 137.
[106] Marcos Sá Corrêa, *1964 visto e comentado pela Casa Branca*, pp. 138-9.

A *Operação Brother Sam* foi desativada, e o comandante da frota instruído para camuflar a movimentação através de uma simulação de manobras de combate. Era quase meia-noite de 2 de abril em Washington quando o Departamento de Estado saiu do ar e o subsecretário George Ball mandou uma mensagem pessoal ao embaixador Lincoln Gordon: "Felicitações a você e à sua equipe pelos nervos firmes e bons conselhos durante o período crítico, e pelos excelentes relatórios sob condições de grande confusão. Boa noite e parabéns".[107]

A grande confusão mal começara. Mazzilli era um presidente sem futuro e Costa e Silva, chefe revolucionário sem passado. Tomara o Ministério da Guerra com o propósito de empalmar o poder sem aprofundar rachaduras no meio militar. Enquanto as rádios e televisões anunciavam que houvera uma revolução, ele se comportava como se ela realmente tivesse ocorrido. A partir da manhã de 1º de abril a conduta audaciosa de Costa e Silva encontra poucos paralelos nas quarteladas nacionais. Misturou habilidade e intolerância, tendo sempre como objetivo a construção de uma base de poder nos quartéis. Se em alguns momentos sua conduta pareceu ridícula, não foi dele a culpa. Pelo contrário, o general teve a clarividência de tomar atitudes extravagantes, numa situação que, por si, extravagâncias exigia.

Costa e Silva despachou a todas as unidades militares um radiograma, informando que se sagrara dono da "coisa toda":

> O Exmo. Sr. General Armando de Moraes Âncora, nomeado hoje ministro da Guerra interino, deixou este cargo em cerimônia que contou com a presença de todos os generais. Dada a situação de fato criada com os últimos acontecimentos, comunico que, em virtude de ser o membro do Alto-Comando mais antigo, assumi na mesma cerimônia o comando do Exército Nacional.

[107] Idem, pp. 51 e 139.

General de Exército Arthur da Costa e Silva
Comandante do Exército Nacional.[108]

O Brasil tomava conhecimento da existência do general Arthur da Costa e Silva através de um documento prodigioso. Afora a data — 1º de abril — o radiograma não continha uma única afirmação verdadeira. A saber:

1. A nomeação do general Âncora para ministro da Guerra era uma fantasia. Só uma pessoa podia nomeá-lo, precisamente aquela que estava sendo deposta: João Goulart. (A mentira destinava-se a sugerir aos quartéis que a mudança tinha sido feita de acordo com o protocolo, a disciplina e a norma administrativa.)

2. Âncora não deixou o cargo durante uma "cerimônia", nem a ela compareceram "todos os generais". Não compareceram sequer os dois comandantes da revolta. Mourão Filho e Muricy ouviram a notícia na serra, pelo rádio de seus carros. Mourão suspeitava que desejassem fritá-lo e descia "preocupadíssimo em chegar na Guanabara antes do Kruel". Quando ouviu que Costa e Silva assumira, teve uma crise de angina e brigou com a mulher.[109] (A mentira destinava-se a fornecer às guarnições distantes a ideia de que no quartel-general reinavam a paz e a unidade, sem vencedores nem vencidos.)

3. A expressão "membro do Alto-Comando mais antigo" carece de sentido. Como o Alto-Comando é formado pelos generais de quatro estrelas em função no Exército, integrá-lo significava, por definição, merecer alguma confiança do presidente da República. Costa e Silva era um general de quatro estrelas com assento no Alto-Comando por decisão do presidente João Goulart. Já o general Cordeiro de Farias, mais antigo que Costa e Silva e Jair, era um quatro-estrelas sem comissão e, portanto, sem assento no Alto-Comando, igualmente por decisão do presidente,

---

[108] Nelson Dimas Filho, *Costa e Silva*, p. 71. Há outra versão dessa nota, num manuscrito mais extenso redigido por Geisel e copiado sob o título de "Nota para a imprensa e rádio". Não se referia a Âncora, mencionava a presença dos generais que estavam na Guanabara. Nela Costa e Silva assumia as funções de "Comandante em Chefe do Exército Nacional".
[109] Olympio Mourão Filho, *Memórias*, pp. 320 e 382.

que, por todos os motivos, não confiava nele. (A mentira destinava-se a dar a ideia de que Costa e Silva ocupava o ministério pelo imperativo de uma qualificação hierárquica.)

4. Costa e Silva referiu-se a uma "situação de fato criada com os últimos acontecimentos". Não definiu nem qualificou a situação nem os acontecimentos. (A ambiguidade destinava-se a manter aberto o portão aos indecisos. Um oficial outrora ligado ao "dispositivo" poderia se constranger em aderir a um golpe que buscava a deposição do presidente, mas ficaria mais a gosto se aceitasse uma genérica "situação de fato" criada por indefinidos "últimos acontecimentos".)

5. O telex começa dizendo que um "ministro interino" — Âncora — deixara seu cargo e termina informando que Costa e Silva assumira o comando do Exército nacional. Ou seja, dentro do regulamento e de acordo com o cerimonial, recebera um cargo, mas assumira outro. Se isso fosse pouco, o cargo de comandante do Exército simplesmente não existia. (Ao atribuir-se um cargo inexistente, Costa e Silva fabricava a percepção de que dele não podia ser demitido.)

Na divisão do butim militar, Costa e Silva assenhoreou-se do I Exército, nomeando para comandá-lo o general de divisão Octacílio Terra Ururahy, o *Gordão*. Para Mourão Filho, a notícia não fazia sentido. Ele começara o levante e agora seria subordinado de um três-estrelas que, além de estar sem comissão, nada tivera a ver com a revolta. Chegou ao quartel-general às 2h30 do dia 2 de abril, e disseram-lhe que o ministro estava dormindo. Mandou acordá-lo e reclamou, dizendo que, pelo regulamento, o lugar de Ururahy lhe pertencia. De fato, em caso de vacância do comando, ele deveria ocupá-lo, por ser o general mais antigo em serviço no I Exército.[110] Costa e Silva explicou-se: "Foi tudo resolvido na base da hierarquia. Assumi o comando por ser o mais antigo aqui no Rio e o Ururahy é o general de divisão mais antigo. Eu quis colocar o *Gordão* como mola, para-choque entre mim e a tropa do I Exército. Ele não veio comandar nada. Não se preocupe, velho, isto vai dar certo. (...)".[111]

---

110 Se a antiguidade desse a Ururahy precedência sobre Mourão, Cordeiro a teria sobre o próprio Costa e Silva.
111 Olympio Mourão Filho, *Memórias*, p. 383. Para a hora da chegada de Mourão, Jayme Portella de Mello, *A Revolução e o governo Costa e Silva*, p. 152.

No dia seguinte o ministro teve uma ideia. Sugeriu-lhe que assumisse a presidência da Petrobras em nome do comando revolucionário.[112] Mourão gostou.

Na Escola de Comando e Estado-Maior, o tenente-coronel Newton Cruz surpreendeu-se ao ver um oficial controlando a entrada do prédio. Tinha nas mãos duas tabelas e marcava um pauzinho para quem entrava, outro para quem saía. Perguntou-lhe o que era aquilo e soube que eram ordens do coronel João Baptista Figueiredo, encarregado de distribuir missões aos voluntários da nova ordem. Foi saber de Figueiredo por que razão mandara o oficial riscar pauzinhos. "Ele veio aqui pedir uma missão. Eu não tinha nada para mandar ele fazer e disse-lhe que fizesse precisamente isso. Para que ele faça alguma coisa."[113] O levante transbordava em apoios.

Na distribuição dos grandes comandos, Ademar de Queiroz obtivera para o general Orlando Geisel a 1ª Divisão de Infantaria. Era a Vila Militar, unidade mais poderosa do I Exército. Uma semana antes o ministro Jair Dantas Ribeiro conseguira que Jango assinasse a promoção de Orlando a general de divisão. O irmão, Ernesto, ficara com o comando da Artilharia de Costa, uma posição turística. Rejeitou-o. Manteve-se no círculo próximo a Castello, em cujo gabinete a movimentação era tamanha que alguns conciliábulos ocorriam em seu espaçoso banheiro, onde se puseram cadeiras.[114]

O chefe do Estado-Maior emergia como o mais forte candidato a presidente. Estava suficientemente ligado aos conspiradores civis para ter a confiança de Lacerda, em quem ele e a mulher votaram para vereador, deputado e governador.[115] Somava ao seu prestígio militar um verniz legalista que acalmava o juscelinismo. Atendia a todos os que desejavam um general esquentando a cadeira até a eleição do novo presidente, em outubro do ano seguinte. Oposição real ao seu nome só houve mesmo a de Costa e Silva. O "comandante do Exército" argumentara que era impossível haver uma só candidatura militar e que a disputa levaria à divisão das Forças Armadas.[116] Depois, sustentara que a presença de um ge-

---

112 Olympio Mourão Filho, *Memórias*, p. 324.
113 General Newton Cruz, fevereiro de 1988.
114 Ernesto Geisel, novembro de 1994.
115 John W. F. Dulles, *Carlos Lacerda*, vol. 2: 1960-1977, p. 250.
116 Armando Falcão, *Tudo a declarar*, p. 259.

neral no palácio reeditaria a rivalidade havida entre os marechais Deodoro da Fonseca e Floriano Peixoto no amanhecer da República.[117] Escalava-se para o papel de Floriano.

Até as primeiras horas da manhã do dia 2 o poder militar de Costa e Silva era uma intenção bem-encaminhada porém ainda não comprovada. Ele se intitulava comandante do Exército nacional, mas nunca o Exército tivera tantos comandantes. Castello indicava generais, Kruel candidatava-se à condição de vice-rei do Sul, e a Escola de Estado-Maior preparava leis. A surpreendente vitória do levante, bem como a cautela para não dividir os quartéis entre vencedores e vencidos, potencializava a balbúrdia típica dos golpes. Nessa hora o 1º Grupo de Obuses 105, na Vila Militar, ficou com dois comandantes. Orlando Geisel mantivera o titular e devolvera ao quartel-general o tenente-coronel enviado pelo gabinete do ministro. Não era o primeiro que rebarbava. Assim, antes de chegar à antinomia Deodoro × Floriano, Costa e Silva teve de resolver outro conflito, também antigo: o do ministro com o comandante da Vila. O regime de 1964 ainda não completara um dia. Não havia sequer governo, mas Costa e Silva impôs-se com uma canetada. Demitiu Orlando Geisel.[118]

A unidade militar proclamada sobre os escombros do governo Goulart era tão falsa quanto aquela que Golbery oferecera no texto de seu manifesto na manhã de 1º de abril. Contudo, se os generais podiam divergir a respeito de muitas coisas, numa estavam de acordo: dispunham-se a utilizar a força contra o que restava do governo civil. Queriam isso não só porque achavam necessário o expurgo — "limpeza da casa", como diziam —, mas também porque ele se transformaria imediatamente em fonte de poder e legitimidade burocrática.

Nenhum general janguista dormiu preso nas horas seguintes à vitória do levante. Pelo contrário, na noite de 1º de abril Orlando Geisel libertou seu colega Almeida de Moraes, detido na Escola Superior de Guerra.[119] Quando o coronel João Paulo Burnier desembarcou no 11º

---

117 Jayme Portella de Mello, *A Revolução e o governo Costa e Silva*, p. 187.
118 Idem, p. 156.
119 *Diário de Heitor Ferreira*, 1º de abril de 1964. APGCS/HF.

andar do Ministério da Aeronáutica vestindo botas, macacão de voo, capacete de aço e trazendo granadas na cintura e submetralhadora na mão, os brigadeiros e coronéis que estavam no gabinete do ministro riram.[120] Costa e Silva chegou a visitar o ex-ministro Jair Dantas Ribeiro no dia 4, caso único de cortesia para com um ministro deposto. As tropas de Mourão Filho desceram a serra sem um só tiro, sequer um protesto.

João Goulart caiu no dia 1º de abril. O regime de 1946, nos dias seguintes. Por conta da radicalização que levara o conflito para fora do círculo estrito das cúpulas política e militar, a vitória não podia extinguir-se com a deposição do presidente. Fosse qual fosse o lado vitorioso, ao seu triunfo corresponderia um expurgo político, militar e administrativo. O levante se apresentara como um movimento em defesa da ordem constitucional, mas a essência dos acontecimentos negava-lhe esse caminho. Seria impossível imaginar João Goulart no Uruguai e seu cunhado Leonel Brizola na Câmara. Da mesma forma que teria sido inconcebível, na hipótese da derrota de Mourão, a permanência do governador Magalhães Pinto no palácio da Liberdade. A questão da pureza constitucional nem sequer se colocava. Alguns comandantes militares, agindo por própria conta, já haviam aprisionado os governadores Miguel Arraes, de Pernambuco, e Seixas Dória, de Sergipe.

Na sua edição de 2 de abril a *Tribuna da Imprensa* pedia a "cassação dos direitos políticos" do comando civil janguista.[121] Foram inúmeras as propostas de demolição das franquias constitucionais. Uma das primeiras foi mandada a Costa e Silva pelo empresário Antonio Gallotti, presidente da Light, empresa de capital canadense concessionária da produção e distribuição de energia elétrica no Rio de Janeiro e em São Paulo.[122] Golbery guardou consigo uma outra, intitulada Decreto Institucional. Previa a suspensão das garantias constitucionais por seis meses, a cassação dos direitos políticos e o banimento

---

120 Depoimento do brigadeiro João Paulo Burnier, em José Amaral Argolo e outros, *A direita explosiva no Brasil*, p. 195.
121 *Tribuna da Imprensa*, 2 de abril de 1964, em *O Rio de Janeiro através dos jornais — 1888-1969*, de João Marcos Weguelin: <https://www1.uol.com.br/rionosjornais/rj47.html>.
122 Antonio Gallotti, dezembro de 1985.

de Jango, de três governadores e de uma quantidade indefinida de deputados e senadores.[123] Uma terceira proposta vinha do jornalista Julio de Mesquita Filho, proprietário d'*O Estado de S. Paulo*. Redigida com a colaboração do advogado Vicente Ráo, catedrático de direito civil da Universidade de São Paulo e ministro da Justiça no Estado Novo, foi a primeira a chamar-se Ato Institucional. Sugeria a dissolução do Senado, Câmara e assembleias legislativas, anulava o mandato dos governadores e prefeitos, suspendia o *habeas corpus* e pressupunha que seria o primeiro de uma série.[124] Um quarto projeto, chamado Ato Operacional Revolucionário, cujo texto é desconhecido, foi farejado pela CIA no dia 5 de abril. Previa o expurgo do Congresso como recurso extremo, capaz de evitar o seu fechamento.[125] Conhece-se também um manuscrito, produzido no Ministério da Aeronáutica, em que, além dos expurgos civis, propunha-se o banimento de militares comunistas.[126]

Oito notáveis do Congresso reuniram-se em Brasília para mais um projeto. Entre eles estava a fina flor do liberalismo do regime de 1946. Chegaram a uma fórmula pela qual os expoentes da ordem deposta perderiam os direitos políticos por quinze anos. A ideia de mutilar o corpo político do país era defendida até mesmo pelo cardeal do Rio de Janeiro, d. Jaime de Barros Câmara, para quem "punir os que erram é uma obra de misericórdia".[127] Cada um dos participantes da reunião de Brasília sangrou um pouco de sua biografia libertária. O gaúcho Daniel Krieger, girondino exaltado e valente; o mineiro Adaucto Lúcio Cardoso, audaz e elegante, signatário do *Manifesto dos Mineiros* contra a ditadura de Vargas; Ulysses Guimarães, ex-ministro de Jango. Tentavam fugir avançando, pois como o Congresso não se dispunha a cassar os mandatos da bancada esquerdista, firmara-se um acordo tácito segundo o qual a

---

123 Duas folhas manuscritas, sem data nem assinatura. APGCS/HF.
124 José Stacchini, *Março 64*, p. 18, para a autoria e proposta, e pp. 22-4, para a íntegra.
125 Telegrama da Agência Rio de Janeiro da Central Intelligence Agency para Washington, de 6 de abril de 1964. BLBJ.
126 Alberto Dines, Florestan Fernandes Jr. e Nelma Salomão (orgs.), *Histórias do poder*, vol. 1: *Militares, Igreja e sociedade civil*, pp. 360-1.
127 John W. F. Dulles, *Castello Branco*, p. 384.

violência viria de fora. A manobra falhou grosseiramente, pois na noite do dia 8, quando um emissário levou o texto a Costa e Silva, ele recusou a ajuda.[128] Já tinha munição.

Desde o início da tarde de terça-feira, 7 de abril, o jurista Francisco Campos estava no gabinete do general. Autor da Carta de 1937, último instrumento ditatorial da República brasileira, *Chico Ciência* era um mineiro miúdo, autoritário, brilhante e extrovertido. Chegou ao Ministério da Guerra acompanhado pelo ex-colaborador e amigo Carlos Medeiros Silva, que, em 1937, datilografara e revira em segredo toda a Constituição. Medeiros aprontara no domingo, dia 5, um Ato Constitucional Provisório que previa uma fornada de cassações de mandatos e suspensões de direitos políticos pelo "prazo máximo" de cinco anos. Castello e Costa e Silva receberam cópias do Ato Provisório entre a madrugada e a manhã de segunda-feira, dia 6.[129] Reunido com Costa e Silva e um grupo de generais, Francisco Campos captou neles uma vontade de praticar a violência política, inibida pelo escrúpulo de atropelar a Constituição. Agitado, andando de um general para outro, atirou: "Os senhores estão perplexos diante do nada!". E deu uma aula sobre a legalidade do poder revolucionário. Era o que eles precisavam ouvir. Ali mesmo, numa folha de papel almaço, redigiu o preâmbulo do Ato Institucional.[130] Mostraram-lhe a proposta mandada por Gallotti, e ele a julgou "obra de amanuense".[131]

O Ato Constitucional Provisório de Carlos Medeiros, ligeiramente modificado, transformou-se num Ato Institucional com onze artigos que expandia os poderes do Executivo, limitava os do Congresso e do

---

128 Daniel Krieger, *Desde as Missões*, pp. 171-2. Para o depoimento de Ulysses Guimarães a respeito desse episódio, ver Luiz Gutemberg, *Moisés, codinome Ulysses Guimarães*, pp. 180 e segs. Também formavam o grupo os deputados Martins Rodrigues, Bilac Pinto, Paulo Sarasate, Pedro Aleixo e João Agripino.
129 Maço de seis folhas manuscritas, de Carlos Medeiros Silva, duas das quais com um rascunho do Ato Constitucional Provisório. AA. Para a data, *Ato Institucional de 9 de Abril de 1964*, de Carlos Medeiros Silva. AA.
130 O historiador Luiz Viana Filho narra com exatidão esse episódio do Ato Institucional em seu livro *O governo Castello Branco*, vol. 1, p.57-8. Carlos Medeiros redigiu o texto do documento e Francisco Campos, seu preâmbulo. Campos usou uma folha de papel almaço para escrever a parte preliminar do Ato. Essa minuta encontrava-se nos arquivos do general Fiúza de Castro. Sylvio Frota, *Ideais traídos*, p. 75.
131 Carlos Medeiros Silva, 1968. Em 1972 Carlos Medeiros escreveu um depoimento intitulado *Ato Institucional de 9 de Abril de 1964*. Nele há uma narrativa formal desses episódios, sem o monólogo de Campos. AA.

Judiciário, e dava ao presidente sessenta dias de poder para cassar mandatos e cancelar direitos políticos por dez anos, bem como seis meses para demitir funcionários públicos civis e militares.[132] Campos deu-lhe a introdução, verdadeiro cérebro, articulando o argumento da subversão jacobina que o quartel-general buscava fazia vários dias: "A Revolução vitoriosa se investe no exercício do Poder Constitucional. Este se manifesta pela eleição popular ou pela Revolução. Esta é a forma mais expressiva e mais radical do Poder Constituinte".[133]

Como escreveu dias depois o cronista Rubem Braga, todas as vezes que se acendiam as luzes do professor *Chico Ciência*, dava-se um curto-circuito nas instituições republicanas.

Fardado, o general Olympio Mourão Filho chegou com uma escolta à praça Pio X, sede da Petrobras. Era o símbolo do novo regime e ia assumir a presidência da empresa. Foi recebido pelo secretário-geral, Amaro Aloysio Bello, o Dr. Bello.

O veterano petroleiro explicou ao general que por mais que o ministro Costa e Silva desejasse vê-lo no comando da Petrobras, só um ato do presidente da República poderia investi-lo na função. Feito isso, precisaria trazer uma carteira de identidade (provando que era brasileiro nato) e um recibo de caução de ações da empresa, visto que só um acionista poderia exercer a sua presidência. Mourão explicou que estava ali em nome da Revolução. O Dr. Bello concordou, insistindo em que os documentos eram indispensáveis, por determinação do estatuto da Petrobras. Ademais, eram documentos fáceis de ser providenciados. Coisa de um dia, no máximo. O general aceitou a ponderação do veterano burocrata, deu uma entrevista anunciando seu programa de ação na empresa e voltou para Juiz de Fora.[134] Quando se deu conta, o marechal Ademar de Queiroz, com os papéis em ordem, assumira a presidência da Petrobras.

---

[132] Todas as versões do Ato Constitucional Provisório estabelecem prazo de cinco anos para as cassações. O primeiro documento com referência a dez anos é uma folha manuscrita, de caligrafia desconhecida, em papel timbrado do Ministério da Guerra. AA.
[133] Paulo Bonavides e Roberto Amaral, *Textos políticos da história do Brasil*, vol. 7, p. 485.
[134] Olympio Mourão Filho, *Memórias*, p. 324. Para a identificação do funcionário que recebeu o general, e para as outras exigências mencionadas na conversa, Ernesto Geisel e Humberto Barreto, outubro de 1994. Para a entrevista, Carlos Luiz Guedes, *Tinha que ser Minas*, pp. 239-40.

No dia 11 de abril, depois de um conciliábulo de governadores e generais destinado a evitar a coroação de Costa e Silva, o general Humberto de Alencar Castello Branco foi eleito presidente da República pelo Congresso Nacional, como mandava a Constituição. Prometeu "entregar, ao iniciar-se o ano de 1966, ao meu sucessor legitimamente eleito pelo povo em eleições livres, uma nação coesa". Em 1967 entregou uma nação dividida a um sucessor eleito por 295 pessoas.

PARTE II
A VIOLÊNCIA

NAS FOTOS DAS PÁGINAS ANTERIORES:
O marechal Castello Branco
Depois de apanhar na rua, o comunista Gregório Bezerra é exibido num quartel do Recife
O general Golbery, em 1964
O capitão Heitor Aquino Ferreira, ainda no RecMec da Vila Militar
Cartaz de *Deus e o diabo na terra do sol*, com o Corisco de Glauber Rocha
Fidel Castro, o patrono das revoluções
Os Beatles, patronos de uma nova cultura

O mito do fragor da hora

Existiu uma identidade, uma relação e um conflito entre o regime instalado em 1964 e a manifestação mais crua da essência repressiva que o Estado assumiu na sua obsessão desmobilizadora da sociedade. A tortura.[1]

Durante os 21 anos de duração do ciclo militar, sucederam-se períodos de maior ou menor racionalidade no trato das questões políticas. Foram duas décadas de avanços e recuos, ou, como se dizia na época, "aberturas" e "endurecimentos". De 1964 a 1967 o presidente Castello Branco procurou exercer uma ditadura temporária. De 1967 a 1968 o marechal Costa e Silva tentou governar dentro de um sistema constitucional, e de 1968 a 1974 o país esteve sob um regime escancaradamente ditatorial. De 1974 a 1979, debaixo da mesma ditadura, dela começou-se a sair. Em todas essas fases o melhor termômetro da situação do país foi a medida da prática da tortura pelo Estado. Como no primeiro dia da Criação, quando se tratava de separar a luz das trevas, podia-se aferir a profundidade da ditadura pela sistemática com que se torturavam seus dissidentes.

---

[1] Para a característica desmobilizadora do regime, ver Peter McDonough, *Power and ideology in Brazil*, p. 13.

No início e no fim dessa partida entre a tortura e a sociedade estão os generais Ernesto Geisel e Golbery do Couto e Silva. Ambos participaram dos primeiros lances da construção, em 1964, de um aparelho repressivo incapaz de conviver com um regime constitucional. Geisel, colocado por Castello na chefia do Gabinete Militar da Presidência, estava no olho do furacão da usina de punições políticas instalada no amanhecer do regime. Golbery, concebendo, organizando e dirigindo o Serviço Nacional de Informações, criou o núcleo da rede de espionagem e repressão que, a partir de 1968, tomaria conta do Estado.

Segundo a embaixada americana, nas semanas seguintes à deposição de João Goulart prenderam-se pouco mais de 5 mil pessoas.[2] Pela primeira vez desde a ditadura de Getulio Vargas, levas de brasileiros deixaram o país como exilados. Já no dia 7 de abril, o general Adalberto Pereira dos Santos, comandante da 6ª Divisão de Infantaria, no Rio Grande do Sul, propunha ao Alto-Comando da Revolução que se reintroduzisse o banimento na vida política nacional: "Será medida de autodefesa, e da mais elementar profilaxia, a deportação dos principais líderes do governo deposto, civis e militares".[3] Isso foi feito através de um processo tácito. Entre 1964 e 1966 passaram pelas embaixadas latino-americanas do Rio de Janeiro e pela embaixada da Iugoslávia, a única que funcionava em Brasília, cerca de quinhentos asilados políticos. Montevidéu e Buenos Aires receberam alguns milhares de brasileiros fugidos pela fronteira, entre os quais o presidente João Goulart e Leonel Brizola.

Por meio da suspensão das garantias constitucionais o Executivo valeu-se da prerrogativa de cassar mandatos eletivos, suspender os direitos políticos de cidadãos e anular o direito à estabilidade dos funcionários públicos civis e militares. Criou-se a figura do "cassado", termo depreciativo pelo qual se designaram, por mais de uma década, as víti-

---

2 Um memorando enviado pelo Departamento de Estado à Casa Branca no dia 6 de maio de 1964 calculava que naquela data os presos eram pouco mais de 5 mil. Gordon Chase a McGeorge Bundy, *Arrests and Suspensions in Brazil*. BLBJ. No dia 8 de abril a embaixada inglesa calculava as prisões em 3.500. Geraldo Cantarino, *1964 — A revolução para inglês ver*, p. 109. Não há um número oficial de prisões. Elas podem ter passado de 5 mil. Admitindo-se que tenham sido 7 mil, esse é o piso dos cálculos do total de presos no período de repressão à revolta comunista de 1935. R. S. Rose, *Uma das coisas esquecidas*, p. 91.

3 Três folhas datilografadas, anexas a uma carta de 7 de abril de 1964 do general Adalberto Pereira dos Santos ao ministro Costa e Silva. APGCS/HF.

mas do regime. Entre 1964 e 1966 cerca de 2 mil funcionários públicos foram demitidos ou aposentados compulsoriamente, e 386 pessoas tiveram seus mandatos cassados e/ou viram-se com os direitos políticos suspensos por dez anos.

Nas Forças Armadas 421 oficiais foram punidos com a passagem compulsória para a reserva, transformando-se em mortos-vivos, com pagamento de pensão aos familiares.[4] Pode-se estimar que outros duzentos foram tirados da ativa através de acertos, pelos quais escaparam do expurgo pedindo uma passagem silenciosa para a reserva. Somados todos os expedientes, expurgaram-se 24 dos 91 generais.[5]

Sete em cada dez confederações de trabalhadores e sindicatos com mais de 5 mil associados tiveram suas diretorias depostas.[6] Estimando-se que cada organização de trabalhadores atingida tivesse vinte dirigentes, expurgaram-se 10 mil pessoas.[7] Retomara-se o padrão repressivo praticado pela ditadura de Getulio Vargas.

Nos primeiros nove meses do regime morreram mais treze brasileiros, número indiscutivelmente baixo nas estatísticas do golpismo latino-americano, porém médio para as quarteladas nacionais.[8] Nove teriam se sui-

---

[4] Lúcia Klein e Marcus F. Figueiredo, *Legitimidade e coação no Brasil pós-64*, pp. 155 e 171.
[5] *Almanaque do pessoal militar do Exército*, de 1964 e de 1965. Exemplo de cassação persuasória deu-se com o general Aluizio de Miranda Mendes, comandante da 2ª Divisão de Infantaria, em São Paulo. Sustentáculo do "dispositivo" até as últimas horas da noite de 31 de março de 1964, pediu passagem para a reserva meses depois.
[6] Kenneth Paul Erickson, *Sindicalismo no processo político no Brasil*, p. 209.
[7] Almir Pazzianotto Pinto, "Sindicatos, corporativismo e política", em Gláucio Ary Dillon Soares e Maria Celina d'Araujo (orgs.), *21 anos de regime militar*, p. 108.
[8] Afora os sete mortos do dia 1º de abril, morreram mais treze pessoas ao longo de 1964. Além de José de Souza, no dia 4 de abril Ivan Pereira Cardoso suicidou-se na Vila Militar. No dia 8 de abril, em consequência de uma "queda", morreu Astrogildo Pascoal Vianna, tesoureiro da Federação Nacional dos Estivadores. No dia 13, segundo o I Exército, o sargento Edu Barreto Leite pulou do oitavo andar do prédio onde morava, quando se viu na iminência de ser preso. Denúncias publicadas no *Correio da Manhã* de 27 de setembro de 1964 dão conta de que ele teria sido jogado da janela de um prédio da Polícia do Exército. Dois teriam se matado enquanto resistiam à prisão. Segundo o Exército, o sargento Bernardino Saraiva matou-se com um tiro na cabeça depois de ferir um soldado da escolta que fora prendê-lo, em São Leopoldo (RS), no dia 14 de abril. Em maio, segundo a polícia, o comerciante Carlos Schirmer deu-se um tiro no queixo, em Divinópolis (MG). Dois outros suicidas teriam se envenenado: Albertino de Oliveira, presidente da Liga Camponesa de Vitória do Santo Antão, em abril, e Pedro Domiense de Oliveira, em maio, na Bahia. O nono suicida, Péricles Gusmão Régis, teria cortado os pulsos, em maio, no quartel onde estava preso, na Bahia. No dia 9 de maio, por conta daquilo que o Exército chamou de "consequências naturais", morreu no Rio de Janeiro o sargento Manuel Alves de Oliveira, preso desde abril. Em agosto matou-se Dilermano Melo do Nascimento, tenente da

cidado, quatro pulando de janelas. Um deles, o ferroviário José de Souza, depois de três dias de cativeiro no edifício da Polícia Central do Rio de Janeiro, estava no terceiro andar e caiu no pátio interno, no dia 17 de abril de 1964. Esse pátio atraía suicidas desde 1936, quando a polícia informou que o advogado comunista Victor Allen Barron e o assassino de um dos policiais que prenderam Luiz Carlos Prestes percorreram a mesma trajetória.[9]

No dia 2 de abril, no Recife, o dirigente comunista Gregório Bezerra foi amarrado seminu à traseira de um jipe e puxado pelos bairros populares da cidade. No fim da viagem, foi espancado por um oficial do Exército, com uma barra de ferro, em praça pública. Machucado e sentado no chão do pátio do quartel da Companhia de Motomecanização, no bairro da Casa Forte, Gregório Bezerra foi visto na noite de 2 de abril pelos espectadores da TV Jornal do Commercio, que o filmara.[10] Episódios semelhantes repetiram-se em algumas cidades do país. Eram parte do jogo bruto provocado pela radicalização dos últimos anos. O medo entrara na transação política. De sua coluna diária no jornal *Correio da Manhã*, do Rio de Janeiro, Carlos Heitor Cony, primeira voz destemida a denunciar as violências, escrevia, no dia 7 de maio: "Para atender a essa gente, a todos os Joões de Tal que não voltaram ou não voltarão um dia, espero merecer a atenção e o respeito de todos. É preciso que alguém faça alguma coisa. E já que não se pode mais pedir justiça, peço caridade".[11]

A violência ia além dos Joões de Tal ou dos dirigentes comunistas. No dia 2 de junho, Cony publicou em sua coluna uma carta de Dilma Aragão, filha do almirante Cândido Aragão, o comandante dos fuzileiros navais de João Goulart. Ela conseguira visitar o pai, capturado no

---

reserva do Exército e veterano da Força Expedicionária Brasileira, que ocupara o cargo de diretor da Divisão de Material do Ministério da Justiça no governo Goulart. Depois de um interrogatório na sede do próprio ministério, jogou-se do quarto andar, tendo deixado um bilhete em que dizia: "Basta de tortura mental. Basta de desmoralização". Em setembro, desapareceram na Paraíba os lavradores João Alfredo Dias e Pedro Inácio de Araújo, vice-presidente da Liga Camponesa de Sapê. Pedro Inácio fora preso no dia 8 de maio e levado para o 15º Regimento de Infantaria. Sua mulher foi visitá-lo no dia 10 de setembro, e o 15º RI informou que ele fora posto em liberdade no dia 7. Dos vinte mortos de 1964 só um, de acordo com a versão oficial, morreu em confronto armado. No dia 4 de abril, o coronel Alfeu de Alcântara Monteiro foi morto na Base Aérea de Canoas. Dados em Nilmário Miranda e Carlos Tibúrcio, *Dos filhos deste solo*, p. 561.

9 Stanley Hilton, *Brazil and the Soviet challenge* — 1917-1947, pp. 82-3.
10 Paulo Cavalcanti, *O caso eu conto, como o caso foi*, p. 361.
11 Carlos Heitor Cony, *O ato e o fato*, p. 76.

dia 2 de abril e preso havia dois meses na fortaleza da Lage, na entrada da baía de Guanabara. Dizia: "Encontrei-o relegado a uma condição tão deprimente que só um verme cheio de peçonha mereceria ter. (...) O espectro de homem que vi chora e ri desordenadamente, e não consegue articular uma frase sequer, no mesmo assunto. O desespero me faz pedir, por esmola, que cobrem o crime (político) de um ser humano, mas na condição de seres humanos".[12]

O tratamento dado pela Marinha ao almirante Aragão rompia, pela primeira vez em mais de meio século, o código pelo qual, a despeito das divergências políticas, os oficiais das Forças Armadas podiam esperar de seus colegas um comportamento de cavalheiros.

Vinte anos depois, rememorando esses dias, Golbery observava:

> Nos meses seguintes à Revolução houve excessos. Eu achava que tudo não passava de acontecimentos produzidos pelo calor da hora, como, por exemplo, o que fizeram com o Gregório Bezerra. Você não faz uma omelete sem quebrar ovos. Casos como esse, as levas de exilados e os problemas individuais provocados pela reação emocional, me pareciam toleráveis porque haveriam de ser controlados no futuro. Além disso, eu achava que muitas das denúncias eram fruto do exagero. Outras, por certo, eram produto de condutas ignorantes. Quem não se lembra daquele caso da patrulha que apreendeu os exemplares do romance *O vermelho e o negro*, de Stendhal? Mas, numa hora dessas, que se há de fazer?[13]

Nos primeiros dias, houve de fato o predomínio da paixão e até do medo dos vitoriosos. Nem mesmo o mais otimista dos conspiradores acreditara que o governo do presidente João Goulart, com seu apoio sindical e seu louvado "dispositivo militar", caísse tão rápida e facilmente. De um

---

[12] Idem, p. 117.
[13] Golbery do Couto e Silva, 1983.

lado e do outro esperou-se, por alguns dias, a temida reação dos camponeses, dos operários, dos esquerdistas em geral, mas era fantasia mútua.

A repressão política, porém, emanava do coração do regime e tinha uma nova qualidade. Não se tratava mais de espancar o notório dirigente comunista capturado no fragor do golpe. A tortura passara a ser praticada como forma de interrogatório em diversas guarnições militares. Instalado como meio eficaz para combater a "corrupção e a subversão", o governo atribuía-se a megalomaníaca tarefa de acabar com ambas. O instrumento desse combate eram os inquéritos policial-militares (IPMs), abertos em todos os estados e submetidos, inicialmente, ao controle de uma Comissão Geral de Investigações, CGI, chefiada por um general. Pode-se estimar que os IPMs abertos entre 1964 e 1966 tenham sido mais de cem e menos de duzentos, resultando em processos judiciais para cerca de 2 mil pessoas.[14] Apuravam desde a subversão nas universidades até a corrupção no governo federal. Cada inquérito era presidido por um oficial, a quem se dava a autonomia de autoridade policial.

Pode-se dizer que, em cada dez IPMs, nove eram conduzidos com o estrito respeito às garantias dos acusados. Era comum que se convocassem por carta ou até por editais publicados na imprensa os depoentes sabidamente incriminados. Numa pequena percentagem, a tortura era prática acessória às investigações. Isso na repressão política. Na defesa da moralidade pública, muito mais um ingrediente de propaganda do que um compromisso efetivo, a batalha durou pouco. Nos primeiros meses do que se denominava "Operação Limpeza", o presidente da CGI, general Estevão Taurino de Rezende, reconheceu que "o problema do comunismo perde expressão diante da corrupção administrativa nos últimos anos" e se confessava "abatido pela extensão das irregularidades já verificadas", pois mesmo sendo "triste para um soldado ter de dizer isto (...) a impressão é de que, se fosse tudo apurado, o Brasil se esvaziaria".[15] Ao encerrar suas atividades, em novembro de 1964, a CGI examinara 1.110 processos envolvendo 2.176 pessoas e recomendara punições para 635.[16]

---

14 O *Projeto Brasil: nunca mais* catalogou 2.127 nomes de pessoas processadas, ressalvando que havia cidadãos indiciados em mais de um IPM. *Brasil: nunca mais*, p. 85.
15 *Correio da Manhã*, 28 de maio de 1964.
16 Idem, 1º de novembro de 1964.

Enquanto isso, só um IPM, o da rebelião dos marinheiros, indiciara 839 cidadãos, levara 284 a julgamento e terminara com 249 condenações, todas a penas superiores a cinco anos de prisão.[17] Nenhum larápio foi condenado a metade disso.

Perseguir subversivos era tarefa bem mais fácil do que encarcerar corruptos, pois se os primeiros defendiam uma ordem política, os outros aceitavam quaisquer tipos de ordem. Fariam parte do regime, fosse qual fosse. Poderosas eram suas conexões. O IPM da UNE engordou, mas o da Previdência Social foi ao arquivo. Tendo incriminado diversos funcionários, tomou um contravapor quando o cardeal-arcebispo do Rio de Janeiro, d. Jaime Câmara, colocou um deles sob a proteção de sua púrpura, visitando-o em seu gabinete.[18] Como dizia o ministro Roberto Campos, do Planejamento, ao presidente Castello: "Se continuarem a varrer todo o tempo o pó da cozinha, não terei condições para começar a cozinhar".[19]

Aos poucos, a ordem revolucionária teve de conviver tanto com os corruptos como com os torquemadas que, infiltrando-se nas cabeceiras do regime, desejavam fazer do combate à ladroeira uma alavanca para o poder pessoal. Nasceu nessa época a expressão "linha dura". Designava os ultrarrevolucionários, mas também um grupo de oficiais que, além de radicais, atravessavam com facilidade a fronteira da indisciplina. Geisel haveria de defini-los como "os zurrapas".[20] Sua face mais exibida eram oficiais que usavam os IPMs como forma de afirmação de um poder paralelo ao do presidente da República.

Sua base espalhava-se pelos quartéis e sua articulação agrupava os descontentamentos à direita do regime. Golbery via nela "uma emotividade primária porém sincera", "bem-intencionada, positiva, moralista, ditatorial e antirreformista".[21] A linha dura opunha-se ao desejo do presidente Castello Branco de limitar os poderes excepcionais de que dispunha, para normalizar a vida política nacional. Pelo Ato Institucional fora-lhe dada a prerrogativa de cassar mandatos parla-

---

17 *Projeto Brasil: nunca mais*, tomo III: *Perfil dos atingidos*, p. 124.
18 Ivo Calliari, *D. Jaime Câmara*, p. 595.
19 Roberto Campos, *A lanterna na popa*, p. 725.
20 *Diário de Heitor Ferreira*, 15 de abril de 1975. APGCS/HF.
21 *Apreciação Geral nº 10*, do SNI, de 2 de novembro de 1964. APGCS/HF.

mentares e de suspender direitos políticos de cidadãos. O Ato baixado em abril não tinha número, pois seria o único. Desde os primeiros dias do seu governo, Castello esteve espremido entre a indisciplina e sua preocupação em conter a violência política. Ele dizia que o clima provocado pelas cassações era "pior do que a Inquisição" e argumentava: "Cada episódio fora da lei é um passo atrás na opinião pública (...) e uma restrição no estrangeiro".[22] "Não sou somente presidente de expurgos e prisões", desabafou.[23]

É significativo que essa frase, transformada em epígrafe e comprovação biográfica do liberalismo de Castello, tenha sido encontrada numa carta dirigida ao tenente-coronel Helio Ibiapina, seu amigo, que servia no IV Exército. Quando Castello escreveu essa carta, já ocorrera um notável encontro entre Ibiapina e d. Helder Câmara, arcebispo de Olinda e Recife, em que o coronel dissera:

> Muitas vezes o senhor tem vindo ao IV Exército reclamar de torturas contra presos políticos. Traz os nomes e as torturas a que estes homens foram submetidos e não sei como consegue estas informações. Invoco o seu testemunho para dizer que nunca neguei que as torturas existissem. Elas existem e são o preço que nós, os velhos do Exército, pagamos aos jovens. Caso tivessem os oficiais jovens empolgado o poder os senhores estariam hoje reclamando, não de torturas, mas de fuzilamentos. Nós torturamos para não fuzilar.[24]

Castello queria um ato institucional que durasse só três meses. Assinou três. Queria que as cassações se limitassem a uma ou duas dezenas de dirigentes do regime deposto. Cassou cerca de quinhentas pessoas e demitiu 2 mil. Seu governo durou 32 meses, 23 dos quais sob a vigência de outros 37 atos complementares, seis deles associados

---

22 Carta de Castello Branco ao coronel Helio Ibiapina, de 10 de setembro de 1964. APHACB.
23 John W. F. Dulles, *Castello Branco, o presidente reformador*, p. 62.
24 Marcio Moreira Alves, *Torturas e torturados*, p. 25.

aos poderes de baraço e cutelo do Executivo.[25] Debaixo da Constituição que conclamou os seus subordinados a defender em março de 1964, manteve-se apenas nove meses. Era um oficial de formação liberal, sem dúvida, mas faltou-lhe, em diversas ocasiões, a vocação para o risco.

"O Castello demorava demais sobre os problemas. Você ia a ele e propunha uma linha de ação. Ele esperava e, dias depois, perguntava se não era o caso de se fazer o que você sugerira. Ora, àquela altura a sugestão tinha perdido o valor. A ação proposta já era inócua. A situação mudara", recordou Geisel.[26]

"O presidente recua, recua, até a hora em que ele sente a água do rio molhando-lhe o traseiro. Aí é que ele resolve atacar", repetia no palácio Laranjeiras o tenente-coronel Gustavo Moraes Rego.[27]

Na origem dessa vacilação estava um ingrediente de natureza política: o medo de perder a base militar, dividindo-a e tornando-se vulnerável a uma revanche das forças depostas e, sobretudo, aos ataques de seus adversários políticos que rondavam quartéis, tipos que menosprezava: "Vivandeiras alvoroçadas, vêm aos bivaques bulir com os granadeiros e provocar extravagâncias do Poder Militar".[28]

Poucas foram as épocas em que os granadeiros praticaram tantas extravagâncias. Uma crise em torno dos helicópteros e aviões do velho navio-aeródromo *Minas Gerais* envenenou por dois anos as relações entre a Marinha e a Aeronáutica, custou a cadeira de dois ministros de cada lado e acabou produzindo até mesmo um tiroteio no aeródromo de Tramandaí, no Rio Grande do Sul. Narrado pelo próprio Castello, o incidente resultara da conjugação das indisciplinas de um almirante provocador que mandara um helicóptero pousar numa base da FAB e de um brigadeiro bufão que ordenara aos seus oficiais a sua captura. A eles se juntaram um capitão de fragata que pousara sem licença da torre e um major que se julgara capaz de prendê-lo e mandara dois capitães passa-

---

[25] Com os Atos Complementares, o presidente da República legislava dentro do espírito do Ato Institucional, livre da deliberação do Congresso e da apreciação do Judiciário. Essa figura surgiu em outubro de 1965.
[26] Ernesto Geisel, 1981.
[27] General Gustavo Moraes Rego, 1984.
[28] Discurso de Castello Branco no Estado-Maior do Exército, 25 de agosto de 1964. APGCS/HF.

rem fogo no helicóptero. Por pouco a base não foi invadida por um destacamento de fuzileiros navais.[29]

"O que houve em 1964 não foi uma revolução. As revoluções fazem-se por uma ideia, em favor de uma doutrina. Nós simplesmente fizemos um movimento para derrubar João Goulart. Foi um movimento contra, e não por alguma coisa. Era contra a subversão, contra a corrupção. Em primeiro lugar, nem a subversão nem a corrupção acabam. Você pode reprimi-las, mas não as destruirá. Era algo destinado a corrigir, não a construir algo novo, e isso não é revolução", explicaria o general Ernesto Geisel em 1981.[30]

Castello vacilara, mas no fim de seu mandato construíra-se uma tentativa de constitucionalização do regime. Apesar da anarquia e da indisciplina que o atazanaram, seu governo foi o que mais contribuiu para a profissionalização das Forças Armadas brasileiras em toda a história do país. Acabou com a patente de marechal. Com mais de cem, o Brasil tinha mais militares com essa patente do que os exércitos da França e da Inglaterra, ao longo de todas as guerras do século.[31] Conteve também o sistema de promoções cumulativas que levara um coronel como Golbery a passar para a reserva como general de divisão, promovido à segunda estrela pelo simples fato de ter saído da ativa e à terceira por ter participado da FEB. Finalmente, mudou a estrutura da cúpula militar brasileira, alterando-lhe o sistema de cálculo para a aposentadoria compulsória. Essa foi sua maior obra. Modificou para sempre a essência e a amplitude da participação dos militares na política.

Pelo sistema antigo, os generais de brigada iam para a reserva aos 62 anos, os generais de divisão aos 64 e os generais de exército aos 66. Criavam-se assim aqueles que Castello denominava de "os generais chineses", cujo protótipo era Cordeiro de Farias. Feito general de brigada em 1942, permaneceria na ativa até 1967, completando 25 anos de generalato, treze como quatro-estrelas. A reforma manteve as mesmas

---

29 Exposição do presidente Castello Branco aos ministros da Marinha e da Aeronáutica, de 6 de janeiro de 1966. APGCS/HF.
30 Ernesto Geisel, 1981.
31 Estimativa feita com base no fato de que em 1975 o Brasil ainda tinha 73 marechais. *Diário de Heitor Ferreira*, 27 de maio de 1975. APGCS/HF.

idades-limite, mas introduziu três novos critérios. Nenhum oficial podia ser general por mais de doze anos. Ademais, cada um dos três níveis do generalato obrigava-se a uma renovação de 25% ao ano. Se ela ocorresse naturalmente, muito bem, caso contrário iriam para casa os mais velhos. Esse mecanismo, além de garantir a renovação dos quadros, mandava os generais para a reserva antes que se transformassem em vacas sagradas. Noutra medida profissionalizante, Castello estabeleceu um prazo máximo de dois anos para a presença dos oficiais em cargos civis sem se desligarem do quadro de sua Força. Cordeiro seria novamente o protótipo da distorção: chefiara a polícia de São Paulo por três anos, também por três anos fora interventor no Rio Grande do Sul e governara Pernambuco por quatro.

Castello sofria procurando preservar alguma forma de legalidade, mas Costa e Silva, seu sucessor, numa só vacilação, precipitou o país na ditadura dezoito meses depois de entrar no palácio. A partir de 1969 o terceiro general-presidente, Emílio Garrastazu Médici, eleito através de um simulacro de votação de oficiais, ainda assim maquiado pelo Alto-Comando do Exército, ocupou a cadeira de presidente, deixando os assuntos da ditadura entregues a um consulado militar-administrativo.

As contorções institucionais do regime de 1964 pouco deveram às características pessoais dos generais-presidentes. Castello era um homem de hábitos simples, porém refinados, lia Anatole France e ouvia Mendelssohn. Costa e Silva se orgulhava de só ler palavras cruzadas. Médici frequentava estádios de futebol com um radinho de pilha no ouvido e um cigarro na boca. A partir da tarde de 31 de março de 1964, quando o general Olympio Mourão Filho marchou de Juiz de Fora em direção ao Rio de Janeiro, onde se definiu como "uma vaca fardada", o Brasil entrou num regime militar em que conviveram esquizofrenicamente obsessão pela ordem pública e a desordem nos quartéis.[32]

No dia 8 de junho, quando a Revolução não completara ainda noventa dias de existência, Mourão reuniu-se com capitães e majores numa casa em São Paulo. Segundo a narrativa de um espião do governo, o ge-

---

[32] Olympio Mourão Filho, *Memórias*, p. 382. A autodefinição foi publicada na edição do *Correio da Manhã* de 6 de maio de 1964: "Em matéria de política, não entendo nada. Sou uma vaca fardada".

neral "reafirmou a disposição de levar adiante o ideal revolucionário até atingir os seus objetivos e para isso, 'continuarei como o líder de vocês' (...) 'se a coisa não endireitar, teremos de partir para outra, ainda que tenha de partir sozinho'".[33] Conversa fiada.

A anarquia atacava a ordem militar, corroendo-a e desmoralizando-a. Em seu livro *Os militares na política*, o professor americano Alfred Stepan apontava, em 1971, a lógica inexorável dessa degenerescência: "Argumentos sobre a 'unidade' e o 'monopólio da força' baseiam-se na hipótese de que um governo militar oferece 'estabilidade'. Na prática há o fato óbvio, mas muito desprezado, de que os governos militares são frequentemente derrubados pela própria instituição militar".[34]

Durante o regime civil da Constituição de 1946 os quartéis rebelaram-se em 1954 para depor Getulio Vargas e, um ano depois, para derrubar os presidentes Café Filho e Carlos Luz. Conte-se a revolta fracassada contra a posse de João Goulart, e em dezoito anos os levantes foram três. Somando-se a eles duas quarteladas amazônicas, uma revolta de sargentos em Brasília e a baderna dos marinheiros, chega-se a sete tumultos. Um a cada 36 meses. Na ordem dos generais, alguns comandantes de guarnições da Vila ameaçaram rebelar-se em 1965 contra Castello, em 1968 contra Costa e Silva, e em 1969, durante os dias da escolha de seu sucessor, a oficialidade entrou em estado de anarquia. Em menos de seis anos, foram três as desordens, uma a cada 22 meses. Todas com profundos reflexos na ordem constitucional.

A violência política percorreu um ciclo no regime brasileiro. Introduziu palavras no léxico cotidiano, tais como *cassar*; eufemismos no vocabulário político, como a expressão "maus-tratos", para designar pura e simplesmente a tortura; siglas no direito constitucional, como AI, abreviatura dos dezessete atos institucionais baixados na desordem legiferante nascida com a noção segundo a qual "a Revolução legitima a si própria", declarada no preâmbulo do AI-1. Coroando essa confusão semântica, o próprio regime, autoproclamado "Revolução" ao nascer

---

33 Três folhas datilografadas, sem assinatura, datadas de 14 de junho de 1964, intituladas *Informação sobre as Atividades do General Mourão Filho em São Paulo*. APGCS/HF.
34 Alfred Stepan, *The military in politics*, p. 253.

("revoluçãozinha sul-americana como dezenas de outras", como disse Gilberto Amado sobre 1930),[35] foi ao jazigo aceitando a classificação de "autoritário", quando, para conhecê-lo, não se dispõe, há mais de dois mil anos, de palavra melhor que *ditadura*.

Nos primeiros meses do governo Castello Branco, por suas ambiguidades, por sua noção de ditadura temporária e pela entrada dos militares como agentes do poder coercitivo, instalaram-se os elementos de desordem que envenenariam a vida política brasileira nos vinte anos seguintes. Se tudo desse certo, o Ato Institucional de abril de 1964 seria o único. Não foi. Se tudo desse certo, o marechal Costa e Silva governaria com a Constituição de 1967. Não governou. Se pelo menos algumas coisas dessem certo, o AI-5 duraria menos de um ano. Durou dez. Se as coisas não dessem tão errado, as Forças Armadas, depois de se envolverem com tarefas de repressão política, regressariam às suas tarefas profissionais. Não regressaram.

A direita brasileira precipitou o Brasil na ditadura porque construiu um regime que, se tinha a força necessária para desmobilizar a sociedade intervindo em sindicatos, aposentando professores e magistrados, prendendo, censurando e torturando, não a teve para disciplinar os quartéis que garantiam a desmobilização. Essa contradição matou primeiro a teoria castelista da ditadura temporária, em seguida liquidou as promessas inconsistentes de abertura política feitas por um governo desastroso como o de Costa e Silva ou simplesmente falsas, como a de Garrastazu Médici. Restabeleceu-se a ordem com Geisel porque, de todos os presidentes militares, ele foi o único a perceber que, antes de qualquer projeto político, era preciso restabelecer a ordem militar. "No Exército não há chefia. São uns 'generais de borra', como dizia o Castello", vituperava Geisel em 1976, no auge de uma das mais graves crises militares de seu governo.[36]

---

35 Gilberto Amado, *Presença na política*, p. 1.
36 *Diário de Heitor Ferreira*, 26 de janeiro de 1976. APGCS/HF.

Os acontecimentos posteriores a 1968, quando o regime assumiu sua natureza ditatorial por meio do AI-5, fizeram que se desse pouca importância à natureza da violência aparecida em 1964 e à forma como ela foi enfrentada pelo governo Castello Branco. Ali esteve a gênese do fenômeno e, sobretudo, o surgimento de uma política de compromisso que arruinaria as instituições políticas e militares do país. "As torturas foram o molho dos inquéritos levados a efeito nos desvãos dos DOPS[37] ou dos quartéis e toda a sociedade ficou dominada pelo medo, angústia e sofrimento. Esta onda terrível começou no governo Castello Branco, que, demasiadamente fraco, não conseguiu conter os militares", denunciava nos anos 1970 o general Mourão Filho.[38]

O governo do marechal Castello Branco foi colocado diante da questão da tortura bem depois do fragor da hora, ou, numa expressão de Geisel, do "calor da luta".[39] Em julho de 1964, quando a administração já havia retomado um curso relativamente normal, os cárceres começaram a gritar. Uma das primeiras denúncias acusava a presença de torturadores no quartel do 1º Batalhão de Polícia do Exército, na rua Barão de Mesquita, no Rio de Janeiro. Desmentindo-a, a Divisão de Relações Públicas do gabinete do ministro da Guerra proclamou que o quartel não tinha "masmorras", "pois seu presídio, relativamente novo, é limpo e seco e dispõe de luz diária".[40] Uma semana depois, refletindo o impacto que as denúncias de torturas produziam na opinião pública, Carlos Heitor Cony lançou uma coletânea de seus artigos no livro *O ato e o fato* e, além de ter batido o recorde de frequência para uma noite de autógrafos, assinando 1.600 exemplares, viu a primeira edição esgotar-se em poucas semanas.[41]

Por dois meses publicaram-se denúncias esparsas na imprensa, até que no dia 1º de setembro o *Correio da Manhã* abriu em suas páginas

---

37 Os DOPS eram as delegacias de Ordem Política e Social. Órgãos do poder estadual, faziam parte da estrutura das secretarias de Segurança.
38 Olympio Mourão Filho, *Memórias*, p. 434.
39 Duas folhas datilografadas intituladas *Algumas Ideias para o Esclarecimento*, redigidas por Geisel para a sessão do STM de 30 de outubro de 1967, quando discutiu as denúncias de torturas ocorridas no governo Castello. APGCS/HF.
40 *Correio da Manhã*, 8 de julho de 1964.
41 Idem, 16 de julho de 1964.

uma das memoráveis campanhas da história da imprensa brasileira. Num editorial intitulado "Tortura e insensibilidade", denunciava:

> Todos os dias, desde 1º de abril, o público e as autoridades tomam conhecimento com detalhes cada vez mais precisos e em volume cada vez maior de atentados contra o corpo e a mente de prisioneiros culpados e inocentes. No entanto, desde o dia 1º de abril, o silêncio pesa por sobre esses crimes. Não há uma explicação, uma nota, um protesto oficial sobre as denúncias. Esse silêncio, e a própria frequência com que se toma conhecimento das torturas, provoca uma reação ainda mais sinistra: verifica-se a tendência para cair numa gradual insensibilidade, esgotando-se a capacidade de sentir horror e revolta.[42]

Não se tratava, como se vê, de um libelo contra os torturadores, mas de uma pressão sobre o governo para que rompesse a silenciosa cumplicidade que oferecia ao crime. A partir desse artigo, o *Correio* passou a estampar diariamente denúncias de torturas. Com um grau cada vez maior de precisão, publicava-as sempre na última página do primeiro caderno, um dos pontos mais nobres do jornal.

Amparada por sucessivos pronunciamentos no Congresso, a campanha do *Correio* feriu o governo, e sua reação foi o primeiro capítulo de uma tragédia em que o poder do Estado se confundiu com a violência da tortura. No coração do regime, o general Golbery apontou ambígua e timidamente o fenômeno da tortura. Ele inaugurara a prática de enviar semanal ou quinzenalmente a Castello Branco um documento do SNI intitulado *Impressão Geral*, em que produzia uma mistura de resenha política e conselhos. Eram maços de até sete folhas datilografadas em espaço apertado, todas com a marca de "secreto". Na *Impressão Geral nº 4*, redigida nos primeiros dias de setembro, referia-se às denúncias:

---

[42] Idem, 1º de setembro de 1964.

> Manifestações incontroladas e emocionais da "linha dura" no setor das investigações e inquéritos (...) continuaram a intranquilizar o país, prejudicando a imagem da autoridade constituída do governo federal, e dando alguma substância a denúncias, em grande parte exageradas embora, de perseguições e torturas que estariam ocorrendo, sobretudo no Nordeste. Tudo isso em desfavor, no campo internacional, do crédito que já vem a duras penas granjeando a Revolução e o atual governo em seus sinceros propósitos de normalização da vida do país.[43]

O que Golbery queria dizer com denúncias de "alguma substância" embora "em grande parte exageradas"? Não se tratava, por certo, de casos típicos de violências cometidas no fragor da hora. No dia 13 de agosto, por exemplo, o *Correio da Manhã* informara que o médico e ex-deputado paranaense Walter Pécoits, que organizava camponeses no sudoeste do estado, ficara cego de um olho seis dias depois de ter sido preso pelo Exército.[44] O chefe do SNI negaceava. Nessa *Impressão Geral*, bem como nas outras dezoito existentes, a tortura não é apresentada corretamente nem no seu alcance nem no seu efeito. Não chegam a dez as linhas que lhe são dedicadas, e são apenas quatro as vezes em que ela é mencionada. Pouco mais que o espaço destinado a uma crise ocorrida na ilha de Chipre. Em todos os casos a tortura é vista como uma consequência da linha dura, quando, na realidade, a maneira como o governo a enfrentava fornecia aos radicais o alicerce de indisciplina e ilegalidade sobre o qual se edificaria a ditadura.

Golbery desenvolveu um combate funcional à linha dura e à violência política. Em setembro, no primeiro grande relatório "ultrassecreto" preparado pelo SNI sobre a situação do país, recomendava que as "ações punitivas" fossem "cuidadosamente" discriminadas, "de modo a poupar os elementos recuperáveis das esquerdas ideológicas e progressistas, sem prejuízo de coibir quaisquer violências capazes de sensibilizar espíritos generosos". Pretendia reduzir a extensão das atividades policiais

---

43 *Impressão Geral* nº 4, do SNI, de 6 de setembro de 1964. APGCS/HF.
44 *Correio da Manhã*, 13 de agosto de 1964.

e propunha que elas fossem reordenadas. Para isso, dizia ser necessário "reforçar o dispositivo de repressão militar, constituindo, em cada área sensível, tropas de choque cuidadosamente selecionadas e convenientemente equipadas para ações de tipo especial". Arrematando, sugeria a "transferência do pessoal já muito comprometido nessa linha de atuação, em certas áreas, reajustamento de comandos". E produzia um slogan espirituoso: "Linha dura também contra violências e excessos".[45]

Nessa mesma época, líderes civis do novo regime iam numa linha diversa, a da pura e simples negativa da autoria. O governador da Guanabara, Carlos Lacerda, um político de tintas modernas, tradutor de Shakespeare e criador de faisões, desembarcara em Paris em maio, e quando os jornalistas, no aeroporto, lhe perguntaram a respeito das denúncias de torturas, respondeu: "Não, por enquanto ninguém raspou o cabelo de mulher nenhuma como foi feito na França no dia da Libertação". Em 1977, mesmo depois de já ter sido cassado e preso pelo regime que ajudara a inventar, Lacerda continuava na trincheira da negativa em relação à violência de 1964: "Houve muita prisão, logo relaxada, mas tortura, que se saiba, não tinha havido nenhuma".[46]

A campanha aberta em setembro pelo *Correio da Manhã* produziu um resultado visível. O presidente Castello Branco enviou Geisel numa viagem pelo Nordeste, Rio de Janeiro e São Paulo para avaliar pessoalmente a procedência das denúncias. O chefe do Gabinete Militar levava consigo um quadro preparado pelo SNI, com uma tosca coleção de denúncias. Reunia uma dezena de casos e em cinco deles documentava-se com o noticiário do *Correio*.[47] Era um grande passo e demonstrava a vontade do governo de enfrentar de alguma forma o problema. Parecia ser a "linha dura também contra violências e excessos".

A chamada Missão Geisel pôs os torturadores na defensiva. "O ministro Costa e Silva não ficou satisfeito com a providência, mostrando ao Presidente que precisava ter confiança nos seus generais e não dar guarida a notícias tendenciosas", contou em suas memórias o general

---

[45] *Impressão Geral nº 4*, do SNI, de 6 de setembro de 1964. APGCS/HF.
[46] Carlos Lacerda, *Depoimento*, p. 311.
[47] *Diário de Heitor Ferreira*, 14 de setembro de 1964. APGCS/HF.

Jayme Portella de Mello, chefe de gabinete do ministro da Guerra em Brasília.⁴⁸ O envio do chefe do Gabinete Militar era um sinal de que Castello queria jogar sério. A missão chegou ao Recife no dia 15 de setembro. Acompanhado por dois oficiais, Geisel percorreu quartéis e prisões. Tomou depoimentos, recebeu laudos (entre os quais, dada pelo coronel-médico que dirigia o Hospital Geral do Exército do Recife, uma coleção de radiografias de um preso que tivera três vértebras fraturadas) e voou até a ilha de Fernando de Noronha, onde estavam presos, entre outros, os governadores depostos de Pernambuco e Sergipe, Miguel Arraes e Seixas Dória.

Três anos depois, tratando do assunto mais detalhadamente, rememorou os objetivos e as conclusões de sua missão aos cárceres:

> Um reduzido número de casos em que havia indícios de torturas, na área de Pernambuco, foi comunicado ao general comandante da 7ª Região Militar, tendo essa autoridade informado, detalhadamente, que já estavam sendo objeto das necessárias averiguações em IPM e em sindicâncias oficiais. Observei, aliás, que a prática dessas torturas, segundo as queixas formuladas, teria ocorrido na fase inicial da Revolução (dia 2 de abril de 1964, relativamente a Gregório Bezerra) e não se teria estendido além do dia 10 de maio do mesmo ano. Do que acabo de expor, verifica-se que a matéria comportava, na sua apreciação, duas fases: — uma, a partir da eclosão da Revolução, até 10 de maio, aproximadamente, em que possivelmente (...) ocorreram alguns casos de maus-tratos, sevícias e torturas — em número reduzido, repito — e que na época estavam sendo objeto de apuração pelas autoridades responsáveis; — outra, posterior, e que encontrei na ocasião de minha presença no local, quando já tinham cessado aquelas anormalidades de caráter arbitrário e desumano.⁴⁹

---

48 Jayme Portella de Mello, *A Revolução e o governo Costa e Silva*, p. 230.
49 Dezenove páginas manuscritas de Geisel, 30 de outubro de 1967. APGCS/HF.

Tecnicamente, Geisel condenava a tortura, negava que ela tivesse ocorrido depois de 10 de maio e informava que os casos denunciados estavam sob investigação do Exército. No que se referia às providências tomadas no âmbito da 7ª Região Militar em relação a casos antigos, seu comandante, o general Antonio Carlos Muricy, determinara a abertura de um IPM apenas para obter um "efeito suasório" e recomendara pessoalmente ao encarregado do inquérito que "não fizesse muita força" para descobrir a identidade dos torturadores. No seu comando Muricy fechou cárceres miseráveis, assistiu famílias desesperadas, mas daí a botar na cadeia um oficial torturador a distância era muito grande. Preferiu usar o IPM como ameaça e, deixando sua posição clara, reuniu a oficialidade para informar que responderia a novas violências levando os responsáveis a conselho de guerra.[50]

Tudo estaria muito bem se realmente os derrotados tivessem parado de apanhar no dia 10 de maio. Os fatos desmentiam esse marco da racionalização cronológica de Geisel. O jornalista Marcio Moreira Alves, em sucessivas reportagens no *Correio da Manhã*, listara 39 nomes de torturados, a maioria deles no Nordeste, na jurisdição da 7ª Região Militar, todos depois de 10 de maio.[51] Quando Geisel ainda estava no Nordeste, o *Correio* publicou em sua primeira página uma prova de que não era preciso viajar 2 mil quilômetros para procurar torturadores. Estampou sete depoimentos manuscritos e assinados por presos que diziam ter sido torturados no Centro de Informações da Marinha, o Cenimar, a menos de meia hora do palácio Laranjeiras, no Rio de Janeiro.[52]

No dia seguinte à denúncia dos sete torturados a Marinha desmentiu a autenticidade dos documentos. A prova da fraude seria a existência de uma caligrafia comum às sete denúncias, apesar de serem perfeitamente visíveis — e diferentes — as sete assinaturas. Menos de uma semana depois veio a resposta oficial do ministro da Marinha, almirante Ernesto Melo Batista. Ele solicitou ao ministro da Justiça providências legais contra o *Correio da Manhã*.

---

50 General Antonio Carlos Muricy, agosto de 1988.
51 Marcio Moreira Alves, *Torturas e torturados*, p. 64.
52 *Correio da Manhã*, 18 de setembro de 1964.

Em sua *Impressão Geral nº 6*, o general Golbery relatava a situação a Castello, sem mudar sua óptica, apesar de ter ficado claro que nada se faria de duro contra as "violências e excessos": "Prossegue a campanha *dirigida* acerca de torturas e maus-tratos nos inquéritos e investigações, atenuada em parte pela atuação do governo federal (viagem do general Geisel, inquéritos mandados abrir, contraofensiva do Ministro da Marinha em relação ao *Correio da Manhã*). Espera-se que nova etapa vise a despertar a piedade em face do desamparo em que se dirá encontrarem-se as famílias dos presos, passando fome e necessidades outras".[53]

Golbery insistia em tratar do problema no mundo dos conflitos de opinião. Assim, informava que "as medidas tomadas pelo governo (...) encontraram boa receptividade, devendo possivelmente esvaziar mais esse balão propagandístico".[54] Semanas depois, vitorioso, escrevia que "a campanha sobre supostas torturas a presos passa a segundo plano, desgastada".[55]

A construção de uma relação estável entre o regime, as Forças Armadas, a repressão política e os direitos humanos exigia que, tendo havido a tortura, a investigação terminasse com a punição dos culpados. Estava-se, porém, a caminho de uma construção instável, segundo a qual a tortura não era um fato em si, mas uma questão de opinião, uma "campanha dirigida". O que o *Correio da Manhã* e os políticos oposicionistas conduziam era precisamente uma campanha, mas não era nela, e sim na tortura, que estava o fenômeno político. Mobilizando suas energias políticas contra a "campanha", e não contra a tortura, o regime de 1964 comprometeu-se com uma mistificação e, por vinte anos, comportou-se como se o combate à tortura não fizesse parte da luta em defesa dos direitos do homem. Negar a tortura significava defender o regime. Denunciá-la ou confirmá-la era atacá-lo. A prática da tortura nas guarnições militares deixava de ser um fato em si, tornando-se matéria de opinião contaminada por alguma forma de incompreensão a respeito da obra dos governos que a estimulavam e protegiam. Deu-se por conveniência, medo e arrogância a metamorfose descrita pela filósofa alemã Hannah Arendt

---

[53] *Impressão Geral nº 6*, do SNI, de 21 de setembro de 1964. APGCS/HF.
[54] *Impressão Geral nº 5*, do SNI, de 14 de setembro de 1964. APGCS/HF.
[55] *Impressão Geral nº 7*, do SNI, de 28 de setembro de 1964. APGCS/HF.

em seu magistral estudo "Verdade e política": "O apagamento da linha divisória entre verdade fatual e opinião é uma das inúmeras formas que o mentir pode assumir".[56]

Geisel também estabeleceu a relação entre tortura e defesa do regime, vendo a essência do problema nas denúncias da imprensa e não no que se denunciava: "Essa imprensa nunca teve interesse em dizer a verdade. Quando muito, apresentava de forma para ela conveniente, a meia verdade. Havia o deliberado interesse de torcer, deturpar ou exagerar os fatos conforme a conveniência".[57]

Num balanço da Missão Geisel, Marcio Moreira Alves reconheceu em seu livro *Torturas e torturados*, publicado em 1966, que "a viagem de inspeção, que não resultou na punição de nenhum dos torturadores, teve ao menos o mérito de paralisar as torturas". Geisel deu atenção a essa conclusão. Num exemplar do livro que guardou por anos, esse trecho, na página 46, está assinalado e ressaltado com uma flecha azul.[58] De fato, a missão resultara no compromisso que Castello e Geisel perseguiam: esquecia-se o passado, e começava-se vida nova, sem torturas. Semanas depois, uma comissão de civis, integrada por representantes da Arquidiocese de Olinda e Recife, da Assembleia Legislativa, da Procuradoria do Estado de Pernambuco, da Ordem dos Advogados do Brasil e da imprensa, explicitava esse raciocínio perverso e inócuo: "Nessa conjuntura, parte dos acontecimentos foge ao controle das lideranças e dos comandos, resultando, por vezes, em atos e fatos discrepantes das linhas e normas desejáveis. A cessação imediata ou retardada desses excessos, após a instauração de uma nova ordem, é que serve para definir os propósitos reais do movimento".[59]

Trinta anos depois, colocado diante da questão de setembro de 1964, Geisel ainda duvidava da possibilidade de se responder às denúncias com a punição exemplar de um torturador: "O Castello não tinha comando sobre a área militar como deveria ter".[60] "Foi uma solução pragmática",

---

56 Hannah Arendt, *Entre o passado e o futuro*, p. 309.
57 Duas folhas datilografadas, de Geisel, intituladas *Algumas Ideias para o Esclarecimento*. APGCS/HF.
58 Marcio Moreira Alves, *Torturas e torturados*, p. 46. Exemplar anotado por Geisel. APGCS/HF.
59 Aurelio de Lyra Tavares, *O Brasil de minha geração*, vol. 2, p. 121.
60 Ernesto Geisel, dezembro de 1994.

explicaria Golbery.⁶¹ Do ponto de vista estatístico, esse pragmatismo foi comprovadamente eficiente. Durante todo o ano de 1964 foram 203 denúncias de torturas feitas em juízos militares. Em 1965 elas baixaram para 84, e no ano seguinte caíram para 66.⁶² Dentro do aparelho burocrático, porém, passara-se a senha da impunidade. E não só da impunidade. Como o tempo haveria de mostrar, a repressão tornava-se um dos instrumentos burocráticos de ascensão e ampliação do poder.

A Missão Geisel quis ser um compromisso liberal do governo, mas resultou num acerto que em vez de desarticular a tortura, perdoou-a. A conciliação de setembro de 1964 danificou a consciência da cúpula militar pela sensação que ofereceu de ter salvado simultaneamente a pele de muitos presos e a farda dos torturadores. Alimentou a lenda cultivada pelas Forças Armadas segundo a qual, mesmo dirigindo regimes repressivos, mantinham-se distantes dos crimes neles praticados.

Diante do radicalismo policial do regime que presidia, Castello chegara a desabafar que "não é elegante para um coronel (...) judiar com um civil, isso se fazia na 4ª Delegacia, no Estado Novo".⁶³ Sua política, momentaneamente bem-sucedida, começara a levar as Forças Armadas para dentro daquilo que durante o Estado Novo ele, como coronel, acreditara ser o mundo repugnante da arbitrariedade da "4ª Delegacia".⁶⁴

---

61 Golbery do Couto e Silva, junho de 1987.
62 *Projeto Brasil: nunca mais*, tomo V, vol. 1: *A tortura*, quadro 114, p. 64. O *Projeto Brasil: nunca mais* relacionou apenas as denúncias de torturas feitas em auditorias militares. Pode-se estimar que sobretudo em relação ao ano de 1964 essa amostra esteja distorcida, pois ocorreram centenas de casos de pessoas presas, espancadas e libertadas sem a abertura de nenhum processo. Mesmo assim, a amostra é aceitável para os dois anos seguintes ao governo Castello.
63 *Diário de Heitor Ferreira*, 10 de maio de 1965. APGCS/HF.
64 Ao referir-se à "4ª Delegacia", centro de repressão surgido no governo de Artur Bernardes, Castello deu trânsito ao mito de que no Estado Novo a tortura ficou a cargo da polícia, ou da "meganha". A repressão de Vargas foi praticada por oficiais das Forças Armadas, e a hierarquia policial do período o demonstra:

A polícia do Rio de Janeiro, cujo titular tinha praticamente nível de ministro, era chefiada pelo capitão Filinto Müller (presidente da Arena no governo Médici). A Delegacia de Segurança Pública e Social era dirigida pelo capitão Affonso Miranda Corrêa (encarregado da administração da Escola Superior de Guerra no fim dos anos 1940), condecorado pelo governo alemão em 1938. O inspetor-chefe do DOPS era o tenente Riograndino Kruel (chefe da Polícia Federal no governo Castello). O tenente Eusébio de Queirós Filho comandava a tropa de choque da Polícia Especial, responsável por sequestros e espancamentos, formada por lumpens de academias de boxe, clubes de regatas e caftens parrudos. A Casa de Correção era dirigida pelo tenente Victorio Caneppa, um ex-sargento.

Chefiaram a polícia pernambucana os capitães Malvino Reis e Frederico Mindello.
Filinto foi substituído pelo coronel Alcides Etchegoyen, que teve como assistente o major Odylio Denys.
Em janeiro de 1937 havia 33 oficiais do Exército em funções policiais em catorze estados. No Distrito Federal oito oficiais do Exército estavam lotados na polícia.
O general Newton de Andrade Cavalcânti, comandante da Vila Militar, defendia em 1937 a criação de campos de concentração para combater "a praga tartárica" do "judeu moscovita". Filinto Müller, em memorando a Vargas, também defendeu os "campos de trabalho".
Para o número de oficiais na polícia em 1937, Mauro Renault Leite e Luiz Gonzaga Novelli Jr. (orgs.), *Marechal Eurico Gaspar Dutra*, p. 133. Para a citação do general Newton Cavalcânti, Ferdinando de Carvalho, *Lembrai-vos de 35!*, pp. 169-70. Para o memorando de Filinto Müller, Stanley Hilton, *Brazil and the Soviet challenge — 1917-1947*, p. 75. Para a condecoração de Miranda Corrêa, idem, p. 119. Para Caneppa, idem, p. 152.

Nasce o SNI

A "4ª Delegacia" viera para ficar. Sua cabeça, na ditadura, viria a ser o Serviço Nacional de Informações ou, para os íntimos, o Serviço. Fundou-o o general Golbery do Couto e Silva. Dez anos antes ele defendera na Escola Superior de Guerra a criação de um "Serviço de Informações, centralizado, bem-dotado de meios e recursos, valendo-se de agentes e órgãos de busca de toda espécie".[1] Dezessete anos depois de tê-lo criado viria a chamá-lo de "monstro".

Golbery começou a montar o SNI nos primeiros dias de abril de 1964 sem ter ainda função no governo de que era peça-chave. Continuava trabalhando no Instituto de Pesquisas e Estudos Sociais, o IPÊS, onde se enfurnara em janeiro de 1962, costurando a aliança entre militares e plutocratas que resultou na coligação de interesses levada ao poder com a deposição de Goulart. O instituto funcionava no 27º andar do edifício Avenida Central, então o mais moderno do Rio de Janeiro, com estrutura de aço, elevadores falantes e sprinklers contra incêndio. Nesse edifício coabitavam o IPÊS e a agência de notícias cubana Prensa Latina, bem

---

[1] Golbery do Couto e Silva, *Planejamento estratégico*, p. 195.

como duas bases de operações clandestinas, uma do núcleo dirigente do PCB e outra de terroristas de direita.

De lá, o general administrava a vitória e assessorava o presidente Castello Branco sem abandonar os hábitos de coronel. Morava com a mulher, Esmeralda, em Jacarepaguá, numa casa de dois andares, com as paredes cobertas de livros e o jardim habitado por sapos. Nessa época o termo *suburbano*, na gíria carioca, designava um estilo de vida anônimo e modesto. No fim de cada dia Golbery caminhava até a praça Mauá e entrava na fila do ônibus até o bairro de Cascadura, ao lado de bancários e burocratas. Terminada essa viagem, tomava um lotação, nome dado a audaciosos micro-ônibus que transportavam vinte pessoas sentadas. Uma hora depois estava na porta de casa. O penoso percurso do general até Jacarepaguá trazia a marca natural de austeridade do governo Castello Branco, segundo a qual ele e seus mais diretos assessores militares viviam frugalmente. No Brasil em que Golbery montava o SNI no lotação, só tinha mordomia quem pagava pelo seu mordomo. Os banheiros privativos eram prerrogativa dos banqueiros. Os ministros voavam em aviões de carreira.

O anônimo passageiro levava na cabeça um serviço que deveria ser "uma CIA voltada para dentro", ou, como diria no Congresso o deputado Laerte Vieira (UDN-SC), "funcionará como o FBI, ou o Intelligence Service no interesse da segurança nacional".[2] Golbery trabalhou no seu projeto de abril a 13 de junho, quando a Lei nº 4.341 criou o Serviço Nacional de Informações. Com o referendo do Senado, foi nomeado para dirigi-lo. Tomou posse na manhã do dia 25 com terno novo, colete e um curto discurso. Nele, chamou o Serviço de "ministério do silêncio" e inicialmente o comparara a "uma porta aberta, de par em par, aos influxos mais sutis da opinião pública nacional". Depois riscou "porta" (lugar por onde qualquer um passa) e escreveu "janela" (lugar de onde se vê o que acontece do lado de fora).[3]

O SNI teve uma dotação orçamentária de 200 milhões de cruzeiros, equivalentes, ao câmbio da época, a cerca de 150 mil dólares.[4] Na fase de

2 *Diário de Heitor Ferreira*, 8 de dezembro de 1965, APGCS/HF, e *Correio da Manhã*, 19 de maio de 1964.
3 Duas folhas com o manuscrito do rascunho do discurso de posse de Golbery no SNI. APGCS/HF.
4 Lei nº 4.341, de 13 de junho de 1964, artigo 9º. O dólar valia 1.355 cruzeiros no mercado paralelo. Em dinheiro de 2013, corrigido pelo IGP-DI, da Fundação Getulio Vargas, seriam 4,58 milhões de reais.

preparação do decreto de criação do Serviço, Golbery esperava ter à mão mais 150 milhões de cruzeiros em verbas secretas, o que elevaria seu caixa a 260 mil dólares de 1964.[5] Enquanto as verbas não chegaram, recebeu do presidente do Banco Lar Brasileiro um automóvel e alguns gravadores usados.[6] Fisicamente, o SNI ocupou parte do 13º andar do majestoso edifício de estilo neofascista do Ministério da Fazenda, no Rio de Janeiro, reservando-se para Golbery uma sala no 12º. Mobiliaram as salas catando velharias nos depósitos de autarquias federais. Em Brasília, o Serviço começou na sala 17 do quarto andar do palácio do Planalto. Tinha trinta metros quadrados, e o chefe do SNI esperou seis meses para que lhe instalassem um aparelho de ar-refrigerado. Em períodos de crise política, chegou a dormir nela. Só nos primeiros meses de 1965 o Serviço passou a operar suas comunicações através da rede de rádio do Planalto.[7] Ainda não completara um ano de vida quando avançou sobre a sala 16. Iniciava-se a expansão do SNI pela malha modernosa de Brasília, transformando-o numa instituição sociologicamente identificada com a capital, onde se tornou um dos primeiros ramos da burocracia nacional a arraigar-se.

Operacionalmente o SNI herdou a estrutura do Serviço Federal de Informações e Contra-Informações, o SFICI, uma repartição inexpressiva vinculada ao Conselho de Segurança Nacional, e o arquivo do IPÊS. Do chefe ao faxineiro, juntava cerca de cem pessoas.[8] Tinha um arquivo pequeno e primitivo. Suas fichas destinavam-se sobretudo a relacionar funcionários públicos, dirigentes sindicais, redatores da imprensa esquerdista e signatários de manifestos políticos. Numa base mimeografada, as fichas

---

Segundo *Veja* de 15 de outubro de 1969, as verbas orçamentárias do SNI para o ano de 1965 foram de 800 mil cruzeiros novos. Admitindo-se que as verbas secretas tenham guardado a mesma relação de 1964, o caixa do Serviço ficou com 1,4 milhão de cruzeiros novos, equivalentes a pouco mais de 752 mil dólares, ou 13,16 milhões de reais de 2013.

5 Anotação de Golbery ao texto do projeto de criação do SNI: "Verba — caráter secreto mínimo Cr$ 150 milhões". Admitindo-se que Golbery tenha conseguido o piso de 150 milhões de cruzeiros, o SNI nasceu com um caixa de pelo menos 8,1 milhões de reais ou 1,81 milhão de dólares, em dinheiro de junho de 2013. APGCS/HF.

6 Jorge Oscar de Mello Flôres, *Na periferia da história*, p. 195.

7 *Diário de Heitor Ferreira*, 25 de novembro de 1964, 23 de janeiro, 25 de novembro e 22 de abril de 1965. APGCS/HF.

8 Estimativa feita com base na *Relação dos Militares (Exército) Colocados à Disposição do Serviço Nacional de Informações a partir de 1º de Setembro de 1964*. São listados vinte oficiais, de major a coronel. APGCS/HF.

do IPÊS listavam dados para a identificação da vítima, tais como filiação, telefone e endereço, deixando apenas nove linhas para informações adicionais. Esse arquivo não chegou a 5 mil nomes.[9] Transferido em caixas de papelão, inclusive de sapatos, tornou-se o núcleo da memória do SNI.

Quanto à autonomia administrativa e à jurisdição, o Serviço nasceu invulnerável. Diferentemente do que ocorria com os chefes dos serviços de informações nos Estados Unidos, União Soviética, França e Inglaterra, o chefe do SNI ganhou status de superministro. Enquanto em todo o mundo os serviços de informações prestavam contas a algum tipo de instituição, quer a uma comissão do Congresso (no caso da CIA) quer à cúpula colegiada do comitê central (no caso da KGB), Golbery criou um organismo que só respondia ao presidente da República.[10] Numa exposição secreta feita ao ministério no dia 30 de dezembro de 1964, procurou definir a natureza ideal do seu Serviço:

> O SNI é um órgão nitidamente introvertido, por definição sempre voltado para dentro, e ao qual não está afeta qualquer atividade de divulgação pública, de propaganda ou contrapropaganda, limitando-se a promover a difusão de informações e, quando for o caso, avaliações e estimativas, apenas no âmbito governamental e com a adequada salvaguarda do sigilo. Com isso, restringe-se o risco de que o Serviço, órgão sobretudo de auscultação, se deixe impressionar pelo eco de suas próprias elaborações, acrescendo as dificuldades, já de si tão grandes, de toda observação participante. Ou, o que é pior ainda, passe a enxergar apenas o que confirme os pontos de vista externados ao grande público, num desejo, até mesmo inconsciente, de se não deixar desmentir pelos fatos, salvando sempre a face. Daí porque um Serviço como esse nunca deve, por outro lado, assumir responsabilidades operacionais, sob pena de tornar-se um observador diretamente "engajado" no êxito da operação que tomou a si. Fora assim, como mandam a tradição e

---

9 Golbery do Couto e Silva, 1987.
10 Alfred Stepan, *Os militares*, p. 33.

o bom-senso, e o Serviço norte-americano, a celebrada CIA, não teria arcado com o lamentável fracasso da *Baía de los Cochinos*.[11]

Do outro lado da cerca, o *Correio da Manhã* definia o novo órgão: "É um ministério de polícia política, instituição típica do Estado policial e incompatível com o regime democrático".[12] No Congresso, o projeto tramitou em relativa paz, fizeram-se pequenas emendas, mas nem a bancada governista teria coragem de derrotar semelhante iniciativa presidencial, nem o monstro tinha os dentes à mostra.

"Nós éramos meia dúzia de gatos-pingados", lembrava Golbery vinte anos depois.[13] A máquina que esses "gatos" poriam em movimento, contudo, era ambiciosa. Leitor ávido e caçador compulsivo de livros, Golbery queria um serviço com analistas qualificados. Para socorrer essa necessidade, Castello criou em fevereiro de 1965 o curso de informações da Escola Superior de Guerra, numa tentativa de adaptá-la às eventuais necessidades da nova instituição. O chefe do SNI sonhava recrutar os quadros para a subseção do exterior entre os melhores alunos das universidades, capturando-os no penúltimo ano dos cursos.[14] Planejava até mesmo uma pequena editora, capaz de publicar 25 títulos durante o ano de 1965. Para isso, esperava contar com o apoio das diversas gráficas da administração civil e militar.[15]

Esse SNI nada deveria ter de parecido com a "4ª Delegacia". Seus quadros futuros, se possível, deveriam ser como o capitão Heitor Aquino Ferreira, assistente-secretário de Golbery aos 27 anos e seu discípulo por toda a vida. Desde tenente, em 1959, Heitor correspondia-se afetuosamente com o legendário coronel Golbery, discutindo um novo Exército, um novo governo e um novo país. Jogado no mais secreto dos centros de

---

11 Golbery referia-se à fracassada tentativa de invasão de Cuba por exilados, patrocinada pela CIA, em abril de 1961. *Exposição ao Ministério*, 30 de dezembro de 1964.
12 *Correio da Manhã*, 13 de junho de 1964. APGCS/HF.
13 Golbery do Couto e Silva, 1983.
14 *Diário de Heitor Ferreira*, 16 de junho de 1965, e anotações de Golbery preparando-se para um encontro com o coronel João Baptista Figueiredo, chefe da Agência Central do SNI. APGCS/HF.
15 Projeto de memorando de Golbery, de dezembro de 1966. APGCS/HF.

poder político, o capitão Heitor passava suas noites no fim de 1964 lendo *O declínio da Idade Média*, obra clássica do historiador holandês Johan Huizinga sobre o alvorecer do Renascimento na Borgonha dos séculos XIV e XV. No palácio do Planalto, nas horas livres, descia ao porão em busca da história, retirando de sacos de aniagem empoeirados os maços de correspondência das administrações anteriores.[16]

Os "gatos-pingados" de 1964 se tornariam, com o tempo, um efetivo estimado, em 1982, em mais de 6 mil pessoas, formando aquilo que se denominou de Comunidade de Informações. Nela se reuniram, além do SNI, os serviços secretos do Exército, da Marinha e da Aeronáutica, uma parte da Polícia Federal, as divisões de informações montadas em todos os ministérios, as delegacias estaduais de Ordem Política e Social e, finalmente, os serviços de informações das polícias militares.[17] A expressão "comunidade de informações" aparece pela primeira vez na linguagem política brasileira em 1967, no livro *A produção de informações estratégicas*, do general americano Washington Platt.[18] Era um trabalho clássico para os serviços de informações americanos. Golbery guardava seu exemplar nas estantes de Jacarepaguá. Longas negociações com a Biblioteca do Exército, editora natural para esse tipo de obra, esbarraram no preço que ela cobrava pela edição.[19] Regateando, o general foi ao seu caderno de telefones de conspirador. Conseguiu que o livro fosse lançado pela Agir, de propriedade do aristocrático Cândido Guinle de Paula Machado, da linhagem dos concessionários do porto de Santos e dos senhores do Jockey Club e do Banco Boavista.

---

16 *Diário de Heitor Ferreira*, 21 de setembro de 1964 e 9 de fevereiro de 1965. APGCS/HF.
17 Nessa estimativa, o SNI teve 3 mil funcionários. Para esse cálculo, depoimentos dos generais Adyr Fiúza de Castro (chefe do CIE de 1967 a 1969) e Carlos Alberto da Fontoura (chefe do SNI de 1969 a 1974), em Maria Celina d'Araujo, Gláucio Ary Dillon Soares e Celso Castro (orgs.), *Os anos de chumbo*, pp. 42 e 91. O almirante Mario Cesar Flores, chefe da Secretaria de Assuntos Estratégicos (organismo que sucedeu ao SNI em 1990), informou em 1994 que, ao ser extinto, o Serviço tinha 3.500 funcionários. *Veja*, 5 de abril de 1994. No depoimento do general Ivan de Souza Mendes (chefe do SNI de 1985 a 1990) a Maria Celina d'Araujo, Gláucio Ary Dillon Soares e Celso Castro (orgs.), em *A volta aos quartéis*, p. 160, em 1985 o SNI tinha 2.500 funcionários. Em entrevista a Maria Celina d'Araujo e Gláucio Ary Dillon Soares, do CPDoc, o general Octavio Medeiros, chefe do SNI de 1978 a 1985, calculou seu efetivo em 3 mil pessoas.
18 Washington Platt, *A produção de informações estratégicas*, p. 20.
19 *Diário de Heitor Ferreira*, 15 de outubro de 1965. APGCS/HF.

Golbery concebeu um órgão de elite. De um elitismo parecido com o da CIA nos primeiros anos do após-guerra. Em 1942, quando o advogado William (*Wild Bill*) Donovan fundou o OSS (Office of Strategic Services), do qual sairia uma geração inteira de chefes da Comunidade de Informações do governo dos Estados Unidos, os seus "gatos-pingados" pareciam ter vindo de um campo de golfe. A mobilização da guerra fez com que nele se misturassem sobrenomes de agentes com nomes de bancos (Mellon ou Morgan), famílias de presidentes (Roosevelt ou Coolidge) e locomotivas da alta sociedade (Astor ou Auchincloss). O chefe de seu escritório em Londres, David Bruce, era casado com uma filha do banqueiro Paul Mellon e veio a ser biografado sob o título de "o último aristocrata americano".[20] Tamanho foi o charme do OSS, que o serviço se viu apelidado em Washington de *Oh, So Social*.[21]

Os "gatos" de Golbery vinham de outro armazém. Na conspiração para derrubar Goulart o general se relacionara com plutocratas como Paula Machado, Augusto Trajano de Azevedo Antunes, o magnata do manganês, Israel Klabin, refinado diretor do império dos azulejos e do papel de imprensa. Nenhum deu sobrenomes ao Serviço. O general buscou seus quadros nas Forças Armadas e, quando possível, na máquina do Banco do Brasil ou da administração fazendária. Os militares predominaram sobre os civis desde o primeiro instante de funcionamento do Serviço. Entre os oficiais, os novos quadros saíam essencialmente do Exército. Nos primeiros anos essas duas características deram disciplina e fidelidade ao SNI, porém marcaram o seu código genético determinando, para o futuro, vícios incorrigíveis e limitações intransponíveis.

Em setembro de 1964 havia no SNI vinte oficiais do Exército.[22] Juntaram-se numa época em que quase todos moravam no subúrbio e usavam meias curtas. Deles, o mais graduado era o coronel João Baptista

---

20 Para David Bruce, Nelson D. Lankford, *The last American aristocrat*, pp. 126 e segs.
21 Anthony Cave Brown, *The last hero*, p. 299.
22 *Relação dos Militares (Exército) Colocados à Disposição do SNI a partir de 1º de Setembro de 1964*. Dessa lista de vinte sócios fundadores do SNI saíram um presidente da República (Figueiredo), dois chefes do Serviço (Figueiredo e Octavio Aguiar de Medeiros) e dois chefes da Polícia Federal (Newton Leitão e Moacyr Coelho). Outros cinco (Newton Cruz, José Luiz Coelho Netto, Edmundo Adolpho Murgel, Mario Orlando Ribeiro Sampaio e Geraldo Araujo Ferreira Braga) chegaram ao generalato e tornaram-se destacados chefes nos serviços de informação do regime. APGCS/HF.

de Oliveira Figueiredo, *Figa*, um cavalariano estourado, velho conhecido de Golbery, militante do IPÊS. Desde abril, Figueiredo dirigia o SFICI. Tornou-se chefe da Agência Central, que funcionava no Rio de Janeiro. Era o segundo lugar na hierarquia do SNI. Em 1974, no governo Geisel, ocupou a chefia do Serviço até que, em 1979, foi feito presidente.

Figueiredo levou alguns amigos para o SNI. O mais próximo era o tenente-coronel Octavio Aguiar de Medeiros, seu parente afastado. Medeiros teve uma passagem pedestre pela seção de sovietologia, a SC-4, e só adquiriu uma fugaz notoriedade nacional em 1969, quando desbaratou em questão de semanas toda uma organização esquerdista que assaltava bancos e explodia bombas em Minas Gerais. Tornou-se chefe do SNI em 1978 e, depois de encobrir a autoria de atentados, chocou-se com Golbery em 1981.[23] Foi contra ele que o general, aos setenta anos, demitindo-se da chefia do Gabinete Civil, atirou a maldição com que, aos gritos, atingiu toda a Comunidade: "Vocês serão postos daqui para fora com um pé na bunda".[24]

Nesse grupo de amigos de Figueiredo e fundadores do Serviço que influenciaram toda a existência da Comunidade de Informações, estava também o tenente-coronel Newton Araujo de Oliveira e Cruz. Ele caiu no Serviço sem muito gosto pelo trabalho que lhe coube: o fichário. Por razões políticas e técnicas, Golbery menosprezava os IPMs. Seu negócio era fichar. Por isso, quando o SNI tomou emprestado ao encarregado do inquérito o material apreendido no prédio da União Nacional dos Estudantes, incendiado na noite de 1º de abril, não o devolveu, fichou-o.[25] O coronel Newton Cruz estava mais para combatente do que para arquivista, mas a partir de junho de 1965 deram-se dois fatos simultâneos. Ele começou a gostar do que fazia, e Golbery teve a sua atenção despertada para trabalhos de análise que Newton Cruz apresentava. Sabia fazer coisas que o general apreciava: ter ideias e expressá-las bem em português escrito. No governo Figueiredo ele dirigiu a Agência Central do

---

23 Em 1993 o general Medeiros admitiu numa entrevista a dois pesquisadores que o atentado do Riocentro, de 1981, em cuja cena estavam um capitão e um sargento, foi coisa dos "dois bobalhões". A versão oficial da época, que prevalece até hoje, é de que eles foram vítimas. Reportagem de Paulo Moreira Leite, *Veja*, 7 de julho de 1997.
24 Golbery do Couto e Silva, 1982.
25 *Diário de Heitor Ferreira*, 2 de junho de 1965. APGCS/HF.

Serviço. Numa época em que seu nome se transformara em sinônimo de arbitrariedade, vendo-o a cavalo, com um capacete, Figueiredo chegou a chamá-lo de "o nosso Mussolini".

No final da ditadura quase todos os oficiais que Golbery levara para o Serviço já haviam brigado com ele (ou Golbery com eles). Num só caso o rompimento deu-se logo, estrondoso, dentro do Serviço. Em fevereiro de 1965, o general defenestrou do Serviço o tenente-coronel Rubens Resstel, chefe da sua seção econômica. Tinham convivido na conspiração contra Goulart, na qual ele fora um ativo articulador em São Paulo. Metera-se em maquinações da linha dura nas quais alternava contatos bem-educados com a plutocracia paulista e operações espetaculares como a captura de bois gordos nos pastos para sugerir à população que os militares seriam capazes de levar carne barata aos açougues.[26] Nos vinte anos seguintes, Golbery demonstraria em relação a esse oficial uma das características mais reprimidas de seu temperamento, um tipo de rancor raro e seletivo, porém implacável.[27]

Em agosto de 1965 o SNI mal completara um ano e já tinha o seu primeiro grande escândalo, precisamente em negócios de café, uma área da economia nacional onde poder e dinheiro, ao se juntarem, em geral acabavam em ladroagem. No dia 12, o tenente-coronel Luchsinger Bulcão, da agência do Serviço em São Paulo, mostrou a Golbery que, nas suas barbas, uma venda ilegal feita pelos desvãos do Instituto Brasileiro do Café a produtores do Paraná como se fosse uma investigação nada mais era que contrabando mesmo.[28] Era a segunda vez, informara o IBC. A primeira muamba tivera 150 mil sacas. O SNI caía em sua própria armadilha. Fazia qualquer coisa porque era capaz de tudo, e como era capaz de tudo, terminava metido em qualquer tipo de coisa. Contrabando de café era apenas o início. Golbery abriu a tradicional "rigorosa sindicância", "para inteiro resguardo do bom nome de que deve gozar o SNI". Carimbou-a de "confidencial" e entregou-a ao coronel Figueiredo.[29] No

---

26 Golbery do Couto e Silva, junho de 1987.
27 Idem.
28 *Diário de Heitor Ferreira*, 12 de agosto de 1965. APGCS/HF. General Rubens Resstel, setembro de 1988.
29 *Diário de Heitor Ferreira*, 15 de agosto de 1965. APGCS/HF. Para a ordem de abertura da sindicância e para a ocorrência do contrabando anterior, nota manuscrita de Golbery, apensa ao *Diário de Heitor*

desfecho do escândalo sente-se uma das características que a máquina adquiriria: a inimputabilidade, franquia que o direito brasileiro só concedia aos menores, aos índios e aos idiotas. Da sindicância conduzida por Figueiredo nada veio a público. Sabe-se que estava "cheio de dedos" quando relatou os resultados a Golbery.[30] Uma coisa é certa: ninguém foi processado ou cassado pelo que ele descobriu.

Golbery conseguiu tocar a vida do Serviço sem envolvê-lo exclusivamente no furacão punitivo, procurando firmá-lo no centro da vida do país. Para isso, não perdia de vista os anos do IPÊS. Seu assistente organizou uma lista de 64 pessoas com quem devia manter contato no mundo civil, obedecendo a uma tabela de frequência. Nela juntavam-se o empreiteiro Haroldo Cecil Poland, escalado para receber um telefonema diário; o dono do *Jornal do Brasil*, Manoel Francisco do Nascimento Brito, com três ligações semanais; e o presidente do Sindicato dos Bancos do Rio, Jorge Oscar de Mello Flôres, com duas. Com uma ligação semanal ficaram, entre outros, o professor liberal católico Candido Mendes de Almeida, o secretário do cardeal Câmara e o pelego Ari Campista, que controlava a Confederação Nacional dos Trabalhadores na Indústria.[31]

Nessa época, a caderneta de telefones de Heitor Ferreira, caudatária das ligações de seu chefe, indicava a construção de um Serviço que de um lado se ligava a uma parte da velha ordem e, de outro, listava os personagens de uma nobiliarquia emergente. Junto a estrelas da política, como Carlos Lacerda, estavam empresários como Bento Ribeiro Dantas, principal acionista da companhia aérea Cruzeiro do Sul, donos de jornais como Roberto Marinho, d'*O Globo*, políticos ainda desconhecidos nacionalmente como Paulo Brossard, ou escritores como Adonias Filho e José Honório Rodrigues. Nessa mesma lista encontravam-se militares até então desconhecidos: o general Garrastazu Médici, gaúcho bonachão e estimado que comandava a Academia Militar das Agulhas Negras, o coronel Hugo Abreu, chefe do estado-maior da 1ª Divisão de Infantaria, o

---

Ferreira, na entrada de 15 de agosto de 1965.
30 *Diário de Heitor Ferreira*, 25 de agosto de 1965. APGCS/HF.
31 *Lista que Serviu de Base à Primeira Escala de Telefonemas*, uma folha manuscrita, anotada por Heitor Ferreira. APGCS/HF.

tenente-coronel Mário Andreazza, um simples oficial de gabinete do ministro da Guerra.³²

O chefe do SNI, que se definiu como "o ministro do silêncio", circulava pelo poder tão anônimo quanto nos lotações. Dirigia um serviço temido, mas conduzia-se com boas maneiras e paciência. Ouviu de tudo, até sobre seu próprio futuro, quando o pitoresco deputado Eurico de Oliveira, do PTB, leu-lhe a mão.³³ Cultivava discretamente a imprensa criando a lenda segundo a qual não conversava com jornalistas quando, na realidade, o fazia com frequência e gosto. Chegara a examinar os originais de uma reportagem especial louvando a deposição de Goulart que a revista americana *Seleções do Reader's Digest* publicaria meses depois em todo o mundo, com o título "O país que salvou a si próprio". Recomendara que cortassem a palavra *golpe* "em face das suas conotações pejorativas".³⁴ Foi atendido.

Além dos contatos regulares com proprietários de meios de comunicação, trabalhava as redações. Reuniu-se com os editorialistas do *Jornal do Brasil* para explicar a natureza do Serviço. Encontrou-se com o jornalista Hermano Alves, que, no *Correio da Manhã*, era um ardente oposicionista do regime, e com o panfletário situacionista David Nasser, da revista *O Cruzeiro*.³⁵ Frequentemente avistava-se com o correspondente da revista *Time*, Roger Stone. Sua condição para falar era que dele não falassem. À revista *Seleções*, chegou a pedir que cortassem a referência que lhe fizeram na primeira versão do texto.³⁶

Através do seu chefe de gabinete, coronel Newton Leitão, que se tornou a face visível do Serviço na noite carioca e nos mais elegantes restaurantes

---

32 Caderneta de telefones de Heitor Ferreira. APGCS/HF.
33 *Diário de Heitor Ferreira*, 1º de setembro de 1964. APGCS/HF.
34 Três folhas de bloco manuscritas de Golbery, com o título *Observações sobre o Manuscrito*, ao qual Heitor Ferreira acrescentou: *das Seleções*. Todas as sugestões de Golbery foram aceitas, e o artigo, intitulado "The country that saved itself" (Clarence W. Hall, "O país que salvou a si próprio", *Seleções*, novembro de 1964, p. 97). APGCS/HF. *Seleções* tinha estreitas relações com a Central Intelligence Agency. A esse respeito, ver Peter Canning, *American dreamers*, p. 244. Para um estudo da edição brasileira da revista *Seleções*, ver Mary Anne Junqueira, *Ao sul do Rio Grande*, com referência ao artigo de Hall, pp. 222-30.
35 *Diário de Heitor Ferreira*, 24 de agosto de 1964 e 30 de julho de 1965. APGCS/HF.
36 Três folhas de bloco manuscritas de Golbery, com o título *Observações sobre o Manuscrito*, ao qual Heitor Ferreira acrescentou: *das Seleções*. APGCS/HF.

do Centro, ligou a tomada do SNI ao banqueiro José Luís de Magalhães Lins, o bem-informado e misantrópico diretor-executivo do Banco Nacional de Minas Gerais. Leitão circulava com ternos bem-cortados e uma pistola Walther PPK na cintura. Funcionava como o ouvido ambulante de Golbery. Essa imagem era literal, pois o coronel gravava o que se dizia em sua sala ou em seu telefone. Em maio de 1965, Heitor Ferreira anotou em seu diário: "Geisel leu os telefonemas de Leitão com José Luís".[37]

O gravador na sala de Leitão mostrara-se tão eficaz que em julho de 1965 Golbery inaugurou o seu.[38] Já se haviam perdido os primeiros dias de abril de 1964, quando o general Costa e Silva, para desmascarar o presidente da Câmara dos Deputados, Ranieri Mazzilli, recorrera ao seu filho Alcio, major de comunicações, que colocou um gravador dentro de uma peça de porcelana sobre a mesa diante da qual eles sentariam.[39]

"Se havia censura de telefones?", indagava Golbery em 1984, enfatizando a resposta:

> Havia, e inicialmente era feita com o equipamento que encontramos, deixado pela administração anterior. Nós enganchávamos os telefones a partir de uma base montada no prédio do Ministério do Exército, no Rio de Janeiro. Eram poucos. Não mais que vinte. Esse trabalho é muito difícil. Primeiro você tem que gravar, o que é simples, pois as máquinas só rodam quando o telefone é retirado do gancho. Depois é preciso tirar o que está na fita e colocá-lo no papel. É o que se chama "degravar". Isso dá um trabalho danado. Depois, você tem que analisar, o que dá ainda mais trabalho. Nós trabalhávamos em regime de mutirão. Como o Serviço estava no início, o pessoal do Exército fazia o trabalho de gravação e, em troca, nós passávamos a eles as análises.[40]

---

37 *Diário de Heitor Ferreira*, 8 de maio de 1965. APGCS/HF.
38 Idem, 8 de julho de 1965. APGCS/HF.
39 Ernesto Geisel, abril de 1995. O detalhe da peça de porcelana foi informado pelo comandante Paulo Castello Branco.
40 Golbery do Couto e Silva, novembro de 1984.

Nos trabalhos com gravações o SNI incorporou um termo da gíria da seção de informações do Estado-Maior do Exército, denominando "dragão" o que fora dele se chamava "grampo". O termo derivava de "distribuidor geral", ou DG, equipamento da companhia telefônica em que se procedia à interceptação. Chamava-se "dragão" também ao texto da "degravação" no qual, de uma maneira geral, a vítima era identificada apenas pelo nome de Alvo, seguido de um número. Assim o vice-presidente da República podia ser o Alvo 12, e o líder da oposição na Câmara, o Alvo 34. Nos documentos formais, para contornar o ridículo de mencionar um "dragão", usava-se a críptica abreviatura DG. Segundo os cálculos de Newton Cruz, nessa época os "dragões" podem ter passado de cinquenta escutas simultâneas, mas não passaram de cem.[41]

Curtos foram os tempos em que os telefones grampeados podiam ser cem e o SNI dividia irmãmente com o Exército suas fitinhas. Era um tempo de diletantes. O próprio presidente Castello Branco descumpria a norma mais elementar do mundo da escuta: dava a entender que era capaz de ouvir os telefones alheios. Em 1964, o SNI gravava as ligações do telefone do ex-presidente Juscelino Kubitschek. Quando Juscelino recebeu do deputado Antonio Carlos Magalhães a informação de que o decreto com sua cassação já fora assinado por Castello, chamou o marechal de "filho da puta". Antonio Carlos, amigo dos dois, repreendeu Kubitschek pelo insulto. No dia seguinte, ao encontrar-se com o presidente, ouviu uma frase enigmática: "Muito obrigado, deputado. Sei que o senhor me defendeu numa situação difícil".[42]

Ampliando seus ouvidos para fora do Brasil, o SNI ligou-se à rede dos serviços ocidentais de informações. Ainda em 1964 o SNI e a CIA começaram negociações que resultaram num documento de "sugestões para um acordo oral" intitulado *Relação de Ligação entre o Serviço Nacional de Informações Brasileiro e o Serviço de Informações Americano*. A CIA propunha mandar para o Brasil um funcionário categorizado "para colaborar na montagem e no desenvolvimento do Serviço brasileiro" e comprometia-se a "fornecer pistas operacionais específicas que se tornarem disponíveis a

---

41 General Newton Cruz, fevereiro de 1988.
42 Antonio Carlos Magalhães, 1983.

respeito de atividades subversivas no Brasil". Em troca, o SNI dispunha-se a não passar adiante o material que recebesse e alimentaria a CIA com suas próprias informações a respeito da subversão esquerdista.[43] O funcionário da "Companhia" que manteve contatos mais frequentes com o SNI foi Stephen Creane. Ele tratava com Golbery desde assuntos relacionados à subversão comunista na América Latina até o projeto da Lei de Segurança Nacional brasileira, passando pelo funcionamento da escuta telefônica, cuja suspensão chegou a preocupá-lo.[44] No dia 4 de março de 1967, um sábado, Creane conseguiu uma das suas maiores proezas: Golbery compareceu a um coquetel de despedida que ele organizara para a cúpula do Serviço, que seria rendida em poucos dias.[45]

A CIA já vinha colaborando com o governo brasileiro desde os primeiros dias de abril de 1964, quando, a pedido da sua base do Rio, seus agentes em Montevidéu vigiavam os principais exilados.[46] Dois anos depois, em fevereiro de 1966, Golbery reuniu-se no Rio com o legendário Ray Cline, subdiretor para Assuntos de Informações da CIA.[47] (Em outubro de 1962 Cline fora o autor do memorando que assegurara ao presidente John Kennedy a existência, em Cuba, de pelo menos oito mísseis soviéticos de médio alcance capazes de atingir o território americano.)

Antes do final de 1964 Golbery já tinha estabelecido contato com o MI5, o serviço da Grã-Bretanha para onde, no segundo semestre, seguiram oficiais brasileiros, iniciando o que seria um intenso, bem-sucedido e bem-dissimulado intercâmbio entre Brasília e Londres.[48] Do embaixador em Lisboa, recebeu ofertas do ministro do Exército de Portugal para visitar a Escola de Comando de Luanda, onde eram treinadas tropas para ações antiguerrilheiras que combatiam os movimentos

---

[43] *Suggestions for Oral Agreement. Liaison Relationship between the Brazilian National Intelligence Service and the American Intelligence Service*. Duas folhas datilografadas, carimbadas "secret", sem data nem assinatura. APGCS/HF.
[44] *Diário de Heitor Ferreira*, 18 de janeiro (para a Lei de Segurança) e 12 de fevereiro de 1967 (para a escuta telefônica). APGCS/HF.
[45] Idem, 4 de março de 1967. APGCS/HF. Em 1974 Creane voltou ao Brasil, como chefe da estação da CIA no Rio de Janeiro. Ver Philip Agee e Louis Wolf, *Dirty work*, p. 49.
[46] Philip Agee, *Inside the Company*, p. 365.
[47] *Diário de Heitor Ferreira*, 3 de fevereiro de 1966. APGCS/HF.
[48] Idem, 19 de setembro de 1964, e 19 de março, 7 de junho e 13 de agosto de 1965. APGCS/HF.

pela libertação de Angola e Moçambique.⁴⁹ Em agosto de 1965, depois de entendimentos com militares argentinos, dois oficiais do SNI foram estagiar em Buenos Aires por algumas semanas. Na volta, trouxeram o texto de uma proposta de acordo para ser assinado entre os dois serviços. Golbery refugou: "Eu não faço acordos escritos".⁵⁰ É dessa época ainda o estabelecimento de relações amistosas com os serviços da França e da Itália. Nos dois casos as negociações disfarçaram-se dentro do cerimonial das visitas oficiais dos presidentes Charles de Gaulle e Giuseppe Saragat ao Brasil. Em 1966 estava feita a ligação entre o Serviço e o organismo da espionagem israelense, Mossad, e o segundo homem do SNI, o coronel Figueiredo, foi convidado para ir a Tel Aviv.⁵¹ Nos anos seguintes o Serviço enviou estagiários também à Alemanha.⁵²

Aos poucos o SNI que Golbery imaginara no IPÊS parecia tomar forma. À primeira vista, uma roubalheira aqui, outra ali, eram apenas ossos do ofício. Mas as forças internas do regime atraíam, a ele e a sua obra, para a negação do que se propunham. O primeiro e o mais grave dos fatores de desordem intrínsecos ao SNI estava no caráter superministerial que a personalidade de Golbery lhe garantia e que, mesmo depois de sua saída, foi mantido pela inércia resultante da mistura da ilegalidade com a inimputabilidade. Além disso, o SNI nunca foi um organismo politicamente neutro destinado a informar o presidente. Desde o início funcionou como uma assessoria política, partidária quanto à defesa do regime, pessoal quanto à defesa das manobras do mandatário, pretoriana quanto ao código de conduta militar que seguia.

Golbery prometera que seu Serviço seria "um órgão nitidamente introvertido", desligado das tarefas operacionais. Enquanto esteve no lugar, e enquanto o teve sob sua influência, Golbery fez do Serviço um ativo operador político. Durante o governo Castello Branco, sempre que houve uma crise política, lá estavam — operando — Golbery e seu SNI. Ele

---

49 Carta do embaixador Boulitreau Fragoso a Geisel, de 16 de setembro de 1964. APGCS/HF.
50 *Diário de Heitor Ferreira*, 25 de agosto e 29 de outubro de 1965. APGCS/HF.
51 Idem, 18 de abril e 16 de maio de 1966. APGCS/HF.
52 Depoimentos do chefe do SNI (1969-1974), general Carlos Alberto da Fontoura, do general Enio Pinheiro, primeiro diretor da EsNI, e Leonidas Pires Gonçalves, em Maria Celina d'Araujo, Gláucio Ary Dillon Soares e Celso Castro (orgs.), *Os anos de chumbo*, pp. 95, 135 e 244.

tinha pouco mais de um mês na cadeira quando se lançou em articulações partidárias, como encontrar-se secretamente com o governador mineiro José de Magalhães Pinto numa casa de praia, em Cabo Frio.[53]

O SNI nasceu fazendo em segredo tudo aquilo que a Presidência precisava que fosse bem-feito. Assim, se uma votação no Congresso parecia difícil, cabia ao Serviço — e não à liderança parlamentar ou ao Gabinete Civil — facilitar as negociações com a bancada. Quando se votou o Estatuto da Terra, o presidente Castello Branco recebia notícias e recados através do general Geisel, operando com uma lista de nomes em código fornecida pelo SNI. Nela, o deputado Pedro Aleixo, líder na Câmara, era *Araci*. O senador Daniel Krieger, líder no Senado, *Gilda*. Bilac Pinto, presidente da Câmara, era *Poncio*.[54] No dia 5 de junho de 1966, quando Castello cassou o governador de São Paulo, Adhemar de Barros, o chefe do SNI atendeu ao telefone o seu sucessor, Laudo Natel. Ele queria saber como entrar em contato com seu futuro secretário da Fazenda e com o próximo comandante da Força Pública, ambos fornecidos pelo governo federal. "Não se afobe", aconselhou-o Golbery, "na hora certa o SNI vai colocá-lo em contato com os dois."[55] O secretário da Fazenda era um jovem professor da Universidade de São Paulo, de 36 anos e tênues ligações com o mundo empresarial mediante eventuais assessorias prestadas à Confederação Nacional da Indústria e ao IPÊS. Chamava-se Antonio Delfim Netto. Para o comando da Força Pública seguiu o coronel João Baptista Figueiredo.

Dez anos depois de sua fundação, o SNI dispunha em Brasília de mais de 200 mil metros de gramado. Lá funcionava desde 1971 a Escola Nacional de Informações, a EsNI, equipada com um dos melhores laboratórios de línguas do Brasil, academia de tiro subterrânea e uma completa emissora de televisão.[56] Na Agência Central do Serviço montou-se

---

53 *Diário de Heitor Ferreira*, 3 de setembro de 1964. APGCS/HF.
54 Bilhete de Heitor Ferreira ao general Ernesto Geisel, comunicando os codinomes. APGCS/HF.
55 *Diário de Heitor Ferreira*, 5 de junho de 1966. APGCS/HF.
56 Para o equipamento de telecomunicações da EsNI, ver o depoimento do general Octavio Costa, em Maria Celina d'Araujo, Gláucio Ary Dillon Soares e Celso Castro (orgs.), *A volta aos quartéis*, p. 118.

um avançado sistema de computadores em torno de um modelo IBM-360/115 trazido ao país ilegalmente.[57] Nele guardaram-se as fichas — Levantamento de Dados Biográficos, ou LDBs, na linguagem burocrática. Sob o guarda-chuva do Serviço funcionou também uma fábrica de componentes eletrônicos, a Prologo. Em 1981 ela contava com 350 funcionários. Destinava-se a produzir equipamentos de criptografia e a desenvolver aparelhos de escuta. As máquinas fabricadas pela Prologo poderiam permitir que uma parte dos arquivos do SNI fosse programada de forma a manter-se intacta, e indecifrável, mesmo que o governo mudasse de mãos.[58]

Pela estrutura logística, o SNI ficou entre os dez mais bem-equipados serviços de informações do mundo. Seu poder de alavancagem política foi superior ao da CIA, do Intelligence Service, ou mesmo da KGB. O serviço soviético, em 72 anos de existência, conseguiu fazer um só secretário-geral do Partido Comunista, Yuri Andropov, em 1982. Só um ex--chefe da CIA (George Bush) chegou à Presidência dos Estados Unidos. Em vinte anos, durante os quais o SNI foi chefiado por cinco generais, dois deles, Emílio Garrastazu Médici e João Baptista Figueiredo, chegaram à Presidência da República.

O SNI foi desastroso para o país que o cevou. Transformou-se em tribunal de instância superior para questões políticas e, em 1970, foi de sua estrutura que saiu a avaliação pela qual o general Médici escolheria os governadores dos 21 estados brasileiros. O Serviço encantou-se com a defesa que o deputado Haroldo Leon Peres fazia da ditadura e apontou-o para governar o Paraná. Um ano depois, apanhou-o extorquindo 1 milhão de dólares a um empreiteiro e obrigou-o a renunciar.[59] "A única coisa que se sabia dele é que era revolucionário e defendia o AI-5. Se fossem catar, iam descobrir que era ladrão em Maringá. Ladrão mesmo", contaria mais tarde o então chefe do Gabinete Militar, general

---

[57] J. C. Melo, *A incrível política nacional de informática*, pp. 50-1.
[58] Idem, pp. 71-2. Para o funcionamento do serviço de criptografia da Prologo, depoimento do general Octavio Costa em Maria Celina d'Araujo, Gláucio Ary Dillon Soares e Celso Castro (orgs.), *A volta aos quartéis*, p. 117.
[59] Alzira Alves de Abreu e outros (coords.), *Dicionário histórico-biográfico brasileiro pós-1930*, vol. 4, p. 4569.

João Baptista Figueiredo.⁶⁰ Quando Golbery deu-lhe a missão, justificou-se: "Aliás, você tem cara de polícia mesmo".⁶¹

O Serviço meteu-se nas mais disparatadas atividades. Envolveu-se na pacificação de conflitos de terras no Nordeste e de tribos indígenas na Bahia. Dirigiu e estruturou o garimpo nas jazidas auríferas da Amazônia depois da descoberta de Serra Pelada. Com ouro na mão, tentou, em 1983, captar divisas internacionais por meio de operações no mundo do contrabando e do mercado negro de dólares. Coletou fundos através de exportações marotas de café e fracassadas de pasta de urânio. Foi condômino de arsenais secretos que chegou a pensar em utilizar numa megalomaníaca tentativa de invasão de Portugal, em 1975.⁶² Distribuiu canais de televisão e de rádio. Financiou jornais e revistas falidas. Seus quadros participaram de panfletagens contra o governo em 1975 e de atos terroristas a partir de 1977. Sua cúpula acobertou os autores de mais de uma centena de atentados políticos, os quais iam desde a explosão de bombas até o incêndio de bancas de jornal que vendiam publicações de esquerda. Em 1981, o jornalista Alexandre von Baumgarten, colaborador e protegido do Serviço, viu-se ameaçado de morte no meio de uma tentativa de chantagem contra seus patrocinadores e redigiu um dossiê acusando o general Newton Cruz de tramar seu assassínio. Um ano depois seu cadáver deu a uma praia do litoral do Rio de Janeiro com duas balas na cabeça. Restou a *Nini* carregar nas costas a acusação do morto, desmentindo-a. Levado a júri, foi absolvido.

Essa Comunidade poderia dar a impressão de organicidade, de estar debaixo de uma doutrina, de compor um Sistema Nacional de Informações, o SisNI. Poderia parecer algo tenebrosamente eficaz. Não foi uma coisa nem outra. O senador Roberto Saturnino, membro do Partido Socialista até 1965, foi fichado como assessor do Partido Comunista. O deputado Thales Ramalho, um dos mais moderados dirigentes da oposição parlamentar, era considerado, numa análise do SNI de 1975, "um

---

60 Conversa de Geisel, Figueiredo e Heitor Ferreira, 9 de fevereiro de 1974. APGCS/HF.
61 *Diário de Heitor Ferreira*, 5 de junho de 1966. APGCD/HF.
62 *Informação* 20/30/AC/75, de 13 de agosto de 1975, e 1272/60/AC/75, da Agência Central do Serviço Nacional de Informações. APGCS/HF.

dos parlamentares mais ligados ao PC".[63] Gastou muito dinheiro, mas não adquiriu nenhuma sofisticação além do primitivo poder de polícia, da arbitrariedade e da corrupção. "Comunidade mesmo só existia no papel, não na eficiência", confessaria seu sócio-atleta e fundador João Baptista Figueiredo.[64] Feitas as contas, resultou naquilo que Graciliano Ramos já vira no "palavrório chocho" e na "demagogia tenentista" dos anos 1930: "Ladroagens, uma onda de burrice a inundar tudo, confusão, mal-entendidos, charlatanismo, energúmenos microcéfalos vestidos de verde a esgoelar-se em discursos imbecis, a semear delações".[65]

Ainda no poder, Golbery começou a suspeitar que sua receita desandara. Em dezembro de 1965, queixava-se da máquina que tinha nas mãos: "Não se institucionalizou. Ainda está organizado na base pessoal. Se a minha faixa de escolha não se ampliar, não sei como vai ser".[66] Nem o SNI se institucionalizara como ele desejava, nem a nova ordem, trazida pelos oficiais que rodeavam Costa e Silva, pretendia institucionalizá-lo.

Por via das dúvidas, logo que a candidatura do ministro da Guerra se impôs a Castello, Golbery cuidou de manter os arquivos do Serviço relativamente "limpos". Mais tarde, às vésperas da posse do novo presidente, determinou a suspensão de todos os "dragões" e a destruição dos papéis que indicassem vestígios de sua prática. Chamava a manobra de "os processos do índio para não deixar rastros: andar de costas e caminhar limpando os passos".[67] Não confiava nos seus sucessores, nem eles confiavam nele. Costa e Silva já mandara um recado a Castello: "Estou sabendo de tudo o que o SNI do Golbery está inventando contra minha família e contra os meus amigos. Mas eu também tenho o meu SNI. E quando chegar à Presidência, ajustaremos nossas contas, que são bem antigas".[68]

Golbery chegava a brincar com a ideia de que, no novo governo, o Serviço vigiaria seus passos — "desde que eu não tenha que pagar a

---

[63] Informe mostrado ao autor pelo comandante Francisco Sérgio Bezerra Marinho, em 1976.
[64] Entrevista do ex-presidente João Figueiredo a Aziz Filho, *O Globo*, 28 de abril de 1991.
[65] Graciliano Ramos, *Memórias do cárcere*, vol. 1, p. 51.
[66] *Diário de Heitor Ferreira*, 15 de dezembro de 1965. APGCS/HF.
[67] Idem, 15 de dezembro de 1965, 12 de maio de 1966 e 4 de janeiro de 1967. Nota de Heitor Ferreira, de março de 1967. APGCS/HF.
[68] Armando Falcão, *Tudo a declarar*, p. 305.

comida, é até bom, guarda a casa". Em janeiro de 1967, quando restavam pouco mais de dois meses de mandato a Castello, o major Alvaro Galvão Pereira, depois de visitar os estados-maiores, numa tentativa de organizar uma transição decente na Comunidade, lamentava-se: "Fui hoje à Marinha. Recebido e tratado como um diplomata soviético. Quiseram tudo por escrito e nem me deixaram entrar na Seção de Informações".[69]

Típica malvadeza contra o "ministro do silêncio": o general Emílio Garrastazu Médici, designado por Costa e Silva para chefiar o SNI, anunciou menos de um mês antes de tomar posse que ia administrar o Serviço com "o gabinete aberto aos jornalistas", pois "não entendo como se pode exercer uma função pública sem prestar contas".[70] General prestigiado pelo "dispositivo" de Jango, que lhe dera o comando da Academia Militar das Agulhas Negras, Médici foi caso clássico de revolucionário de 1º de abril. Já em julho de 1964, em correspondência privada, e portanto sem valor propagandístico, ele pedira a Costa e Silva a "limpeza" do "pessoal do contra" que servia na Missão Militar em Washington.[71] Nos anos seguintes o general Garrastazu Médici se transformaria no presidente Emílio Médici, livrando-se do Garrastazu de rima perversa. Muitos foram os jornalistas que entraram pelas portas abertas dos gabinetes da Comunidade durante seu governo. Raros os que deles saíram com boas lembranças.

Anos mais tarde, olhando para o SNI que fundara em 1964, Golbery observou: "Esse tipo de trabalho deforma as pessoas. Muitos oficiais que começaram a trabalhar no Serviço comigo estão irreconhecíveis. Você olha para o sujeito e não acredita que ele é o capitão ou major que um dia entrou na sua sala para se apresentar".[72]

Em 1982, quando o SNI estava desmoralizado pelos escândalos políticos, criminais e financeiros em que se metera, Golbery ironizava as trapalhadas de seus discípulos. Eles haviam se metido até mesmo num plano destinado a fraudar a eleição para governador do Rio de Janeiro através dos computadores da empresa Proconsult, contratada para totali-

---

[69] *Diário de Heitor Ferreira*, 26 de junho de 1966 e 20 de janeiro de 1967. APGCS/HF.
[70] Idem, 19 de fevereiro de 1967. APGCS/HF.
[71] Carta de Médici a Geisel, de 24 de julho de 1964. APGCS/HF.
[72] Golbery do Couto e Silva, 1983.

zar os votos. Cáustico como um professor que repreende alunos ineptos, Golbery dizia:

> Há determinadas cousas que não se devem fazer, mas não quero me fazer de santo. Se num determinado momento elas são úteis, é razoável que se pense em fazê-las. Eu não critico toda essa bobageira que essa gente fez porque eram cousas condenáveis em si. O que eu critico é o fato de eles terem se metido a fazer cousas condenáveis sem saber fazê-las. Então você acha que roubar uma eleição através do sistema de computação é coisa fácil? Eles simplesmente não sabem fazer isso. Nós não devemos tentar fazer o que não sabemos.[73]

De fora, Golbery foi um crítico sibilino e impiedoso do SNI. Vinte anos depois de tê-lo criado e três depois de tê-lo chamado de "monstro", reconhecia: "Tentamos criar um serviço de informações, mas entramos pelo cano".[74] Dele se pode dizer o que Aldous Huxley disse do padre José, o personagem de seu *Eminência parda*: "Padre José foi capaz de retirar, das profundezas de sua própria experiência, o critério final e objetivo, em relação ao qual sua política pôde ser julgada. Foi um dos forjadores de um dos mais importantes elos da cadeia do nosso desastroso destino: e ao mesmo tempo foi um daqueles a quem foi dado conhecer como o forjar de tais cadeias pode ser evitado".[75]

---

[73] Idem, 1982.
[74] Idem, novembro de 1984.
[75] Aldous Huxley, *Eminência parda*, p. 25.

Pelas barbas de Fidel

Durante os três anos de consulado do marechal Castello Branco o país viveu períodos de suspensão das garantias constitucionais nos quais se preservava o mais absoluto clima de liberdade para a direita. O governador Carlos Lacerda conspirava com militares radicais e chamava o presidente de "anjo da Conde de Lage", numa referência aos santos de bordéis da rua onde, por coincidência, seu ministro do Planejamento deixara a virgindade nos anos 1940.[1] Quando o governo encaminhou ao Congresso o Estatuto da Terra, o presidente da UDN, deputado Ernani Sátiro, falando por latifundiários do Nordeste, proclamou que estava disposto a participar de uma nova revolução contra as mudanças propostas. Quando a oposição vinha da esquerda, o interlocutor era a ditadura. Coxo, o consulado tropeçava no lado esquerdo do problema nacional.

Em setembro de 1964, numa longa *Estimativa*, Golbery assinalava a Castello que o governo tinha na oposição à esquerda uma "frente anti ou contrarrevolucionária" em que identificava dois blocos: "O grupo

---

[1] Para o insulto, John W. F. Dulles, *Carlos Lacerda*, vol. 2: 1960-1977, p. 363. Para a virgindade do ministro do Planejamento, Roberto Campos, *A lanterna na popa*, p. 43.

janguista-brizolista que foi alijado do poder e, pouco realista, deseja simplesmente a restauração em proveito do seu oportunismo político" e "o grupo comunista da linha violenta (maoista-fidelista), que teme a consolidação total, em curto prazo, do atual governo e, pois, acalenta ainda a esperança de, através de atos de violência, criar um clima de intranquilidade pública propiciando a ainda almejada tomada do poder". Admitia a hipótese de que os brizolistas e os ultraesquerdistas se juntassem e deles esperava "atos isolados de sabotagem podendo ir, no máximo, a atentados pessoais, golpes de mão em centros vitais (comunicações), energia elétrica, quartéis etc., fracos surtos de insurreição localizada, inclusive guerrilhas e, até mesmo, incursões e correrias em faixas fronteiriças (...) com recursos financeiros e armamento contrabandeado".[2]

Apesar da propaganda oficial, que ameaçava com o perigo da volta "da corrupção e da subversão", Golbery dava pouca importância em suas *Estimativas* aos movimentos da esquerda. Mesmo quando se desbaratavam planos de insurreições, anotava ironicamente que coisas desse gênero faziam a "delícia da linha dura".[3]

Do outro lado, havia os projetos dos derrotados. A esquerda viveu a partir de 1964 o mais profundo período de transformação de sua história. O Partido Comunista Brasileiro, força hegemônica desde 1922, foi cortado em pedaços e comido por radicalismos de variadas confissões. Para isso contribuíram o oportunismo e a inépcia de sua direção, encarnada por Luiz Carlos Prestes, herói de batalhas perdidas desde os anos 1920, quando, ainda como capitão, lutava contra a República Velha. Duas semanas depois da deposição de Jango, numa exata repetição do que sucedera em 1936, a polícia, à procura do *Cavaleiro da Esperança*, achou seu esconderijo e nele um tesouro historiográfico: dezenove cadernetas manuscritas pelo secretário-geral do PCB com minuciosas descrições das reuniões de que participara nos últimos três anos.

---

2 *Estimativa nº 1*, do SNI, de 15 de dezembro de 1964. APGCS/HF.
3 *Impressão Geral nº 6*, do SNI, para a semana de 15 a 21 de setembro de 1964. APGCS/HF.

Numa das cadernetas Prestes anotara a súmula de uma reunião que tivera em Moscou com o secretário-geral do PC soviético, Nikita Kruchev, em novembro de 1961. Trataram de um tema central para toda a esquerda latino-americana: a luta armada. Concluíram, segundo Prestes, que "quando falamos em luta armada, falamos de luta de grandes massas e não de ações sectárias de alguns comunistas. Porque isto seria uma aventura. Realizar o trabalho de massas é a melhor forma de preparar a insurreição".[4]

Precisamente o oposto daquilo que boa parte da esquerda gostava de ouvir. Fidel Castro subvertera noções tradicionais de luta política dos partidos comunistas. Em dezembro de 1956 ele desembarcara na ilha com 81 homens e em janeiro de 1959 entrara triunfalmente em Havana. O mito cubano projetara-se romanticamente sobre o mundo, com as figuras comoventes, desprendidas e heroicas de Fidel e de Ernesto "Che" Guevara, o jovem aventuroso médico argentino que se juntara aos revoltosos ainda na fase dos preparativos do desembarque. A esquerda latino-americana conseguira seus primeiros heróis vitoriosos. Pouca importância se dava ao fato de que jamais a região tivera tantos governantes eleitos. Em 1959 as ditaduras estavam confinadas a cinco pequenas nações (Nicarágua, Haiti, República Dominicana, El Salvador e Paraguai).*

O castrismo descera da Sierra Maestra, derrubara o governo, dissolvera o Exército e fuzilara o chefe de polícia.[5] Se tudo isso fosse pouco, mandara a burguesia para Miami e sobrevivia ao desafio que lançara contra os Estados Unidos. Ainda na alvorada da vitória, Guevara anunciava que "o exemplo de nossa Revolução, bem como as lições que ela implica, destruiu todas as teorias de botequim".[6] De Paris, o filósofo Jean-Paul Sartre vocalizava o vigor do fenômeno: "É preciso que os cubanos triunfem, ou perderemos tudo, até mesmo a esperança".[7] Prestes e o PCB, então com

---

[4] José Tinoco Barreto, *Sentença prolatada no Processo das Cadernetas de Luís Carlos Prestes*, p. 11.
* Nos três anos anteriores à vitória de Castro, quatro generais que haviam chegado ao poder com golpes de Estado tinham sido depostos ou haviam devolvido o poder aos civis no Peru (1956), na Colômbia (1957), na Argentina (1958) e na Venezuela (1958).
[5] Em quatro meses fuzilaram-se cerca de 550 pessoas. Jon Lee Anderson, *Che Guevara*, p. 419.
[6] Richard Gott, *Rural guerrillas in Latin America*, p. 30.
[7] Jean-Paul Sartre, *Furacão sobre Cuba*, p. 185.

30 mil militantes, estavam dispostos a fazer tudo pelo triunfo do socialismo e da Revolução Cubana, menos pegar em armas.⁸ Quando a guerrilha cubana se encontrava nas montanhas, o *Cavaleiro da Esperança* não lhe dava crédito nem apoio, chegando a condenar a queima de canaviais, que, a seu ver, prejudicava o povo.⁹

Fidel sonhava com uma revolução continental que transformasse os Andes numa Sierra Maestra. Pensava assim porque esse era seu desejo, mas também sua conveniência. Hostilizado pelo governo americano, temia ser derrubado por uma invasão da ilha e acreditava que "os Estados Unidos não poderão nos atacar se o resto da América Latina estiver em chamas".¹⁰

Esse aspecto utilitário levava-o a ter pressa. A guerrilha brasileira entrara nos seus planos antes mesmo da derrubada de Goulart. Em 1961, manobrando pelo flanco esquerdo do PCB, Fidel hospedara em Havana o deputado Francisco Julião. Antes desse encontro, com olhar e cabeleira de profeta desarmado, Julião propunha uma reforma agrária convencional. Na volta de Cuba, defendia uma alternativa socialista, carregava o slogan "Reforma agrária na lei ou na marra" e acreditava que a guerrilha era o caminho para se chegar a ela. Julião e Prestes estiveram simultaneamente em Havana em 1963. Foram recebidos em separado por Castro. Um já remetera doze militantes para um breve curso de capacitação militar e estava pronto para fazer a revolução.¹¹ Durante uma viagem a Moscou, teria pedido mil submetralhadoras aos russos.¹² O outro acabava de voltar da União Soviética. Segundo um telegrama da embaixada do Brasil em Havana, afirmara "aos líderes cubanos que seria 'criminoso', repito,

---

8 Para o número de militantes do PCB, *Survey of Latin America*, da Central Intelligence Agency, de 1º de abril de 1964. BLBJ. Em Geraldo Cantarino, *1964 — A revolução para inglês ver*, p. 101, a embaixada inglesa no Brasil estima os militantes do PCB entre 30 mil e 40 mil.

9 Relato do jornalista Carlos Alberto Tenório, depois de um encontro com Prestes na casa do advogado Sinval Palmeira, em Carlos Alberto Tenório, *O senhor de todas as armas*, p. 204.

10 Aleksandr Fursenko e Timothy Naftali, "*One hell of a gamble*", pp. 141 e 171-2. Os autores documentam que essa frase foi registrada em análises dos serviços de inteligência americano e soviético.

11 Para a ida de doze militantes das Ligas, Denise Rollemberg, *O apoio de Cuba à luta armada no Brasil*, p. 24. Ver também Luiz Alberto Moniz Bandeira, *O governo João Goulart*, pp. 14-5.

12 Narrativa de Oleg Ignatiev, em Geneton Moraes Neto, *Dossiê Brasil*, p. 226. Julião, em entrevista a Moraes Neto, negou que tivesse feito o pedido.

'criminoso', tentar esse caminho".[13] O governo cubano enviou ao Rio de Janeiro como ministro-conselheiro da sua embaixada um veterano combatente da rede de guerrilha urbana, o jornalista Miguel Brugueras.

No início de 1962, uma nova organização esquerdista recebera a bênção cubana. O Movimento Revolucionário Tiradentes planejava a montagem de um "dispositivo" militar espalhado por oito áreas de treinamento compradas em sete estados.[14] Tratava-se de uma guerrilha mambembe (juntava menos de cinquenta homens), na qual o chefe da operação militar era acusado de ter gasto uma pequena fortuna para desembaraçar a bagagem da sogra tcheca no aeroporto do Rio de Janeiro, enquanto guerrilheiros passavam fome em Goiás, alimentando-se de farinha e toucinho.

O projeto insurrecional caiu nas mãos dos serviços de segurança americanos em novembro de 1962, quando o avião da Varig em que viajava um correio oficial cubano se espatifou nas cercanias de Lima. Na mala diplomática que ele conduzia estavam três documentos remetidos por *Gerardo* (possivelmente Brugueras) a *Petrônio* em Havana. Eram uma carta comovente de um guerrilheiro abandonado à própria sorte, uma análise militar da inutilidade estratégica das fazendas compradas no mato e, finalmente, uma exposição feita por dois militantes que denunciaram à embaixada a desordem militar do MRT. A denúncia sustentava que a operação "não só está pondo em perigo a Revolução no Brasil, como também, além de estar gastando dinheiro cubano a mãos-cheias, está-se colocando Cuba, diante dos revolucionários do Brasil, de maneira irresponsável e mentirosa".[15] Quando esse diagnóstico foi tornado público, uma base de treinamento goiana já havia sido varejada por tropas de paraquedistas e fuzileiros navais. O próprio chefe do esquema guerrilheiro das Ligas Camponesas fora preso no Rio de Janeiro.[16]

Enquanto Fidel trabalhava pela borda, o radicalismo chinês do *Grande Timoneiro* Mao Zedong ganhara, em 1962, um naco do "Partidão", apelido recebido pelo PCB precisamente na época em que começou a mirrar.

---

13 Telegrama 2.629, do encarregado de negócios do Brasil em Havana, José Maria Ruiz de Gamboa, ao Itamaraty, de 6 de março de 1963. APGCS/HF.
14 Depoimento de Clodomir de Morais a Dênis de Moraes, em *A esquerda e o golpe de 64*, p. 84.
15 *O Jornal*, 23, 24 e 25 de janeiro de 1963.
16 Dênis de Moraes, *A esquerda e o golpe de 64*, p. 88.

Um pedaço de sua direção, levando consigo antigas brigas internas e cerca de novecentos militantes, fundara o Partido Comunista do Brasil, o PC do B.[17] Nessa dissidência, o PCB perdeu três dirigentes que por mais de dez anos haviam integrado sua comissão executiva. Um deles, Diógenes Arruda, fora o virtual chefe da organização de 1948 a 1958. Mandou durante o período em que o partido ficou fora da lei e Prestes se protegeu na clandestinidade. Sua liderança durou até o reaparecimento do *Cavaleiro da Esperança*, quando o PCB recebeu um estatuto de semilegalidade. No dia 29 de março de 1964, dez militantes do PC do B embarcaram com destino a Pequim para um curso de capacitação político-militar.[18] Decolaram pensando em derrubar Jango e quando chegaram à China tinham pela frente um osso bem mais duro de roer, uma ditadura militar.

Fidel, Julião, Mao e os dirigentes do PC do B poderiam consumir muitos anos planejando insurreições no Brasil. Elas ficariam no papel ou provavelmente terminariam como sete outras guerrilhas incentivadas até então pelo castrismo na América Latina.[19] Havia uma diferença. Desde abril de 1964, a luta armada transformara-se numa alternativa de sobrevivência para centenas de profissionais. O governo Castello Branco expurgara 738 suboficiais, sargentos e cabos das Forças Armadas. Deles, 347 foram condenados à prisão pelas auditorias militares. Na Marinha licenciaram-se 963 marujos e fuzileiros. Num só processo, sentenciaram-se 284 alistados a penas superiores a cinco anos de reclusão.[20] A reorganização da vida desses punidos era perversamente dificultada. Todos perderam o emprego, muitos perderam também a profissão e qualquer

---

17 Para o número de militantes do PC do B, *Survey of Latin America*, da Central Intelligence Agency, de 1º de abril de 1964. BLBJ. A embaixada inglesa estimava os militantes do PC do B em quatrocentos, no máximo. Geraldo Cantarino, *1964 — A revolução para inglês ver*, p. 103.
18 Jacob Gorender, *Combate nas trevas*, p. 117.
19 Em 1959 o governo cubano colaborou com quatro desembarques de guerrilheiros em países da América Central. No Panamá, na República Dominicana e no Haiti. Em 1963, passou a patrocinar guerrilhas na Venezuela, no Peru, na Guatemala e na Argentina. Carla Anne Robbins, *The Cuban threat*, pp. 9-12, 23-6 e 51-2. Ver também o relatório especial da CIA de 16 de fevereiro de 1968, *Cuban Subversive Activities in Latin America*, no endereço eletrônico da CIA: <http://www.foia.ucia.gov>. O documento tem a seguinte classificação: EO-1995-00640.
20 Avelino Bioen Capitani, *A rebelião dos marinheiros*, p. 71, e *Projeto Brasil: nunca mais*, tomo III: *Perfil dos atingidos*, p. 124. Nesse processo vindicativo a Marinha condenou 315, a Aeronáutica, dezoito, e o Exército, catorze.

direito trabalhista. As punições eram um estigma na busca de serviço, e as condenações tornavam-se um estímulo à vida clandestina. Aquilo que décadas de organização sistemática não haviam sido capazes de dar à cerebral esquerda brasileira, os militares ofereceram de mão beijada: um braço armado.

Dias depois da derrubada de Goulart, Che Guevara, em Genebra, ameaçava: "A linha geral na América Latina é o caminho armado: os imperialistas e suas marionetes o impõem. Quanto ao sucedido no Brasil, é um golpe de Estado de direita. Pode-se defini-lo com um provérbio espanhol: quem semeia ventos, colhe tempestades".[21]

Francisco Julião, a aposta cubana, estava preso num quartel do Exército em Brasília. Suas Ligas Camponesas haviam-se desvanecido e Fidel se queixava de que seu dinheiro fora malbaratado.[22] Aos poucos, saía do baralho uma nova carta: Leonel Brizola. Antes mesmo da derrubada de Goulart, o embaixador cubano no Rio de Janeiro, Raúl Roa Kourí, acreditava que era ele quem tinha as maiores chances para iniciar uma revolução à la Castro no Brasil.[23]

O ex-governador gaúcho chegara a Montevidéu barbado, com um apocalipse na cabeça e uma insurreição na mochila. Denunciou a existência no Brasil de 30 mil a 40 mil presos políticos e brandiu a força de um exército popular montado com células do tamanho de um time de futebol: "Posso assegurar que há mais de sessenta mil 'grupos dos 11' no território brasileiro que constituem uma organização embrionária, mas representam o esforço de organização das forças patrióticas".[24] Instalou seu quartel-general no modesto hotel Lancaster e, em seguida, alugou (por seis meses) um apartamento no Centro da cidade.[25] Desde a primeira hora, a

---

[21] Pierre Kalfon, *Che*, p. 379. Semanas depois da queda de Goulart, Guevara ficou abatido pela destruição de seu sonho de uma guerrilha argentina. O Exército Guerrilheiro dos Pobres, que entrara nas matas de Salta, na vizinhança da Bolívia, dissolvera-se. Seu comandante, Jorge Masetti, desapareceu na floresta. Ver Claudia Furiati, *Fidel Castro*, vol. 2, pp. 139-40.
[22] Telegrama da CIA do Rio de Janeiro para Washington, de 28 de agosto de 1967, em Marcos Sá Corrêa, *1964 visto e comentado pela Casa Branca*, p. 67.
[23] *Survey of Latin America*, da Central Intelligence Agency, de 1º de abril de 1964. BLBJ. Ver também Pierre Kalfon, *Che*, pp. 377-8.
[24] *Correio da Manhã*, 13 de maio de 1964.
[25] Para o prazo do aluguel, "Os segredos de Brizola", de Dione Kuhn, em *Zero Hora*, 6 de setembro de 1999.

estação local da CIA passou a vigiá-lo, a pedido da embaixada americana no Rio de Janeiro.²⁶ Nem Castello Branco tinha 30 mil presos, nem Brizola 660 mil patriotas. À mão mesmo, dispunha de uma parte dos exilados brasileiros que viviam em Montevidéu.

A associação prática de Brizola com os cubanos deu-se provavelmente depois de julho de 1964 e, com certeza, antes do fim do ano. O sociólogo Herbert José de Souza, o Betinho, dirigente da Ação Popular, a AP, organização da esquerda católica, foi mandado a Havana como representante do comando revolucionário baseado em Montevidéu. Levou uma carta de Brizola a Fidel Castro, entendeu-se com o comandante Manuel Piñeiro Losada, o *Barba Roja*, chefe do serviço de informações cubano e chanceler da subversão da América Latina. Acertaram as bases para o treinamento militar de brasileiros na ilha.²⁷

De início, o plano do ex-governador era diverso da concepção fidelista de luta guerrilheira. Formado no poder e educado numa região aguerrida, de história marcada por levantes, ele explicava aos comandados: "Não se trata de guerrilha. Trata-se de uma insurreição da qual participarão civis e militares. Não será guerrilha por motivos de natureza estratégica e tática. Além disso, Cuba é uma ilha, e o Brasil é um continente".²⁸ Em 1987 o ex-tenente do Exército José Wilson da Silva, conselheiro militar de Brizola no Uruguai, contou em seu livro *O tenente vermelho* que ele recebeu de Havana algo em torno de 650 mil dólares e, por falta de estrutura logística capaz de intermediar uma operação de venda de 4 mil toneladas de açúcar cubano, perdeu uma oportunidade que lhe renderia cerca de 4 milhões de dólares.²⁹

O comandante da insurreição ia de reunião em reunião com uma pasta preta em que carregava uma submetralhadora INA e a bandeira do Brasil, como se a qualquer momento tivesse de atravessar a fronteira

---

26 Philip Agee, *Inside the Company*, p. 371.
27 Entrevista de Herbert José de Souza a Geneton Moraes Neto, *O Globo*, 28 de janeiro de 1996. Ver também Herbert José de Souza (Betinho), em seu *No fio da navalha*, pp. 62 e segs.
28 Índio Vargas, *Guerra é guerra, dizia o torturador*, p. 12.
29 Para os 650 mil dólares, José Wilson da Silva, *O tenente vermelho*, pp. 202-3. Bayard Boiteux, em entrevista a Esther Kuperman, reconheceu que "Cuba nos auxiliou muito. Tanto no aspecto financeiro como no aspecto de treinamento de guerrilheiros lá". Em Kuperman, "A guerrilha de Caparaó (1966-1967)", p. 150. Herbert José de Souza (Betinho), em seu *No fio da navalha*, p. 63, assegura a internação de 200 mil dólares.

disparando uma e empunhando a outra.[30] Sua ideia era a de uma típica marcha triunfal. Atravessaria a fronteira, tomaria uma rádio em Porto Alegre, levantaria a Brigada Militar e racharia o III Exército.[31] Algo como a Revolução de 1930, em que uma sucessão de levantes urbanos, estimulados pela marcha do condestável em direção ao Rio de Janeiro, levaria o governo ao colapso. A primeira insurreição chegou a ter dia marcado: 15 de setembro de 1964.[32] Seu núcleo seria uma brigada de 470 homens, e seu principal objetivo era a tomada de Porto Alegre através da ação simultânea de seis comandos. Começaria com a ocupação do palácio Piratini, sede do governo estadual.[33]

Brizola estava vigiado. Um pedaço da rede gaúcha ruiu espetacularmente com a descoberta de um plano denominado *Operação Pintassilgo*, capturado em poder de um universitário. Prenderam-se vinte ex-sargentos. Ao mesmo tempo a CIA descobriu um encontro de Brizola com um general e dois coronéis. Um mês depois, a estação de espionagem americana em Montevidéu conseguia nova e boa caça, prevendo para "fins de outubro ou início de novembro" uma insurreição cuja senha seria: "Os sinos vão dobrar no dia de Finados". Desde agosto, quando fora preso no Rio um garoto de catorze anos, filho do ex-coronel Jefferson Cardim de Alencar Osorio, a CIA estava de olho nessa conexão.[34] Em novembro, num documento intitulado *Guerrilhas e Atividades Terroristas na América Latina*, os serviços de informações americanos tranquilizavam o secretário de Estado Dean Rusk informando-o de que Brizola planejava levantes, mas "os militares e a polícia parecem bem-informados a respeito de seu complô e de seus seguidores".[35]

Ora porque se esperavam novos e frutíferos contatos com a oposição que agia dentro do Brasil, ora porque se percebeu que as bases históricas do trabalhismo no Rio Grande do Sul, mesmo opondo-se ao regime, não

---

30 Índio Vargas, *Guerra é guerra, dizia o torturador*, p. 36.
31 Entrevista de Betinho (Herbert José de Souza), em seu *No fio da navalha*, p. 61.
32 "Os segredos de Brizola", de Dione Kuhn, em *Zero Hora*, 6 de setembro de 1999.
33 José Wilson da Silva, *O tenente vermelho*, p. 159.
34 Telegrama da CIA, de 7 de outubro de 1964, em Marcos Sá Corrêa, *1964 visto e comentado pela Casa Branca*, pp. 65 e 64, e *Correio da Manhã*, 20 de agosto de 1964.
35 Memorando de Thomas Hughes a Dean Rusk, de 18 de novembro de 1964, intitulado *A Guerrilla and Terrorist Activity in Latin America — A Brief Review*. BLBJ.

se mostravam articuladas para um levante, a insurreição de novembro também foi adiada. Por essa época o ex-governador teria estado clandestinamente no Brasil. Com a caixa feita pela ajuda cubana e inflado por prestigiosas conexões internacionais, Brizola tinha uma nova data: início de 1965.[36] Em fevereiro já teria recebido 500 mil dólares de Cuba.[37] Essa insurreição diferia da anterior, praticamente baseada no levante de Porto Alegre, e sustentava-se numa coluna de combatentes, trinta dos quais, ex-sargentos, viviam aquartelados à sua custa numa granja. Sua zona de operações iria do Chuí, na fronteira uruguaia, ao limite do sul de Mato Grosso.[38] Chegara-se até a tratar da redação do manifesto que faria o efeito protofônico da revolta.[39]

Os dois primeiros projetos de bases guerrilheiras derreteram-se na infância. Um, no Rio Grande do Sul, acabou-se quando a mulher do ex-sargento encarregado de montar a estrutura de apoio lhe deu um tiro na barriga durante uma crise de ciúmes.[40] Outro, em Nova Veneza, no sul de Santa Catarina, extinguiu-se quando uma quadrilha de assaltantes de banco se escondeu na região e a polícia foi alertada por camponeses sobre a existência de estranhos na mata.[41]

Durante o ano de 1964 o governo jogou com a insurreição brizolista uma cerebral partida de informações. Os êxitos que obteve resultaram de investigações e manobras diplomáticas. O embaixador do Brasil em Montevidéu, Pio Corrêa, vestiu punhos de renda e soco-inglês. Diplomata elitista e conservador, considerava John Kennedy um "bestalhão"[42] e na velhice se queixaria da decadência de Copacabana, "invadida pela horda pululante

---

36 Índio Vargas, *Guerra é guerra, dizia o torturador*, pp. 11 e 24.
37 *Coojornal*, dezembro de 1978, pp. 18-27, "Guerrilha no Sul: 23 homens tentam levantar o país", entrevistas de Jefferson Cardim e Alberi Vieira dos Santos.
38 Idem.
39 Índio Vargas, *Guerra é guerra, dizia o torturador*, p. 18.
40 Esther Kuperman, "A guerrilha de Caparaó (1966-1967)", pp. 145-6 e 214, com o depoimento de Jelsy Rodrigues Corrêa.
41 Idem, p. 215.
42 Pio Corrêa, *O mundo em que vivi*, p. 815.

e chinfrim de suburbanos transmigrados".[43] Vetou planos policialescos, como o sequestro, encaixotamento e traslado para o Brasil do ex-chefe do Gabinete Civil, Darcy Ribeiro.[44] Intimidou João Goulart pondo-lhe a polícia aduaneira a vigiar os rebanhos da grande fazenda Carpinteria, que se estendia pelos dois países, e imobilizando-lhe os quatro pequenos aviões que facilitavam a vida dos pombos-correios. Afagou-o ajudando o desembaraço de um automóvel alemão que mofava numa garagem suíça e visitando-o no hospital quando sua filha Denise foi atropelada. Com a chancelaria uruguaia, negociou ao mesmo tempo a compra de 500 milhões de dólares de trigo e a retirada de Brizola de Montevidéu.[45] Comprado um, vendeu-se o outro, e o insurreto viu-se confinado no balneário de Atlântida, a meio caminho para Punta del Este.

São poucos os casos de tortura denunciados durante o desbaratamento dessa trama. A indisciplina militar não chegara ao poderoso III Exército, sob cuja jurisdição ficava o Sul do país. É significativo, por exemplo, que um ex-sargento preso em Porto Alegre em agosto de 1964 com coquetéis-molotov, pólvora e mapas de quartel em casa tenha sido apenas ameaçado com as torturas do DOPS gaúcho, enquanto, na Marinha, no Rio, torturavam-se militantes da esquerda católica mais envolvidos na montagem de redes de proteção a foragidos que em planos de derrubada do governo.[46] Com mais da metade dos oficiais superiores da Armada, Exército e Aeronáutica vivendo perto de suas praias e trabalhando junto aos corredores dos palácios, o Rio tornava-se uma fábrica de fantasias, pois era mais confortável interrogar um preso no Arsenal de Marinha, a meia hora de Ipanema, do que perseguir pombos-correios no pampa gaúcho, a centenas de quilômetros de um bom hotel.

Ao lado da real conspiração de Brizola, o regime enfrentava ameaças derivadas, em muitos casos, mais da sua própria criatividade que da efetiva articulação da esquerda. Com frequência, o monstro predileto era a notícia de um iminente atentado ao presidente. No dia 2 de setembro chegou ao palácio um alerta do SNI avisando que se planejava o

---

43 Idem, p. 56.
44 Pio Corrêa, fevereiro de 1996.
45 Pio Corrêa, *O mundo em que vivi*, pp. 858, 863 e 888.
46 José Wilson da Silva, *O tenente vermelho*, p. 217, e Marcio Moreira Alves, *Torturas e torturados*, p. 149.

assassinato de Castello no Jockey Club, na tarde do Grande Prêmio Brasil.[47] Desde julho a seção de informações do I Exército campanava os responsáveis por uma tentativa de suborno de um soldado, em Niterói, para conseguir armas automáticas. Descobriu que pretendiam matar o marechal durante a parada militar de Sete de Setembro, com atiradores disfarçados de sorveteiros. No episódio, catorze pessoas foram presas, inclusive sorveteiros.[48] Nessa época, diante de atos de sabotagem ocorridos em ramais ferroviários, o governador Carlos Lacerda escreveu a Geisel: "A tática para o Brasil é a dos atentados terroristas quer em caráter pessoal, quer em relação a bens e serviços. (...) Tenho informes de que alguns elementos expulsos do Exército estarão sendo transportados para Cuba, onde receberão treinamento. (...) Ouso sugerir que ao primeiro ato desencadeado suceda uma severa repressão para deixar inequívocas as intenções das autoridades".[49]

Lacerda tinha razão quanto à conexão dos militares cassados com a central de treinamento cubana, mas o que lhe interessava era obter uma "severa repressão". Como Castello não a patrocinava, apesar dos dados de que dispunha a respeito das atividades de Brizola, ela era desencadeada pela linha tortuosa da indisciplina militar. Contra a opinião do Exército, dois B-25 da FAB invadiram o espaço aéreo uruguaio para caçar uma bateria antiaérea cubana que estaria montada numa fazenda de Jango. Do episódio resultou um aborrecimento para Castello, um protesto diplomático e um adjetivo tardio de Pio Corrêa para o autor da ideia: "cretino".[50]

Por meses sucederam-se casos esparsos de violência e insubordinação que refluíam diante da ação federal. No final de 1964, porém, conseguiu-se criar um grande caso. Ele emergiu em Goiás, contra o governador Mauro Borges, que fora uma das principais peças na luta pela posse de João Goulart em 1961. Filho de um velho oligarca, flertara com a esquerda, mas conseguira, acrobaticamente, ficar na cadeira depois do terremoto das cassações.

47 *Diário de Heitor Ferreira*, 2 de setembro de 1964. APGCS/HF.
48 Ernani Ayrosa da Silva, *Memórias de um soldado*, p. 108.
49 Carta de Carlos Lacerda a Geisel, sem data. Provavelmente dos últimos meses de 1964. APGCS/HF.
50 Pio Corrêa, *O mundo em que vivi*, p. 859.

O grande fabricante dessa crise, o tenente-coronel Danilo Darcy de Sá da Cunha e Mello, chefiava os IPMs goianos e comandava o 10º Batalhão de Caçadores. Ele foi o primeiro oficial a associar a tortura à indisciplina. Difere dele o clássico tenente-coronel Ibiapina porque este, quando chegou o momento de atravessar a linha que o levaria a um confronto com o governo, disciplinou-se, ainda que por deferência a Castello, com quem tomava intimidade indevida, mas a quem respeitava e estimava. Velho conhecido no meio da oficialidade radical, o coronel Danilo deixara o gabinete do ministro Costa e Silva para assumir o comando de Goiânia. Em julho começou a montar a rede do IPM no qual pretendia pescar Mauro Borges e prendeu o subchefe de seu Gabinete Civil, o advogado João Batista Zacariotti.

A partir dessa prisão, Cunha e Mello exibiu um misterioso e complexo plano de subversão montado em Goiás. Ele dispunha de fartas provas da articulação de núcleos guerrilheiros subvencionados pelos cubanos. Desde a queda do avião da Varig em Lima eram do conhecimento público não só as bases de treinamento no município de Dianópolis, como também os nomes dos membros da comissão militar do MRT, um dos quais estava na penitenciária agrícola de Goiânia.[51] O coronel, porém, queria chegar ao palácio das Esmeraldas, de onde pretendia desalojar Mauro Borges. Como a linha que ia dar em Havana parecia insuficiente, arranjou outra, que ia até Varsóvia, envolvendo espiões ligados a assessores do governador.

Nessa operação foram presas mais de uma dezena de pessoas, e a principal testemunha era Paulo Gutko, um "agente lituano" que teria feito contato com os poloneses, recebendo dinheiro e armas para uma sublevação. O perigoso Gutko não era lituano, mas polonês, nem agente, mas desequilibrado mental. Numa declaração registrada em cartório, Hugo Broockes, um dos presos e ex-assessor do governador, denunciou que "viu Paulo Gutko beber água no vaso sanitário e passar fezes na cabeça (...) [dizendo] não se chamar Paulo Gutko, e sim Jean Fouché, espião polonês".[52] Examinado meses depois no Batalhão da Guarda

---

[51] Depoimento de Tarzan de Castro ao *Correio da Manhã* de 24 de outubro de 1964, citado em Mauro Borges, *O golpe em Goiás*, pp. 283-4.
[52] Marcio Moreira Alves, *Torturas e torturados*, pp. 132-6.

Presidencial por dois psiquiatras, explicou-lhes que havia descoberto a cura da cegueira, miopia e astigmatismo por meio de leituras e contatos mediúnicos com diversos oftalmologistas, entre os quais uma condessa de romance. Os médicos classificaram-no como caso de esquizofrenia paranoide e recomendaram que fosse remetido a um manicômio.[53]

Pelo menos quatro presos que passaram pelo coronel Danilo foram torturados até assinarem confissões. Um deles, o professor Simão Kozobudsk, da faculdade de medicina, descreveu em carta a Castello as violências por que passara.[54] Essa denúncia, bem como a publicação dos relatos de torturas na imprensa, provocou o afastamento do coronel Danilo da direção dos IPMs goianos. Ele foi substituído pelo chefe da Polícia Federal, general Riograndino Kruel (irmão do comandante do II Exército). Nem o palácio do Planalto sugeriu, nem Riograndino investigou uma só das denúncias de crimes praticados num quartel do Exército. Mais uma vez punha-se em andamento o raciocínio da "pedra limpa", pelo qual o que estava feito não voltaria a ser feito, mas feito estava.

O coronel, afastado dos inquéritos, continuou no comando do Batalhão de Caçadores com o propósito político de depor o governador. Divulgou um manifesto afrontando o Supremo Tribunal Federal, onde Mauro Borges buscou proteção. O comandante da 11ª Região Militar, seu superior hierárquico direto, reuniu a oficialidade do Batalhão e defendeu a necessidade do acatamento à decisão da Corte. O coronel insubordinou-se, e o general, com a anarquia molhando-lhe o culote, deu-lhe voz de prisão, mas dele não recebeu oitiva de preso. Desmoralizado diante da oficialidade, o general tentou uma solução conciliatória e sugeriu que com a prisão formalmente relaxada — apesar de nunca ter ocorrido — Cunha e Mello o acompanhasse a Brasília. A proposta foi refugada pelo coronel rebelde, apoiado pela tropa do 10º BC.[55]

Horas depois o Supremo Tribunal Federal concedeu por unanimidade o *habeas corpus* a Mauro Borges. Em resposta, Castello decretou a intervenção federal em Goiás. Mauro Borges foi deposto, mas o derrotado foi

---

53 Mauro Borges, *O golpe em Goiás*, p. 292.
54 Marcio Moreira Alves, *Torturas e torturados*, p. 135.
55 Jayme Portella de Mello, *A Revolução e o governo Costa e Silva*, p. 246.

o marechal. "A linha dura prevaleceu", reconheceria Geisel mais tarde.[56] Golbery, ao analisar esses desastrados acontecimentos, mostrava-se otimista, julgando "superados incidentes menores".[57]

A indisciplina e a tortura, longe de serem "incidentes menores", namoravam firme. A insubordinação chegara ao SNI, e seu chefe tivera de afastar do Serviço um oficial que, tendo sido mandado a Goiânia para jogar água na fogueira, jogara gasolina.[58] O regime, incapaz de apurar os crimes contra presos, mostrara-se ainda tímido e indeciso na punição a um coronel que se rebelara. Se algum ato subversivo foi praticado em todo o estado de Goiás durante o ano de 1964, nenhum terá sido maior, nas consequências e na profundidade, que a rebelião do 10º Batalhão de Caçadores. O coronel Cunha e Mello desapareceu por uns tempos até que ressurgiu em 1970 na qualidade de secretário de Segurança do Estado de São Paulo no mais cruel período de repressão política da história do país.

No dia 30 de dezembro de 1964, Golbery concluía uma longa exposição secreta feita diante do ministério, reunido para ouvi-lo sobre o SNI e a situação política. Disse que "os perigos não passaram de todo e que o governo federal precisa ainda continuar preparado e alerta para enfrentar, a qualquer momento, ações subversivas de porte médio, partidas, notadamente, de grupos brizolistas e elementos comunistas da chamada linha chinesa-fidelista". No seu manuscrito havia acrescentado uma última frase: "Felizmente — permitam os senhores ministros militares que o diga — as Forças Armadas estão prontas para tal eventualidade. Podemos trabalhar confiantes e tranquilos". No texto que leu, suprimiu-a. Assim, uma rara barretada de Golbery aos comandantes militares foi para o túmulo de seu arquivo sem passar pelo cerimonial da gentileza.[59]

Golbery tinha razões para acreditar que o perigo não passara. Nos primeiros meses de 1965 o governo desbaratou tramas de paraguaios ligados à esquerda católica em São Paulo, assustou-se com notícias de

---

56 Ernesto Geisel, dezembro de 1994.
57 *Impressão Geral nº 13*, do SNI, para as semanas de 24 de novembro a 14 de dezembro de 1964. APGCS/HF.
58 Ernesto Geisel, dezembro de 1994.
59 Golbery do Couto e Silva, *Apreciação Sumária da Situação Nacional*, secreto, reunião ministerial de 30 de dezembro de 1964. APGCS/HF.

atentados contra generais — um deles, o próprio chefe do SNI, que obteve a informação de um "dragão".⁶⁰ Uma bomba explodiu no escritório comercial do Brasil em Montevidéu, colocada por radicais da esquerda uruguaia. Eram estreantes e intitulavam-se Tupamaros, mas pouca gente sabia o que era aquilo. A rede brizolista começava a estender as ramificações além das fronteiras dos exilados brasileiros. Pedira, sem sucesso, algumas armas aos uruguaios.⁶¹ Enviara 26 combatentes, a maioria deles ex-sargentos, para treinamento militar em Cuba.⁶² Formara uma sigla, o Movimento Nacionalista Revolucionário, MNR, em que militavam pelo menos quinze ex-marujos, seis dos quais ex-diretores da Associação de Marinheiros, dissolvida em 1964.⁶³ Internado em Atlântida, tivera a vida dificultada. Não pela distância do balneário, mas pelas facilidades que o lugarejo dava para que agentes uruguaios, brasileiros e americanos o vigiassem.

No dia 15 de março de 1965, um avião pousou em Havana levando de volta a Cuba o Che Guevara, que nos últimos dois meses vagara de Nova York a Pequim, entrevistando-se com uma dezena de governantes do Terceiro Mundo e toda uma geração de revolucionários africanos. Seu plano era meter-se na guerra civil do Congo, em pleno coração da África. No Cairo, o presidente Gamal Abdel Nasser, ao ouvi-lo, observou: "Você quer virar um novo Tarzan, um branco no meio dos negros, dirigindo-os e protegendo-os... Isso é impossível".⁶⁴ Uma vez em Havana, o Che desapareceu.

60 *Impressão Geral nº 15*, do SNI, para as semanas de 30 de dezembro de 1964 a 12 de janeiro de 1965. Para os atentados, *Diário de Heitor Ferreira*, 26 de janeiro, 5 de março de 1965 e *Apreciação Geral nº 17*, de 16 de março de 1965. APGCS/HF.
61 Eleuterio Fernández Huidobro, *Historia de los Tupamaros*, tomo I: *Los orígenes*, p. 137.
62 O número de combatentes enviados por Brizola a Havana está em *Ação Subversiva no Brasil*, documento classificado como confidencial, do Ministério da Marinha, Centro de Informações da Marinha, maio de 1972, p. 105. AA.
63 Avelino Capitani, março de 1998. Eram os seguintes: José Anselmo dos Santos, Marco Antônio da Silva Lima, Avelino Capitáni, Antonio Duarte, José Duarte dos Santos e José Geraldo da Costa.
64 Essa observação de Nasser foi divulgada pelo jornalista Mohamed H. Heikal, um de seus confidentes. Ver Heikal, *Les documents du Caire*, p. 224. Piero Gleijeses, com seu conhecimento dos arquivos cubanos e da história do período, levanta dúvida a respeito de sua veracidade. Ver Gleijeses, *Conflicting missions*, p. 92.

Começava o mistério do grande guerrilheiro romântico da segunda metade do século XX. Nesses dias ele escreveu a seus pais, que viviam na Argentina: "Sinto de novo as costelas de Rocinante debaixo dos meus calcanhares. Volto ao meu caminho com a adaga em punho. (...) Creio na luta armada como a única solução para os povos que lutam pela liberdade. (...) Vão me chamar de aventureiro, e o sou: só que de um tipo diferente, dos que lutam para mostrar suas verdades. (...) Pode ser que esta seja a definitiva. Não a busco, mas sei que está dentro do cálculo lógico das probabilidades. Se é assim, aqui vai o último abraço".[65]

Um dia antes de Guevara sumir de Havana, o ex-sargento da Brigada Militar Alberi Vieira dos Santos, um dos exilados mais radicais e faladores de Montevidéu, foi a Atlântida ver se conseguia algum dinheiro com Brizola e saiu sem tostão, a pé.[66] Encontrou-se depois com o ex-coronel Jefferson Cardim, parente remoto de Castello Branco, que fora ligado ao PCB e que a deposição de Goulart colhera em Montevidéu, onde ocupava o rendoso lugar de representante do Lloyd Brasileiro. Veterano militante da esquerda militar, despertara ódios profundos no Exército, não só por suas ideias, mas por ter transgredido o código moralista dos oficiais ao tomar por companheira a mulher de um colega uruguaio e casar-se com a enteada após a sua morte.[67]

Cardim decidira que, a despeito das grandes insurreições planejadas no Uruguai, se ninguém fizesse nada antes do dia 31 de março de 1965, quando o regime militar completaria um ano, ele iria em frente, com o que tivesse. Como observou o tenente Wilson da Silva, no encontro de Cardim com Alberi juntaram-se "a fome e a vontade de comer".[68] A partir daí Alberi disse ao coronel que tinha centenas de homens prontos para a luta no planalto norte do Rio Grande e, com inacreditável rapidez, os dois começaram a mover as engrenagens daquela que seria a única insurreição saída do Uruguai. Em dois dias juntaram mil dólares, três fuzis tchecos

---

[65] Jon Lee Anderson, *Che Guevara*, pp. 633-4.
[66] José Wilson da Silva, *O tenente vermelho*, p. 189.
[67] Ernesto Geisel, 1987 e junho de 1994. Para a conexão com o PCB, coronel Hélio de Anísio, junho de 1997. Em seu depoimento ao CPDoc, Geisel levanta a suspeita de ele ter assassinado a mulher. Ernesto Geisel, em Maria Celina d'Araujo e Celso Castro (orgs.), *Ernesto Geisel*, p. 124.
[68] José Wilson da Silva, *O tenente vermelho*, p. 189.

semiautomáticos e alguns revólveres. Sem nenhum apoio de Brizola, o grupo saiu no dia 18 de março. Conseguiram um caminhão e nele subiram 23 combatentes. Numa época em que centenas de revoluções foram planejadas durante anos sem jamais terem dado em coisa alguma, a guerrilha do coronel Cardim foi recordista em gestação. Entre o momento em que ele encontrou o sargento Alberi, no dia 13 de março, e a hora em que o caminhão entrou no Brasil, no dia 19, passaram-se menos de 144 horas.[69]

Os guerrilheiros subiram para o norte e no dia 25 acercaram-se da cidade gaúcha de Três Passos. Cardim acampou sua tropa num galpão da fazenda de um aliado, partiu para um reconhecimento num jipe, vestido de camponês, e atacou, com sua farda de coronel, por volta das 22 horas. Começou pelo destacamento da Brigada Militar, onde esperava encontrar treze homens. Acharam oito, dois dos quais dormindo. Aprisionaram os brigadianos, limparam a guarnição de armas e uniformes e, sempre em busca de munição, partiram para o segundo objetivo, o presídio. Lá, Cardim e Alberi passaram a se apresentar como uma simples coluna de um movimento maior, liderado por Brizola, que já teria tomado Porto Alegre. Com mais armas e prisioneiros, a guerrilha foi para o terceiro alvo: a agência do Banco do Brasil. Quando o gerente disse ao coronel que não tinha a chave do cofre, ele rejeitou a sugestão de arrombá-lo e foi adiante, para a estação de rádio, onde leu um manifesto acusando o governo de ter transformado o Brasil em quartel e conclamando a população à luta. Haviam calculado fazer tudo isso em uma hora. Gastaram duas, mas não tiveram dificuldade. À meia-noite, deixaram a cidade, abandonando, de cuecas, os 35 prisioneiros feitos muito mais à custa da farda de coronel de Cardim que das armas que carregavam.

Sempre em direção ao norte, chegaram ao lugarejo de Tenente Portela, capturaram as armas do pelotão da brigada e foram para a divisa entre o Rio Grande e Santa Catarina, onde limparam mais um destacamento policial, o que elevou o arsenal do caminhão a sessenta fuzis, trinta revólveres e uma metralhadora de tripé. Em termos operacionais, correra tudo bem, mas a manhã do dia 26 indicou que, apesar de a notícia da

[69] *Coojornal*, dezembro de 1978.

guerrilha e o conteúdo do manifesto lido na rádio terem sido enfaticamente retransmitidos por emissoras que falavam numa coluna de até quatrocentos homens, não acontecera nada no Rio Grande do Sul. A essa altura, os guerrilheiros tinham o Exército no encalço.[70]

Nessa mesma manhã, numa viagem rotineira, o presidente Castello Branco chegara a Foz do Iguaçu, na fronteira com o Paraguai e a Argentina, ficando a cem quilômetros da rota percorrida por Cardim. Geisel, que estava na comitiva de Castello, acompanhou a perseguição aos guerrilheiros por meio de telefonemas e de uns poucos radiogramas. Num deles, o chefe do Gabinete Militar do governo do Rio Grande do Sul informava que o grupo tinha quarenta homens e registrava que, no ataque ao presídio de Três Passos, "roubaram as armas, não soltaram os presos".[71] Noutro, falava-se do receio de os guerrilheiros "atentarem contra a vida do presidente da República".[72] À tarde Geisel, Golbery e Heitor Ferreira foram passear na região das cataratas. O chefe do Gabinete Militar dormiu cedo, enquanto os outros dois ficaram jogando sinuca.[73]

Cardim subia em direção a Mato Grosso e já estava em território do Paraná quando as tropas do Exército, depois de terem localizado o caminhão durante um reconhecimento aéreo, cercaram-no nas vizinhanças da cidade de Cascavel, quinhentos quilômetros a oeste de Curitiba. Antes do meio-dia a coluna guerrilheira, acuada, tiroteou com a tropa e, em seguida, dispersou-se. Nesse choque morreu um sargento legalista. Horas depois o coronel Cardim foi preso.

No dia seguinte, Heitor Ferreira registrou em seu diário: "Jefferson já foi preso. Volta para Curitiba. Lendo Steinbeck, *Once there was a war*".[74] Estava terminada a guerrilha. Demorara cerca de 144 horas para ser planejada e 36 para ser destruída. Como sempre acontece com os fracassos, Cardim foi dado por louco e o assunto, esquecido. Para a esquerda, sua aventura demonstrou algo cruel: por maior que fosse o descontentamen-

---

70 Idem.
71 Telegrama do chefe da Casa Militar do governo do Rio Grande do Sul a Geisel, que estava em Foz do Iguaçu, de 28 de março de 1965. APGCS/HF.
72 Telegrama enviado à comitiva presidencial, em Foz do Iguaçu, de 25 de março de 1965. APGCS/HF.
73 *Diário de Heitor Ferreira*, 26 de março de 1965. APGCS/HF.
74 Idem, 28 de março de 1965. APGCS/HF.

to com o regime, ninguém sairia à rua para tentar derrubá-lo apenas porque uma coluna de guerrilheiros cruzara a fronteira. A ideia de um Brasil pronto para erguer-se à voz de alguns valentes exilados estava dissolvida. Como registraria anos depois Herbert Daniel: "Difícil não é explicar os que tentaram uma ação desesperada. É explicar a ineficácia dessa ação. O x da questão não é encontrar na vida de alguns as causas de serem diferentes, mas na vida de todos a permanência assombrosa da indiferença".[75]

Cardim pagou sua conta na moeda dos vencedores. Antes de qualquer interrogatório, um capitão jogou-o ao chão e, depois de chutá-lo, ordenou que a tropa "cuspisse na cara desse filho da puta, comunista, assassino". Foi espancado e crucificado nas grades de sua cela. Torturaram-no em três quartéis diferentes. Num deles teve crises de demência e foi submetido a tratamento médico. O sargento Alberi, vestido de mulher, furara o cerco, tentando chegar à Argentina, mas fora capturado dois dias depois de Cardim. Passou pelo mesmo tratamento, inclusive pela "operação escarro", diante de uma comitiva de cuspidores à qual se juntaram civis.[76] A aventura de Cardim, "correria em faixa fronteiriça", já prevista por Golbery, acabou virando fato irrelevante na história dos vencedores. Para os demais foi um marco doloroso e precoce da tragédia nacional que se construía. Ele começa no instante em que a aventura terminou, quando o ex-coronel foi preso e se iniciaram as sessões de tortura. A ferocidade da repressão do regime cravou em Cardim uma estaca histórica. Como observou o historiador Jacob Gorender: "Deixava de existir a imunidade dos oficiais à tortura, respeitada nas sublevações anteriores".[77] "Sublevações anteriores" como aquelas de que tinham participado os tenentes Costa e Silva e Geisel. No governo que negava a Cardim o benefício que a lei impunha e o cavalheirismo militar concedia, havia dois outros ministros que se tornaram famosos por sediciosos. O do Interior, Oswaldo Cordeiro de Farias, estivera na Coluna Prestes, que entre 1924 e 1926 percorrera em monumental correria quase todo o interior do Brasil. O da Aeronáutica, Eduardo Gomes, estivera, em 1922,

---

[75] Herbert Daniel, *Passagem para o próximo sonho*, p. 46.
[76] *Coojornal*, dezembro de 1978.
[77] Jacob Gorender, *Combate nas trevas*, p. 135.

entre os Dezoito do Forte, nome dado ao grupo de oficiais rebeldes da guarnição de Copacabana que marcharam pela faixa litorânea da avenida Atlântica, desafiando as tropas do presidente Epitácio Pessoa. Nessa época os oficiais revoltados eram tratados de "senhor", e ninguém pensava em lhes encostar a mão.

O presidente Castello Branco leu os depoimentos de Cardim e Alberi no dia 13 de abril. A rapidez com que as confissões foram tomadas, bem como a quantidade de detalhes que os dois presos forneceram, sugeria, sobejamente, o método pelo qual as informações tinham sido obtidas.[78] Não houve da parte de Castello nenhuma providência no sentido de investigar a conduta dos interrogadores, nem mesmo quando familiares dos presos denunciaram o que eles sofreram. Nem da parte de Geisel, que odiava Cardim desde os anos 1950, quando o tivera por subordinado e acabara punindo-o por indisciplina. Com o depoimento de Jefferson Cardim, a tortura entrou no palácio do Planalto como um acessório da eficácia nas investigações, arma de defesa do Estado. Mostrou-se funcional.

Nos casos de tortura ocorridos no Nordeste e em Goiás houvera ao lado da brutalidade um ingrediente de anarquia militar. Os objetivos dos coronéis que espancavam seus presos não eram os mesmos de Castello. Dizia-se que, neutralizando-se oficiais como Ibiapina ou Danilo da Cunha e Mello, cessaria a anarquia, e assim cessaria a tortura. No quartel do Batalhão de Fronteira de Foz do Iguaçu, sobre o corpo indefeso de um ex-oficial superior do Exército, a tortura foi praticada como recurso de investigação policial, sem objetivos políticos colaterais, dentro da disciplina e das atividades estritamente militares, fazendo parte delas, como instrumento de poder.

Apesar de terem jogado sobre as costas de Brizola o preço da aventura e do fracasso de Cardim, ele pouco ou nada teve a ver com a correria. O ex-governador fora sincero quando explicara que não via na guerrilha cubana uma tática adequada para a insurreição brasileira. Mudaria de

---

[78] Para o dia da leitura, *Diário de Heitor Ferreira*, 13 de abril de 1965. APGCS/HF.

opinião na primeira metade de 1965. Pelas décadas seguintes guardou consigo o segredo dos detalhes de sua real ligação com Havana. Sempre que se referiu ao assunto, dissimulou-o. Em 1980, de volta ao Brasil, confrontado com perguntas a respeito da conexão cubana, argumentava que ela fora produto de uma época de desespero político, na qual aceitaria aliança fugaz até com o tinhoso, "com pernas de carneiro".[79] Pouco depois, quando começaram a abundar — pelos depoimentos de seus seguidores — provas da sua conexão com o castrismo, explicou-a atribuindo-lhe um caráter de "ajuda humanitária". Numa lembrança contraditória chegou a reconhecer o treinamento de "companheiros nossos" em Cuba e deu a entender que encerrou a ligação em 1966. Em pelo menos uma ocasião, admitiu que recebera dinheiro cubano para montar uma guerrilha.[80]

Fidel Castro não foi nem Asmodeu nem Cruz Vermelha para Leonel Brizola. Ele funcionou, com sucesso, como uma espécie de Rei Artur que o sagrou Cavaleiro da Távola da Revolução. De 1965 ao início do segundo semestre de 1966, enquanto teve esse privilégio, Brizola foi o mais destacado chefe do radicalismo de esquerda, assegurando-se uma liderança que a maioria dos exilados ia perdendo por conta do efeito banalizador do desterro. O destaque do ex-governador gaúcho era reconhecido por Golbery. Assustado com o reaparecimento do ex-presidente argentino Juan Domingo Perón, via-o, com Brizola, como parte de uma conspiração continental e escrevia a Castello: "É evidente que o brizolismo, o comunismo internacional e o peronismo estão de mãos dadas".[81]

Para Fidel, a aliança com o brizolismo significava a base no Brasil que lhe fora negada pelo Partido Comunista e que vira malbaratada por Francisco Julião. O grande plano da revolução continental dava-lhe uma plataforma de política externa que garantia a Cuba uma projeção internacional jamais conseguida por outro país latino-americano. Assegurava a Fidel um relevo que o colocava na primeira fila dos governantes do

---

79 Geneton Moraes Neto, *Dossiê Brasil*, p. 219.
80 Entrevista de Leonel Brizola a Gilson Rebello, *O Estado de S. Paulo*, 9 de fevereiro de 1980, p. 10. Para o reconhecimento por parte de Brizola de "alguma ajuda econômica, modesta, pequena", entrevista de Leonel Brizola à TV Guaíba citada pelo *Jornal do Brasil* de 28 de setembro de 1979, em Geneton Moraes Neto e Joel Silveira, *Nitroglicerina pura*, p. 123. Ver também Flávio Tavares, *Memórias do esquecimento*, p. 178.
81 *Impressão Geral nº 13*, do SNI, para as semanas de 24 de novembro a 14 de dezembro de 1964. APGCS/HF.

Terceiro Mundo e o afastava do perigo de uma monótona existência de prefeitão grisalho de uma ditadura caribenha, fantasiado de rebelde.

Em janeiro de 1966 Fidel instalou no hotel Habana Libre a Conferência Tricontinental de Solidariedade dos Povos. Nela, uma guerrilheira vietcongue presenteou-o com um anel feito da fuselagem de um avião americano derrubado no Vietnã. Por todos os aspectos cênicos, a reunião parecia uma tentativa de organização do funeral do imperialismo. Na essência, porém, era a primeira grande quermesse antissoviética do esquerdismo latino-americano. De 22 partidos comunistas ligados a Moscou no continente, só três chefiavam delegações na festa.[82] Em seu discurso, Fidel proclamou: "Se os revolucionários gastarem menos tempo e energia com teorizações e devotarem mais tempo ao trabalho prático (...) e se nós finalmente compreendermos que, mais cedo ou mais tarde, todos os povos, ou quase todos, serão obrigados a pegar em armas para se libertarem, então a hora da liberdade deste continente estará ao alcance de nossa mão".[83]

O Che Guevara, arquétipo desse voluntarismo, continuava sumido. Fidel suspeitava que os americanos soubessem de seu paradeiro e fingissem desconhecê-lo. Divertia-se lendo artigos da ultraesquerda que o acusavam de ter encarcerado ou até mesmo assassinado o amigo. Fidel sabia onde estava o Che (guardado na embaixada cubana em Dar-Es-Salaam, a caminho de um esconderijo na Tchecoslováquia), mas escondia o fracasso de Tarzan. O Che voltaria a Havana em julho, humilhado pela sua primeira grande derrota.

Durante sete meses, com o nome de *Tatu*, comandara uma força expedicionária de 150 negros cubanos nas matas do Congo.[84] Lia Marx e Homero enquanto seus homens ensinavam espanhol e aprendiam suaíli.[85] A selva engolira o romantismo e a mitologia pedagógica dos guerri-

---

82 Carla Anne Robbins, *The Cuban threat*, p. 35.
83 Discurso de Fidel Castro no encerramento da Conferência Tricontinental de Havana, 16 de janeiro de 1966.
84 A região onde Guevara se instalou hoje faz parte da República Democrática do Congo, ex-Zaire.
85 Para a expedição congolesa de Guevara, ver Piero Gleijeses, *Conflicting missions*, pp. 78-159. Ver também Paco Ignacio Taibo II, Froilán Escobar e Félix Guerra, *O ano que vivemos em lugar nenhum*, pp. s85 e 192.

lheiros. Os caciques da revolução congolesa não saíam da Tanzânia, e quando um deles chegou à zona de operações (para uma permanência de cinco dias), trouxe na comitiva um plantel de mulatas da Guiné. Os novos quadros dirigentes, educados em Moscou, não queriam saber de mato.[86] Pior, quando descobriram que *Tatu* era o Che Guevara, assombraram-se, temendo um escândalo internacional.

Os cubanos entraram em combate no dia 29 de junho de 1965, e 48 horas depois foi quebrado o segredo de sua presença no Congo. Morreram quatro expedicionários; um levava o diário na mochila, outro usava cuecas com etiqueta de Havana.[87] Os congoleses atiravam de olhos fechados e não soltavam o gatilho das armas automáticas. Recusavam-se a carregar qualquer coisa além de seus próprios objetos: "Mimi hapana motocar" ("Eu não sou caminhão").[88] Iam para a luta certos de que tinham o corpo fechado pelo *dawa*, uma solução de sucos e ervas que o bruxo, ou *muganga*, aspergia sobre o corpo dos guerreiros. Depois da primeira debandada (no primeiro combate) a tropa atribuiu o fracasso aos ralos poderes do feitiço. Guevara tentou abolir a superstição, mas sua consciência materialista tolerou que um dos seus colaboradores congoleses se tornasse um *muganga*. Chegou a contratar um bruxo malandro que, temendo ir para a frente de combate, benzia a tropa na retaguarda e garantia que seu *dawa* tinha duas semanas de autonomia.[89] O acampamento do Che foi atacado, e ele fugiu desnecessariamente, abandonando armas, munição e mantimentos.

A expedição congolesa de Guevara foi pulverizada por uma conjunção político-militar. De um lado, tinha no comando das linhas inimigas o legendário coronel inglês Mike Hoare, veterano das guerras da Birmânia e do Catanga. Numa operação clandestina financiada e orientada pelo governo americano, comandava mercenários recrutados na Bélgica, na África do Sul e na Rodésia.[90] Um rearranjo da política local levou os chefes

---

[86] Paco Ignacio Taibo II, Froilán Escobar e Félix Guerra, *O ano que vivemos em lugar nenhum*, pp. 133, 176 e 246. O cacique que chegou acompanhado de mulheres era Laurent Kabila, que em 1996 liderou a revolta da etnia tutsi no Zaire e tomaria o poder em 1997. Foi assassinado em 2000.
[87] Idem, p. 124.
[88] Jon Lee Anderson, *Che Guevara*, p. 648.
[89] Paco Ignacio Taibo II, Froilán Escobar e Félix Guerra, *O ano que vivemos em lugar nenhum*, pp. 48, 127 e 207.
[90] Piero Gleijeses, *Conflicting missions*, pp. 124-36.

de Estado africanos a desestimular a internacionalização da guerra civil do Congo, e o presidente Julius Nyerere, da Tanzânia, cortou-lhe o apoio e a liberdade de movimento no lago Tanganica.[91] Três meses depois do primeiro tiro, o Che reclamava daquelas "terras malditas de Deus" e escrevia a Fidel que haviam comprado "um bonde": "Não podemos libertar sozinhos um país que não quer lutar".[92] Ao entardecer da aventura, com os cubanos dispersos em diversas zonas de operações, Guevara se viu isolado, com apenas catorze compatriotas e o vira-lata Simba.

Às margens do lago Tanganica, na madrugada de 21 de novembro de 1965, Che Guevara subiu numa lancha para desembarcar de um fracasso. Seu estado de espírito ficou numa frase de seu diário: "Nunca como hoje me encontrei tão só com meu caminho". Protegidos pela noite, os cubanos, seminus, descalços e cobertos de piolhos, saíram em três barcos. Havia centenas de congoleses à beira do lago, mas as lanchas lotaram. Nelas só couberam sete africanos, além de Simba. O Che retratou a cena: "Nossa retirada não passava de uma fuga e, pior, éramos cúmplices do engano graças ao qual as pessoas eram deixadas em terra. Por outro lado, quem era eu agora?".[93]

A profundidade da crise pessoal de Guevara ficou nos arquivos cubanos por quase trinta anos. Sua passagem pelo Congo foi superficialmente revelada anos depois, mas só em 1995, com o beneplácito de Fidel Castro, publicaram-se as anotações de campanha, bem como as narrativas dos sobreviventes. Em 1966 o mundo continuava consumindo o mito da invulnerabilidade do *Guerrilheiro Heroico* e o mistério de seu desaparecimento. Sem barba, com o cabelo curto e pintado de ruivo, Guevara passou cinco meses trancado no segundo andar da embaixada cubana em Dar-Es-Salaam e outros quatro recolhido numa chácara nos subúrbios de Praga.

A partir da segunda metade de 1965, Brizola aproximara-se do sonho cubano da guerrilha invencível. Tornara-se *Pedrinho, Januário* ou *Setembrino,* fazia exercícios de tiro e gostava de ser chamado de *Comandante.*

---

[91] Idem, pp. 139-40.
[92] Carta de Guevara a Fidel Castro, Paco Ignacio Taibo II, Froilán Escobar e Félix Guerra, *O ano que vivemos em lugar nenhum,* p. 205.
[93] Paco Ignacio Taibo II, Froilán Escobar e Félix Guerra, *O ano que vivemos em lugar nenhum,* pp. 258-67.

Nas prosas revolucionárias da sala de sua casa, em Atlântida, chegara a discutir nomes para a lista dos fuzilamentos.[94] Tinha ao seu lado nomes ilustres da intelectualidade carioca. O romancista Antônio Callado visitara-o em Montevidéu, e o escritor Otto Maria Carpeaux cumpria tarefas de apoio, valendo-se de sua prodigiosa memória para decorar endereços e mensagens secretas.[95]

Em fevereiro de 1966, Brizola tinha três guerrilhas no mapa. A principal estava em Mato Grosso, na fronteira com a Bolívia. Fora concebida com a ajuda do Partido Comunista Boliviano e deveria ser uma espécie de foco dos focos. O historiador Piero Gleijeses, apoiando-se em seu conhecimento dos arquivos cubanos e americanos e em centenas de depoimentos recolhidos em todos os cantos do mundo, sustenta que a base boliviana era vista pelos cubanos como uma sementeira de guerrilhas. Suas prioridades estavam no Peru e na Argentina. Para Guevara, tratava-se de buscar a revanche no país em que nascera, onde seus companheiros haviam sido aniquilados em 1964: "Eu não posso morrer sem antes pôr pelo menos um pé na Argentina".[96]

Em agosto, durante o Congresso do Partido Comunista Uruguaio, um dirigente boliviano conversara com porta-vozes de Brizola interessados em abrir frentes guerrilheiras e em mandar dois ex-oficiais brasileiros como emissários a Cuba.[97] Se Fidel estivesse de acordo, se "proporcionariam as despesas de viagem e contatos em Praga". O secretário-geral do PC boliviano contou essa gestão a um oficial do Exército cubano, dizendo-lhe que se comprometera com Fidel Castro a "coordenar com Brizola o assunto do Brasil".[98] O cubano era o capitão Harry Villegas, o *Pombo*. Veterano de Sierra Maestra e do Congo, tinha 26 anos, onze dos quais ao lado do Che, com cuja secretária se casara. Vindo de Zurique, passara em julho por São Paulo, a caminho da mata boliviana.[99]

---

94 Flávio Tavares, *Memórias do esquecimento*, pp. 177 e 182.
95 Depoimento de Antônio Callado a Marcelo Ridenti, em *Em busca do povo brasileiro*, pp. 147-8.
96 Piero Gleijeses, *Conflicting missions*, p. 215.
97 "Diario de Pombo" (Harry Villegas Tamayo), em Rolando, Pombo e Braulio, *Diarios de Bolivia*, entrada de 10 de setembro de 1966, p. 67.
98 Idem, entrada de 28 de setembro de 1966, p. 74.
99 Jon Lee Anderson, *Che Guevara*, p. 74.

Os cubanos dispunham de um esforçado levantamento geográfico, econômico e militar da região. Tinham até uma listagem das pontes da estrada que seguia para o Acre, com estimativa da extensão e das medidas de seus suportes. A área estudada era dez vezes maior que a superfície de Cuba.[100] Doze quadros da guerrilha brizolista instalaram-se em Paranatinga, no interior de Mato Grosso.[101] O segundo projeto de guerrilha brizolista estava no sul do Maranhão, para onde já haviam ido quinze homens, alguns deles militantes da esquerda católica que viviam nas cercanias de Pindaré-Mirim.[102] Chegaram a movimentar uma coluna que acabou alimentando-se de macacos.[103] Perto dali, no norte de Goiás, o camponês *Zezé*, veterano das lutas pela terra na região, cumpria a tarefa de abrir, em seis meses, uma pista de pouso de seiscentos metros. Deveria receber um avião carregado de armas, vindo da Guiana.[104] A terceira ficava nas matas do parque nacional da serra de Caparaó, na divisa entre Minas Gerais e o Espírito Santo, onde há montanhas de até 2 mil metros de altura, cobertas de nevoeiro. Comandava-a um veterano, o ex-sargento Amadeu Felipe da Luz.

No Brasil, a guerrilha de Brizola tinha o reforço do treinamento cubano. Os quadros da insurreição chegavam à ilha por meio de um complexo roteiro. O cartógrafo Hermes Machado Neto, de 25 anos, foi do Rio para Montevidéu de ônibus, esperou vinte dias e seguiu para Buenos Aires, de onde voou para Paris. Lá, tomou um trem para Praga e recebeu de um funcionário da embaixada cubana um bilhete com destino a Havana, com escalas na Irlanda e no Canadá.[105] Uma vez em Cuba, os guerrilheiros passavam por dois cursos. O primeiro, mais teórico, dava-se numa base militar na província de Pinar del Rio. Incluía aulas de tática, tiro, comunicações, explosivos e topografia, durante cerca de sessenta dias. O segundo durava oito meses e era uma espécie de mestrado,

---

100 *José Anselmo dos Santos — Declarações Prestadas nesta Especializada de Ordem Social*, do Setor de Análise, Operações e Informações do DOPS de São Paulo, s. d., fl. 6. AA.
101 Mário Magalhães, *Marighella*, p. 353.
102 Manuel da Conceição, *Essa terra é nossa*, pp. 135-7, e Flávio Tavares, *Memórias do esquecimento*, p. 191.
103 Flávio Tavares, *Memórias do esquecimento*, p. 196.
104 Idem, p. 190.
105 Gilson Rebello, *A guerrilha de Caparaó*, p. 43.

com marchas na serra do Escambray, rações de carne de porco chinesa e leite condensado soviético.[106] Dos combatentes mandados para a serra de Caparaó, quatro estiveram nas bases cubanas, mas o grosso da sua capacitação militar vinha da massa expurgada das Forças Armadas. No alto da serra contaram-se 22 guerrilheiros. Treze haviam sido militares — um ex-capitão, sete ex-suboficiais e sargentos, além de cinco ex-marinheiros. Deles, dois tinham passado por Havana. Os civis eram apenas cinco.[107]

O aparelho policial do governo, que fora eficiente na desarticulação dos planos insurrecionais de Brizola, tateara a guerrilha, mas não conseguira apanhá-la. No caminho, praticou o mais escandaloso assassinato do governo Castello Branco. Em março a polícia gaúcha prendeu o ex-sargento Manoel Raimundo Soares, um ativo brizolista, subcomandante de um futuro foco guerrilheiro no Rio Grande.[108] Os registros indicavam que ele estivera na Delegacia de Ordem Política e Social. Fora transferido para o presídio do rio Guaíba e repassado a agentes do DOPS no dia 13 de agosto de 1966. Na manhã do dia 24 seu corpo, com as mãos amarradas, foi achado boiando no rio Jacuí. Um mês antes de ser assassinado, escrevera uma carta denunciando as torturas por que passara na 6ª Companhia de Polícia do Exército e no DOPS: "Ouvi dizer no DOPS que eu fui o detido mais 'tratado' até hoje, dos que por lá passaram. Que mais posso temer? Temor servil, pois, não tenho. Ainda não foi necessário demonstrar que não temo nem a morte. Talvez, em breve, isto venha a acontecer. O tempo dirá".[109]

O *Caso das Mãos Amarradas*, como se tornou conhecido o assassínio do ex-sargento, diferia de todos os anteriores. Não cabia nas versões habituais

---

[106] *Ação Subversiva no Brasil*, Centro de Informações da Marinha, maio de 1972, p. 109. Em 1971 o curso de guerrilha rural duraria sete meses e o de guerrilha urbana, dois. Carta de Carlos Eduardo Pires Fleury a Takao Amano, de 25 de março de 1971, em Luís Mir, *A revolução impossível*, p. 621. Ver também o depoimento de José Anselmo dos Santos a Percival de Souza, *Eu, Cabo Anselmo*, p. 109. Para um estudo detalhado das atividades dos brasileiros em Cuba, ver Denise Rollemberg, *O apoio de Cuba à luta armada no Brasil*.
[107] *Boletim de Relações Públicas do Exército*, nº 25, de agosto de 1967. Comissão Diretora de Relações Públicas do Exército, Imprensa do Exército.
[108] Flávio Tavares, *Memórias do esquecimento*, p. 195, e entrevista de Índio Vargas ao *Jornal do Brasil* de 21 de abril de 1980, p. 2.
[109] Marcio Moreira Alves, *Torturas e torturados*, p. 214.

de suicídio ou reação violenta à prisão. Abriram-se simultaneamente uma investigação policial e uma comissão parlamentar de inquérito na Assembleia Estadual. Foram arrolados 21 nomes, que incluíam desde carcereiros até um tenente-coronel. Nos vinte anos seguintes conseguiu-se reconstituir parcialmente o que lhe sucedera. Retirando-o à noite do DOPS durante uma sessão de tortura, dois policiais levaram-no para o rio, onde lhe deram caldos, até que o perderam na água. Amarrado, Manoel Raimundo afogou-se. Acontecera um dos primeiros casos daquilo que mais tarde se denominaria "acidente de trabalho", ou seja, a morte do torturado por descuido do torturador. Nervosos, os dois policiais chegaram a procurar por ele no Instituto Médico-Legal quatro dias antes de as águas devolverem o corpo.[110] Apesar de todas as provas de que o ex-sargento estava preso e de todas as indicações a respeito do modo como fora assassinado, impôs-se a tese segundo a qual ele fora libertado e, provavelmente, morto por correligionários. A versão oficial prevaleceu em todas as instâncias, até o Superior Tribunal Militar. O aparelho de repressão dera mais uma volta no parafuso que, a cada giro, amparava uma nova forma de crime sob a regra da impunidade.

Caparaó marchava. No dia 26 de novembro de 1966, catorze guerrilheiros subiram a serra, numa parte da mata onde a folhagem de imensas árvores impedia a entrada da luz do sol.[111]

A peça-chave do dispositivo cubano moveu-se no final de outubro. Vindo de Madri, passara por São Paulo um cidadão que se identificava como o uruguaio Adolfo Mena Gonzales.[112] Calvo na parte superior da cabeça, aparentando perto de cinquenta anos, tinha uma credencial da Organização dos Estados Americanos informando que viajava "para efetuar estudos e reunir informações sobre as relações econômicas e sociais que regem o campo boliviano".[113] Não era de todo mentira que o Che Guevara estivesse preocupado com o campo boliviano. Livre da

---

[110] Reportagem de José Mitchell, *Jornal do Brasil*, 26 de janeiro de 1987, p. 7.
[111] Gilson Rebello, *A guerrilha de Caparaó*, pp. 59 e 77.
[112] Gary Prado Salmón, *The defeat of Che Guevara*, p. 46, e Jon Lee Anderson, *Che Guevara*, p. 701. O passaporte de Adolfo Mena Gonzales indica que Guevara passou por São Paulo entre 1º e 3 de novembro de 1966. Ver Mário Magalhães, *Marighella*, p. 341.
[113] Hugo Gambini, *El Che Guevara*, pp. 463-6.

identidade de Mena, subira a cordilheira boliviana e passara parte do dia 1º de janeiro de 1967 escrevendo um relatório a Fidel Castro.[114] Os guerrilheiros de Caparaó reuniram-se num ponto da mata de Minas Gerais para festejar o novo ano, ouvir piadas políticas, rir de um teatrinho, meditar sobre um documento. No final, de pé, cantaram a *Internacional*.[115]

A charada cubana começava a juntar peças em outras cabeças. Na de Golbery, por exemplo. Em fevereiro de 1967 ele entregou a Castello um relatório em que detectava articulações guerrilheiras de grupos esquerdistas, apontava a conexão desses grupos com "elementos asilados no Uruguai" e advertia que "as ligações (...) com centros de subversão no exterior (China e Cuba em particular) são sabidas e vêm sendo positivadas, inclusive pela viagem de elementos vários para adestramento em cursos de formação de ativistas, sabotadores e guerrilheiros". O chefe do SNI, que desprezara em 1965 as "correrias em faixas fronteiriças", também dava pouca importância aos riscos da guerrilha. Duvidava da capacidade material de organização da esquerda para grandes lances, "com exceção talvez de tentativas isoladas, *a priori* destinadas a fracasso e visando antes a um efeito meramente psicológico e promocional que a objetivos concretos de qualquer significação apreciável".[116] Em novembro, quando os guerrilheiros tinham começado a subir a serra, a seção de informações do I Exército já os farejara na região, valendo-se de indícios recolhidos no Rio de Janeiro.

No dia 23 de março duas guerrilhas começaram a acabar. Na Bolívia, Guevara emboscou uma tropa do Exército. Ganhou farta munição, matou sete soldados e fez catorze prisioneiros.[117] Exibiu-se prematuramente, perdeu a mobilidade estratégica e encurralou-se contra a cordilheira oriental, numa ratoeira topográfica de que não sairia. Em Minas Gerais, no lugarejo de Espera Feliz, no sopé da montanha, o Exército capturou, numa barbearia, dois ex-sargentos que desciam de Caparaó com

---

114 Ernesto "Che" Guevara, *Oeuvres*, vol. 4: *Journal de Bolivie*, p. 43.
115 Gilson Rebello, *A guerrilha de Caparaó*, p. 80.
116 *Impressão Geral* de 8 de fevereiro de 1967, do SNI. APGCS/HF.
117 Hugo Gambini, *El Che Guevara*, p. 474.

destino ao Rio de Janeiro. Tinham perdido o trem e estavam matando tempo enquanto não chegava o ônibus para o Rio.[118]

Caparaó esboroou-se em uma semana, sem um só tiro, sem ter feito nenhum contato com os habitantes da região.[119] Uma coluna comandada por um cabo da PM prendeu oito guerrilheiros no alto da serra. Um deles, segundo os carcereiros, tinha os primeiros sintomas de peste bubônica.[120] Apesar da relativa facilidade da operação militar, a vida no parque nacional de Caparaó foi agitada até meados de abril. Não restava nenhuma base em operação, mas helicópteros, apelidados pelos lavradores de "cró-có-có com um papa-vento na corcunda", varriam a mata. Tropas do Exército acampavam no meio da montanha com os pés esfolados pela impropriedade do uso de coturnos de parada. Antes que lhes fossem dados tênis, mais de sessenta soldados baixaram à enfermaria.

Uma guerrilha que começara a desabar numa barbearia terminaria também de forma típica. No dia 16 de abril,[121] soldados do 11º Batalhão de Infantaria capturaram numa Kombi mais cinco combatentes, entre os quais o comandante Amadeu.[122] Iam para as montanhas, caso único de guerrilha que acaba enquanto se move da cidade para o campo.

A maneira como foi montada e a facilidade com que foi desmontada a guerrilha de Caparaó indicam que ela tenha sido, para Brizola, mais uma esperança de propaganda — como Golbery supunha — do que efetivamente um foco insurrecional. Numa região habitada por caboclos, os guerrilheiros mandavam às compras um ex-sargento louro de olhos azuis. Recusavam fumo de rolo (fumavam cigarros Continental) e não passavam sem arroz e feijão, cardápio que com a umidade da serra levava de seis a oito horas para ser cozinhado.[123] No final, a aventura serviu muito mais à propaganda do governo, usada para assustar a opinião pública com uma guerrilha de verdade. Nela, ao contrário do que

---

[118] Gilson Rebello, *A guerrilha de Caparaó*, pp. 33-4.
[119] Esther Kuperman, "A guerrilha de Caparaó (1966-1967)", p. 167.
[120] Avelino Bioen Capitani, *A rebelião dos marinheiros*, p. 118.
[121] Gilson Rebello, *A guerrilha de Caparaó*, p. 19.
[122] Idem, p. 85.
[123] Depoimento de Jelsy Rodrigues Corrêa, em Esther Kuperman, "A guerrilha de Caparaó (1966-1967)", pp. 219-20.

sucedera com Cardim e seu caminhão, havia acampamentos e florestas. Propaganda à parte, para seus reais perseguidores, a guerrilha de Brizola era um gato de papel.

A espionagem americana acreditava na perseverança de Brizola e estimava que ele "se concentrará na preparação de atividades guerrilheiras em Mato Grosso e Goiás" depois de ter perdido Caparaó e de ter fracassado em "seis tentativas de estabelecer uma base guerrilheira no Rio Grande do Sul".[124]

Em meados de 1967, Brizola ordenou a desmobilização de seu aparato guerrilheiro.[125] A base mato-grossense dissolveu-se. Os guerrilheiros compraram uma extensão de terras, e alguns deles transformaram-se em fazendeiros e comerciantes.[126] Segundo os americanos, Fidel mandava aos brasileiros mais recursos do que eles precisavam. "Não são exigidos recibos ou prestação de contas, mas Brizola anota todas as despesas cuidadosamente e mantém uma escrita contábil, caso esta venha a ser necessária."[127] Segundo seus militantes, nessa época já não havia recursos para sustentar as operações militares.[128] Brizola insistira na carta cubana para conservar a sua condição de comandante da ala esquerda da oposição ao regime brasileiro. Pode-se supor que a sua fé na guerrilha guevarista tenha sido nula. Sua ligação com Cuba, além da ajuda logística, permitira-lhe manter fechado o caminho a outras lideranças na esquerda.

O ano da Tricontinental fora o das catástrofes militares do castrismo. Tivera uma guerrilha capturada no Brasil, além de baixas severas no Peru, na Colômbia, Guatemala e Venezuela. Mas o Che era o Che e continuava na Bolívia. Conseguira-se começar uma guerrilha sandinista na Nicarágua. Na primeira metade de agosto, em Havana,

---

124 Telegrama da CIA, de 28 de agosto de 1967, sobre "acordo recente entre Brizola e Castro a respeito de planos para atividades de guerrilha no Brasil", em Marcos Sá Corrêa, *1964 visto e comentado pela Casa Branca*, p. 68.
125 Flávio Tavares, *Memórias do esquecimento*, p. 202.
126 Depoimento de Jelsy Rodrigues Corrêa, em Esther Kuperman, "A guerrilha de Caparaó (1966-1967)", p. 234.
127 Telegrama da CIA, de 28 de agosto de 1967, sobre "acordo recente entre Brizola e Castro a respeito de planos para atividades de guerrilha no Brasil", em Marcos Sá Corrêa, *1964 visto e comentado pela Casa Branca*, p. 68.
128 Flávio Tavares, *Memórias do esquecimento*, p. 203.

debaixo de um grande painel do *Guerrilheiro Heroico*, Fidel lera uma mensagem do Che em que anunciava que "são necessários um, dois, muitos Vietnãs".

O estratagema explodiu no dia 8 de outubro de 1967. Do meio da vegetação rala e baixa da cordilheira boliviana, numa encosta do desfiladeiro de El Churo, o capitão Gary Prado Salmón, do destacamento de Rangers-2, informou ao general Zenteno Anaya, comandante das tropas que lutavam contra a guerrilha: "Tenemos a Papá".[129]

Ernesto "Che" Guevara fora capturado vivo, baleado no calcanhar. Viveria mais uma noite, até que às 13h10 do dia seguinte um sargento o executou com seis tiros no peito.[130] Colocado sobre o tanque de um pequeno hospital do povoado de La Higuera, tinha o torso nu, e nele se viam os furos das balas que o mataram. A cabeça estava ligeiramente levantada, os olhos abertos. Parecia sorrir. Parecia-se com o Cristo Morto do pintor renascentista Andrea Mantegna.[131] Seus restos mortais, localizados em 1997, foram mandados para Cuba e estão hoje num mausoléu. O legado do guerrilheiro deveria ter sido a revolução continental. Acabou sendo pobre e diverso. Sua arma, um fuzil atingido no cano durante o último combate, ficou para o general Zenteno Anaya. Outro coronel levou-lhe a carteira.[132] O capitão Gary Prado pegou seus dois relógios Rolex de aço. Um deles, marcado com um X, era lembrança de um guerrilheiro agonizante.[133] Tomaram-lhe a caneta com que escrevera o diário da campanha e a faca que trazia na cintura. Ao sargento que o metralhou, coube o cachimbo.[134] O fumo foi para Felix Rodriguez, o coordenador da execução, um cubano exilado com dezessete anos de serviço na CIA e no braço paramilitar da diplomacia americana.

---

129 Gary Prado Salmón, *The defeat of Che Guevara*, p. 248.
130 Autópsia de Ernesto Guevara, em Gary Prado Salmón, *The defeat of Che Guevara*, p. 196.
131 Susan Sontag, *On photography*, p. 107, citando o crítico de arte John Berger, que também viu na fotografia um eco da *Lição de anatomia*, de Rembrandt.
132 Jon Lee Anderson, *Che Guevara*, p. 742.
133 Para os dois relógios, Gary Prado Salmón, *The defeat of Che Guevara*, p. 250. O guerrilheiro tinha consigo dois Rolex, mas na sua *memorabilia* há três. Felix Rodriguez diz que tinha um relógio idêntico ao do guerrilheiro — GMT Master — e que os trocou antes que Gary Prado recolhesse a sua parte do butim. Felix I. Rodriguez e John Weisman, *Shadow warrior*, p. 169.
134 Felix I. Rodriguez e John Weisman, *Shadow warrior*, p. 169. O sargento chamava-se Mario Terán.

A execução de Guevara e a derrota fulminante de Caparaó abalaram o sonho da chama votiva da guerrilha invencível com a qual um destacamento de bravos embrenhado na selva poderia iniciar uma avalanche que, levando consigo a esquerda e os camponeses, soterraria os liberais e as cidades. A marota liderança de Brizola, montada sobre insurreições impossíveis e guerrilhas ambíguas, esfumou-se. Com ela terminou também a liderança esquerdista do último notável do regime deposto em 1964.

No arco dos proscritos, Juscelino Kubitschek e Jango perderam-se em manobras típicas de exilados, costurando alianças paternalistas. Miguel Arraes, com um discurso mais aguerrido, estava nas areias do exílio argelino. Francisco Julião vagava desacreditado pelos plenários do esquerdismo messiânico. Os santos menores do janguismo enfumaçavam-se em reminiscências nos bares de Montevidéu ou de Paris. O Partido Comunista continuava tentando recuar em ordem. Uma época se acabara. Começavam novos tempos. Mudaria a esquerda, mudaria a direita.

A roda de Aquarius

Por uma fatalidade histórica, começou em 1964 no Brasil um período de supressão das liberdades públicas precisamente quando o mundo vivia um dos períodos mais ricos e divertidos da história da humanidade. Nesse choque, duas rodas giraram em sentido contrário, moendo uma geração e vinte anos da vida nacional.[1]

Uma das rodas foi a do dirigismo conservador e anticomunista dos anos 1950. Produto da Guerra Fria, esse pensamento político projetou-se sobre a direita brasileira como uma utopia planejadora, centralista, acompanhada por uma visão catastrofista da desordem administrativa e do caráter errático do voto popular. Essas características davam-lhe uma essência ao mesmo tempo racional e autoritária. Ela entendia que o povo não sabia escolher os governantes e estes, uma vez no poder, não sabiam governar. Gastavam mais do que podiam, sobretudo naquilo que não deviam.

Na base dessa utopia, funcionando como mola propulsora para efeitos de propaganda e como cimento para unir interesses divergentes, esteve sempre

---

[1] Muitos aspectos do tema deste capítulo estão discutidos em "A canção do homem enquanto Seu Lobo não vem", em Marcelo Ridenti, *O fantasma da revolução brasileira*. Visão diversa, é leitura recomendada.

o perigo comunista e, com ele, o apocalipse utilitário da sua ameaça iminente. Em 1960, o coronel Ernesto Geisel, chefe da seção de informações do gabinete do ministro da Guerra, denunciava o apoio dos comunistas ("os vermelhos") ao PTB do candidato a vice-presidente João Goulart ("demagogos oportunistas"), advertindo, num documento confidencial intitulado *Expansão do Comunismo no Âmbito Nacional*, que "não estará muito remota a oportunidade almejada pelos comunistas para o desencadeamento da segunda etapa de sua estratégia: a da subversão social e conquista do poder no Brasil, pela força, se necessário".[2] Golbery ia mais longe. Vira na política externa de Goulart, que se recusara a romper relações com Cuba, a intenção de "jogar o Brasil, semissatelitizado, nos tentáculos do imperialismo soviético".[3]

O anticomunismo da roda do pensamento conservador era uma mistura de medo real com uma espécie de industrialização do pavor, a fim de permitir que bandeiras simplesmente libertárias ou reformistas fossem confundidas com o "perigo vermelho". No centro da questão, no Brasil, estavam as incertezas do regime de 1946 e sua crise, provocada pela difícil convivência entre o sufrágio universal e a questão social projetada sobre o funcionamento do Estado.

Golbery, ainda como talentoso coronel no serviço ativo do Exército, defendera a necessidade de se "formular, em termos precisos e seguros, um planejamento democrático que (...) abra uma nova era para a história da humanidade", contrapondo-se a um "Estado mero guarda-civil, abúlico ante o espetáculo das convulsões sociais do nosso tempo".[4] Num país onde o presidente Juscelino Kubitschek levara a capital para o cerrado goiano por conta de um processo decisório próximo daquele em que se escolhe um sabor de sorvete, a palavra *planejamento* soava mágica.[5] O que fosse planejado, por não ser improvisado, seria necessariamente melhor.

---

2 Ernesto Geisel, *Expansão do Comunismo no Âmbito Nacional*, minuta de documento da chefia do Estado-Maior do Exército, sem data, p. 7. APGCS/HF.
3 *Conceituação da Segurança Nacional*, manuscrito de Golbery, em dezenove folhas de bloco, sem data. APGCS/HF.
4 Golbery do Couto e Silva, *Planejamento estratégico*, pp. 19 e 21.
5 JK aceitou a sugestão de mudar a capital durante um comício em Jataí (GO). Juscelino Kubitschek, *Por que construí Brasília*, pp. 7-8.

A fé no planejamento estatal fazia parte da religiosidade política da direita militar, mas também da esquerda. O que fazia toda a diferença, naquela época, era a construção, pelo regime, de uma roda em que o planejamento do progresso se associava à necessidade de desmobilização da sociedade. É comum que utopias conservadoras circulem com vigor na história dos povos, mas, de vez em quando, precisamente naqueles momentos em que essa mesma história se torna mais bela, vivem-se épocas nas quais o passado fica mais longe e o futuro parece mais próximo. A década de 1960, com as memoráveis mobilizações e desordens de 1968, foi um desses períodos dourados. Ela foi a outra roda com que se moeu um pedaço da história do Brasil: a Era de Aquarius.

Vinte e sete anos depois do aparecimento da penicilina injetável e oito anos depois da comercialização da pílula anticoncepcional, o orgasmo dissociara-se do medo e do compromisso. Vivia-se o período de maior liberdade sexual da história humana, interrompido nos anos 1980 com o início da epidemia de aids. Centenas de milhões de jovens nascidos após a guerra começaram a deixar crescer simultaneamente cabelos e ideias. Neles afloraram sentimentos libertários que tinham brotado havia décadas nos bairros intelectuais e nos redutos da marginalidade boêmia de todo o mundo. Um novo barulho — o rock — e um novo jeito de estar só, o de James Dean com seu olhar de altaneira distância, antecipavam o controle da juventude sobre a cultura mundial pelo resto do século. Dean, morto aos 24 anos, simbolizaria a figura do herói cuja vida dura apenas uma mocidade.[6]

Beat. Essa palavra designava uma nova voz da alma. Nos anos 1940 era usada para definir um trato de drogas trapaceado. Herbert Huncke, um prostituto, ladrão do norte de Chicago, passou-a a um vagabundo que falava em escrever um livro. Chamava-se Jack Kerouac. *Beat*, para Huncke, significava "derrotado", "com o mundo contra mim".[7] Em 1957 um jornalista do *San Francisco Chronicle* inventou o termo que definiria as pessoas que se sentiam como Huncke: *beatnik*. Capturava o sufixo do

---

[6] Eric Hobsbawm, *Era dos extremos*, p. 318. Hobsbawm lista os ícones da cultura do fim do século que tiveram trajetória semelhante à de James Dean (morto num desastre de automóvel em 1955): Janis Joplin, Jimi Hendrix, Brian Jones, Buddy Holly e Bob Marley.
[7] Steven Watson, *The birth of the beat generation*, p. 3.

Sputnik, o primeiro satélite artificial colocado em órbita ao redor da Terra pelos russos. Um *beatnik*, como o satélite, gravitava muito longe daquilo que se considerava o mundo real.⁸

A marginália de São Francisco produzira Allen Ginsberg com seu poema "Howl", que falava "nas melhores cabeças de minha geração morrendo numa nudez histérica", e Jack Kerouac, com o Dionísio suburbano de *On the road*, avisava que "a estrada é a vida".⁹ A juventude, criada na prosperidade, desenvolveu um "complexo da ilegitimidade", flagelando-se por privilegiada e redimindo-se em propostas de combate às injustiças sociais.¹⁰ Da Universidade de Stanford, o escritor inglês Aldous Huxley cantava, n'*As portas da percepção*, "o milagre do desabrochar da existência" que vira num vaso de rosas depois de engolir um pedaço de mescalina.¹¹ Começando a influenciar toda uma geração, o filósofo Herbert Marcuse, alemão radicado nos Estados Unidos, publicava *Eros e civilização* e expunha a angústia do homem moderno, produto de uma repressão sociologicamente imposta, exigida por uma civilização mecanicamente competitiva. Na Universidade Columbia, em Nova York, o sociólogo Wright Mills, que circulava pelas fronteiras do Harlem a bordo de uma motocicleta BMW, carregando sua papelada acadêmica numa mochila de soldado, acabara de escrever *A elite do poder*. Mills apontava o embuste de uma democracia americana assentada cada vez mais na hierarquia das corporações e do complexo militar-industrial.¹² Num hospital de Argel, o psiquiatra negro martiniquense Frantz Fanon iniciava a autópsia do racionalismo colonialista francês, que perdia sua última guerra, a da suposição do Mediterrâneo como lago de domínio europeu.

Era esse o mundo da segunda metade dos anos 1950. Em dezembro de 1955, Rosa Parks, uma negra de 42 anos, tomou o ônibus de volta para casa depois de um dia de trabalho numa loja de Montgomery, no

---

8 O termo foi criado em outubro de 1957, num artigo de Herb Caen. Steven Watson, *The birth of the beat generation*, p. 4.
9 Jack Kerouac, *On the road*, p. 221. A primeira edição americana é de 1957.
10 Paul Berman, *A tale of two utopias*, pp. 32-3.
11 Aldous Huxley, *As portas da percepção e Céu e Inferno*, p. 6.
12 Allen J. Matusow, *The unraveling of America*, pp. 283, 285, 288 e 322. James Miller, *Democracy in the streets*, p. 81. Judith Clavir Albert e Stewart Edward Albert, *The Sixties papers*, p. 5.

Alabama. Viajava sentada, até que o motorista mandou que desse o lugar a um branco: "Se você não sair, vou mandar prendê-la". "Vá em frente, mande me prender", respondeu a negra. Rosa Parks tem hoje uma estátua na Rotunda do Capitólio, em Washington, e o ônibus em que viajava está num museu do estado de Michigan. As consequências de sua prisão tornaram-se um marco na história da liberdade. Dias depois, a comunidade negra de Montgomery decidiu boicotar o serviço de transportes da cidade. Os negros organizaram uma frota autônoma de veículos, andaram a pé, de bicicleta ou de carona. Em dois meses o comércio perdeu 1 milhão de dólares. No 381º dia de boicote, a Corte Suprema dos Estados Unidos considerou ilegal a segregação praticada pelas empresas de transportes de Montgomery, e o líder do movimento, um pastor negro chamado Martin Luther King Jr., de 25 anos, fez sinal para um ônibus, entrou, sentou-se num dos bancos da frente, e nunca mais um negro americano foi mandado para o banco de trás.[13]

Quando o marechal Castello Branco entrou no palácio do Planalto, levou para o governo um mundo em que Kerouac seria um homossexual bêbado, Ginsberg um judeu doido, Huxley um inglês excêntrico, Wright Mills um exibicionista, Marcuse um alemão perigoso, King um ingênuo sonhador e Fanon, um negro desconhecido. Estavam todos muito longe da lógica do poder, do minucioso cálculo das forças econômicas e militares. Eram marginais num mundo arrumado cujos problemas, se os tinha aqui e ali, deveriam ser resolvidos através daquele vagaroso processo de evolução em que manda quem pode e obedece quem tem juízo. Tratava-se de um mundo onde a igualdade racial era uma aspiração filosófica, o homossexualismo uma anomalia e a condição feminina, um estuário procriador, amoroso e doméstico. Nele, o colosso americano parecia mover-se, invencível, na direção de um grande destino traçado desde 1945. No dia 2 de agosto de 1964, depois de um incidente com

---

[13] Rosa Parks e Jim Haskins, *Rosa Parks: my story*, pp. 108-58. Harvard Sitkoff, *The struggle for black equality — 1954-1980*, p. 41. Ver também *Rosa Parks*, de Douglas Brinkley.

um destróier no golfo de Tonquim, no Sudeste asiático, o Senado dos Estados Unidos deu ao presidente Lyndon Johnson poderes para ampliar as ações militares no Vietnã. Em sua *Estimativa* a Castello, fiel à sua visão do poder, Golbery especulava: "Vietnam — Recrudescimento da Guerra Fria no sudeste asiático, por parte dos comunistas chineses, sem maiores consequências para os EUA e o mundo ocidental".[14]

Mas a roda de Aquarius girava. No dia 28 de agosto, enquanto Golbery almoçava com o proprietário do *Jornal do Brasil*, Manoel Francisco do Nascimento Brito, quatro jovens ingleses que haviam conquistado os Estados Unidos recebiam numa suíte do hotel Delmonico, em Nova York, a visita de um cabeludo americano. Ele lhes ofereceu cigarros de maconha. Nunca a tinham provado. Fecharam as frestas das portas com toalhas e fumaram. "Foi como se eu estivesse lá em cima", disse Paul McCartney no dia seguinte, apontando para o teto.[15] Os Beatles nunca mais seriam os mesmos. Como cantava Bob Dylan, o poeta dessa era:

> *Alguma coisa está acontecendo,*
> *mas você não sabe o que é.*
> *Ou será que sabe, Mr. Jones?*[16]

Os "Mr. Jones" nacionais não sabiam. Havia no Brasil uma geração de jovens formados fora da treva do Estado Novo. Entre 1950 e 1964 o número de universitários praticamente triplicara, de 53 mil para 142 mil.[17] A cultura brasileira, orgulhosa de si, pusera-se de pé com êxitos e audácias adormecidas fazia quase meio século. Era o que Roberto Schwarz viria

---

14 *Impressão Geral nº 1*, do SNI, para a semana de 10 a 16 de agosto de 1964. APGCS/HF.
15 *Diário de Heitor Ferreira*, 28 de agosto de 1964, para o encontro de Golbery com Nascimento Brito. APGCS/HF. Para o encontro no Delmonico, Derek Taylor, *It was twenty years ago today*, p. 83.
16 Chris Salewicz, *McCartney*, p. 170, e Allen J. Matusow, *The unraveling of America*, p. 277.
17 Luiz Alberto Gómez de Souza, *A JUC*, p. 75. Esse dado deve ser visto no contexto da época. Entre 1949 e 1969, o número de estudantes universitários triplicou em doze países europeus: Bélgica, Dinamarca, Finlândia, França, Grécia, Holanda, Itália, Noruega, Portugal, Espanha, Suécia e Alemanha. Duplicou na Áustria e Grã-Bretanha. Roberto Schwarz, "Cultura e política, 1964-1969", em *O pai de família e outros estudos*, p. 89.

a chamar de "floração tardia".[18] A seleção de futebol ganhara a Copa do Mundo na Suécia e a tenista Maria Esther Bueno vencera o torneio de Wimbledon. Anselmo Duarte recebera a Palma de Ouro do Festival de Cannes com o filme *O pagador de promessas*. O romance de Jorge Amado impusera o palavrão à literatura e Gabriela ao patrimônio erótico nacional. Uma nova batida do samba, chamada bossa nova, mudara a noção que os brasileiros tinham de sua música e a capacidade de se expressar através dela. Como observou Ruy Castro, o repertório macambúzio onde se repetia que "não posso lembrar que te amei" ("Caminhemos", de Herivelto Martins), foi substituído por outro, a um só tempo enamorado e confiante:

*Eu sei que vou te amar
Por toda a minha vida
Eu vou te amar.*[19]

Essa tumultuada transformação cultural teve seu magnífico símbolo nas intermináveis pernas de Norma Bengell e na beleza de Heloísa Eneida Menezes Paes Pinto. La Bengell pulara do teatro de revista da praça Tiradentes para os shows milionários da Zona Sul e das chanchadas da Atlântida, como *O homem do Sputnik* (com Oscarito), para as cenas ardentes d'*Os cafajestes* (com Jece Valadão). Convidada para cantar num show de bossa nova dos estudantes da PUC, viu-se vetada pelo padre-reitor e só foi ao palco (de tailleur preto e saia comprida) porque se transferiu o espetáculo para a Universidade do Brasil. Dois meses depois, de saia curta, ela cantava na Escola Naval. Em 1962, Heloísa tinha quinze anos, 1,69 metro, olhos verdes e cabelos pretos, compridos.[20] Moça do corpo dourado, o seu balançado era mais que um poema. Helô levou algum tempo para acreditar que quando passava pelo botequim da esquina da

---
[18] Roberto Schwarz, "Cultura e política, 1964-1969", em *O pai de família e outros estudos*, p. 89.
[19] Ruy Castro, *Chega de saudade*, p. 240.
[20] Idem, pp. 230 e 317.

Montenegro com a avenida Prudente de Morais, o mundo inteirinho se enchia de graça.[21] A bossa nova unira três tipos inesquecíveis: Antonio Carlos Jobim, Vinicius de Moraes e a Garota de Ipanema.

O auditório da Faculdade Nacional de Filosofia lotava com um ciclo de palestras sobre a música popular brasileira, no qual reaparecia, com seus velhos violões, a malandragem dos morros cariocas. No Carnaval, começava-se a perceber que havia mais beleza no desfile das mulatas da escola de samba do Salgueiro ou nas veneráveis baianas da Mangueira do que nos grandes bailes onde a burguesia se fechara desde que os favelados desceram com seus blocos e marafonas gostosas substituíram, no alto dos carros alegóricos dos desfiles de préstitos, as gentis senhoritas da sociedade. Contra essa heresia *O Estado de S. Paulo* reclamava, em editorial:

> Aquilo que se devia à espontaneidade do sentimento popular desapareceu para em seu lugar surgir essa coisa que se chama "escolas de samba", onde o mais sofisticado mau gosto se alia ao marginalismo de uma população que não soubemos até agora integrar no organismo nacional. (...) Não é a participação do que o Continente Negro tenha fornecido para a nossa grandeza e cultura que está presente neste triste espetáculo; o que dele se infere é que permanece ainda no seio da Nação aquilo que as ondas de africanos para aqui trazidos tinham de menos recomendável. É, numa palavra, a recrudescência da mentalidade primitiva do tribalismo negro (...)[22]

Da União Nacional dos Estudantes, a UNE, controlada pela esquerda católica e pelo Partido Comunista, saíam, demagógicos, criativos e tenazes, os Centros Populares de Cultura. Tendo proliferado em oito estados,

---

21 José Castello, *Vinicius de Moraes, o poeta da paixão*, p. 246. A rua Montenegro chama-se, hoje, Vinicius de Moraes.
22 *O Estado de S. Paulo* de 5 de janeiro de 1965, citado na *Revista Civilização Brasileira*, nº 1, março de 1965, p. 55. Menos de dez anos depois Júlio César Mesquita, neto de Julio de Mesquita Filho, diretor responsável d'*O Estado* na época do editorial, desfilaria regularmente na Estação Primeira de Mangueira.

percorreram todo o país levando peças como *Miséria ao alcance de todos* e vendendo cópias do disco *O povo canta* ou dos livrinhos da coleção Cadernos do Povo Brasileiro. Numa época em que a tiragem de um livro raramente ultrapassava os 5 mil exemplares, dos Cadernos rodavam 20 mil cópias.[23] "Era a barbárie invadindo os salões delicados da cultura nacional", escreveu o poeta Ferreira Gullar.[24] Em 1962, as universidades haviam parado numa fracassada tentativa de impor participação dos estudantes nas congregações que lhes dirigiam os destinos. Com o apoio de João Goulart e sob a direção de um condomínio esquerdista, o Ministério da Educação criara o Movimento de Educação de Base, destinado a executar um vasto programa de alfabetização de adultos valendo-se de um método do pedagogo Paulo Freire em que, em vez de ensinar que "Ivo viu a uva", dizia-se que "o povo tem o voto". Nos últimos dias da República de 1946, o brasileiro que melhor encarnaria as perplexidades e a audácia de sua geração, o baiano Glauber Rocha, de 24 anos, mostrou no Rio de Janeiro seu filme *Deus e o diabo na terra do sol*, magistral épico da perseguição e morte do cangaceiro Corisco. "Mais fortes são os poderes do povo!", gritava, com balas no corpo e os olhos na plateia.

Na noite chuvosa de 1º de abril de 1964, a outra roda começou a girar. Aos 26 anos, o capitão Heitor Aquino Ferreira, fiel escudeiro de Golbery, viveu a vitória quando corria num automóvel pela rua das Laranjeiras e se viu num foguetório, debaixo de um céu de papéis picados. Era o povo que saudava a derrubada de Jango. "Creio que foi a mais nítida sensação de felicidade da minha vida", registrou no seu diário.[25] Nessa mesma hora, na praia do Flamengo, o antigo prédio do clube Germania, onde funcionava a UNE desde que os estudantes o tomaram em 1942, durante a campanha pela entrada do Brasil na guerra, foi atacado e incendiado por um comando paramilitar. Seus últimos ocupantes fugiram pulando o muro dos fundos do terreno. Quinze dias depois, funcionários do serviço de censura do Rio de Janeiro foram ao laboratório Líder, onde se faziam as cópias de *Deus e o diabo*, para apreendê-las em nome

---

[23] Jalusa Barcellos, *CPC da UNE*, p. 12.
[24] Artur José Poerner, *O poder jovem*, p. 200.
[25] *Diário de Heitor Ferreira*, 1º de abril de 1964. APGCS/HF.

do Conselho de Segurança Nacional.²⁶ O filme acabou liberado, mas o regime iniciava sua estranha relação com Glauber, a quem, por não conseguir admirar, entender nem controlar, trataria esquizofrenicamente, indo da perseguição ao flerte, sem nenhum sucesso.

A ditadura foi progressivamente alvejada no campo das ideias, acusada de praticar o que o escritor Alceu Amoroso Lima denominou de "terrorismo cultural". Ele sustentava que o Brasil passava por uma crise em que "a maior inflação nacional é de estupidez".²⁷ Alegando ter recebido ordens do SNI, a Censura proibiu o filme *Sete dias em maio*, que contava a história de uma tentativa de golpe militar nos Estados Unidos.²⁸ A pintora Djanira foi chamada a explicar por que uma paisagem de Parati tinha um suposto chinês atrás de uma palmeira.²⁹ Com os direitos políticos suspensos, intelectuais reconhecidos internacionalmente, como o professor Celso Furtado, ministro do Planejamento de Jango, preferiam deixar o país. Para os vencedores de abril, Furtado era conivente com a subversão, a roubalheira e a anarquia do governo Goulart. Como a tradição da tolerância política fora rompida no Brasil, mas não no mundo, o *Times* de Londres, para desconforto do conservadorismo, classificava de "ridícula" a sua punição e, em editorial, registrava que "a caça às bruxas declinou mas não terminou".³⁰ Nem terminaria.

O governo Castello Branco tentou mover a roda da autoridade esperando que a de Aquarius parasse, e pode-se acreditar que se ela não tivesse o inesperado vigor do fenômeno histórico profundo, o marechal teria sido mais bem-sucedido. Estava preso numa armadilha, percebida pelo general Geisel já em agosto de 1965, quando, numa conversa de palácio, disse a Heitor Ferreira: "Seu Heitor, estou vendo a cada dia nos aproximarmos mais da ditadura... os estudantes não se conformam e estão fazendo a sua guerrinha, os comunistas botaram as mangas de fora

---

26 *Correio da Manhã*, 25 de julho de 1964, citado na *Revista Civilização Brasileira*, nº 1, março de 1965, p. 282.
27 Stanislaw Ponte Preta (Sérgio Porto), *Febeapá*, p. 12.
28 *Correio da Manhã*, 2 de setembro de 1964, citado na *Revista Civilização Brasileira*, nº 1, março de 1965, p. 276. *Sete dias em maio* foi exibido pouco depois, ainda no governo do marechal Castello Branco.
29 *O Cruzeiro*, 6 de julho de 1965, citado na *Revista Civilização Brasileira*, nº 1, março de 1965, p. 286.
30 *The Times*, citado no *Correio da Manhã*, 2 de junho de 1964.

(...) a questão dos salários permanece, a inflação não foi debelada... Eu acho que vamos ter que colocar essa nossa democracia numa geladeira, durante alguns anos. E isso é terrível. A necessidade de corromper. Os levantes aqui e ali...".[31]

Castello lutava para desembaraçar-se do risco da ditadura por meio dos mais diversos recursos. Para espanar a pátina de irracionalismo que lhe cobria o governo, mostrava-se homem de cultura. Almoçava no palácio Laranjeiras com o poeta Manuel Bandeira, ia às peças de teatro de Tônia Carrero, frequentava as chatas sessões de posse na Academia Brasileira de Letras. Era capaz de lances de refinada elegância, como o de aparecer num concerto da Orquestra Sinfônica de Londres, regida por sir John Barbirolli, um ex-combatente da Segunda Guerra, levando consigo seu comandante na Força Expedicionária Brasileira, marechal Mascarenhas de Moraes, e instalando-se numa modesta frisa em vez de ocupar o camarote presidencial.

Numa das muitas crises estudantis de Brasília, aceitou reunir-se com uma comissão de universitários. Desprezou os dossiês com que queriam empanturrá-lo, provando-lhe que estava diante de perigosos subversivos. Paternal e atencioso, ouviu os jovens e mostrou-se preocupado, acima de tudo, com a hipótese de eles estarem perdendo aulas para virem vê-lo no Planalto.[32] Segundo a CIA, Castello era capaz de "falar com igual facilidade sobre porcelanas chinesas da dinastia Ming ou sobre a Guerra do Peloponeso".[33] (A erudição de Castello na arte chinesa nunca passou de um momento de entusiasmo do analista que lhe traçou o perfil.)

A figura moderada e ambígua de Castello tornou-o uma excentricidade na trajetória do regime que ajudou a fundar. Em seu governo um professor pernambucano instituiu uma agenda para delatores, informando que aceitaria denúncias às segundas, quartas e sextas, das oito ao meio-dia.[34] Numa feira de livros de Niterói apreenderam-se exemplares da encíclica *Mater et magistra*, do papa João XXIII. Palhaçadas como essas

---

[31] *Diário de Heitor Ferreira*, 15 de agosto de 1965. APGCS/HF.
[32] Idem, 31 de agosto de 1965, APGCS/HF, e Luiz Felipe de Alencastro, abril de 1988.
[33] Perfil do marechal Castello Branco pela CIA, de 5 de agosto de 1964. *National Security Files, Latin America*. BLBJ.
[34] *Revista Civilização Brasileira*, nº 1, março de 1965, p. 243.

eram a delícia da oposição e, sobretudo, do cronista Stanislaw Ponte Preta, da *Última Hora*, que sistematicamente expunha as chagas daquilo que chamava de "Festival de besteira que assola o país", ou "Febeapá". Nele havia de tudo. O chefe da Polícia Federal, general Riograndino Kruel, recusava-se a entregar a Censura a um serviço especializado com o argumento de que era preciso "evitar a propaganda subversiva através das artes". Para tamanha tarefa o general entregara a Censura a um cupincha gaúcho, Romero Lago, que chegou ao ponto de telegrafar a todas as secretarias de Segurança determinando que impedissem filmagens de produtores estrangeiros no Brasil, "a fim de evitar que distorcessem a realidade nacional".[35] Dois anos depois, para supremo vexame da moralidade do regime, descobriu-se que o Dr. Lago era um estelionatário foragido da Justiça e se chamava Hermenildo Ramires de Godoy.[36] Em Minas Gerais o secretário de Segurança proibia a presença de mulheres com as pernas de fora em bailes de Carnaval "para impedir que apareçam fantasias que ofendam as Forças Armadas". "Como se perna de mulher alguma vez na vida tivesse ofendido as armas de alguém", observava Stanislaw.[37]

A maioria das tolices arroladas no *Febeapá* faz parte de um festival de besteira que assola o país independentemente do regime nele instalado, mas havia no espírito de 1964 um tipo de besteira específica da ditadura: a ideia segundo a qual a violência política podia ser usada como um detergente, limpando um mundo sujo para, a partir daí, erguer algo novo. Havia um nexo unindo os mosaicos do *Febeapá*.

O governo acreditava em bruxas, elas efetivamente existiam, e ele se dispunha a caçá-las, mas o problema não estava nas bruxas, e sim na maneira como as caçava. Para purgar o ensino infiltrado por esquerdistas, policializou-se a universidade. Quatro reitores de universidades foram depostos. Na direção da Universidade de Minas Gerais colocou-se um interventor militar. Na de Brasília, um civil. Nela, puseram-se nove pro-

---

35 Stanislaw Ponte Preta (Sérgio Porto), *Febeapá*, pp. 9, 23 e 29.
36 José Carlos Oliveira, *Diário da patetocracia*, p. 62. Para a história de Romero Lago, ver também Inimá Simões, *Roteiro da intolerância*, p. 95. Simões informa que Godoy se foragira por ser acusado de ter mandado matar dois homens.
37 Stanislaw Ponte Preta (Sérgio Porto), *Febeapá*, p. 8.

fessores na rua como se fossem vendedores de loteria, pois nem sequer o ritual das investigações sumárias lhes foi concedido.[38] Na Universidade de São Paulo, uma comissão secreta formada por iniciativa do reitor Luís Antonio da Gama e Silva produziu um documento em que propunha a punição de 44 professores e concluía "serem realmente impressionantes as infiltrações de ideias marxistas nos vários setores universitários, cumprindo sejam afastados daí os seus doutrinadores e os agentes dos processos subversivos". O sociólogo Florestan Fernandes, arrolado no IPM da USP, escreveu uma carta de protesto ao tenente-coronel que o chefiava na qual bradava: "Não somos um bando de malfeitores". Como resposta, foi preso.[39] Um de seus assistentes, Fernando Henrique Cardoso, era considerado "comunista destacado", fugira para o Guarujá e de lá para Buenos Aires e Santiago.[40] Outros dois professores, da faculdade de medicina, denunciados por colegas, foram encarcerados no navio-presídio *Raul Soares*, fundeado ao largo de Santos. Um deles teve a filha de seis meses proibida de entrar na creche do hospital das Clínicas.[41] Expulsaram-se alunos no Instituto Tecnológico da Aeronáutica e nas faculdades nacionais de Direito e Filosofia.

Em São Paulo, quando o governo começou a se mostrar incomodado pela epidemia de indicações do professor Celso Furtado para paraninfo de turmas, a venerável congregação de catedráticos da Escola Politécnica — uma das melhores faculdades de engenharia do país, repleta de quatrocentões — vetou as homenagens ao economista exilado. Na Paraíba, diante do mesmo problema, um capitão do Exército, investido de poderes de reitor, mandou destruir os 7 mil convites da formatura, pagos pelos alunos.[42]

Esses mecanismos repressivos poderiam dar resultados se, na sua vulgaridade, fossem rápidos como as batidas policiais. Como a roda do

---

38 Roberto A. Salmeron, *A universidade interrompida*, p. 171.
39 *O livro negro da USP*, pp. 16 e 25.
40 *Veja*, 6 de outubro de 1994, pp. 42-5, e anotação de 27 de abril de 1964 feita no prontuário de Cardoso no DOPS paulista, do qual foram publicados trechos em *O Estado de S. Paulo* de 5 de abril de 1998.
41 O caso da menina expulsa da creche está no artigo de seu pai, Thomas Maack, "Casa de Arnaldo, circa 1964", *Revista USP*, nº 10, junho-agosto de 1991, pp. 121-34.
42 *Última Hora* de 11 de dezembro de 1964, citado na *Revista Civilização Brasileira*, nº 1, março de 1965, pp. 272-3.

regime se movia em sentido contrário ao dos tempos, seu movimento levou-a a esbarrar na sensibilidade internacional. Os bacharéis da nova ordem na Universidade de São Paulo esforçavam-se para expulsar o professor Mario Schenberg, físico que participou da descoberta do fenômeno Urca, através do qual se começaram a explicar as supernovas e a mais conhecida delas, a Estrela de Belém.[43] Militante do Partido Comunista, Schenberg atazanava havia mais de uma década seus adversários políticos na USP. Por comunista, nada mais fácil que prendê-lo. Por físico, houve que enfrentar o descontentamento da comunidade acadêmica internacional. O Prêmio Nobel alemão Werner Heisenberg, diretor do renomado Instituto Max Planck, liderou uma onda de protestos que envolveu mais de vinte centros universitários europeus e americanos contra a prisão de Schenberg.[44]

As cassações e os inquéritos produziam sobre o corpo docente da universidade brasileira, aos poucos, um efeito depurador de sentido oposto ao que o regime pretendera. Os liberais, que discretamente apoiaram a derrubada de Goulart, refluíam para a oposição ou, pelo menos, para um silêncio envergonhado diante da anarquia de IPMs, delações e arbitrariedades militares. A esse refluxo dos liberais correspondia, quase sempre, um avanço dos aproveitadores associados à extrema direita, o que haveria de funcionar como um ciclo perverso. Mais avançava o oportunismo, mais retraíam-se os liberais, mais radicalizavam-se os estudantes, e policializava-se a universidade, fazendo avançar o obscurantismo, e assim por diante.

Bom exemplo da opção do regime pelo oportunismo e pela delação pode ser encontrado no que sucedeu na Faculdade Nacional de Filosofia. A FNFi, no Rio de Janeiro, fora um dos mais agitados ninhos de subversão universitária. Em 1963 a sua "base" do Partido Comunista chegara a ter perto de 120 militantes. Radicalizada, a escola estivera dividida com os comunistas de um lado e, de outro, o seu diretor, Eremildo Luiz Vianna, que a tivera por quase uma década como *ménage* administrativo.

---

43 *Revista Civilização Brasileira*, nº 1, março de 1965, pp. 239-97.
44 Idem, p. 254. Para a natureza fisiológica das delações, ver o artigo do professor Thomas Maack, preso e expulso da Faculdade de Medicina da Universidade de São Paulo, "Casa de Arnaldo, circa 1964", *Revista USP*, nº 10, junho-agosto de 1991.

Entre Eremildo e o PCB, porém, havia o universo. Desde conservadores de passado fascista e currículo erudito, como o historiador Hélio Viana, cunhado de Castello, até pensadores liberais que combateram Goulart, como o advogado Sobral Pinto. A nova ordem achou em Eremildo o seu querubim. Demitiram-se dois catedráticos, quatro professores, expulsaram-se dezenove estudantes, e colocou-se a FNFi debaixo de dois IPMs.[45] Essas medidas cirúrgicas tinham punhos fortes e pernas curtas. Quando o general Acyr da Rocha Nóbrega, chefe da comissão de investigações na Universidade do Brasil, concluiu sua inquisição, veio uma surpresa. Determinou a abertura de processo criminal para punir Eremildo por fraudes contábeis descobertas nas suas sucessivas gestões. Considerou-o "moralmente incompatível para o exercício da função pública".[46] Para um regime que pretendia combater a subversão e a corrupção, nada mais lógico. Para o professor Flávio Suplicy de Lacerda, ministro da Educação de Castello, nada mais absurdo. "Não podemos fazer isso com um dos mais destacados homens da Revolução", anunciou ao saber da decisão do general.[47] Por ordem sua o inquérito foi arquivado.[48]

Suplicy, o mais catastrófico dos ministros da Educação na história da pedagogia nacional, fora até o início de 1964 um modesto reitor da Universidade Federal do Paraná. Vira-se catapultado ao gabinete pelo general Ernesto Geisel, que o conhecera anos antes, quando servia em Curitiba. Chamava de "escorpiões" e "agitadores e pequenos ladrões transformados em líderes" os estudantes que faziam passeatas contra o governo.[49] A UNE e mesmo a esquerda estavam longe de representar os universitários, mas um ministro da Educação capaz de dizer semelhan-

---

45 Durante a ditadura, incluindo-se as demissões do AI-5, a partir de 1968, foram punidos 22 professores da FNFi. Maria de Lourdes de A. Fávero (coord.), *Faculdade Nacional de Filosofia*, vol. 2: *O corpo docente*, p. 65. Para uma narrativa do caso da FNFi, ver o depoimento da historiadora Maria Yedda Leite Linhares, em Maria de Lourdes de A. Fávero, idem, vol. 5: *Depoimentos*, pp. 393-427.
46 Alzira Alves de Abreu, *Intelectuais e guerreiros*, p. 150. Para a entrega da lista, comunicação de Eremildo Vianna à Congregação da FNFi, reuniões de 23 e 26 de novembro de 1964, em Maria de Lourdes de A. Fávero (coord.), *Faculdade Nacional de Filosofia*, vol. 5: *Depoimentos*, p. 61.
47 *Correio da Manhã*, 22 de novembro de 1964. Essa mesma avaliação, em outras palavras, está em Maria de Lourdes de A. Fávero (coord.), *Faculdade Nacional de Filosofia*, vol. 5: *Depoimentos*, p. 64. Suplicy teria chamado Eremildo de "herói da Revolução", conforme contou o general Acyr ao físico Jayme Tiomno.
48 Maria de Lourdes de A. Fávero (coord.), *Faculdade Nacional de Filosofia*, vol. 5: *Depoimentos*, p. 64.
49 Artur José Poerner, *O poder jovem*, p. 265.

tes vulgaridades levava água para a oposição ao regime. Um estudante poderia ser um anticomunista, poderia ainda discordar da orientação que professores esquerdistas imprimiam aos currículos e até apoiar as linhas mestras da política do governo, mas dificilmente seria um quadro de um regime que se associava à intolerância. No Colégio de Aplicação do Rio de Janeiro, instituição modelar criada em 1948, o radicalismo oficial conseguiu transformar lacerdistas em militantes do radicalismo esquerdista.

Em junho de 1964, Castello enviara ao Congresso uma mensagem propondo a extinção da UNE e das demais organizações estudantis. Com essa providência o regime, dirigido por uma geração de oficiais que na década de 1920 frequentara as academias militares em estado de semirrebeldia, pretendia a tarefa impossível de despolitizar as universidades. Seu efeito imediato foi uma inibição temporária da esquerda acadêmica. O efeito profundo foi bem outro. Colocou-se gradativamente o movimento estudantil na clandestinidade, juntando-o aos partidos comunistas, ao radicalismo brizolista e, sobretudo, às centenas de sargentos e suboficiais que haviam sido expulsos das Forças Armadas.[50] Dezesseis alunos do Colégio de Aplicação acabariam integrando-se aos núcleos de duas organizações armadas. Oito deles foram presos, dois dos quais banidos. Outros dois deixariam o país.[51] Em Belo Horizonte, de um grupo de vinte estudantes que militava na organização Política Operária, a Polop, pelo menos dezesseis migrariam para organizações armadas. Um seria assassinado, outro se mataria ao perceber que seria preso, seis foram banidos e três exilaram-se. Nesse plantel estava a estudante de economia Dilma Vana Rousseff, filha de um próspero comerciante búl-

---

50 A UNE foi extinta em 1964, pela Lei nº 4.464. Em 1967, pelo Decreto-lei nº 288, baixado ainda no governo Castello, foram extintas também as entidades estudantis estaduais. Pelo Decreto nº 477, de 28 de fevereiro de 1969, estipularam-se sanções disciplinares contra a militância política de alunos e professores. Maria de Lourdes de A. Fávero, *UNE em tempos de autoritarismo*, pp. 66-7.
51 Alzira Alves de Abreu, *Intelectuais e guerreiros*, pp. 112 e 143. Em seu livro *Os carbonários*, pp. 400 e segs., Alfredo Sirkis, ex-aluno do Colégio de Aplicação, lista oito colegas presos e quatro exilados entre 1969 e 1971.

garo, vinda do Colégio Sion e do prestigioso Colégio Estadual. Em 1967, de sapatos prateados, casara-se com um colega de militância.[52] Três anos depois estaria presa.

A criminalização da política nas escolas foi um mau passo dado num país onde o movimento estudantil, por sua tradição, tinha um pé na esquerda e outro na elite, permitindo um tráfego histórico de ideias e sobrenomes. O penúltimo presidente da UNE, Vinicius Caldeira Brant, descendia do marquês de Barbacena, negociador da dívida colonial brasileira e do segundo casamento de d. Pedro I. Desde o século XVIII, quando o estudante José Joaquim da Maia procurou Thomas Jefferson, embaixador americano em Paris, para pedir-lhe que ajudasse uma conspiração de intelectuais no alto das montanhas auríferas de Minas Gerais, a agitação universitária confundiu-se com a causa da liberdade nacional. Assim foi na abolição, assim fora durante a maré fascista da primeira metade do século. Assim fora, sobretudo, na grande baderna que tomou as praças do país em 1961 e obrigou os ministros militares que vetavam a posse de João Goulart na Presidência da República a engolirem seu golpe. O movimento estudantil não cabia na clandestinidade simplesmente porque era uma espécie de espoleta histórica do intrincado processo de metamorfoses ideológicas da plutocracia nacional.

Além disso, a roda de Aquarius, veloz, girava na direção oposta. Em junho de 1962, reunidos numa pequena cidade do estado de Michigan, sessenta universitários americanos redigiram o *Manifesto de Port Huron*, no qual anunciavam que "nós fazemos parte de uma geração criada pelo menos em condições de modesto conforto, vivendo hoje nas universidades, olhando desconfortavelmente para o mundo que herdamos".[53] Em 1964, numa casinha setecentista no centro de Amsterdã, reuniam-se jovens cabeludos que conclamavam o mundo a "participar da resistência contra todas as formas de autoritarismo", sugerindo que o palácio real fosse transformado em hotel, que todo o trabalho da cidade fosse feito por máquinas, para que os habitantes pudessem pensar, e que a polícia, em vez de carregar cassetetes, circulasse com fósforos, esparadrapo e

---

[52] Ricardo Amaral, *A vida quer é coragem*, p. 43.
[53] James Miller, *Democracy in the streets*, p. 329.

preservativos, para oferecê-los a quem deles precisasse.⁵⁴ O vento libertário da marginalidade e do bom humor começara a entrar nas universidades de todo o mundo. Seriam necessários menos de três anos para que se vissem os desastrosos resultados da ideia de converter o Brasil num país onde os estudantes aceitassem um regulamento disciplinar pelo qual nada deveriam fazer nas escolas senão estudar, pois quem quisesse fazer política deveria se dirigir aos partidos legalmente constituídos.

Os jovens brasileiros sentiam-se livres e cúmplices numa sociedade pobre e injusta. Essa ansiedade produziu um surpreendente movimento. Saída da militância laica da Igreja, nasceu em 1962 a Ação Popular (AP), vertente esquerdista da Juventude Universitária Católica, que até o final dos anos 1950 servira ao conservadorismo dentro do movimento estudantil. Em seu primeiro documento ela proclamava que "a Ação Popular é a expressão de uma geração que traduz em ação revolucionária as opções fundamentais que assumiu como resposta ao desafio de nossa realidade".⁵⁵ Dividido entre o prestígio da AP e a ação burocrática do Partido Comunista, o movimento estudantil brasileiro foi apanhado pela deposição de Goulart num momento radical porém sinceramente transformador. Na retórica de sua cúpula, era socialista. Na base, os jovens podiam até ser anticomunistas, mesmo porque isso não tinha muita importância. Eles acreditavam, acima de tudo, na capacidade de a mobilização popular — ou, pelo menos, estudantil — mudar para melhor as estruturas de poder da sociedade brasileira através do exercício das franquias democráticas. Não cabiam no papel que o regime lhes oferecia.

Em plena ofensiva de 1964, enquanto o jornal *O Estado de S. Paulo* se queixava de que "inegavelmente o setor estudantil é um daqueles em que a Revolução não logrou ainda introduzir o seu processo de saneamento", Golbery surpreendia-se com a capacidade de ressurgimento exibida pela esquerda universitária.⁵⁶ Em setembro anotava que "as minorias alijadas da liderança estudantil já se reorganizaram e passaram

---

54 Judith Clavir Albert e Stewart Edward Albert, *The Sixties papers*, p. 176.
55 Luiz Alberto Gómez de Souza, *A JUC*, p. 199. Ver também o depoimento de Herbert José de Souza, o Betinho, em seu *No fio da navalha*, pp. 31 e segs.
56 Editorial d'*O Estado de S. Paulo* de 21 de outubro de 1964, p. 3.

a atuar decididamente para a reconquista das posições perdidas", reclamando da imprensa pela "defesa da manutenção, em postos-chave do ensino, de elementos subversivos ou corruptos" e dos estudantes pela "escolha generalizada, para oradores e paraninfos, de elementos proscritos da vida política nacional por seu passado subversivo". Concluía o chefe do SNI: "Tudo isso leva à previsão de novos fracassos da frente democrática nas futuras eleições para diretórios acadêmicos, dado o alcance da infiltração esquerdista existente e a pouca profundidade do trabalho de saneamento, recuperação e doutrinação que se impõe no meio estudantil, escasso, ademais, de líderes democráticos bem-treinados e dinâmicos".[57]

Por mais que Castello e Golbery tentassem administrar uma política de compromisso, a dissociação entre o governo, os jovens e a intelectualidade, para infortúnio de todos, era irremediável. Castello procurava assegurar a liberdade de expressão, respeitando a imprensa estabelecida e as manifestações culturais. Protegido por essa garantia que derivava sobretudo da personalidade do marechal, o protesto sempre achava um canto para se instalar. Graças a uma superposição mágica típica dos anos 1960, esse protesto vocalizava simultaneamente a oposição à ditadura e o jeito de uma nova época. Em dezembro de 1964, num shopping center inacabado de Copacabana, estreou o show *Opinião*. Misturava sambão, jazz, baladas nordestinas, comentários políticos e melodias da bossa nova. No meio dessa salada estava a doce figura de Nara Leão, uma capixaba tímida. Transformada em musa da bossa nova, vestida com calça jeans e uma blusa vermelha, cantava "Carcará", história de um pássaro malvado que "pega, mata e come", ruim como o regime. O show rodou o Brasil, foi visto por 100 mil pessoas e por alguns anos foi paradigma da militância cultural oposicionista. "A música 'Carcará' (...) quando cantada, em qualquer hora e lugar, tornava-se uma senha de reconhecimento da tribo ideológica", escreveu o crítico Edelcio Mostaço, antecipando o que chamaria de "estética da agitação".[58] O grupo fechava o espetáculo cantando:

---

[57] *Impressão Geral nº 5*, do SNI, para a semana de 7 a 14 de setembro de 1964. APGCS/HF.
[58] Edelcio Mostaço, *Teatro e política*, pp. 79 e 81.

Podem me bater,
Podem me prender,
Podem até deixar-me sem comer
Que eu não mudo de opinião.

O governo sofria o peso do fardo do terrorismo cultural. Durante o ano de 1964 Golbery tratou dele quatro vezes em suas *Estimativas*. Em duas ocasiões classificou-o de "slogan", numa de "fantasia" e, finalmente, chamou-o de "imaginário".[59] Ainda que não se possa definir com precisão o que seja "terrorismo cultural", e se verifique a existência de um clima — e de um esforço — de preservação da liberdade artística no governo Castello, "imaginário" ele não era. Como na questão da tortura, o chefe do SNI confundia nos seus documentos oficiais a causa (a arbitrariedade do regime) com o efeito (a utilização que dela faziam os oposicionistas), enfrentando publicamente o efeito na esperança de que a causa se exaurisse. O resultado, porém, acabava sendo o oposto: caçavam-se não só as bruxas, mas também aqueles que denunciavam a caçada. O sociólogo Gilberto Freyre, inebriado por meia dúzia de homenagens do regime e por um convite para que ocupasse o Ministério da Educação, denunciava a "propaganda comunista antibrasileira baseada no mito de aqui dominar um 'militarismo da pior espécie' através de 'hediondo terrorismo cultural'". Tudo, segundo o Mestre de Apipucos, culpa de Alceu Amoroso Lima, a quem chamava de "ultraliberal de última hora", dado a "ficções demagógicas".[60]

Para Castello, porém, as coisas eram mais complicadas do que para Freyre. Em maio de 1965, durante um dos períodos de anarquia fabricados pelos coronéis que dirigiam IPMs, o editor esquerdista Ênio Silveira, proprietário da Editora Civilização Brasileira, viu-se encarcerado por ter oferecido uma feijoada ao ex-governador pernambucano Miguel Arraes. No que viria a se tornar conhecido como o *IPM da Feijoada*, um coronel

---

[59] *Impressão Geral* n⁰ˢ 6 e 11, para os períodos de 15 a 21 de setembro e 3 a 9 de novembro de 1964, para "slogan". *Impressão Geral* n⁰ 9, para o período de 6 a 19 de outubro de 1964, para "fantasia". *Apreciação Sumária da Situação Nacional*, exposição ao ministério, 30 de dezembro de 1964, para "imaginário". APGCS/HF.
[60] Gilberto Freyre, "Forças Armadas e outras forças", em *A Revolução de 31 de março*, p. 175.

deteve, além do anfitrião, suas duas empregadas e o porteiro do edifício.[61] Ênio era uma *bête noire* da direita desde antes de 1964 por lançar, através de uma política editorial agressiva, os Cadernos do Povo Brasileiro. Sua prisão provocou um manifesto assinado por cerca de mil pessoas ligadas à produção cultural, entre as quais se juntaram desde figurinhas fáceis da militância esquerdista e adesões surpreendentes, como a do compositor Pixinguinha, até intelectuais conservadores, como o historiador Américo Jacobina Lacombe.[62]

Castello, com sua letra elegante, mandou ao general Ernesto Geisel quatro folhas de bloco manuscritas tratando do assunto. Com lápis vermelho, escreveu a palavra *reservado* no alto de cada uma delas. Dizia o presidente ao seu chefe do Gabinete Militar: "Por que a prisão do Ênio? Só para depor? A repercussão é contrária a nós, em grande escala. O resultado está sendo absolutamente negativo. (...) Há como que uma preocupação de mostrar 'que se pode prender'. Isso nos rebaixa. (...) Apreensão de livros. Nunca se fez isso no Brasil. Só de alguns (alguns!) livros imorais. Os resultados são os piores possíveis contra nós. É mesmo um terror cultural".[63]

Tinha razão. Era terror cultural mesmo. Para coibir "os processos de contaminação da opinião pública", a Polícia Federal apreendera em torno de 17 mil volumes de 35 obras acusadas de "difundir doutrina veementemente repelida pelo povo brasileiro".[64]

Diante do avanço da linha dura, Golbery tentara uma discreta aproximação com a esquerda. Desde setembro de 1964 defendia a necessidade de se "permitir às esquerdas não marxistas expressão cada vez mais livre no quadro da atuação oposicionista legal".[65] Falava em "grupos recuperáveis da chamada esquerda positiva" e sonhava com a possibilidade de absorvê-los.[66] Semanas antes da prisão de Ênio Silveira, o chefe do SNI denunciara os oficiais da linha dura num documento secreto en-

---

61 Heleno Cláudio Fragoso, *Advocacia da liberdade*, p. 17.
62 *Revista Civilização Brasileira*, nº 3, julho de 1965, pp. 356-63.
63 Quatro folhas manuscritas de Castello a Geisel, de maio de 1965. APGCS/HF.
64 Heleno Cláudio Fragoso, *Advocacia da liberdade*, p. 26.
65 *Estimativa nº 1*, do SNI, de 15 de setembro de 1964. APGCS/HF.
66 *Impressão Geral nº 6*, do SNI, para o período de 15 a 21 de setembro de 1964. APGCS/HF.

tregue à reunião do Alto-Comando das Forças Armadas, associando-os a "oportunistas satisfeitos", "oportunistas insatisfeitos" e "reacionários", todos responsáveis pelo "fracionamento da frente revolucionária", adversários da política "reformista" do governo.[67]

O editor esquerdista mal tinha saído da cadeia quando recebeu um convite para uma conversa com o chefe do SNI. Encontraram-se na sala do edifício Avenida Central, onde Golbery conspirara até 1964 e que, uma vez no poder, não desativara. Viram-se mais duas vezes.[68] Pouco depois do terceiro encontro Ênio foi novamente preso e levado para o quartel da Polícia do Exército, na rua Barão de Mesquita, onde ficou 29 dias incomunicável. Nunca mais conversaram. (Anos mais tarde Golbery foi arrolado como testemunha de defesa num dos quatro processos a que submeteram Ênio por editar livros considerados subversivos.)

Quando o consulado de Castello Branco começava a apagar suas luzes, a panela do movimento estudantil explodiu, e o governo teve de sair às ruas de cassetete na mão. Em Belo Horizonte mobilizaram-se quase 5 mil homens do Exército, Aeronáutica e Polícia Militar para impedir a realização de um congresso clandestino da UNE que acabou reunindo-se num convento franciscano. Em São Paulo a PM invadiu o encontro em que se elegia a nova diretoria da União Estadual de Estudantes, prendeu 178 jovens e disparou uma epidemia de manifestações que ganharam o apelido de "Setembrada". Durante todo o mês estudantes e policiais disputaram as ruas das grandes cidades brasileiras.

Na noite de 23 de setembro de 1966, seiscentos estudantes encurralados no campus da Universidade do Brasil, no Rio de Janeiro, viram-se atacados por tropas da Polícia Militar e do Exército. Foram espancados e levados, como prisioneiros de guerra, para um campo de futebol próximo, onde tiveram de se deitar no gramado até serem submetidos a uma triagem. Esse episódio mostrou à classe média carioca os dentes de um novo regime.[69] Nessa mesma noite, a poucos quilômetros de distância, o marechal Costa e Silva, ungido sucessor de Castello, cumpria o ritual

---

[67] *Apreciação das Tendências Contra-Revolucionárias*, documento apresentado à reunião do Alto-Comando das Forças Armadas de 27 de abril de 1965. APGCS/HF.
[68] Ênio Silveira, 1990.
[69] José Dirceu e Vladimir Palmeira, *Abaixo a ditadura*, pp. 117-8.

da sagração e jantava na casa do embaixador americano John Tuthill, explicando-lhe que a plataforma de seu governo haveria de se basear na saúde, agricultura e... educação. O embaixador, visivelmente entediado pela narrativa que ouviu, registrou que o marechal "evidentemente decorou bem sua fala (...) pois repetiu-a duas vezes durante a noite".[70]

A classe média, assustada pelas pancadarias, não compreendia mais o governo que ajudara a entronizar. O regime, que prometia fazer da educação uma de suas joias, não percebia que alguma coisa estava mudando. Havia nessas duas incompreensões a problemática habitual do choque entre uma classe média que acha graça em filhos rebeldes e um governo que prefere bater em estudantes atrevidos. A agravá-la, e a transformá-la numa problemática inteiramente diversa da habitual, estavam as duas rodas, a dos chavões de uma ditadura que não conseguia emocionar o embaixador americano e a de Aquarius, que emocionava o mundo.

A ditadura brasileira, com suas violências e mesquinharias, caíra com sua pretensão desmobilizadora no meio daquela delirante agitação sem entendê-la, mas pensando em reprimi-la. Nos Estados Unidos, os movimentos pacíficos dos negros americanos começavam a se transformar em monumentais quebra-quebras estimulados pelo grito de guerra criado por Magnificent Montague, um inexpressivo disc-jóquei de Chicago: "*Burn, baby, burn*". Em 1966 quebraram-se 43 cidades e só nos primeiros nove meses de 1967, mais 164. O mais violento desses quebra-quebras, em Detroit, deixou um saldo de 43 mortos, 7 mil presos, 1.300 prédios destruídos e 277 lojas saqueadas.[71]

Em São Francisco, na primeira grande manifestação de jovens em que se misturavam protestos políticos, amores fortuitos, música e drogas, o poeta Gary Snider anunciava: "Nós somos os primatas de uma cultura desconhecida".[72] Denominavam-na "contracultura" e denominavam-se

---

70 Telegrama do embaixador John Tuthill ao Departamento de Estado, de 23 de setembro de 1966. BLBJ.
71 Allen J. Matusow, *The unraveling of America*, pp. 279, 360 e 362-3.
72 Idem, p. 275.

"hippies". Os Beatles tinham acabado de gravar "Strawberry fields forever", sob o efeito de comprimidos de LSD. O *rolling stone* Mick Jagger foi preso em Londres por carregar alguns cigarros de maconha, e o *The Times*, voz do conservadorismo britânico, tomou sua defesa, num editorial intitulado "Quem arrebenta uma borboleta numa roda de tortura?".[73]

Parecera a Golbery que o recrudescimento da Guerra do Vietnã era algo "sem maiores consequências para os EUA e o mundo ocidental". Nada mais errado. Desde o início de 1967 pipocaram nos Estados Unidos manifestações pacifistas que chegaram a juntar meio milhão de pessoas no Central Park, em Nova York. Em outubro, em Washington, 50 mil pessoas marcharam sobre o Departamento de Defesa. Vestidos como vagabundos, risonhos como palhaços, carregavam flores, sugeriam que se fizesse o amor e não a guerra. Nessa manifestação, que o professor americano Allen Matusow chama de "um dos mais significativos acontecimentos da história dos Estados Unidos", um grupo de hippies tentou fazer levitar o prédio do Pentágono. A imensa construção, que abriga os maiores corredores do mundo, não levitou, mas hoje se sabe que por conta daqueles hippies ela sem dúvida saiu do lugar.[74]

A inexorabilidade da existência burguesa, a onisciência do poder e a invencibilidade do mais forte, certezas da década de 1950, tornaram-se dúvidas no fim dos anos 1960. Surpreendentemente, essas dúvidas não saíam de alfarrábios e de racionalizações produzidas pelo modo de pensar vigente, mas de um novo modo, em que até mesmo o fato de pensar de uma determinada maneira era motivo suficiente para duvidar. A ordem tinha diante de si o mais perigoso dos seus inimigos, a anarquia.

No Brasil, as tentativas pacificadoras do regime mancavam das duas pernas. De um lado ele pretendia impor um governo ditatorial como legítimo produto de uma revolução democrática. De outro, via na tempestade de ideias e de costumes uma simples desordem, fruto de um provável declínio do mundo ocidental e de suas formas de liberalismo democrático. Nascia um salvacionismo de quitanda através do qual se via na explosão anárquica o fim do mundo ocidental e se acreditava que o regime

---

[73] Derek Taylor, *It was twenty years ago today*, p. 249.
[74] Allen J. Matusow, *The unraveling of America*, p. 329.

brasileiro tinha a clarividência de se antecipar ao Juízo Final, perfilando-se à mão direita de Deus Padre como emissário de um novo tempo.

Havia tanta certeza de que a força do regime tinha a capacidade de impor aos seus adversários qualquer humilhação, que o governador Carlos Lacerda, depois de mandar proibir a peça *O berço do herói*, de Dias Gomes, desafiara na porta do seu edifício na praia do Flamengo uma comissão de artistas que pedia a liberação do espetáculo: "Se querem fazer revolução, peguem em armas!".[75]

---

75 *Revista Civilização Brasileira*, nº 4, setembro de 1965, p. 263.

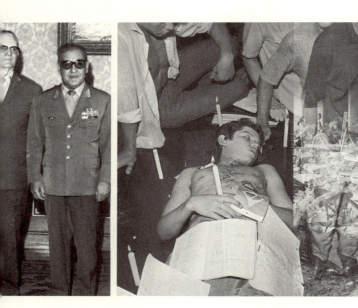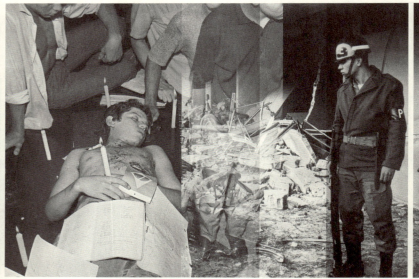

PARTE III
A CONSTRUÇÃO

NAS FOTOS DAS PÁGINAS ANTERIORES:
Ernesto Geisel com o general Costa e Silva
A PM matou o estudante Edson Luis
A VPR explodiu uma bomba no QG do II Exército e matou o soldado Mário Kozel Filho
Cartaz da revolta francesa
Jango com Lacerda em Montevidéu
O inimigo número um: Carlos Marighella
O ministro Lyra Tavares com seu charuto

A esquerda se arma

Na sua prepotência, o desafio de Lacerda aos artistas era extravagância do forte contra o fraco. Postura que não metia medo àqueles que efetivamente queriam fazer uma revolução e, para isso, estavam dispostos a pegar em armas.

Castello obtivera do Congresso a prorrogação de seu mandato por um ano, estendendo-o até março de 1967. Com isso, o regime espanou de seu caminho a eleição presidencial, por voto direto, marcada para 3 de outubro de 1965. Mesmo assim, submeteu-se ao seu primeiro teste eleitoral. Realizaram-se eleições parlamentares e, em doze dos 21 estados, para governador. Os candidatos identificados com a nova ordem foram derrotados nos dois principais pleitos, o da Guanabara e o de Minas Gerais. Os vencedores vinham da pura cepa do conservadorismo nacional. Negrão de Lima, eleito governador da Guanabara, e Israel Pinheiro, de Minas, não podiam ser chamados de oposicionistas, porque oposição jamais tinham feito. Salvo no curto governo de Jânio Quadros, estiveram no poder tanto durante a ditadura de Vargas quanto na democracia posterior a 1946. Eram raposas que mais se assemelhavam aos conservadores do Império do que ao elenco de radicalizações da segunda metade do século XX. Ambos mineiros, um fora prefeito do Rio, o outro, coordenador da construção de Brasília. Suas vitórias significavam uma só coisa: em eleição direta, o regime não elegeria seu candidato à Presidência da República. E havia uma eleição marcada para o ano seguinte. O resultado de outubro prenunciava a derrota de Carlos Lacerda. Como não existia fórmula capaz de assegurar-lhe o êxito, nem de retirar-lhe a candidatura, a preservação do regime aconselhava a mudança de regras do jogo. Isso prenunciava a vitória do general Arthur da Costa e Silva.

O ministro da Guerra cavalgara o inconformismo dos civis derrotados e a inquietação dos militares ressentidos, reciclara uma desordem ocorrida na Vila Militar e emparedara o governo. Três semanas depois da eleição, Castello baixou o Ato Institucional nº 2, transferindo ao Congresso o poder de eleger o presidente e reabrindo o ciclo punitivo extinto em 1964. O AI-2 mostrou a essência antidemocrática da moderação castelista. Derrotada nas urnas em 1946, 1950 e 1954, a direita militar vira-se diante de um dilema: a democracia com derrota ou a vitória sem ela. Durante os dias da crise militar que antecederam a recaída ditatorial, Castello nada fez para defender a ordem constitucional que presidia. Numa só canetada, abandonou a legalidade formal e cassou aos brasileiros o direito de eleger o presidente da República. Sabia que fazendo isso rolava o tapete para que seu ministro da Guerra viesse a ser seu sucessor.

Costa e Silva impusera-se como candidato contra a vontade de Geisel e de Golbery. Absorvera o radicalismo da anarquia e, ajudado pela força do cargo que exercia, encarnara a continuidade do poder dos generais. Apesar disso, tendo deixado o Ministério da Guerra, percorria alguns estados do país num arremedo de campanha, prometendo "humanizar" o regime.

Na manhã de 25 de julho de 1966 algumas dezenas de pessoas esperavam-no no aeroporto dos Guararapes, no Recife.

Havia gente querendo a revolução, disposta a matar para fazê-la. Um cidadão entrou na banca de jornal do saguão com uma maleta e saiu sem ela. Pouco depois o serviço de alto-falantes anunciou que o avião em que viajava o candidato, que estava em João Pessoa, sofrera uma pane e ele chegaria de automóvel a outro ponto da cidade. O jornaleiro notou a maleta deixada no chão e pediu a um guarda-civil que a levasse para a sala de achados e perdidos. O guarda apanhou-a e tinha dado uns poucos passos quando ela explodiu. Costa e Silva deveria ter chegado às 8h30. A maleta detonou às 8h50. Guardava uma bomba feita com um pedaço de cano e que fora acionada pelo mecanismo de um relógio. Morreram no aeroporto um almirante da reserva e um jornalista. O guarda teve a perna amputada, e o secretário de Segurança de Pernambuco perdeu quatro dedos da mão esquerda. Treze pessoas ficaram feridas, inclusive uma criança de seis anos.[1]

No mesmo dia explodiram duas outras bombas, uma no serviço de divulgação do consulado dos Estados Unidos e outra na União Estadual de Estudantes, ferindo um funcionário. As três explosões de julho não foram as primeiras a acontecer no Recife. Em março haviam sido detonadas duas outras bombas, uma das quais diante da casa do comandante do IV Exército. Como de hábito, logo depois do atentado de Guararapes se prendeu um suspeito — um peruano desconexo — e se achou um mandante: Fidel Castro.[2] O ministro da Guerra, marechal Ademar de Queiroz,[3] disse que a ordem para ativar a bomba viera de Havana. O embaixador em Washington, Vasco Leitão da Cunha, informou ao secretário de Estado Dean Rusk que "há indícios definidos de que Cuba está por trás dos atentados". Costa e Silva, por sua vez, disse que o ato nada mais era do que "a execução das decisões da Conferência Tricontinental de Havana".[4]

Surgira o terrorismo de esquerda.[5] Não vinha das dissidências radicais do Partido Comunista, onde funcionavam as velhas máquinas revo-

---

1 *O Estado de S. Paulo*, 26, 28 e 30 de julho de 1966. Para o secretário de Segurança, Silvio Ferreira da Silva, depoimento do general Antonio Carlos Muricy ao CPDoc, vol. 3, fita 44, p. 4. Para os dedos do secretário e a idade da criança, "45 anos do atentado a Guararapes, o início da luta armada", colocado no sítio *A verdade sufocada*: <http://www.averdadesufocada.com/index.php?option=com_content&task=view&id=5544&Itemid=100>. Ver também Agnaldo Del Nero Augusto, *A grande mentira*, pp. 182-3.
2 *Correio da Manhã*, 29 de julho de 1966.
3 O marechal Ademar de Queiroz foi ministro da Guerra de julho de 1966 a fevereiro de 1967, quando uma reforma administrativa trocou o nome do ministério e seus titulares tornaram-se ministros do Exército.
4 *O Estado de S. Paulo*, 28 de julho de 1966.
5 Os termos *terrorismo*, *terrorista* e *terror* são utilizados aqui para designar atividades praticadas por organizações clandestinas que, sob quaisquer justificativas políticas, tenham cometido crimes contra pessoas ou patrimônios estranhos ao conflito. Como hoje, na época essas palavras tinham uma carga pejorativa, frequentemente manipulada com finalidades satanizadoras e propagandísticas. Essa circunstância não

lucionárias, nem do brizolismo, com seus pelotões de sargentos cassados. A bomba saiu da Ação Popular, a AP. Entre 1950 e 1967, num processo surpreendente, a militância católica das universidades movera-se da direita para o centro, do centro para a esquerda, da esquerda para o marxismo e dele para a luta armada. Desde 1960 a esquerda católica, coligada com o PCB, fornecia o presidente da União Nacional dos Estudantes. Com uma mensagem cristã e socialista, era a organização com maior número de militantes no movimento estudantil e, portanto, a que mais sofria com a repressão que o clandestinizara. No seu processo de radicalização tinha circuitos ligados com o brizolismo, com Havana e com Pequim.

Enquanto a bomba era deixada no chão do aeroporto dos Guararapes, o grosso da cúpula da AP estava concentrado na realização do XXVIII Congresso da UNE, celebrado clandestinamente por trezentos jovens no convento dos padres franciscanos de Belo Horizonte. Funcionavam duas APs, uma assemelhada a um partido de esquerda, que combatia a dita-

---

altera a essência dos atos. Em dois casos os militantes de organizações armadas chamaram o terrorismo pelo nome. Em abril de 1968, o Comando de Libertação Nacional, Colina, afirmava num documento intitulado *Concepção da Luta Revolucionária* que "o terrorismo, como execução (nas cidades e nos campos) de esbirros da reação, deverá obedecer a um rígido critério político" (ver Daniel Aarão Reis Filho e Jair Ferreira de Sá [orgs.], *Imagens da revolução*, p. 158). Carlos Marighella tratou do tema em três ocasiões. No *Manual do guerrilheiro urbano e outros textos* [p. 54]: "Hoje, ser terrorista é uma condição que enobrece qualquer homem de honra porque isto significa exatamente a atitude digna do revolucionário que luta, com as armas na mão, contra a vergonhosa ditadura militar e suas monstruosidades". No documento *O Papel da Ação Revolucionária na Organização*: "Sendo o nosso caminho o da violência, do radicalismo e do terrorismo (as únicas armas que podem ser antepostas com eficiência à violência inominável da ditadura) os que afluem à nossa organização, não virão enganados, e sim, atraídos pela violência que nos caracteriza" (Daniel Aarão Reis Filho e Jair Ferreira de Sá [orgs.], *Imagens da revolução*, p. 212). Na terceira ocasião criou a figura do "terrorista revolucionário": "Quando nós recorremos aos atos terroristas, sabemos que eles não nos levam diretamente ao poder. (...) Todo ato terrorista revolucionário é uma operação tática tendo por objetivo a desmoralização das autoridades, o cerco das forças repressivas, a interrupção de suas comunicações, o dano às propriedades do Estado, dos grandes capitalistas e latifundiários. (...) Ao terrorismo que a ditadura emprega contra o povo, nós contrapomos o terrorismo revolucionário" ("La lutte armée au Brésil", artigo de Carlos Marighella na revista *Les Temps Modernes*, nº 280, novembro de 1969, Paris, citado em Jacob Gorender, *Combate nas trevas*, p. 106). Ressalve-se que o terrorismo brasileiro, tanto de esquerda (salvo no caso da bomba colocada no aeroporto dos Guararapes, em 1966) como de direita, jamais praticou atos que visassem atingir indiscriminadamente a população. Essa circunstância impede qualquer comparação com as formas mais virulentas de terror praticadas em outros países. Walter Laqueur, veterano estudioso da violência política, sem nenhuma simpatia por ela, assinalou que "os brasileiros (...) estavam diante de uma ditadura militar, e seu terrorismo, de certa maneira, era 'defensivo'" (Laqueur, *The age of terrorism*, p. 181).

dura com palavras de ordem radicais, porém toleráveis para a hierarquia católica; outra, carbonária, trabalhava em segredo. Jair Ferreira de Sá, um de seus líderes, estivera na China em 1965, onde fora recebido por Mao Zedong.[6] Desde 1965 a organização formara uma comissão militar, treinando pelo menos dois de seus militantes em Havana.[7]

A bomba do aeroporto dos Guararapes foi colocada na banca de jornal por Raimundo Gonçalves Figueiredo, o *Raimundinho*, um mineiro franzino e calado de 27 anos que militara no setor estudantil da AP do Rio de Janeiro. Foram dele também duas das outras bombas explodidas no Recife naquelas semanas.[8] É certo que *Raimundinho* não agiu só. Estima-se que tivesse cinco cúmplices, todos estudantes.[9] Assustada, a direção da AP condenou o ato, dissolveu seus comandos paralelos e reviu seu relacionamento com os cubanos, pois Havana mostrava-se apressada em abrir focos guerrilheiros no Brasil.[10]

O peruano esquizofrênico preso no Recife era inocente, mas o governo tinha razão quando dizia, sem nenhuma prova, que havia o dedo cubano na maleta do Recife. Não se pode dizer que tenha partido de Havana uma ordem para detonar Costa e Silva, mas é indiscutível que existia uma conexão entre o braço armado da AP e o castrismo. O ex-padre português Alípio de Freitas, veterano agitador do radicalismo esquerdista, pós-graduado em Cuba, militava clandestinamente na AP e montara um núcleo de treinamento em explosivos na Bahia.[11] Ele teria coordenado a ação dos jovens do Recife. Passados quase trinta anos, nove dos quais ele viveu na cadeia, discutiu o assunto numa entrevista. Recusou-se a confirmar ou desmentir sua participação no episódio.

---

[6] Marco Aurélio Garcia, agosto de 1988.
[7] Jacob Gorender, *Combate nas trevas*, p. 122.
[8] Raimundo Gonçalves Figueiredo foi assassinado pela polícia em abril de 1971, no Recife. Nessa ocasião foi acusado de ser o responsável pelo atentado de Guararapes. Ver Nilmário Miranda e Carlos Tibúrcio, *Dos filhos deste solo*, p. 444, citando o *Jornal do Brasil* de 1º de julho de 1971.
[9] "Atentado a bomba no Guararapes tem nova versão 29 anos depois", *Jornal do Commercio* do Recife, 23 de julho de 1995, primeira página.
[10] Jacob Gorender, *Combate nas trevas*, p. 123.
[11] "Atentado a bomba no Guararapes tem nova versão 29 anos depois", *Jornal do Commercio* do Recife, 23 de julho de 1995, primeira página. Em 1970 Paulo Wright contou a participação do ex-padre Alípio de Freitas a José Serra, em Santiago. José Serra, 1988.

Quanto à essência do atentado, foi claro: "Morreu gente, nós lamentamos. Mas era uma guerra, tinha que haver vítimas".[12]

A conexão da central de treinamento cubana, por onde Alípio passara, e o núcleo que montara na Bahia indicavam que Fidel Castro tinha mais cartas na mão que o valete de paus de Leonel Brizola. Enquanto ele fora o delegado da revolução continental no Brasil, a luta armada que Cuba propugnava resultara numa sucessão de guerrilhas arquivadas ou destruídas sem grande esforço. A ligação com a AP indicava que, para furar a couraça do Partido Comunista, Havana associara-se também ao radicalismo católico e estudantil.

Brizola tinha o apoio de sargentos e marinheiros, a AP o de suas bases no movimento estudantil, mas só o Partidão tinha a máquina de quadros capazes de manter e fazer funcionar uma organização clandestina. No cotidiano da ilegalidade, militantes com trinta anos de experiência valiam mais que a disposição dos militares expurgados ou o entusiasmo de jovens. Até 1964 o chofer do embaixador cubano no Rio, por exemplo, havia sido fornecido pelo PCB. Só a máquina do Partidão agia com segurança através da malha onde se misturavam, em graus variáveis de confiabilidade, simpatizantes, quadros retraídos e aliados de fé. Esse tecido cheio de matizes dava ao partido uma teia que ia muito além do seu efetivo, exigindo pouco ou quase nada da massa de apoios conservada na periferia.

A couraça seria furada por Carlos Marighella, uma das cabeças coroadas do PCB. Em 1966 tinha 54 anos de vida e 37 de partido, com quatro passagens pela cadeia, a primeira das quais como estudante. Filho de um imigrante italiano com uma negra haussá, fora criado na Baixa do Sapateiro, em Salvador.[13] Durante a ditadura de Getulio Vargas passara seis anos no presídio de Fernando de Noronha. Saíra da cadeia do Estado Novo com o prestígio daqueles dirigentes comunistas que passaram em silêncio pela brutalidade das torturas. Marighella fora preso em maio de 1936, no Rio, onde militara sob o codinome de Nerval. Era "secretário técnico da organização do Partido". Cuidava das impressões clandestinas

---

12 "Bomba dos Guararapes foi ato de guerra", entrevista de Alípio de Freitas a Duda Guenes, *Jornal do Commercio*, 26 de julho de 1995.
13 Para a vida de Marighella, Emiliano José, *Carlos Marighella*, e Mário Magalhães, *Marighella*.

e da produção de documentos frios. Em sua casa encontraram material tipográfico e granadas.[14] Seu perfil mitológico foi produzido quase vinte anos depois pelo romancista Jorge Amado na trilogia stalinista *Os subterrâneos da liberdade*. Nela *Nerval* transmutara-se em *Carlos*, um mulato destemido que desafiou trotskistas e torturadores.[15]

Corpulento, com a cabeça quase raspada, não fazia o gênero do capa-preta da direção do PCB. Metia-se com futebol, arriscava maus poemas, até mesmo em provas de química na faculdade de engenharia:

> De leveza no peso são capazes
> Diversos elementos, vários gases.[16]

Eleito deputado à Assembleia Constituinte de 1945, deixara nos anais 195 discursos, alguns deles temerários. Dirigira os comitês estaduais de São Paulo e do Rio de Janeiro, o que lhe dera privilegiado conhecimento da malha dos militantes nesses estados. Em março de 1964 era o responsável pelo trabalho de coordenação nacional da agitação e propaganda do PCB. Num partido onde só havia espaço para a personalidade abarcadora de Luiz Carlos Prestes, esse mulato baiano conseguira pelo menos tipificar-se pela valentia.[17]

Em maio de 1964, Marighella estava numa galeria da Tijuca. Esperava pela zeladora do edifício onde morava, no Catete. Seu apartamento fora ocupado pela polícia dias antes, e a mulher lhe trazia um pacote com roupas limpas. Ele percebeu que a seguiam. Recolheu o pacote e entrou no cinema Eskye, onde se exibia *Rififi no safári*. Quando sentou, as luzes se acenderam. Estava cinematograficamente cercado por agentes da Delegacia de

---

14 *Processo do Partido Comunista*, Polícia Civil do Distrito Federal, Termo de Declarações que Presta Carlos Marighella ao delegado Linneu Chagas d'Almeida Cotta, de 12 de maio de 1936, fls. 299-300. Auto de Reconhecimento, de 12 de maio de 1936, fl. 303. Auto de Qualificação de Carlos Marighella, p. 175.
15 Jorge Amado, *Os subterrâneos da liberdade*, vol. 3: *A luz no túnel*, pp. 8-18.
16 Carlos Marighella, *Poemas*, p. 8.
17 Frei Betto, *Batismo de sangue*, pp. 22 e segs. Outros dados, em Alzira Alves de Abreu e outros (coords.), *Dicionário histórico-biográfico brasileiro pós-1930*, vol. 3, pp. 3571-5.

Ordem Política e Social. Saiu no tapa com os policiais, numa sessão de pancadaria que só terminou na rua, quando o jogaram num camburão como a um animal. Tomara um tiro no peito, mas fizera uma peroração contra o regime.[18] Foi solto três meses depois, com dezesseis quilos a menos. No ano seguinte publicou o livreto *Por que resisti à prisão*. No conteúdo, como no título, encarnava uma disposição de combate incômoda para um PCB que descartava a luta armada. "Os brasileiros estão diante de uma alternativa. Ou resistem à situação criada com o golpe de 1º de abril, ou se conformam com ela", dizia Marighella. Escrito com um olho na direção do partido, dosando a retórica em nome da disciplina, e o outro na juventude, o livro concluía quase cripticamente: "Liderança é dinamismo, é ação. E nesse sentido é que se torna necessário perseverar".[19]

No final de 1965 o Partido Comunista estava longe de recuperar a liderança perdida. No dia 23 de dezembro o coronel Newton Leitão, chefe de gabinete de Golbery no SNI, telefonou a Heitor Ferreira e pediu-lhe que fosse encontrá-lo no escritório do Serviço, no Centro. Heitor registrou em seu diário: "Assunto: parece que Prestes foi localizado. Linhas de ação: prender ou realizar operação".[20] Ficou-se com a segunda alternativa, aprofundando as infiltrações de que já dispunham o governo e os serviços de informações americanos. A CIA fora capaz de remeter à Casa Branca, em setembro de 1965, a minuta de uma reunião ocorrida no Rio de Janeiro no mês anterior, entre um funcionário da embaixada soviética e representantes do PCB.[21] Seis meses depois, *Vinícius*, o veterano militante que montara o esconderijo de Prestes numa pequena casa de Jacarepaguá, foi parado na rua Barata Ribeiro por um desconhecido que sabia seu nome (Severino Teodoro de Mello). Sabia também de seus passos. Disse-lhe que servia ao SNI e gostaria de trocar algumas informações. Caminharam educadamente por alguns quarteirões e despediram-se

---

18 Emiliano José, *Carlos Marighella*, pp. 203-6. Mário Magalhães, *Marighella*, pp. 20-1.

19 Carlos Marighella, *Escritos de Carlos Marighella*, pp. 9 e 46.

20 *Diário de Heitor Ferreira*, 23 de dezembro de 1965. APGCS/HF.

21 Telegrama da estação da CIA em São Paulo, de 14 de setembro de 1965, e memorando de William G. Bowdler a McGeorge Bundy, assessor do presidente Lyndon Johnson para Assuntos de Segurança Nacional. Nessa reunião o diplomata advertia os brasileiros da possibilidade de "grandes mudanças na política soviética". BLBJ.

sem trato. *Vinícius* era o único dirigente do PCB que via Prestes pelo menos duas vezes por semana.²² Essa seria apenas a primeira de uma série de misteriosas abordagens de calçada vividas por dirigentes do PCB que estavam em regime de clandestinidade.

Marighella era um dos sete membros da comissão executiva do PCB, o colegiado que dirigia a organização. A estrutura do Partidão começava a estalar em todos os grandes centros. A cúpula estava rachada, mas Prestes controlava a situação. Aos poucos, as divergências mostraram que as bases se encontravam perigosamente divididas. Em março de 1965 a direção do partido no Rio Grande do Sul aprovou uma resolução política em que dissimulava, sob o linguajar papalino do PCB, um namoro com a luta armada. Um ano depois, o comitê estadual de São Paulo escolheu Marighella para comandar o partido no estado. A direção conseguiu removê-lo da comissão executiva nacional, mas uma tentativa de apeá-lo da direção paulista resultou em humilhante fracasso. Para dar-lhe combate, Prestes foi a uma reunião em Campinas, mas viu suas teses derrotadas por 33 votos em 37.²³

Durante o governo Castello Branco todas as brigas internas da esquerda acabavam transformando-se num prolongamento exacerbado da discussão da inexorabilidade da luta armada contra as virtudes do caminho pacífico, pelo qual o partido faria sua política metendo-se pelas brechas sindicais, políticas e eleitorais que o regime deixasse abertas. Sempre que necessário, os dois blocos fingiam estar de acordo, seja quando os conciliadores proclamavam que a luta armada substitui o caminho pacífico no momento em que surgem as condições insurrecionais (*apud* Rússia-1917), seja quando os radicais reconheciam que a mitológica revolução saída da vontade de um punhado de bravos era uma ingenuidade (*apud* Venezuela-1963 e Argentina-1964). Na realidade, a direção do PCB não queria a luta armada, e os dissidentes queriam pegar em armas.

Essa divergência foi cozinhada por dois anos, de 1964 a 1966, por dois fatores. O primeiro foi o clima de legalidade constrangida existente no governo de Castello. Era uma época em que a repressão política prendia dois

---

22 Severino Teodoro de Mello, dezembro de 2000.
23 Jacob Gorender, *Combate nas trevas*, pp. 96 e 98-9. Para as divergências dentro do PCB e para essa reunião, ver *Informação nº* 0732, do Centro de Informações da Marinha, de 31 de outubro de 1967. AA.

integrantes da comissão executiva, para soltá-los, por decisão judicial, menos de um ano depois, na fase de instrução processual.[24] O segundo derivava da própria burocracia das organizações revolucionárias. O Partidão tinha o patrocínio soviético, o PC do B ficara com a China (para onde já remetera três turmas de militantes que fariam cursos político-militares), e Brizola estava com a carta cubana. Um dirigente experimentado como Marighella sabia que, à falta de um clima insurrecional no país, era necessário dispor de alguma base externa. A dotação orçamentária soviética ao PCB, conhecida como "O Ouro de Moscou", girou, até a segunda metade dos anos 1980, entre 200 mil e 300 mil dólares anuais.[25] Mesmo que esses recursos fossem poucos, a eles se juntavam facilidades logísticas, como centros de educação ideológica e oficinas de documentos falsos. A base externa funcionava também como santuário, para onde militantes considerados promissores ou dirigentes desprotegidos poderiam ser mandados a fim de viver em segurança. O PCB tinha uma sede alternativa em Moscou e duas verdadeiras embaixadas no exterior, uma em Buenos Aires e outra em Paris. Brizola operava sua chancelaria em Montevidéu. Marighella só rompeu publicamente com o PCB quando assegurou a base de Havana. Secretamente, já havia recebido 25 mil dólares dos cubanos, destinados a custear a ida de oito militantes para treinamento na ilha.[26]

Em julho de 1967, três meses depois do colapso de Caparaó, quando o Che Guevara completava 39 anos no alto das montanhas bolivianas, Carlos Marighella foi a Cuba. Fechou-se um acordo pelo qual nos meses seguintes remeteria outros oito quadros à base do Punto Cero, nas cercanias de Havana.

Em agosto realizou-se no hotel Habana Libre a Conferência da Organização Latino-Americana de Solidariedade, que deveria se transfor-

---

[24] Marighella ficou preso de maio a agosto de 1964. Mário Alves, preso em julho de 1964 e torturado, foi solto menos de um ano depois.
[25] Segundo os registros de Vadim Zagladim, funcionário do Departamento Internacional do PCUS, entre 1973 e 1987 o PCB recebia do PCUS 300 mil dólares por ano. *Veja* de 8 de janeiro de 1992. Hércules Corrêa, dirigente do PCB, estimou que a ajuda soviética cobria 80% das despesas do PCB. *Folha de S.Paulo* de 26 de maio de 1991, pp. 1-14, reportagem de Neri Vitor Eich.
[26] Mário Magalhães, *Marighella*, p. 346.

mar num centro irradiador de guerrilhas. Nesse conclave Marighella credenciou-se junto à internacional de insurretos concebida por Fidel. A sua retórica vinha esquentando desde 1966, quando defendeu a guerrilha como "uma forma de luta complementar". Nessa época a concepção marighelista era clara: "A luta de guerrilhas não é inerente às cidades, não é uma forma de luta apropriada às áreas urbanas".[27] Em Havana, ele escreveu uma carta a Fidel Castro condenando a direção do PCB, "imbecilizada pelo medo da revolução": "A alternativa é outra, a luta armada".[28] Um mês depois, era expulso do Partidão. Tardia, a sanção tornara-se irrelevante, quase conveniente.

Para golpear o marighelismo, a direção do PCB foi obrigada a sacrificar mais de uma dezena de dirigentes históricos e a intervir nos comitês estaduais de São Paulo, Rio de Janeiro e Brasília. Entre militantes, simpatizantes e apoios, Marighella pode ter ficado com a militância e o apoio de cerca de mil comunistas que até então tinham gravitado em torno do PCB. Dispunha de núcleos ativos em sete estados. Segundo Jacob Gorender, que não se fixa em nenhum número, Marighella teve ao seu lado sete em cada dez militantes da área estudantil do Partidão em São Paulo.[29]

Primeiro o marighelismo tomou o nome de Agrupamento Comunista de São Paulo. Posteriormente, denominou-se Ação Libertadora Nacional, ALN. Passaram da teoria para a prática em pouco tempo. Marighella ainda estava em Cuba quando um veterano militante comunista baseado na zona rural de Presidente Epitácio, no oeste de São Paulo, comandou o assassinato do fazendeiro José da Conceição Gonçalves, conhecido como *Zé Dico*. Para quem se propunha lançar a guerrilha no campo com o intuito de preparar a insurreição nas cidades, tratava-se de uma execução de manual, com militantes revolucionários matando um grileiro. Foi a primeira e última ação rural da ALN.

Para um comandante revolucionário que pretendia levantar o campo e com ele cair sobre as cidades, Marighella ia a uma armadilha. Deixou

---

[27] Carlos Marighella, "A crise brasileira", em *Escritos de Carlos Marighella*, p. 85.
[28] Mário Magalhães, *Marighella*, p. 350.
[29] Jacob Gorender, *Combate nas trevas*, p. 107.

o pacifismo do Partidão para ir buscar a vitória através da luta armada, mas raramente conseguiu sair do circuito urbano de assaltos e ações terroristas. Demonstrando sua própria combatividade, comandou duas dessas ações. Na primeira, em julho de 1968, assaltou o Banco Leme Ferreira, em São Paulo. Pelo vernáculo dos combatentes, "expropriou-o".[30]

O aparelho de segurança do governo não percebeu a motivação ideológica dos assaltos. Isso se devia a uma astúcia dos militantes, que agiam sem palavras de ordem, procurando assemelhar-se aos marginais.

A esquerda brasileira estava irremediavelmente dividida e, pela primeira vez em sua história, mudada. Desde 1922, quando foi fundado o Partido Comunista, ela vivera debaixo de uma lógica pela qual seus extremos podiam perfeitamente conviver em grandes blocos revolucionários, divergindo em relação ao que quer que fosse, mas mantendo-se debaixo de um grande acordo tácito. Sua *galanterie* europeia permitia que as nuances do radicalismo ideológico fossem apreciadas quase como nuances de temperamento. Se um esquerdista queria a revolução para já e outro via o processo com mais moderação, nenhum dos dois via no outro um obstáculo à construção da causa comunista. Insultavam-se, mas iam basicamente às mesmas manifestações. Agora, insultavam-se e não iam aos mesmos assaltos. Como dizia um documento do marighelismo de outubro de 1967, amparando-se num verso de Jamelão e Tião Motorista:

Quem samba fica,
quem não samba
vai embora.[31]

---

[30] Segundo Jacob Gorender, *Combate nas trevas*, pp. 108-9, o primeiro assalto da ALN, contra um carro-forte, deu-se sob o comando de Marighella em dezembro de 1967. Mário Magalhães, em *Marighella*, p. 371, e Emiliano José, em *Carlos Marighella*, p. 227, mencionam a participação de Marighella no assalto ao Banco Leme Ferreira.

[31] Daniel Aarão Reis Filho e Jair Ferreira de Sá (orgs.), *Imagens da revolução*, p. 206.

A direita se arma

O terrorismo político entrou na política brasileira na década de 1960 pelas mãos da direita. Antes mesmo da deposição de João Goulart, e sem nenhuma relação direta com as conspirações para derrubá-lo, militantes da extrema direita e oficiais do Exército atacaram a tiros o Congresso da UNE que se realizava em julho de 1962 no hotel Quitandinha, em Petrópolis. Dois automóveis dispararam contra estudantes que estavam nos jardins, ferindo dois deles. A operação foi creditada ao Movimento Anti-Comunista, o MAC, e dela participou um major do Exército. Desde 1963 existia em São Paulo um Comando de Caça aos Comunistas, o CCC, formado por jovens ligados a políticos conservadores e a militares que a essa altura tangenciavam conspirações. Davam-se muito mais a tumultos, estorvando ou impedindo conferências de políticos governistas, do que a atentados. O MAC, apesar da notoriedade adquirida pelo ataque de Quitandinha, era mais conhecido por suas pichações garrafais nos muros de edifícios da Zona Sul do Rio de Janeiro do que por reais enfrentamentos.

Na radicalização anterior a abril de 1964 as coisas mudaram. Como dissera o industrial Jorge Bhering de Mattos, diretor da Associação Comercial do Rio de Janeiro: "Armai-vos uns aos outros porque nós já estamos armados".[1] Só no Rio de Janeiro acharam-se cinco depósitos de armas.[2] O adido do Exército da embaixada americana, coronel Vernon Walters, passou um susto enquanto visitava a casa de um oficial amigo ao saber que estava na sede de um arsenal clandestino, na iminência de ser varejado pela polícia.[3] Um lote de dez submetralhadoras Thompson amealhado por oficiais antijanguistas foi descoberto em 1963 numa fazendola de Jacarepaguá a pouca distância do sítio do Capim Melado, propriedade rural de João Goulart no Rio de Janeiro.[4] Um dos responsáveis pelo contrabando de um desses lotes de armas, o capitão de mar e guerra Heitor Lopes de Souza, foi tranquilizado por um recado do general encarregado do IPM aberto para apurar a origem e o propósito do arsenal avisando-o que a investigação não ia dar em nada.[5] Se desse, descobriria que as armas se destinavam a equipar um plano de sequestro do presidente.[6]

Até março de 1964 conceberam-se pelo menos três atentados contra João Goulart. O primeiro veio à cabeça do tenente-coronel Roberto Hipólito da Costa, comandante da base aérea de Fortaleza, em 1963. Tratava-se de abater o Viscount presidencial quando ele fosse ao Nordeste.[7] Outro foi descoberto e desativado pelo general Antonio Carlos Muricy no dia 11 de março. Um major havia reunido gasolina e oficiais para incendiar o palanque do comício da Central, no dia 13, com o presidente da República e a cúpula do governo em cima. Muricy, o conspirador que duas semanas depois comandaria as tropas mineiras rebeladas, dissuadiu o major.[8] O terceiro ocorreria durante o comício de Jango em Belo Horizonte, marcado para o dia 16 de abril.[9] Nesse dia o alvo já estava em Montevidéu.

---

1 Hélio Silva, *A vez e a voz dos vencidos*, p. 113. Essa construção foi usada também pelo padre Vidigal, deputado pela UDN mineira, durante os debates parlamentares de 1963. Ver Paulo de Tarso Santos, 64 e outros anos, p. 44.
2 Luiz Alberto Moniz Bandeira, *O governo João Goulart*, pp. 127-8 e 134.
3 Vernon A. Walters, *Silent missions*, p. 383.
4 *Diário de Notícias*, 11 e 12 de outubro de 1963, citado por Luiz Alberto Moniz Bandeira, *O governo João Goulart*, p. 133. Raul Ryff, *O fazendeiro Jango no governo*, p. 30.
5 Almirante Heitor Lopes de Souza, julho de 1969.
6 O sequestro seria comandado por Charles Borer, irmão do delegado Cecil Borer, chefe do DOPS de Lacerda. John W. F. Dulles, *Carlos Lacerda*, vol. 2: 1960-1977, p. 182.
7 Armando Falcão, *Tudo a declarar*, p. 250.
8 General Antonio Carlos Muricy, agosto de 1988.
9 Luiz Alberto Moniz Bandeira, *O governo João Goulart*, p. 172.

A vitória de 1º de abril canalizou para outra direção os planos e fantasias do radicalismo da direita militar. Alguns oficiais foram para comandos prestigiosos, outros meteram-se no labirinto dos IPMs, e quase todos passaram a sentir-se parte daquele ente vago que se denominava "linha dura". Quem queria caçar esquerdistas podia agora fazê-lo dentro da máquina do Estado.

Essa trégua durou pouco mais de um ano. No dia 24 de abril de 1965, quando o show *Opinião* saiu de cartaz, foi substituído pela peça *Liberdade, liberdade*, uma colagem de textos antiditatoriais. Pelo talento de Paulo Autran, seu ator principal, e pela metáfora que era o espetáculo em si, funcionava como uma lavagem de alma para a classe média. Habilmente, misturavam-se cantos e textos das vítimas de todas as opressões, com mão forte para os dissidentes soviéticos. Logo nos primeiros dias de encenação apareceram provocadores na plateia, gritando piadas que Autran toureava com classe. Depois vieram ameaças telefônicas: o teatro seria explodido. Elas chegaram ao conhecimento de Castello, que escreveu a Costa e Silva: "As ameaças de que oficiais vão acabar com o espetáculo são de aterrorizar a liberdade de opinião".[10]

Havia inúmeros IPMs investigando banalidades, mas nenhum foi aberto para identificar os oficiais que intimidavam teatros e assustavam o presidente da República. Começava a funcionar em relação à violência de direita o mesmo princípio que vigorara para a tortura: o que está feito, feito está, desde que não se faça mais. Com a impunidade resultante dessa abdicação, cristalizou-se no Rio de Janeiro um núcleo paramilitar. Composto por militares radicais, operava à sombra da seção de informações do estado-maior do I Exército. Em suas atividades, guardava algumas características de cautela. Suas ações evitavam ostensivamente danos físicos. Destinavam-se a injetar tensão no meio político. Atacando teatros, circunscreveram-se ao combate à esquerda intelectual. Teriam pouca importância pelo que fizeram, mas adquiriram significado pelo que contra eles não se fez. Pode-se estimar que esses oficiais dificilmente tenham ultrapassado duas dezenas. Inibiam-nos a política de Castello e a vigilância de Golbery sobre os quadros do SNI.

---

10 Carta de Castello Branco a Costa e Silva, de 2 de junho de 1965.

A dinâmica do regime, com suas crises militares, chocava-se com a conduta do presidente. Nesses choques, todas as vitórias de Castello foram parciais, enquanto as derrotas foram totais. A maior de suas vitórias foi a realização de eleições diretas para os governos de doze estados, em 3 de outubro de 1965. A maior derrota de seu projeto de restauração da ordem foi a edição do Ato Institucional nº 2, três semanas depois.

Foi um fracasso qualificado. Castello e Golbery gostariam de ter governado sem esse surto ditatorial. Geisel se incomodava com a ideia de "colocar essa nossa democracia numa geladeira", mas simpatizava com a radicalização institucional. Num paradoxo que acompanharia a ditadura, a radicalização vinha das bases indisciplinadas e, formalmente, expandia os poderes do presidente. Na realidade, dava-lhe instrumentos de força, que o tornavam poderoso como delegado de uma desordem militar. Nesse paradoxo estava implícito o enfraquecimento da sua condição de mandatário republicano.

Com o Ato — e outros dois que vieram em sua esteira — iniciou-se um processo de corrosão da cidadania que impediu os brasileiros de eleger governadores por dezessete anos e o presidente por quase um quarto de século.

Um dispositivo do AI-2, relacionado com o cotidiano da coerção política, investia contra o próprio exercício individual da vontade política. Extintos os 180 dias de vida do Ato Institucional de abril de 1964, preservara-se o foro da Justiça comum para os crimes de subversão. Por cerca de um ano aí estivera um permanente ponto de atrito entre a anarquia militar e os poderes estabelecidos. Os choques deram-se quase sempre em torno de casos em que os encarregados dos IPMs mantinham cidadãos presos, sem culpa formada, por prazos largamente superiores aos que a lei estabelecia. A cada *habeas corpus* concedido, sucedia-se uma grita na qual os oficiais indisciplinados diziam que os tribunais estavam julgando — e condenando — a própria Revolução. Tratava-se simplesmente de exercitar a capacidade humana de ler (as leis) e de contar (os prazos nelas fixados). Os oficiais que desafiavam Castello sabiam ler e contar. Se falsificavam argumentos para sustentar suas arbitrariedades, faziam-no porque se sentiam amparados na tibieza do governo, sempre pronto para denunciar à sociedade a ação de meia dúzia de estudantes, mas incapaz de enfrentar abertamente meia dúzia de coronéis.

Com o AI-2, Castello transferiu os processos políticos para a Justiça Militar. Deu assim o primeiro grande passo no processo de militarização da ordem política nacional. Como observou o jurista Heleno Fragoso, que já nessa época se tornara um sereno e constante defensor de presos políticos: "Sempre foi muito mais fácil aos tiranos perseguir os inimigos políticos, não mudando a lei, mas sim os juízes que deveriam julgá-los".[11] O produto dessa mudança era previsível. Havia mais de cinquenta anos o primeiro-ministro francês Georges Clemenceau ensinara que "a Justiça Militar está para a Justiça assim como a música militar está para a música".

Pela Carta de 1946 a Justiça Militar tinha competência para julgar civis acusados de terem cometido "crimes contra a segurança externa do país". Golbery redigiu a emenda constitucional que expandiu o conceito. Fez uma incisão no texto e dele retirou a palavra *externa*. Na justificativa que acompanhou a mudança, argumentou:

> A expressão "segurança externa" constante do texto atual é por demais restritiva, além de não corresponder ao conceito moderno e integrado de segurança nacional de que as agressões de origem externa não mais deixaram de estimular, coordenadamente, ações subversivas no interior do território agredido — o emprego generalizado da quinta coluna — e, sobretudo, na fase atual da luta ideológica entre o Ocidente democrata e o Oriente comunista quando a forma normal de agressão é, sabidamente, a subversiva ou insurrecional, apoiada intelectual e quase sempre até materialmente, desde o exterior, não tem mais sentido distinguir atentado à segurança interna e atentado à segurança externa de um país. A segurança é, necessariamente, integral.[12]

---

11 Heleno Cláudio Fragoso, *Advocacia da liberdade*, p. 12.
12 Uma folha manuscrita de Golbery, com o texto de emenda constitucional e sua justificativa. APGCS/HF.

Na redação dessa justificativa, foi além: "[Os] atentados se inserem num todo único e coerente, buscando sempre os segundos, de origem externa, revestir formas sub-reptícias que os façam confundir com os primeiros, surgidos no interior do próprio país". Esse raciocínio internacionalizava a segurança integral, atribuindo às fontes externas quase tudo o que fosse produzido pelos adversários internos. Golbery descartou-o, e ele sobreviveu apenas como um pentimento, riscado em seu manuscrito.

Está-se aí diante de um caso típico de racionalização *ex post facto* da violência política. Desde os anos 1950 Golbery era defensor de um conceito amplo de segurança nacional. No entanto, jamais defendera a transferência do foro dos crimes políticos para a Justiça Militar. A mudança fazia parte da plataforma da linha dura. Em julho de 1964 o tenente-coronel Ibiapina criara um caso nacional desacatando um *habeas corpus* em benefício do economista Sergio Rezende, filho do inquisidor-geral Estevão Taurino de Rezende. Semanas depois, o ex-governador de Sergipe Seixas Dória foi submetido ao mesmo constrangimento. Em São Paulo, a Marinha prendeu treze cidadãos que acabavam de ser libertados de um navio-presídio por ordem judicial.[13]

Em agosto de 1964, analisando esses choques na *Impressão Geral nº 3* do SNI, Golbery atribuíra a ideia de "ampliação da competência da Justiça Militar" aos "propósitos repressivos da linha dura". E coçara o coldre:

> As perspectivas de sucessivas fricções com o poder Judiciário estão a exigir o estabelecimento no mais curto prazo de normas severas e medidas de contenção disciplinar, para que o ambiente não se agrave além dos limites toleráveis. Somente o reenquadramento das forças armadas em suas atividades profissionais, com o recolhimento às fileiras dos numerosos elementos destacados em tarefas de natureza policial, permitirá trazer motivações de outra natureza às energias que hoje se estiolam em atitudes negativistas.[14]

---

13 *Correio da Manhã*, 26 e 30 de julho, 11, 24 e 27 de agosto de 1964.
14 *Impressão Geral nº 3*, de 31 de agosto de 1964. APGCS/HF.

Rio de Janeiro, escadaria do Teatro Municipal, junho de 1968.

O ministério de Costa e Silva posa para a história, em torno de dona Yolanda, mulher do presidente. (Ele não está na foto.)

Washington, 1967. Costa e Silva com o presidente americano Lyndon Johnson, seu admirador: "Aquele cara do Brasil. Quando ele te olha no olho e diz que está contigo, você sente que ele está falando sério".

29 de março de 1968. O Rio de Janeiro acordou com um cadáver sendo velado na Assembleia Legislativa. A PM havia matado o "calaboçal" Edson Luis Lima Souto, de dezessete anos. Estava aceso o pavio de uma revolta estudantil que antecedeu a de Paris.

Vladimir Palmeira   Aladino Félix   Carlos Marighella

Primeiro de Maio de 1968, praça da Sé, São Paulo. Militantes de organizações de esquerda dissolveram a pau e pedra o comício que o governador Abreu Sodré e o Partido Comunista haviam organizado. A esquerda só voltaria a se encontrar, unida, nessa mesma praça, dezesseis anos depois.

Entre março e o final de junho de 1968, o Centro do Rio tornou-se cenário rotineiro de choques da polícia com estudantes. Num só dia, chegaram aos hospitais 56 feridos. Trinta eram policiais. Um pedaço da esquerda estava disposto a brigar.

26 de junho de 1968, Rio de Janeiro. A mais festejada das alas da Passeata dos Cem Mil. No cordão, da esquerda para a direita, Edu Lobo (1º), Chico Buarque (3º), Renato Borghi (5º), José Celso Martinez Corrêa (6º), Caetano Veloso (8º), Nana Caymmi, Gilberto Gil e Paulo Autran.

12 de outubro de 1968. No meio d madrugada, explode uma bomba n porta da Editora Civilização Brasileir O atentado terrorista foi obra de pe menos um oficial e sargentos ligados Centro de Informações do Exército.

Polícia Central, Rio de Janeiro. Somando-se todos os presos em passeatas, reuniões clandestinas e quebra-quebras, é possível que em 1968 tenham sido detidos 3 mil estudantes. Durante as manifestações, morreram doze pessoas.

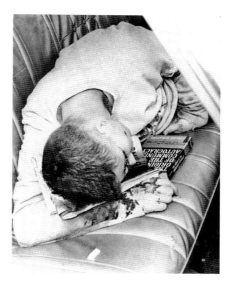

12 de outubro de 1968, São Paulo. O mesmo grupo terrorista que em junho atacou o QG do II Exército, metralhou o capitão Charles Rodney Chandler na porta de sua casa. Tinha trinta anos e deveria voltar para Washington dali a poucas semanas.

26 de junho de 1968, São Paulo. Oito terroristas de esquerda lançam uma camionete com cinquenta quilos de dinamite contra o portão do quartel-general do II Exército. Morre o soldado Mário Kozel Filho, de dezoito anos.

Gen. Albuquerque Lima

Gen. Jayme Portella

Daniel Krieger

Brig. João Paulo Burnier

Cap. Sérgio (*Macaco*)
Miranda de Carvalho

11 de outubro de 1968. No maior arrastão da história brasileira, capturaram-se 920 estudantes num sítio em Ibiúna (SP). Era o congresso clandestino da UNE. O movimento estudantil se acabara. Nos seis anos seguintes, militando em grupos armados ou na guerrilha rural, morreriam 156 jovens com menos de trinta anos. Deles, pelo menos dezenove estiveram em Ibiúna.

Janeiro de 1968: estreia a peça *Roda-Viva*. Seu diretor, José Celso Martinez Corrêa, dizia: "É preciso provocar o espectador, chamá-lo de burro, recalcado, reacionário".

A atriz Leila Diniz, a primeira Rainha da Banda de Ipanema.

Tom Jobim, Chico Buarque e duas das moças do Quarteto em Cy durante a apresentação de "Sabiá". Foram 23 minutos de vaia.

Rio, dezembro de 1964. Nara Leão durante o show *Opinião*; surge a "estética da agitação".

Caetano Veloso ("É proibido proibir") no programa de auditório de Chacrinha ("Quem não se comunica se trumbica").

Glauber Rocha (no centro) dirigindo *Deus e o diabo na terra do sol*.

A atriz Helena Ignez e o dramaturgo Oduvaldo Vianna Filho, um dos criadores dos CPCs (Centros Populares de Cultura).

Delfim Netto   Jarbas Passarinho   Gama e Silva

Pedro Aleixo   Orlando Geisel

Às dezessete horas da sexta-feira 13 de dezembro do ano bissexto de 1968, o marechal Costa e Silva, com a pressão a 22 por 13, parou de brincar com palavras cruzadas e desceu a escadaria de mármore do Laranjeiras para presidir o Conselho de Segurança Nacional, reunido à mesa de jantar do palácio.

JORNAL DO BRASIL

Rio de Janeiro — Sábado, 14 de dezembro de 1968   Ano LXXVIII — N.º 213

Ontem foi o Dia dos Cegos (Página 12)

Govêrno baixa Ato Institucional e coloca Congresso em recesso por tempo ilimitado

O Ato Institucional n.º 5

TRADIÇÃO QUE SE RENOVA

O Presidente dirige a entrega de espadas aos novos guardas-marinha

IDENTIDADE PROFUNDA

Os Ministros militares confraternizam durante a homenagem à Marinha

HORA DRAMÁTICA

O Govêrno, depois de uma expectativa de várias horas, baixou, ontem à noite, o Ato Institucional n.º 5, e, com base nêle, o Ato Complementar n.º 38, que decreta o recesso do Congresso Nacional, sem prazo determinado. Durante o dia e a noite de ontem o povo manteve-se calmo e não houve corrida aos bancos, apesar das apreensões de alguns cidadãos que, decidiram permanecer em seus escritórios ou nas ruas, à espera da palavra oficial do Govêrno através de *A Voz do Brasil* — e deixaram de chegar ontem às suas casas.

Houve grande movimentação, ontem, nos quartéis do Rio, onde continua rigoroso o regime de prontidão. Na Vila Militar, os caminhões estão em posição de deslocamento. A Polícia Federal tem 400 homens, na Guanabara, "prontos para agir", e também estão totalmente mobilizadas a Polícia Militar, a Polícia Civil e a Guarda Civil.

Várias reuniões sucederam-se na área militar. O Ministério do Exército apresentou movimento incomum, devido à presença dos comandantes das principais unidades aquarteladas no Rio. Ora êles entravam no gabinete do Ministro do Exército, ora no do comandante do I Exército. Mas foi a reunião do Presidente da República com o Conselho de Segurança Nacional que determinou a promulgação do Ato Institucional n.º 5.

Bonifácio declara que Ato resulta de várias crises

Após tomar conhecimento, pelo rádio, do Ato Institucional n.º 5, o presidente da Câmara, Deputado José Bonifácio, disse que êle "resulta de crises e dificuldades do Govêrno e do mal-estar do povo. Não é o momento para examinar, mas sim para manifestar ainda uma vez mais a esperança de que crises como esta sejam resolvidas de maneira a possibilitar o desenvolvimento brasileiro."

Acrescentou o Sr. José Bonifácio "duas coisas, que jamais devemos esquecer, e neste país têm sido tradição: perenes têm sido as eleições, e nós, os eleitores, formulamos apêlo mais uma vez para que o Brasil permaneça e se transforme numa grande nação, como faz jus pelo trabalho de seu povo. Com essas palavras, e obedecendo ao nôvo regime, declaro nossa missão encerrada."

O presidente da Arena, Sr. Daniel Krieger, após ouvir, pelo rádio, a leitura do nôvo Ato, dirigiu-se, com alguns parlamentares, para uma residência na zona sul, a fim de examinarem o quadro político. Admite-se a possibilidade de um pronunciamento dos dirigentes da Arena.

A primeira página do *JB* no dia 14 de dezembro de 1968, um sábado em que deu praia, início de uma noite de onze anos.

Nas *Estimativas* ou *Apreciações* posteriores não há indícios de simpatia de Golbery pela militarização dos processos políticos. Em dezembro ele endossara a ideia de se aumentar o número de juízes nos tribunais superiores, diluindo-se assim os votos liberais, mas nunca foi além disso.[15]

A entrega do julgamento dos crimes políticos às cortes militares foi primeiro um produto da pressão exercida pela anarquia militar sobre o governo do marechal Castello Branco. Só depois é que essa pressão, submetida a um processo de racionalização em que se misturaram a cumplicidade e o disfarce, adquiriu pretensões ideológicas.

Coexistiam duas insubordinações. Uma crônica, institucional, baseada na ideia segundo a qual havia uma revolução em andamento e as Forças Armadas eram seu instrumento de representação e poder. Outra crítica, episódica, sempre dependente de um oficial disposto a desafiar o governo. A questão da transferência do foro dos processos políticos surgira em abril de 1965, quando o Supremo Tribunal Federal, por unanimidade, concedeu um *habeas corpus* ao ex-governador Miguel Arraes, preso na ilha de Fernando de Noronha desde sua deposição. Diante da sentença acumpliciaram-se o comandante do I Exército e o coronel Ferdinando de Carvalho, encarregado do IPM que apurava as atividades do PCB. Em vez de libertar Arraes, Ferdinando levou-o para a fortaleza de Santa Cruz. O chefe do estado-maior do I Exército, general Edson de Figueiredo, considerou o *habeas corpus* "um abuso" e recusou-se a entregar o preso. Em resposta, o presidente do Supremo, Álvaro Ribeiro da Costa, ameaçou prender o general. A crise durou três dias e só foi resolvida após uma sofrida intervenção de Castello. Arraes foi solto e asilou-se na embaixada da Argélia. Meses depois, o general foi mandado para um posto no exterior. No meio dessa bagunça, Castello queixava-se ao governador Paulo Guerra, de Pernambuco: "Criar uma ditadura é fácil, mas é difícil acabar com ela".[16] Tentando conter a anarquia, chegou a proclamar, com algum otimismo: "A supressão de garantias não será o nosso caminho".[17] Esfriada a crise, promoveu um encontro de Costa e Silva com o presiden-

---

15 *Impressão Geral* nº 13, de 14 de dezembro de 1964. APGCS/HF.
16 John W. F. Dulles, *Castello Branco, o presidente reformador*, p. 103.
17 Heleno Cláudio Fragoso, *Advocacia da liberdade*, p. 16.

te do Supremo durante uma sessão de cinema no pequeno auditório do palácio da Alvorada.[18]

O Alto-Comando das Forças Armadas reuniu-se pouco depois do desfecho do choque com o Supremo Tribunal, e, segundo as anotações feitas pelo general Geisel durante a sessão, apesar de o assunto ter sido discutido, nenhum ministro militar defendeu a militarização do foro dos crimes políticos.[19] A mais clara proposta de mudança processualística dos crimes políticos partiu do então governador de Minas Gerais, Magalhães Pinto, que em carta a Castello defendeu "a reforma da Justiça e criação de um tribunal especial para julgamento dos crimes de subversão e corrupção", bem como a "definição dos crimes de 'guerra revolucionária'".[20]

A ideia de recauchutar alguns dispositivos do Ato Institucional de 1964 e enfiá-los na Constituição só começou a transitar no Laranjeiras na segunda metade de setembro. A disposição da linha dura exacerbou-se no dia 4 de outubro, quando as urnas mal tinham começado a falar e os quartéis da Zona Norte do Rio entraram em assembleia permanente. Nesse dia, o coronel e deputado José Costa Cavalcanti, expoente do radicalismo e da indisciplina, subiu ao palácio Laranjeiras preocupado com a hipótese de "um bando de malucos tomarem o palácio".[21] Os malucos não foram ao Laranjeiras. Costa e Silva foi à Vila e, com a promessa de um ato institucional, acalmou aquilo que teria sido uma rebelião. No palácio, ao receber um telefonema informando-o de que o problema fora adiado pois a tropa fora dormir, Castello respondeu: "Adiado o problema, não; adiada a solução deles".[22]

Deles quem? Nunca houve rebelião da Vila. Deu-se apenas uma insubordinação de uma parte da oficialidade, verbalizada pelos comandantes de algumas unidades e aplacada por Costa e Silva. A crise e "a

---

18 *Diário de Heitor Ferreira*, 30 de maio de 1965. APGCS/HF.
19 Notas manuscritas de Geisel, datadas de 27 de abril de 1965. APGCS/HF.
20 Carta de Magalhães Pinto a Castello, de 24 de agosto de 1965. APGCS/HF.
21 *Diário de Heitor Ferreira*, 4 de outubro de 1965. APGCS/HF.
22 Anotação de Heitor Ferreira feita à margem de um trecho do livro *O governo Castello Branco*, de Luiz Viana Filho, publicado pelo Caderno Especial do *Jornal do Brasil* de 30 de março de 1975. Heitor corrigiu a versão do ex-chefe do Gabinete Civil de Castello, que registrara o último comentário do marechal como "a solução dele", ficando a impressão de que estava adiada a "solução do problema", quando o que estava adiado, para Castello, era "a solução deles". APGCS/HF.

solução deles" resumiam-se à imposição de uma recaída ditatorial, resultante da corrosão da autoridade do presidente. De acordo com as normas da anarquia, pouparam-se os insubordinados e puniram-se as instituições democráticas. Como Castello não pagou para ver a extensão e a valentia do descontentamento, não se soube se os oficiais descontentes podiam depô-lo. Além disso, se Costa e Silva assumiu a condição de pacificador da rebeldia, dizê-la irrelevante seria ofendê-lo. Geisel, por exemplo, viveu convencido de que a chamada rebelião foi um "blefe". Ao mesmo tempo que desprezou o risco embutido na indisciplina, aplaudiu o desfecho, pois desejava a recaída ditatorial. Ao contrário de Castello, ele queria acabar com as eleições diretas. Achava-as um estorvo num país povoado por "analfabetos".[23]

Quando Castello aceitou a recaída ditatorial do AI-2, nada do que nele se colocou respondia a arcanas concepções de governo ou a racionalizações políticas. Produziu-se uma mixórdia ditatorial destinada exclusivamente a mutilar o alcance do voto popular e a saciar o radicalismo insubordinado de oficiais que prendiam sem provas e não queriam libertar cidadãos amparados pela Justiça.

Isso foi feito com grandiloquência, mas, mesmo nela, quase nada aparecia como produto de uma concepção articulada do Estado. Numa das noites de sua gestação, Golbery e o jurista Nehemias Gueiros, encarregado de colocar as ideias em linguagem legal, estavam trancados com o general Geisel em sua sala do palácio do Planalto, quando por fim concluíram a redação do preâmbulo e o entregaram ao coronel Moraes Rego para que fosse corretamente datilografado. Com as folhas de papel na mão, o tenente-coronel passou por uma sala onde estavam alguns oficiais e se pôs a ler-lhes a obra:

— A Revolução foi um movimento... — começou Moraes Rego.
— A Revolução é um movimento — corrigiu o capitão Heitor Ferreira, sublinhando o "é".

---

[23] Ernesto Geisel, dezembro de 1994.

Moraes Rego parou, olhou para o capitão e foi à sala de Geisel. Pouco depois, voltou. Rindo, disse a Heitor: "Garoto, tu não pareces de cavalaria".[24]

O preâmbulo do Ato Institucional nº 2, que a partir de então passaria a ser citado pela jurisprudência do regime como encarnação da natureza permanente da predominância da Revolução sobre a ordem constitucional, ficou com a seguinte redação: "A Revolução é um movimento que veio da inspiração do povo brasileiro para atender às suas aspirações mais legítimas".[25]

A militarização do processo judicial conduziria à inevitável militarização da repressão política ou, mais precisamente, à policialização da instituição militar.

No dia 15 de março de 1967 Castello entregou a Presidência da República a Costa e Silva e foi morar num apartamento de três quartos, numa rua interna de Ipanema. Ele próprio dirigia seu Aero Willys. Em sua sala o poder reverberava pelas lembranças nas fotografias de chefes de Estado e num magnífico tapete de seda bege, presente do xá Reza Pahlavi. Afastou-se da cena indo passear na Europa. Ao embarcar, recusou uma verba de 4 mil dólares do Itamaraty para o custeio da viagem.[26] Pouco depois de seu regresso, estava em casa com Geisel e Golbery quando chegou uma nova visita, Daniel Krieger. O senador descascara boa parte dos abacaxis parlamentares durante o governo do marechal. A conversa foi rápida, mas no dia seguinte Castello chamou-o para um encontro a sós. Na sala do apartamento de Ipanema, tomando água enquanto servia uísque a Krieger, foi direto ao assunto: "Senador, o governo prepara-se para romper a legalidade. Eu não estou de acordo com esse desnecessário retrocesso. O senhor vai percorrer todo o país mobilizando a Arena. Eu me encarregarei do setor militar. Vamos, em conjunto, frustrar esses desígnios".[27]

24 *Diário de Heitor Ferreira*, 13 de fevereiro de 1967. APGCS/HF.
25 Adriano Campanhole e Hilton Lobo Campanhole, *Todas as Constituições do Brasil*, p. 321.
26 Ernesto Geisel, dezembro de 1994.
27 Daniel Krieger, *Desde as Missões*, p. 275.

Era domingo, 2 de julho de 1967. Livre da impopularidade do cotidiano do poder e respeitado pela decência pessoal com que se conduziu no governo e fora dele, Castello Branco, o general que fora colocado na Presidência por um golpe militar, poderia vir a se tornar o principal obstáculo a qualquer surto ditatorial. Dezesseis dias depois da conversa com Krieger, Castello voava pelo interior do Ceará, após uma viagem de reminiscências. O bimotor em que viajava entrou irregularmente no caminho de uma esquadrilha de jatos da FAB em voo de treinamento. "Eu senti que a asa bateu em alguma coisa. Achei que fosse algum pássaro", lembrou o aspirante Alfredo Malan.[28] Filho de um amigo de Castello, o general Alfredo Souto Malan, ele só soube o que sucedeu quando pousou, no fim do exercício. O Piper Aztec em que viajava o ex-presidente perdera o estabilizador vertical e o leme, caíra voando em círculos e terminara numa capoeira. Com o pulmão dilacerado e duas pernas fraturadas, o marechal estava morto. Se o governo se preparava para romper a legalidade, acabara-se num acidente estúpido o único homem capaz de, sozinho, encarregar-se do setor militar.

Geisel, feito general de quatro estrelas e ameaçado por uma humilhante permanência no "canil", fora mandado por Castello para o Superior Tribunal Militar, instituição para a qual nunca se havia remetido (nem se haveria de voltar a remeter) um general de exército recém-promovido. Tornara-se síndico do edifício Parente, prédio soturno numa esquina do Leblon, em que vivia desde os anos 1950. Dava longas caminhadas matinais pela praia. Evitava procurar colegas de farda, e por conveniência os colegas também procuravam evitá-lo. Suspeitava que seu telefone estivesse grampeado e advertia os interlocutores: "Cuidado que tem uns filhos da puta aí que andam empoleirados nos cargos públicos, que querem ouvir minha conversa. De maneira que vão à merda".[29]

Golbery passara ao conforto do Tribunal de Contas da União. Livrara-se do lotação, substituído por um carro oficial com motorista, e continuava em Jacarepaguá, com três macacos, um papagaio e uma arara no

---

[28] Alfredo Malan, 1973, e John W. F. Dulles, *Castello Branco, o presidente reformador*, p. 370. Para uma descrição detalhada do acidente, Hernani d'Aguiar, *Ato 5*, pp. 81-3.
[29] Ernesto Geisel, 1994.

quintal. Chegou a dar uma entrevista a *O Jornal* dizendo que "a Doutrina de Segurança Nacional não é absolutamente um instrumento de militares para afundar o Brasil na ditadura", mas pouca atenção mereceu.[30] Ambos tornaram-se fósforos riscados.

No dia 2 de maio de 1967 o presidente Costa e Silva assinou um decreto com três artigos e 56 palavras criando o Centro de Informações do Exército, o CIE.[31] O último adversário da medida fora o chefe do Estado-Maior, Orlando Geisel, irmão mais velho de Ernesto, mas suas observações ficaram nos arquivos militares. O CIE nasceu diretamente subordinado ao ministro do Exército, ligado ao seu gabinete. Pouco depois, a 2ª Seção do Estado-Maior, que funcionava no quinto andar do prédio do ministério, com as janelas voltadas para o sol das tardes cariocas e por isso denominada de *Buraco Quente*, tornou-se uma geladeira. Restou-lhe a tarefa de ruminar análises de jornais velhos e narrativas de conversas de parada dos adidos militares espalhados pelo mundo. Ocupando toda uma ala do oitavo andar do ministério, cabia ao CIE "orientar, coordenar e supervisionar todas as atividades de Segurança Interna e Contra-Informações".[32]

Terminara da pior maneira possível a briga pelo controle das informações dentro do Exército. Ela durava mais de dez anos, desde o final da década de 1950, quando se anexara ao gabinete do ministro uma divisão de informações rica em verbas secretas porém burocraticamente desestruturada, contrapondo-se à 2ª Seção do Estado-Maior, burocraticamente estruturada e pobre de verbas. Estivera em jogo uma questão de fundo para a organização do Exército: o conflito entre o gabinete do ministro, projeção de seu poder pessoal, e o do Estado-Maior, no qual se projeta a instituição.

Cada unidade militar dispunha de um estado-maior dividido em quatro seções: pessoal, informações, operações e logística. Da mesma forma,

---

30 *O Jornal*, 6 de agosto de 1967. Entrevista de Golbery a Maurício Caminha de Lacerda.
31 Decreto nº 60.664 de 2 de maio de 1967. *Diário Oficial* de 3 de maio de 1967.
32 Para a descrição do nascimento e das operações do CIE, ver o depoimento do general Adyr Fiúza de Castro, em Maria Celina d'Araujo, Gláucio Ary Dillon Soares e Celso Castro (orgs.), *Os anos de chumbo*, pp. 35 e segs.

no alto da pirâmide, o Exército era dirigido por um ministro em quem o presidente da República depositava sua confiança política. Logo abaixo dele vinha o Estado-Maior, também dividido em seções. O ministro ocupava um cargo de natureza civil. Pela lei, não precisava pertencer ao serviço ativo ou sequer vestir farda. Já a chefia do EME era uma função militar, exercida necessariamente por um quatro-estrelas da ativa. Nesse organograma, cada seção de informações, ou 2ª Seção, processaria no âmbito do Estado-Maior os dados necessários para a ação da tropa, e numa proporção maior esse esquema se repetiria na cúpula, através do EME. Em tese, o organograma funcionaria deixando ao ministro as grandes decisões e ao chefe do EME as tarefas de administração da máquina militar.

Não passaria pela cabeça de um ministro deixar para o chefe do Estado-Maior o provisionamento de oficiais para comandos importantes, quando a essência do poder militar está em nomear, transferir e promover. As consequências dessa obviedade sempre foram a raquitização da instituição coordenadora e a hipertrofia do gabinete do ministro. Num Exército afastado da política, das quatro seções de um Estado-Maior, a 2ª, ou E-2, encarregada das informações, seria a menos significativa. Num Exército metido na política, não só o controle das informações se tornava relevante, como também o fato de o EME ficar com o controle de um aparelho capaz de agir tanto dentro como fora dos quartéis se tornava um incômodo.

O ministro, através do seu gabinete, podia facilmente mandar para a Amazônia um oficial que o chefe do Estado-Maior preferia provisionar no Rio, mas não era capaz de controlar o fluxo de informações que o E-2 recebia. Tinha a força das verbas do gabinete, mas não se livrava das reclamações. Castello se queixara em 1963 da falta de recursos da 2ª Seção, da ausência de um serviço organizado e, sobretudo, do fato de o "controle de cúpula" das informações estar fugindo das mãos do EME. Seu sucessor foi mais claro: "O Estado-Maior do Exército, até certo ponto, vive à margem do serviço".[33] Essa disputa adquiria maior importância à medida que, arrogando-se o controle da segurança interna, as Forças Armadas tornavam-se ostensivo instrumento de repressão política.

---

33 *Relatório Anual do EME, 1963 e 1964*, em *Documentos históricos do Estado-Maior do Exército*, pp. 382 e 401.

Durante o governo Castello não se conseguiu corrigir a deficiência que ele mesmo condenara, mas, pelo menos, conseguiu-se evitar que prevalecesse o poder pessoal do ministro. Costa e Silva propusera a criação de um centro de informações anexo ao gabinete, mas Castello engavetara a ideia.³⁴ Tinha dois aliados. Golbery, que servira em 1951 como adjunto da seção de informações do EME, e Geisel, que chefiara tanto a seção do Estado-Maior como a do gabinete do ministro.

Empossado, Costa e Silva foi à forra em 47 dias. O primeiro chefe do CIE foi o coronel Adyr Fiúza de Castro. Tinha 46 anos e era filho de um general que, em 1955, tornara-se o ministro da Guerra de mais curta administração da história do Exército, com menos de 24 horas de permanência no cargo.* O coronel fizera uma carreira modesta. Como major, servira na 2ª Seção do EME no tempo de Geisel, chefiando a área de segurança interna. Frequentava com alguma desenvoltura pequenos círculos intelectuais. Acima dele, como chefe de gabinete do ministro, estava o general Sylvio Frota. Acima dos dois, só o general Aurelio de Lyra Tavares, ministro do Exército.

Advogado, engenheiro e poeta sob o pseudônimo de *Adelita*, Lyra veio a ser um ministro desastroso e desprestigiado. Tíbio e vaidoso, entrou para a Academia Brasileira de Letras sem jamais ter feito a paz com a gramática. Na carta que escreveu a Castello no dia 21 de março de 1964, procurando tirar o quepe de qualquer conspiração, usou vocábulos como *acessoramento, naturesa* e *encorage*.³⁵ Proclamava-se autor de 42 "obras literárias", entre as quais incluía de *Orações cívicas e militares* a uma coletânea de *Canções militares oficiais* compostas pelos outros.³⁶ Como ministro, publicou uma seleta de discursos e artigos que continha uma entrevista concedida à televisão francesa, transcrita em francês.³⁷

---

34 Depoimento do general Gustavo Moraes Rego, em Maria Celina d'Araujo, Gláucio Ary Dillon Soares e Celso Castro (orgs.), *Os anos de chumbo*, p. 153.
* O general Álvaro Fiúza de Castro foi escolhido ministro da Guerra pelo presidente Carlos Luz na noite de 10 de novembro de 1955. Na madrugada seguinte o general Henrique Lott, que deveria passar-lhe o cargo, derrubou o governo.
35 Carta do general Aurelio de Lyra Tavares a Castello Branco, de 21 de março de 1964. APGCS/HF.
36 Aurelio de Lyra Tavares, *O Brasil de minha geração*, vol. 1, p. XII.
37 "Questionnaire pour monsieur le ministre, géneral Lyra Tavares", em Aurelio de Lyra Tavares, *Textos escritos por dever do ofício*, p. 177.

Seu comportamento nas horas ambíguas de março de 1964 estivera perfeitamente retratado na carta esquiva a Castello. "Uma vela a Deus e outra ao Diabo, como é do agrado de certo tipo de homens", diria seu antecessor no ministério.[38] Era motivo de chacota porque em momentos de crise perdia a voz. Comandava o IV Exército, com jurisdição sobre o Nordeste, quando se deu uma crise no Ceará e Castello resolveu consultá-lo. Dotado de humor cruel, o presidente alertou Geisel, a quem pedira que o localizasse por telefone: "Fale com o Lyra porque ele deve estar afônico". Feita a chamada, o ajudante de ordens informou que "o general estava sem voz".[39] Golbery, com seu amor pelos paradoxos, acusava-o: "Gosta de ficar bem com a minoria". Geisel chamava-o de "embromador".[40]

Fiúza e Frota vinham de comandos na Vila Militar e nela recrutaram boa parte dos oficiais que formaram o primeiro núcleo do CIE. "Dinheiro não nos faltava", lembrou Fiúza mais tarde. Eram oitenta pessoas, pouco mais de trinta oficiais. Entre eles estavam diversos capitães e majores envolvidos em arbitrariedades e até mesmo em insubordinações nos últimos anos. Não havia, contudo, predominância de militares diretamente metidos nas manifestações da linha dura. Pelo contrário, a máquina original do CIE e sobretudo seus cinquenta canais de censura telefônica foram utilizados desde o primeiro momento para rastrear as atividades daqueles oficiais que tinham atazanado Castello.[41] Costa e Silva, que se aproveitara dos ímpetos da linha dura, passara a podá-la através de uma astuciosa política de transferências.

As agitações estudantis de 1967 inquietaram o coronel Fiúza de Castro e levaram-no a abrir uma nova área de atividade: "Nós vamos organizar um martelo-pilão para matar uma mosca, mas o diabo é que os espanadores do DOPS não vão mais adiantar".[42]

---

38 Bilhete do marechal Ademar de Queiroz a Golbery, de 16 de julho de 1974, remetendo-lhe cópia da carta de 21 de março de 1964 de Lyra a Castello. APGCS/HF.
39 Ernesto Geisel, setembro de 1985. Luiz Viana Filho, *O governo Castello Branco*, p. 179, e Jayme Portella de Mello, *A Revolução e o governo Costa e Silva*, p. 243.
40 *Diário de Heitor Ferreira*, 15 e 23 de fevereiro de 1967. APGCS/HF.
41 Depoimento do general Adyr Fiúza de Castro a Maria Celina d'Araujo, Gláucio Ary Dillon Soares e Celso Castro (orgs.), *Os anos de chumbo*, pp. 42-3.
42 Idem, p. 75, e Zuenir Ventura, *1968 — O ano que não terminou*, p. 187.

Quando o ano terminou, a esquerda e a direita tinham-se posto de acordo numa coisa: a necessidade da criação de uma estrutura militarizada para o encaminhamento da divergência política. Marighella formava o seu Agrupamento Comunista. Os sargentos do MNR, afastados de Leonel Brizola, começavam a gravitar em torno de bases radicais paulistas e gaúchas. Entre maio de 1966 e dezembro de 1967, quatro organizações esquerdistas publicaram longas análises e projetos estratégicos para o que duas delas chamavam de "guerra popular", uma de "guerra revolucionária" e a última de "guerra insurrecional".[43] O coronel Fiúza organizava o CIE, e com ele se desenvolvia a ideia da militarização das ações policiais.

De um lado e de outro havia uma certeza: dentro de muito pouco tempo começariam a guerra.

---

43 Daniel Aarão Reis Filho e Jair Ferreira de Sá (orgs.), *Imagens da revolução*. Em maio de 1966 o Partido Comunista Revolucionário, PCR, falava em "guerra popular" (p. 50). Em junho o Partido Comunista do Brasil, PC do B, falava em "guerra popular" (p. 73). Em setembro de 1967 a Polop referia-se a uma "guerra revolucionária" (p. 115). Em dezembro a Ala Vermelha do PC do B falava em "guerra insurrecional" (p. 126).

Costa e Silva: chega o barítono

O presidente Arthur da Costa e Silva completara havia pouco o seu primeiro ano de governo quando recebeu no palácio do Planalto os integrantes das mesas diretoras da Câmara e do Senado. Era uma visita protocolar, consequência da reabertura dos trabalhos legislativos. O marechal voltara das férias no palácio de veraneio de Petrópolis, nas montanhas fluminenses, e respondeu aos cumprimentos com um curto improviso:

> Isto se chama regime democrático e, quer queiram ou não aqueles que não olham com os olhos de ver e não ouvem com os ouvidos de ouvir, existe neste país uma democracia. (...) O ano de 1967, quando passamos de uma época de regime de exceção para um regime normal, democrático, foi um ano bom. E espero que em 1968, concretizadas as realizações nos campos administrativo, político, social e militar, possamos continuar a cumprir o nosso dever com dedicação, com amor e com coragem.[1]

[1] Jayme Portella de Mello, *A Revolução e o governo Costa e Silva*, p. 521.

No memorável ano de 1968 o mundo foi varrido pela última tempestade da Era de Aquarius. Não houve governante que por ela não fosse afetado, como não houve país onde não fosse sentida. Quando o presidente fez o seu prognóstico, o vietcongue já havia desencadeado a ofensiva do Tet e destruído a credibilidade da guerra dentro dos Estados Unidos. Na Tchecoslováquia o dirigente comunista Antonín Novotny perdera o poder para Alexander Dubcek, iniciando-se uma época de liberalização denominada Primavera de Praga. Na França, Japão, Polônia, Inglaterra e Itália, jovens estavam nas ruas pedindo paz, amor e liberdade. Um conselho circulava pelo mundo: "Não confie em ninguém com mais de trinta anos". E nessa hora o Brasil estava na mão do marechal Arthur da Costa e Silva, o *Português*, o *Seu Arthur*.

Filho de um comerciante da pequena cidade de Taquari, no Rio Grande do Sul, Costa e Silva tinha aos 66 anos uma aparência envelhecida e flácida que, somada a um par de óculos escuros dos quais não se desfazia, tornava-o um típico general latino-americano de caricaturas. Chegara à Presidência perseguido por uma coleção de piadas onde entrava no papel de paspalho. Numa das mais cruéis, mobilizara o Exército para descobrir quem lhe roubara a biblioteca, pois ainda não tinha acabado de colorir o segundo livro. Incomodava-se com essa imagem, mas havia pouco a fazer. Um dos principais assessores do presidente americano Lyndon Johnson, depois de conversar longamente com o marechal durante sua visita a Washington, escreveu numa nota preparatória à audiência que teria na Casa Branca: "Ele está ansioso para que se entenda que é um homem de qualificações intelectuais. (...) Em resumo, sugiro que o senhor o trate menos como um soldado e mais como um homem de Estado civil, seu colega. À primeira vista isso não será fácil, sobretudo se estiver usando óculos escuros".[2]

Não era o bobo que seu folclore sugeria. Meses depois, quando alguns assessores perguntaram a Johnson qual presidente latino-americano gostaria de ter ao seu lado numa crise em que precisasse de apoio, ele respondeu: "Costa e Silva, aquele cara do Brasil. Quando ele te olha no olho e diz que está contigo, você sente que ele está falando sério".[3]

---

2 Memorando de Walt W. Rostow ao presidente Lyndon Johnson, de 25 de janeiro de 1967. BLBJ.
3 Sol M. Linowitz, *The making of a public man*, p. 27.

Na juventude, mostrara valor e coragem. Fora o primeiro aluno de sua turma na Escola Militar e na de Aperfeiçoamento de Oficiais. Audacioso, metera-se na sublevação de 1922 e passara seis meses a bordo de um navio-presídio. Desforra suprema, marchara com a bandeira à frente da tropa do 3º Regimento de Infantaria que, no dia 24 de outubro de 1930, cercara o palácio Guanabara, depondo o presidente Washington Luís e a chamada República Velha.[4] Castello, que fora seu colega de turma no Colégio Militar de Porto Alegre e na Escola de Realengo, era estudioso, mas ficara atrás; simpatizara com as revoltas de 1922, mas acatara a legalidade em 1930. Resultara dessa predominância juvenil uma postura respeitosa do cearense introvertido para com o "aluno-comandante" do Colégio Militar de Porto Alegre, a qual, se os anos diluíram, jamais apagaram.[5]

O capitão brilhante e audacioso mergulhou na banalidade da burocracia militar. Deu-se às cartas e a depressões chamadas mais tarde por Geisel de "problemas psíquicos ou familiares".[6] Como major, comandava na pequena cidade mineira de São João del Rei quando foi depenado por um colega numa roda de pôquer e resolveu apostar a geladeira de sua casa. Perdeu, pagou, mas vingou-se do oficial mandando abrir contra ele um inquérito por conta do sumiço de um peixe no frigorífico do quartel. A cidade alvoroçou-se com o *Inquérito do Peixe*. Só a interferência do jovem advogado Tancredo Neves levou Costa e Silva a recuar, deixando em paz o major Carlos Luiz Guedes, que o tosara.[7] Como aluno da Escola de Estado-Maior atravessou uma crise doméstica. Abatido, quis desligar-se do Exército. Dissuadiu-o Juarez Távora, seu colega de pensão nos anos 1920.[8] Já general, abatido pela falta de sorte nas cartas e nos cavalos, voltou a pensar em largar a farda. Dessa vez, acalmou-o o coronel Emílio Garrastazu Médici, seu chefe de estado-maior na 6ª Região Militar, em Porto Alegre.[9]

---

4 Nelson Dimas Filho, *Costa e Silva*, pp. 21-33.
5 Ernesto Geisel, outubro de 1994. Esse aspecto da relação de Castello com Costa e Silva também é mencionado por Cordeiro de Farias em Aspásia Camargo e Walder de Góes, *Meio século de combate*, p. 584.
6 Maria Celina d'Araujo e Celso Castro (orgs.), *Ernesto Geisel*, p. 170.
7 Drault Ernanny, *Meninos, eu vi*, pp. 41-2.
8 Ernesto Geisel, julho de 1985.
9 Heitor Ferreira, julho de 1984. Para os hábitos de Costa e Silva como apostador em corridas de cavalos em Porto Alegre, Breno Caldas, *Meio século de Correio do Povo*, depoimento a José Antonio Pinheiro Machado, p. 79.

No dia 1º de abril de 1964, na farda sempre amarrotada do velho general, acordou o jovem capitão Costa e Silva. Negaceara com a insurreição, mas, uma vez na cadeira de ministro da Guerra, fechou o tempo. Intitulou-se comandante do Exército, desacatou governadores, humilhou o presidente Ranieri Mazzilli dizendo que não lhe devia subordinação.[10] Foi o primeiro chefe a buscar uma legitimidade histórica para o golpe engatando-o na composição ideológica dos movimentos militares dos anos 1920. Percebeu desde o primeiro momento as características do processo de anarquia militar e, como ninguém, utilizou-se da energia que ele continha. Enquanto Castello procurava manter uma ordem constitucional e se chocava com o radicalismo, Costa e Silva valia-se dele. Castello se considerava um presidente eleito pelo Congresso, Costa e Silva se dizia comandante revolucionário. Castello recuava, Costa e Silva avançava. Chegava a ser descortês com o colega. Chamava-o pelas costas de "o pequenino".[11] Em maio de 1964, durante uma recepção oferecida pelo presidente alemão Heinrich Lübke no Copacabana Palace, aproximou-se do visitante e, apontando para a casaca de Castello, disse: "Quem devia estar com essa casaca era eu, mas não quis". O presidente ouviu calado.[12]

Costa e Silva roera com astúcia e audácia a autoridade de Castello. Se os radicais abriam uma crise exigindo a cassação do ex-presidente Juscelino Kubitschek, o ministro da Guerra tornara-se porta-voz da exigência. Quando surgia um movimento contra a realização das eleições, o ministro amparava-o. Se Castello procurava pacificar as relações dos intelectuais com o governo, seu ministro solidarizava-se com a caça às bruxas na Universidade de São Paulo.[13] Quando o governo acertava, Costa e Silva era seu ministro da Guerra. Quando o presidente desagradava os quartéis, Costa e Silva transformava-se em comandante revolucionário, capaz de negociar a indisciplina. Jogara nessas duas posições com maestria. Colocara-se como estuário das frustrações de todos aqueles que achavam necessário aprofundar o processo arbitrá-

---

10 Armando Falcão, *Tudo a declarar*, p. 258. Para uma narrativa das reuniões de Costa e Silva nesses dias, ver John W. F. Dulles, *Carlos Lacerda*, vol. 2: 1960-1977, pp. 236-45.
11 Drault Ernanny, *Meninos, eu vi*, p. 11.
12 General Gustavo Moraes Rego, dezembro de 1984.
13 *Correio da Manhã*, 8 de outubro de 1964.

rio e punitivo. Não que fosse um radical: era apenas um manipulador da anarquia.

Em outubro de 1965, quando as vivandeiras derrotadas nas eleições alvoroçavam os granadeiros pedindo a edição do AI-2, Costa e Silva cavalgou destemidamente a crise. Associou-se à desordem e tornou-se fiador da paz. Tática velha nos jogos de poder dos militares, essa manha é respeitada enquanto preserva a aparência pública da disciplina. O ministro da Guerra nem sequer esse limite respeitou. Na tarde de 22 de outubro, durante um churrasco realizado em Itapeva, no interior de São Paulo, Castello e Costa e Silva confraternizavam com a oficialidade que acabara de concluir manobras militares na região. O ministro, violando a programação, resolveu discursar para a tropa. Respondeu a um pronunciamento do presidente do Supremo Tribunal Federal, Álvaro Ribeiro da Costa, que condenara as insubordinações da linha dura dizendo que "já é tempo de que os militares se compenetrem de que num regime democrático não lhes cabe papel de mentores da Nação".[14] Costa e Silva desafiou-o diante de uma plateia que, como a do Automóvel Clube em março de 1964, gritava "Manda brasa".[15] Mandou-a. "O Exército tem chefe. Não precisa de lições do Supremo. (...) Dizem que o Presidente é politicamente fraco, mas isso não interessa, pois ele é militarmente forte", atacou Costa e Silva, pedindo desculpas ao presidente pela ênfase.[16]

Castello, constrangido e preso na armadilha do ministro, respondeu que "não fui desrespeitado (...) porque (...) guardo a dignidade do meu posto e o respeito aos outros dois poderes".[17]

No voo de volta ao Rio, Geisel entrou na cabine do presidente e disse a Castello que deveria demitir Costa e Silva imediatamente. O presidente não respondeu.[18] Já no Laranjeiras, o chefe do Gabinete Militar deu seu veredicto: "O outro arrastou as fichas".[19]

---

14 Olympio Mourão Filho, *Memórias*, p. 429.
15 Depoimento do general Moraes Rego, em Maria Celina d'Araujo, Gláucio Ary Dillon Soares e Celso Castro (orgs.), *Visões do golpe*, pp. 66-7.
16 Para a primeira sentença, Carlos Chagas, *A guerra das estrelas (1964/1984)*, p. 88. Para a segunda, John W. F. Dulles, *Castello Branco, o presidente reformador*, p. 140.
17 John W. F. Dulles, *Castello Branco, o presidente reformador*, p. 140.
18 Ernesto Geisel, julho de 1985 e dezembro de 1994, e general Gustavo Moraes Rego, dezembro de 1984.
19 *Diário de Heitor Ferreira*, 22 de outubro de 1965. APGCS/HF.

Estava decidida a sucessão presidencial.

"Aquilo que aconteceu em Itapeva foi horrível. Foi uma coisa horrível", relembraria Geisel, anos mais tarde, marcado pelo episódio.[20]

O capitão audacioso carregava o general em triunfo. A sorte voltara. Em suas rodas de pôquer estavam agora políticos e grandes empresários. Carteando numa mesa que se reunia mensalmente a convite do empreiteiro Jadir Gomes de Souza, sócio da construtora carioca Sisal, o empresário Antonio Gallotti terminara uma noite com um cheque do general. Em ocasiões anteriores ocorrera o contrário: Gallotti fizera seu cheque, e o ministro da Guerra o descontara. Daquela vez o presidente da Light saiu com um problema no bolso. Guardou-o por algum tempo e acabou procurando Jadir. Perguntou-lhe se não era melhor devolver o cheque, mas o empreiteiro ponderou que Costa e Silva poderia ficar ofendido. "Jadir então disse que eu o esquecesse, mas contrapropus que mo comprasse e, então, o esquecesse. Foi o que ele fez", contou Gallotti, encerrando a narrativa com a sonora gargalhada italiana com que cativou seis repúblicas.[21]

Amparado pelo dispositivo militar, favorecido pela impopularidade de Castello e apoiado pela elite política ligada ao governo, Costa e Silva era chamado pelo *Jornal do Brasil* de "encruzilhada de todas as aspirações".[22] Eleito indiretamente pelo Congresso em outubro de 1966, juntara aspirações demais na sua encruzilhada. Aos políticos, oferecia abertura. Aos militares, a continuação do regime. Sua mulher comparecia a missas de estudantes que, tendo conseguido notas acima de cinco nas provas de vestibular, ficaram sem vagas nas universidades. Denominavam-se "excedentes". Ele próprio se negara a endossar um plano de compromissos com o Fundo Monetário Internacional e acenava com uma política econômica mais suave que a de Castello. Lacerda considerava-o "assustadoramente despreparado para ocupar a vaga" e temia pelo futuro: "Que será do Brasil se o sr. Costa e Silva só puder organizar um governo medíocre? Depois da queda, coice?".[23]

20 Ernesto Geisel, julho de 1985.
21 Para a roda de pôquer do empreiteiro, Antonio Gallotti, 1º de janeiro de 1986.
22 Alzira Alves de Abreu e outros (coords.), *Dicionário histórico-biográfico brasileiro pós-1930*, vol.1, p. 1224.
23 Carta de Carlos Lacerda ao *Jornal do Brasil*, publicada em 28 de agosto de 1966, p. 4.

Dois meses antes da posse do novo governo, o encarregado de negócios dos Estados Unidos no Rio de Janeiro, Philip Raine, enviara a Washington um prognóstico sombrio: "Se na sua tentativa de humanizar o programa de governo ele se mostrar tolerante com civis recalcitrantes e surdo aos reclamos da linha dura militar e de outros 'revolucionários' ativos, poderá muito bem ser deposto pelos militares dentro de um ou dois anos ou encontrar-se diante de um conjunto de circunstâncias inteiramente novo, no qual perderá a liberdade de ação, embora continue no cargo".[24]

No palácio, seus velhos camaradas pressentiam um desastre. Antes da eleição, o general Cordeiro de Farias fora a Castello e lhe pedira para ir embora do Ministério do Interior: "Você sabe que ele vai afundar o país, pois é incapaz, e eu não quero ter parte nisto".[25] Castello acreditava que com a fúria legiferante dos últimos meses de seu governo, quando se votaram uma Constituição e dezenas de novas leis, seu sucessor assumiria enquadrado, mas Geisel desafiara seu otimismo: "Ora, presidente, tenha paciência. Na primeira dificuldade que o Costa e Silva tiver ele bota tudo isso fora. Se apoia no Exército ou nos amigos dele e vira ditador".[26]

Golbery estava certo de que o marechal desmoronaria: "Eu prefiro o *showdown*, e que o Costa e Silva dê o golpe e assuma o poder agora a que haja uma eleição que cooneste tudo e difira por um ou dois anos o golpe e a ditadura".[27]

Sabiam que ele não abria um livro havia mais de vinte anos. Chegava a orgulhar-se disso e uma vez, ao ver que Cordeiro de Farias carregava um volume sobre a Guerra do Vietnã, ensinou-lhe: "Você é um idiota, perdendo tempo com essas coisas. Eu hoje só faço palavras cruzadas".[28] Intelectualmente elitista, o grupo de Castello podia considerar ineptos todos os oficiais que, como Costa e Silva, não passaram por suas rodas de estudos. Ademais, não gostavam dele, e a recíproca era verdadeira.

---

24 Telegrama de Philip Raine ao Departamento de Estado, de 24 de janeiro de 1967. BLBJ.
25 Luiz Viana Filho, *O governo Castello Branco*, p. 395.
26 Ernesto Geisel, dezembro de 1994.
27 *Diário de Heitor Ferreira*, 14 de fevereiro de 1966. APGCS/HF.
28 Aspásia Camargo e Walder de Góes, *Meio século de combate*, p. 584.

No entanto, além de todos os fatores subjetivos, julgavam-no incapaz porque conheciam coisas que o país ignorava.

No final de 1966, como presidente eleito, Costa e Silva convidara o pediatra Rinaldo De Lamare, seu amigo pessoal, para acompanhá-lo numa viagem à Bahia. Movido por uma curiosidade profissional, De Lamare telefonou ao médico do marechal, Edidio Guertzenstein, procurando saber como andava sua saúde. "O presidente não está bem. Já teve um enfarte e acho que não viverá mais que dois anos", respondeu Guertzenstein.[29] Obteve um eletrocardiograma do marechal e mostrou-o a um notável cardiologista carioca. "O homem terá no máximo dois anos de vida", diagnosticou o professor.[30] "Ele estava mais entupido que pardieiro", lembrou o coronel-médico Americo Mourão, que como chefe do serviço de saúde da Presidência no tempo de Castello examinara uma bateria de exames de Costa e Silva.[31] Os resultados teriam sido levados ao general Jayme Portella de Mello, articulador das grandes manobras políticas de Costa e Silva, bem como ao coronel Mário Andreazza, seu assistente. "Não, agora não é possível mais, ele tem de ir de qualquer maneira", teria respondido Andreazza.[32]

Em 1960 os bacharéis da UDN, vestais da moralidade republicana, haviam conduzido um desequilibrado (Jânio Quadros) à Presidência. Sete anos mais tarde, a cúpula militar que interditara o eleitorado brasileiro retirando-lhe a prerrogativa de eleger o presidente, colocaria um incapaz no Planalto. Castello divertia-se nos últimos meses de governo ao ler as críticas que se lhe faziam, respondendo com uma piada de ópera em que um tenor apupado ri da plateia, despede-se da cena e avisa: "Esperem o barítono".[33]

---

29 Entrevista do médico Rinaldo De Lamare a Flávio Pinheiro, *Veja*, 5 de dezembro de 1979, p. 72. Em Luiz Viana Filho, *O governo Castello Branco*, p. 390, pode-se encontrar uma referência de Castello à saúde de seu ministro.
30 Roberto Campos, *A lanterna na popa*, p. 879.
31 Coronel-médico Americo Mourão, 1981.
32 General Gustavo Moraes Rego, dezembro de 1993. Ernesto Geisel, abril e dezembro de 1994. Ver também Maria Celina d'Araujo e Celso Castro (orgs.), *Ernesto Geisel*, p. 198.
33 Testemunharam essa brincadeira e narraram-na ao autor os generais Ernesto Geisel e Golbery do Couto e Silva, além do filho do presidente, comandante Paulo Viana Castello Branco.

Y el cielo se encuentra nublado

Ao anoitecer do dia 28 de março de 1968, no Rio de Janeiro, uma tropa da Polícia Militar atacou um grupo de estudantes que pediam melhores instalações para o restaurante do Calabouço. Nele, havia mais de dez anos jovens de todo o Brasil comiam por dois cruzeiros a bandeja. Símbolo da política assistencialista do regime de 1946, o Calaba, como era conhecido, reunia basicamente secundaristas e estudantes que se preparavam para o vestibular.[1] Funcionava perto do aeroporto do Centro da cidade e fora desalojado de suas instalações originais pelas obras do trevo que ordenou o trânsito do Aterro do Flamengo para a avenida Perimetral. Sua comida era nutritiva, porém insípida, ruim mesmo. Sopa, arroz, feijão, carne guisada ou salsichas, legumes, umas folhas de alface, algumas rodelas de tomate, goiabada e um copo de leite ralo. Acusavam-no de ser um covil de agitadores e estudantes profissionais quando, na realidade, era apenas um refúgio de pessoas que não tinham onde comer. Eram

---

[1] Existiram dois Calabouços. Um, inaugurado nos anos 1950, era um galpão com aparência de hangar, situado onde hoje está uma das folhas do trevo que liga o Aterro à avenida Perimetral. Destruído em 1967 para permitir a passagem da pista, ele foi transferido para uma construção precária a trezentos metros do terreno original.

muitos os sacrifícios que um jovem seria capaz de fazer pela derrubada do governo, mas pedir-lhe que comesse duas vezes por dia no Calabouço tendo outra mesa à disposição seria suplício excessivo.[2]

Os estudantes jogavam pedras contra os PMs, e um aspirante atirou.[3] Acertou o peito de Edson Luís de Lima Souto, de dezessete anos, protótipo do "calaboçal". Migrante nortista, pobre e secundarista, não tinha militância política. Defendia o restaurante onde comia e fazia biscates. Os colegas levaram-no para a Santa Casa de Misericórdia, a poucos quarteirões de distância, mas ele já chegou morto. Pela primeira vez desde 1964 surgia um cadáver na luta entre o regime e os estudantes. Os jovens — alguns deles ligados a organizações clandestinas — impuseram à polícia uma derrota inicial e decisiva. Conquistaram o cadáver. A PM tentou levá-lo para o Instituto Médico-Legal, mas os estudantes foram para a Assembleia Legislativa, usando-o como aríete. Sem camisa, Edson Luís foi colocado sobre uma mesa. No dia seguinte o Rio de Janeiro acordou com aquele garoto morto nas primeiras páginas dos jornais. "Assassinato", gritava o *Correio da Manhã*.[4] Ele haveria de se tornar a encruzilhada de todas as raivas.

Havia quatro anos a política brasileira estava torta, deformada pela ditadura e pelas consequentes pressões que eram exercidas à direita e à esquerda pelas dissidências do regime e da oposição. A partir da morte de Edson Luís, a contrariedade foi para a rua. Isso ocorreria de qualquer maneira, naquele ou noutro dia, com cadáver ou sem ele. O país sangrava em virtude das punições de 1964 e das mutilações eleitorais de 1965. As cassações desmoralizaram a representação política, e a supressão das eleições diretas cortara o caminho para o exercício da cidadania.

A Constituição de 1967 gerara uma ordem autoritária demais para quem ficou de fora e de menos para quem estava dentro. Os generais que

---

2 De 1960 a 1962, comi no Calabouço. Só nele.
3 Washington Novaes, agosto de 1988. Novaes, redator da revista *Visão*, cuja sede ficava a duzentos metros do Calabouço, estava numa das janelas e viu a cena. Zuenir Ventura, em *1968 — O ano que não terminou*, p. 104, identifica o assassino: Aloisio Raposo.
4 *Correio da Manhã*, 29 de março de 1968.

pretendiam conter a oficialidade radical eram enfraquecidos por acusações de conivência com os vestígios do velho regime. Como sempre havia uma roubalheira impune ou um comunista solto, o radicalismo de direita se fortificava. Os políticos que propunham a conciliação eram desprezados como adesistas. Como sempre havia um coronel larápio ou um torturador à solta, o radicalismo de esquerda tinha mais respostas que a conciliação. As mãos com que Costa e Silva manipulara a anarquia durante o governo de Castello atrapalharam-se quando chegou a sua vez de segurar o baralho. Para subir, ajudara a degradar a figura constitucional da Presidência. Quando a assumiu, recebeu-a degradada.

Numa sucessão de encontros entre Lisboa e Montevidéu costurara-se no segundo semestre de 1967 a mais improvável das alianças políticas brasileiras. Os ex-presidentes João Goulart e Juscelino Kubitschek tinham-se unido a Carlos Lacerda. O algoz de seus recentes aliados tornara-se oposicionista desde que Castello e Golbery moeram seu sonho presidencial. Se aquilo que Costa e Silva chefiava fosse de fato um "regime democrático", a união dos velhos inimigos em torno de um movimento chamado Frente Ampla seria tolerável. Como persistia a noção segundo a qual os militares eram os árbitros finais da questão política, a guinada de Lacerda foi vista como mais uma prova da inconstância dos políticos civis. À esquerda, por meio de um raciocínio idêntico, com sinal contrário, a guinada de Jango e JK foi vista como prova da inconstância dos políticos burgueses. Ampla a Frente era. Por rasa, seria irrelevante.

Enquanto Edson Luis era sepultado, tramitava na Presidência a *Exposição de Motivos 15-2R/68*, pela qual, por sugestão do general Portella, chefe do Gabinete Militar, colocava-se na ilegalidade a Frente de Lacerda, JK e Jango. Caso raro de proscrição de uma coligação de pessoas.[5] Portella, um paraibano miúdo e discreto, posto para fora do Conselho de Segurança por Geisel em 1964, fora o cérebro da estratégia que levara Costa e Silva à conspiração e dela à Presidência. Era um ativista renitente desde os anos 1950. Participara da trama para impedir a posse de Juscelino Kubitschek. Quando ela naufragou, pagou dez dias de cadeia e viu-se remetido ao comando da circunscrição de recrutamento de Nioaque, em Mato Grosso.

---

5 Jayme Portella de Mello, *A Revolução e o governo Costa e Silva*, p. 538.

Em 1963 estava no Departamento-Geral do Pessoal, o "canil" de Costa e Silva. O "dispositivo" tentara removê-lo para a Bahia, mas concordara em dar-lhe seis meses de férias, que ele transformaria em licença remunerada para conspirar.[6] Estava na primeira lista de telefonemas de Mourão Filho. O general esperou-o no dia 31 de março em Juiz de Fora, mas encontrou-o no dia 2 de abril, no gabinete do ministro.[7] Fixara-se na equipe de Costa e Silva como uma caixa de correspondência para qualquer mensagem de oposição ao grupo de oficiais que gravitava em torno de Castello. Carlos Lacerda dizia: "O general Portella é quem governa o Brasil, o general Costa e Silva é uma figura de proa, só".[8] Mandava cada dia mais e, com a ajuda do CIE, espionava civis e militares.

Uma semana antes da morte de Edson Luis, o terrorismo de esquerda chegara a São Paulo. Uma bomba jogada contra a biblioteca do consulado americano por militantes do marighelismo feriu três pessoas, uma das quais teve a perna amputada.[9] De dezembro de 1967 ao final de março de 1968, quando começou a movimentação dos estudantes cariocas, três organizações armadas já haviam assaltado pelo menos dois carros-fortes e um banco.[10] Sinal dos tempos: de uma dessas operações participara o ex-sargento da PM paulista Pedro Lobo de Oliveira. Enviado a Cuba pelo brizolismo, transferira-se do palavrório em que caíra o MNR para o voluntarismo de outra dissidência radical. Por sua parte, Marighella planejava a monta-

---

6 Alzira Alves de Abreu e outros (coords.), *Dicionário histórico-biográfico brasileiro pós-1930*, vol. 4, p. 4744.
7 Olympio Mourão Filho, *Memórias*, p. 372.
8 Carlos Lacerda, *Depoimento*, p. 362.
9 Agnaldo Del Nero Augusto, *A grande mentira*, p. 252. Desde 1966, esse foi o quarto atentado de vulto contra locais associados ao governo americano. No dia 13 de junho de 1966, em Belo Horizonte, foi provocado um incêndio no prédio do Instituto Brasil-Estados Unidos; em 25 de julho, no Recife, explodiu uma bomba no serviço de informações do governo dos Estados Unidos. No dia 1º de agosto de 1967, outra bomba, no escritório dos Voluntários da Paz, deixou três feridos, um dos quais teve a mão amputada. Menos de dois meses depois, explodiu mais um artefato, no jardim da casa do adido militar americano, no Leblon. "Cinco anos de terror", reportagem de Luiz Carlos Sarmento, *Correio da Manhã* de 6 de abril de 1969.
10 Em dezembro de 1967, em São Paulo, a ALN assaltou um carro-forte (Jacob Gorender, *Combate nas trevas*, p. 108). Em janeiro de 1968, o grupo que viria a se denominar Vanguarda Popular Revolucionária, VPR, assaltou uma agência do Bradesco em São Paulo (depoimento de Pedro Lobo de Oliveira, em Antonio Caso, *A esquerda armada no Brasil — 1967/71*, p. 118). Em fevereiro, o Grupo Especial Nacionalista Revolucionário da Ala Vermelha assaltou um carro-forte do Banco da Lavoura de Minas Gerais, em Mauá (Agnaldo Del Nero, Licio Maciel, José Conegundes do Nascimento [orgs.], *Orvil*, p. 296).

gem de uma base guerrilheira no sul do Pará e se reunira com o provincial dos dominicanos no Brasil para discutir a transformação do convento de Conceição do Araguaia em santuário para seus quadros. Nove frades do convento das Perdizes, em São Paulo, militavam no seu grupo.[11] Sem nenhuma conexão com esses planos, o Partido Comunista do Brasil começara a montar uma base na mesma região. Tinha oito quadros vivendo na margem esquerda do rio Araguaia, ao sul da sua confluência com o Tocantins. Dois eram veteranos comunistas, constituintes de 1946. Aos 56 anos, João Amazonas, secretário-geral do partido, tornara-se o *Velho Cid*. Viajava com regularidade para a mata. Maurício Grabois virara *Mário*. Vivia no mato. Os outros misturaram-se na paisagem. Dois tinham curso de capacitação militar na China e um formara-se engenheiro na Tchecoslováquia.[12] A velha AP, também influenciada pelo maoismo e por dirigentes reciclados em Pequim, estocava militantes trabalhando em fábricas de São Paulo, morando em casas sem água encanada, eletrodomésticos ou símbolos de "degeneração burguesa".[13] Herbert José de Souza, que ajudara a fundá-la e por alguns anos a dirigira, foi transformado em *Francisco*, empacotador e carregador de caixas de louça numa fábrica de Mauá.[14]

Primeiro foi para a rua a esquerda. Logo que a notícia do tiro do Calabouço percorreu a cidade, os teatros suspenderam os espetáculos, os bares da moda agitaram-se e fez-se uma romaria ao velório. Ao lado das figuras fáceis estavam agora a atriz Tônia Carrero, sempre contida em suas manifestações políticas, e o pintor Di Cavalcanti, tocado na sua proverbial preguiça. O caixão de Edson Luis foi carregado da Cinelândia ao cemitério São João Batista, acompanhado por um cortejo estimado

---

[11] Denúncia do *Processo n⁰ 207/69*, da 2ª Auditoria do Exército, da 2ª Circunscrição Judiciária Militar. Em Mario Simas, *Gritos de justiça*, pp. 87 e segs.
[12] Eram Amazonas, Grabois, Elza Monnerat, Ângelo Arroyo, Paulo Mendes Rodrigues, João Carlos Haas Sobrinho, Libero Giancarlo Castiglia e Osvaldo Orlando da Costa. Romualdo Pessoa Campos Filho, *Guerrilha do Araguaia*, pp. 81-2.
[13] Depoimento de Altino Dantas Jr., em "Contribuição à história da esquerda brasileira", de Marco Aurélio Garcia, *Em Tempo*, nº 83, 27 de setembro a 3 de outubro de 1979, São Paulo, p. 13.
[14] Entrevista de Herbert José de Souza (Betinho), em seu *No fio da navalha*, p. 85.

em 50 mil pessoas.[15] Uma faixa dizia: "Os velhos no poder, os jovens no caixão", e outra perguntava: "Bala mata fome?".[16] O crime chocara o país. Era como se ele fosse esperado havia anos, como uma senha de que chegara a hora de fazer alguma coisa.

Edson Luis morrera na quinta-feira e fora sepultado na sexta, 29 de março.[17] Passariam o sábado e o domingo, mas os estudantes e a tropa tinham um encontro marcado em todo o país para a segunda-feira, 1º de abril, aniversário da "Revolução Redentora de 31 de Março". Ao anoitecer, o Centro do Rio viu uma pancadaria sem paralelo desde agosto de 1961, quando polícia e defensores da legalidade constitucional se enfrentaram por quase uma semana. Morreram mais dois trabalhadores.[18] O balanço de dois hospitais mostrava que uma liderança então desconhecida organizava pelotões de jovens dispostos a brigar: dos 56 feridos listados, trinta eram policiais. "Poucas vezes a polícia apanhou tanto", registrou Zuenir Ventura, elegante e minucioso cronista de *1968 — O ano que não terminou*.[19] O governo só retomou o controle da situação quando 1.200 soldados do 2º Batalhão de Infantaria Blindada desceram pela avenida Presidente Vargas e ocuparam a Cinelândia.

As manifestações do Rio de Janeiro tomaram um curso ambíguo. Na oposição, sob a influência do Partido Comunista e de uma liderança de intelectuais esquerdistas procurava-se manter a legalidade da mobilização. Buscava-se ampliar a coligação que apoiava os estudantes e chegou-se a conseguir a adesão de Carlos Lacerda, em cujo governo a PM batia até em arquibancada de desfile de escola de samba.[20] No coração da esquerda, velhas dissidências e novas lideranças mostravam-se dispostas a

---

15 Todos os cálculos do tamanho das multidões que foram para as ruas em 1968 parecem ter sido influenciados pela imprensa simpática às manifestações. É possível que não houvesse 50 mil pessoas no cortejo, mas aquela era a maior manifestação já ocorrida na cidade desde abril de 1964, quando a classe média saudou a deposição de Jango.

16 Zuenir Ventura, *1968 — O ano que não terminou*, p. 102.

17 Cinco anos depois, por falta de interessados em transferir os restos mortais de Edson Luis para uma gaveta, eles foram levados para o ossário.

18 Morreram no Rio Jorge Aprígio de Paula e o marítimo David de Souza Meira. Na repressão a uma passeata em Goiânia, um sargento da Polícia Militar matou o lavador de carros Ornalino Cândido da Silva, de dezenove anos. Nilmário Miranda e Carlos Tibúrcio, *Dos filhos deste solo*, pp. 552-5.

19 Zuenir Ventura, *1968 — O ano que não terminou*, pp. 110 e segs.

20 Episódio presenciado pelo autor durante o Carnaval de 1963.

brigar com a polícia. No governo, proibiam-se passeatas, mas tolerava-se a realização de missas de sétimo dia. Só na jurisdição do I Exército anunciaram-se 119.[21] Assim como havia uma tática geral para a esquerda e outra específica para as dissidências radicais, havia uma diretriz no governo e outra no Centro de Informações do Exército, em alguns comandos da Vila Militar e no Ministério da Aeronáutica.

Na quinta-feira oficiou-se na Candelária a maior de todas as missas por Edson. Celebraram-na o bispo auxiliar da cidade e quinze padres. A igreja, famosa por seus casamentos de grã-finos ou missas de defuntos milionários, foi completamente tomada. A liturgia transcorreu em paz. Estava-se no final, passada a comunhão, quando se ouviu a movimentação da tropa. Um esquadrão de cavalaria da PM bloqueou os portões da igreja. Confundindo a multidão que saía com uma passeata que começava, espremeu-a num pequeno átrio, mal dando espaço para que ela passasse enfileirada, protegida por uma corrente de padres paramentados, de mãos dadas. Mesmo dispersando-se em paz, a multidão foi perseguida. Grupos de estudantes foram espancados e alguns, presos. Aqueles que se haviam ofendido com o assassinato e se fizeram respeitar no enterro foram humilhados na saída da missa.

À noite, faltavam duas pessoas nas rodas boêmias de Ipanema: os irmãos Ronaldo e Rogério Duarte. Ronaldo era cineasta e Rogério, um dos mais talentosos intelectuais daquilo que o situacionismo chamava de "esquerda festiva". Baiano, apelidado *Caos*, era capaz de transformar um desfile da escola de samba da Portela numa oportunidade para uma digressão sobre a rara riqueza cromática do azul. Dependendo do que punha na cabeça, intitulava-se "piloto de provas da Walita", por girá-la com a velocidade de um liquidificador. Estavam a um quarteirão da Candelária quando foram agarrados por desconhecidos e enfiados num automóvel. Vendados com toalhas, cruzaram a cidade. Quando chegaram ao destino, começaram a ser surrados, até que "de repente foi trazido um aparelho com uma manivela que dava choques elétricos". Eles contariam: "Recebemos choques nas costas, a princípio. Depois se estenderam às axilas, pescoço, através das orelhas e no rosto. O aparelho era um mag-

---

[21] Ralph della Cava (org.), *A Igreja em flagrante*, p. 63, citando a edição de 4 de abril de 1968 do *Correio da Manhã*.

neto. No momento em que eles se irritavam mais, a pessoa que acionava o magneto girava com mais intensidade, provocando um choque mais violento, e deixava o fio encostado no corpo mais tempo".[22]

Ficaram catorze dias presos, mas Ronaldo viu que estava num quartel, com jardins e praça de esportes. Foram libertados na Barra da Tijuca. Quando a oposição denunciou na Câmara a marca militar do sequestro, o deputado Último de Carvalho, defendendo o governo, informou: "Para mim, o principal deste governo e da Revolução é o combate ao comunismo. Isto é o principal. O resto é acessório".[23] O comandante do I Exército negou que os dois irmãos tivessem sido encarcerados num de seus quartéis, e o delegado Marcos Botelho, da 3ª Delegacia, onde tramitava o inquérito policial do sequestro, comunicou, com a malandragem da "meganha" carioca: "A polícia está fora do negócio (...) só vai apurar até um certo ponto e depois deixar o resto para quem tiver peito para seguir em frente".[24]

Os irmãos Duarte haviam sido sequestrados por militares e muito provavelmente ficaram no quartel do 1º Batalhão de Comunicações, comandado pelo coronel José Goulart Camara. Ele chefiara o IPM dos Correios em 1964 e fazia parte da roda de oficiais da 2ª Seção do I Exército, de onde saíram os sócios fundadores do CIE.[25] O comando da guarnição do Rio abriu uma sindicância que ouviu as vítimas e fechou-a sem nenhuma conclusão. Mais tarde o coronel foi burocraticamente retirado do comando, mas prevaleceu a versão oficial, segundo a qual o sequestro foi um acontecimento misterioso, crime insolúvel.

O caso dos irmãos Duarte indicava uma mudança de qualidade no rumo da anarquia militar. Até então ela se manifestara em atos de violência

---

[22] Narrativa de Ronaldo e Rogério Duarte, lida pelo deputado Doin Vieira na sessão da Câmara dos Deputados de 15 de abril de 1968.
[23] Aparte do deputado Último de Carvalho ao discurso do deputado Doin Vieira na sessão de 15 de abril de 1968. Notas taquigráficas consultadas em 1987 no Departamento de Documentação da Editora Abril.
[24] *Diário de Notícias*, 26 de abril de 1968.
[25] A *Folha de S.Paulo* de 25 de abril de 1968, p. 3, e *O Jornal* de 26 de abril de 1968 publicaram a denúncia contra o coronel. Ele a desmentiu na edição da *Folha de S.Paulo* de 26 de abril de 1968, p. 5.

política ou física, mas os delitos eram praticados burocraticamente dentro da máquina de repressão política. Havia ainda a preocupação de preservar a disciplina administrativa do processo policial. As torturas de 1964 foram praticadas em quartéis sabidos, por determinação de oficiais conhecidos. Os comandantes negavam que os presos tivessem sido torturados, mas admitiam que eles estavam presos e que tinham sido interrogados. O sequestro dos dois irmãos rompera essa barreira. A anarquia deslizara para a clandestinidade.

O sucesso do sequestro produziu dois tipos de resultado. O primeiro foi o envio de um sinal à sociedade. Dois cidadãos foram sequestrados e torturados num quartel, e não acontecera absolutamente nada. Portanto, outros poderiam passar pelo mesmo constrangimento, e nada haveria de suceder. Esse sinal torna-se mais claro quando se leva em conta que os irmãos Duarte, ainda que populares no seu círculo de amizades, não tinham notoriedade política. O sequestro sacava impunidade contra o futuro, pondo no ar uma nova forma de conduta. Essa, sem dúvida, foi a principal vitória dos sequestradores.

A segunda consequência, que seria melhor chamar de sequela, projetou-se dentro da máquina do Estado e, mais precisamente, nas Forças Armadas. O sequestro fora uma ação praticada fora da linha de comando, com um oficial usando a tropa e as instalações a ele confiadas para fazer o que lhe desse na telha. Colocados diante desse novo tipo de anarquia, e tendo dois paisanos como vítimas de um delito, os comandantes militares preferiram acobertá-lo debaixo de uma sindicância farsesca. Ela parecera destinar-se a garantir a impunidade dos sequestradores, mas iniciava um processo de desmoralização da hierarquia. Emitira-se também um sinal para dentro da burocracia militar. Como dizia o marighelismo na sua polêmica com o Partido Comunista: "A ação faz a vanguarda".[26]

Uma vanguarda de empresários cariocas assustados com as manifestações entendeu-se com oficiais do CIE e da Agência Rio do SNI. Deles receberam conselhos e armas para organizar "forças de autodefesa". Davam-se cursos de tiro e testavam-se explosivos nas matas de Niterói. Montaram-se aparelhos em condomínio com o CIE em catorze ou quinze

---

26 Jacob Gorender, *Combate nas trevas*, p. 109.

pontos da avenida Rio Branco, por onde desfilavam passeatas e pancadarias.[27] Chegou-se a planejar uma ação paramilitar de tal envergadura que, segundo o marechal Cordeiro de Farias, "o Rio só não pegou fogo porque uma parte do grupo recuou à última hora".[28]

Na tarde da missa da Candelária, por ordem do brigadeiro João Paulo Burnier, três oficiais e oito graduados da 1ª Esquadrilha de Salvamento e Resgate da FAB, o Para-Sar, foram colocados sob o comando de um general, municiados com armas cuja numeração havia sido raspada, equipados com documentos falsos e enviados em trajes civis para patrulhas de rua. A esquadrilha, composta por militares duramente adestrados para missões de salvamento, subordinava-se à Diretoria de Rotas Aéreas, e não ao gabinete do ministro. Ela foi posta sob as ordens de um oficial que se encontrou com a equipe do Para-Sar à sorrelfa, numa escola do Campo de Santana, intitulando-se *General Ramalho*. Na realidade, era o general Ramiro Tavares Gonçalves, comandante da Divisão Blindada.[29] Depois de conversar com *Ramalho*, o comandante da esquadrilha, major Gil Lessa de Carvalho, informou aos subordinados: "Tomem conta principalmente das janelas para ver quem atira coisas contra a polícia. Caso descubram alguma coisa, invadam o local e liquidem com quem estiver lá. A fuga de vocês estará coberta".[30]

A operação terminou numa patacoada, pois nem havia franco-apedrejadores nos edifícios, nem o Para-Sar viu nada de anormal, salvo um saco de plástico atirado de um edifício da Cinelândia. Os militares agiram rápido e, com a ajuda da polícia, interditaram o 18º andar do prédio. Uma verdadeira falta de sorte. Acabavam de sitiar os escritórios do Conselho Nacional do Petróleo, onde trabalhavam diversos coronéis e um general. Expulsos, os patrulheiros desceram dois andares, acharam um negro e levaram-no para um quartel-general clandestino montado no escritório do Estado-Maior das Forças Armadas, a trezentos metros de distância.[31]

---

27 Entrevista do coronel Luiz Helvecio da Silveira Leite ao jornalista Ayrton Baffa, *O Estado de S. Paulo*, 24 de fevereiro de 1988. AA.
28 Aspásia Camargo e Walder de Góes, *Meio século de combate*, p. 268.
29 Para a identificação do general Ramiro/Ramalho, depoimento do brigadeiro João Paulo Burnier, em Maria Celina d'Araujo, Gláucio Ary Dillon Soares e Celso Castro (orgs.), *Os anos de chumbo*, p. 215.
30 *Jornal do Brasil*, 27 de outubro de 1968: "Caso do Para-Sar chega à Justiça", p. 18.
31 Idem.

O brigadeiro Burnier, que vinha de patrocinar a criação de um Centro de Informações e Segurança da Aeronáutica, o CISA, nos moldes do CIE, era um veterano encrenqueiro. Em 1959 liderara uma revolta contra o governo Kubitschek na qual seus partidários capturaram três aviões militares, furtaram um Beechcraft, sequestraram um Constellation da Panair e tomaram um senador como refém. Desceram na base aérea de Aragarças, na Amazônia. Planejavam bombardear palácios e derrubar o governo, mas fugiram no meio de uma madrugada, cinco horas depois de ter caído sobre a região o boato de que o governo estava enviando paraquedistas para acabar com o levante.[32] Pioneiro nesse tipo de ação terrorista, Burnier fugira para a Bolívia no Beechcraft e voltara à FAB em 1961, nas asas de uma anistia. Três anos depois, na noite de 31 de março de 1964, era um dos comandantes da defesa do palácio Guanabara.

Depois da missa de Edson Luis, no dia 4 de abril, pensou-se que o Rio de Janeiro entraria numa trégua. Quando a classe média parecia acalmar-se, explodiu uma greve de metalúrgicos no município mineiro de Contagem, nas cercanias de Belo Horizonte. Primeiro pararam 1.200 trabalhadores da siderúrgica Belgo-Mineira. Em três dias o movimento alastrou-se para quatro outras indústrias, e o número de operários parados subiu a 16 mil. Depois de duas semanas de negociações, os trabalhadores levaram um abono de 10% e o gosto de terem ferido a política salarial do governo.[33] Por trás do movimento estavam a AP e uma nova sigla, o Colina (Comando de Libertação Nacional). Formado essencialmente por estudantes esquerdistas de Minas Gerais, foi a primeira organização a defender o recurso ao terrorismo chamando-o pelo nome.[34]

---

[32] Para uma narrativa da participação de Burnier em Aragarças, ver José Amaral Argolo e outros, *A direita explosiva no Brasil*, pp. 98 e segs. Nas páginas 116 a 121 está a reportagem do fotógrafo Campanella Neto, testemunha acidental do episódio, publicada pela revista *Mundo Ilustrado*.
[33] Celso Frederico (org.), *A esquerda e o movimento operário — 1964-1984*, vol. 1: *A resistência à ditadura*, p. 168.
[34] Daniel Aarão Reis Filho e Jair Ferreira de Sá (orgs.), *Imagens da revolução*, p. 158.

Uma data mágica — 1º de maio — uniu dois oportunismos e separou fisicamente a esquerda brasileira. A direção paulista do PCB teve a ideia de realizar um comício na praça da Sé. Por cautela, mandou emissários ao governador Roberto de Abreu Sodré, pedindo-lhe autorização. Sodré, aspirante a candidato à Presidência da República nas eleições indiretas previstas para 1970, não só autorizou a manifestação, como informou que a ela compareceria. Trinta anos antes, nas comemorações do Primeiro de Maio da ditadura de Vargas, ele panfletara o estádio do Pacaembu, ao preço de quinze dias no porão do DOPS.[35] A manifestação foi publicamente boicotada pelas siglas clandestinas e até pelo partido de oposição legal, o MDB.[36]

Mesmo assim, havia alguns milhares de pessoas na praça. O Partidão levara seus militantes, os pelegos compareceram com alguma plateia e o evento parecia um verdadeiro sucesso. Até bases sindicais ligadas à esquerda radical do ABC tinham aparecido em ônibus fretados. O presidente do Sindicato dos Metalúrgicos de Osasco, José Ibrahim, estava no palanque. Na multidão havia velhos quadros do PCB afastados da organização por discordarem de seu pacifismo. Era o caso do veterano Antônio Raymundo Lucena, que levara seu filho Ariston, de dezessete anos. Havia também novos nomes da liderança operária, como José Campos Barreto, o *Zequinha*, um jovem ex-seminarista, filho de lavradores de Buriti Cristalino, no sertão baiano, metalúrgico de Osasco. Algumas das moças da USP usavam a chamada "fardinha Che Guevara": saia curta, de lonita bege ou esverdeada, blusão cáqui, sapatos baixos.

Quando o primeiro orador tentou falar, foi abafado pelas vaias. Veio outro, e nada. Sodré, com a autoridade de governador do estado, pegou o microfone e começou: "Trabalhadores de São Paulo: nós os trabalhadores...".[37] Primeiro sumiu o som. Depois choveram paus, ovos e pedras. Uma batata cravejada acertou a cabeça do governador, deixando-a com um talho. O palanque foi invadido e incendiado.[38] Comunistas e autoridades, corridos. Um deputado foi atacado a pauladas. De megafone

---

35 Roberto de Abreu Sodré, *No espelho do tempo*, p. 34.
36 Fernando Perrone, *68 — Relato de guerras*, p. 82.
37 Depoimento de José Ibrahim, em Antonio Caso, *A esquerda armada no Brasil — 1967-71*, p. 64.
38 Para a batata e o incêndio, Roberto de Abreu Sodré, *No espelho do tempo*, p. 158.

na mão, os invasores hastearam um retrato do Che, discursaram e incendiaram o palanque. O comício transformou-se numa passeata em direção ao Centro da cidade, e a baderna terminou com a destruição das vidraças de uma agência do Citibank.

Sodré e os comunistas haviam sido atraídos para uma ilusão de óptica. Uma parte daquela multidão que parecia estar na praça para ouvi-los fora enxotá-los. Num dos ônibus fretados viera uma tropa de choque organizada no ABC por ex-sargentos e militantes das dissidências esquerdistas. O próprio Marighella participara do estratagema.[39] Diante do palanque estava Marco Antonio Brás de Carvalho, o *Marquito* da ALN. Antônio Raymundo Lucena e seu filho nada mais tinham a ver com o PCB. *Zequinha e Marquito*, muito menos. Eram quadros da esquerda armada, assim como a maioria das pessoas na primeira fila do comício. Foram à praça da Sé para enxotar Sodré.[40]

Desde o início da crise, São Paulo movia-se num compasso diferente daquele que marcava o ritmo e os objetivos da agitação do Rio de Janeiro. Lá, faltavam à esquerda as multidões cariocas, capazes de uni-la. Disso resultava um distanciamento abrasivo entre as várias organizações. Composições como a Frente Ampla e as comissões unitárias de organização de passeatas, com todas as suas negociações e compromissos internos, não passavam pelo cotidiano da esquerda paulista. À diferença do Rio, não havia em São Paulo uma nobiliarquia de intelectuais e políticos esquerdistas com um pé nas assembleias e outro nos salões ou no poder local, mediando o conflito entre a rua e a elite. Enquanto na antiga capital prevalecia o modelo das alianças tradicionais, em São Paulo brotavam organizações armadas. Na praça da Sé, naquele Primeiro de Maio, um pedaço da esquerda foi para um lado, enquanto o Partido Comunista, surrado, foi para o outro. Só voltariam a encontrar-se dezesseis anos depois, na mesma praça, quando nela foi lançada a campanha pelas eleições diretas para a Presidência da República.

Em maio a roda de Aquarius começava sua última grande volta. Feérica e incontrolável, ela se fazia ouvir desde o início do ano. Da Itália

---

39 José Ibrahim, em Antonio Caso, *A esquerda armada no Brasil — 1967-71*, p. 65.
40 Ariston Lucena, agosto de 1988.

à Etiópia, de Nova York ao Japão, estudantes haviam tomado universidades e avenidas, mas agora a revolta explodira em Paris. A Sorbonne fora ocupada, o Quartier Latin tornara-se um campo de batalha onde a polícia apanhava e velhos políticos eram postos para correr por uma juventude que tinha uma pedra na mão e ideias esquisitas na cabeça: "É proibido proibir"; "Seja realista, exija o impossível"; "Meus desejos são reais porque eu acredito na realidade dos meus desejos".

Charles de Gaulle, o monarca da Quinta República, viu-se a um passo da deposição pela choldra que defenestrara Luís XVI e Carlos X. Dois meses antes o presidente Lyndon Johnson anunciara que, diante da "divisão dos lares americanos", não disputaria a reeleição em novembro.

No Brasil havia a sensação de que o Maio Francês começara em março. O governo e o movimento estudantil vinham se cozinhando em fogo brando. Costa e Silva ameaçava com o estado de sítio, e as lideranças estudantis chegavam a desejá-lo. Faziam greves no Paraná e na Bahia, passeatas em Botucatu e Osasco. Pela mais efetiva das regras do metabolismo das agitações juvenis, elas se multiplicam quando o governo lhes dá o fator da repressão. Isso estimula uma astuciosa atitude provocadora das lideranças estudantis. Ela passa a procurar confrontos para alavancar novas manifestações. No dia 19 de junho, 1.500 jovens invadiram o velho hospício onde funcionava a reitoria da Universidade Federal do Rio de Janeiro. Tangeram o Colendo Colégio de professores, bem como seu Magnífico Reitor, para uma assembleia ao ar livre onde os vaiaram e insultaram.[41] A liderança estudantil jogava na carta da radicalização, mas essa não era a única provocação em curso, muito menos a maior.

Cinco dias antes, o brigadeiro Burnier chamara ao seu gabinete os integrantes da esquadrilha do Para-Sar. Estava aborrecido com as restrições que um dos seus oficiais, o capitão Sérgio Miranda de Carvalho, lhe apresentara por conta da utilização da tropa na tarde da missa da Candelária. Diante de três oficiais e onze graduados, Burnier atacou: "Vocês sabem que para saber salvar é preciso saber matar. (...) Matar não é fácil, matar é uma coisa difícil. Para saber matar bem é preciso que a mão não trema, a mão não pode tremer. Para cumprir missões de morte na guerra é

---

41 Zuenir Ventura, *1968 — O ano que não terminou*, pp. 139-42.

preciso saber matar na paz. Deve-se sentir o gosto de sangue na boca". Enquanto discursava, dirigia-se a cada um dos ouvintes: "Entendeu, japonês?", "Concorda, major?". Burnier especificara até mesmo uma vítima: "Figuras políticas como Carlos Lacerda — esse canalha que muita gente pensa ser meu amigo — deveriam já estar mortas".[42] O capitão Sérgio disse-lhe que não concordava com os assassinatos. Burnier interrompeu-o: "Pois será afastado do Para-Sar. E vai sentir todo o peso dos meus galões!".

Sérgio Macaco, como o capitão era conhecido na FAB, ou *Naminguá Caraíba* (*Homem Branco Amigo*), como contava que era conhecido pelos índios da Amazônia,[43] aos 37 anos, com 6 mil horas de voo, novecentos saltos e quatro medalhas de sangue, era um dos oficiais mais qualificados da Força Aérea. A tropa do Para-Sar, com seu rigoroso adestramento, era formada por militares profissionais que se comparavam às melhores companhias da Brigada Paraquedista do Exército e do Corpo de Fuzileiros da Marinha. Utilizar uma tropa desse tipo em ações de contrainsurreição poderia ser uma tentativa de formar no Brasil algo semelhante ao legendário esquadrão do Special Air Service britânico, que azucrinara as linhas alemãs no deserto da Cirenaica e fizera fama mundial destruindo a guerrilha malaia.

O negócio de Burnier, no entanto, não era manter a ordem, mas manipular a desordem. Não só pela referência que fez à necessidade de extermínio de "figuras políticas", como pelo detalhamento que teria dado a essa ideia dois dias antes, numa conversa a sós com *Sérgio Macaco*. Muito mais grave na essência, esse encontro não teve testemunhas. Era a palavra de um contra a do outro.

A palavra do capitão: "O plano do Burnier era explodir a Sears, a embaixada americana e o Citibank. No mesmo dia das outras explosões nós

---

[42] Os catorze participantes da reunião responderam posteriormente a um questionário em que lhes era indagado se tinham ouvido Burnier falar em "saber matar", "sentir o gosto de sangue na boca", e na execução de "figuras políticas como Carlos Lacerda". O major Gil Lessa de Carvalho e o capitão Loris Areas Cordovil desmentiram que Burnier houvesse dito essas frases. Um capitão, Roberto Camara Lima Ypiranga dos Guaranys, confirmou-as genericamente. Além do capitão Sérgio, dez graduados confirmaram-nas. Destes, três sargentos acrescentaram que o brigadeiro também falou em atirar as vítimas de aviões em voo. Ver as *Interpelações* encaminhadas pelo brigadeiro Itamar Rocha, diretor-geral de Rotas Aéreas, respondidas pelos participantes da reunião, documento cedido ao autor pelo capitão Sérgio. AA.
[43] Para o apelido dado pelos índios, Sérgio Miranda de Carvalho, fevereiro de 1987.

deveríamos dinamitar o gasômetro da avenida Brasil. Isso permitiria uma matança de comunistas. Na lista das pessoas a serem exterminadas estavam o Lacerda, Jânio, o general Mourão Filho".[44] Na palavra de Burnier essa proposta nunca foi feita. Além disso, a conversa teria ocorrido em junho, e o capitão só a denunciou em outubro.[45]

Sérgio Macaco denunciou Burnier ao brigadeiro Délio Jardim de Mattos. Ao contrário do que acontecera no Exército com o sequestro dos irmãos Duarte, um pedaço da Aeronáutica foi à luta contra a dissidência radical. Como Burnier, Délio era um oficial de fama. À diferença dele, mantivera-se dentro dos regulamentos disciplinares. Em 1954 prendera pessoalmente no meio do mato o pistoleiro Climério Euribes de Almeida, guarda-costas de Getulio Vargas que participara do assassínio de um major da FAB num atentado fracassado contra Carlos Lacerda.[46] Em 1964 Geisel colocara-o na subchefia da Aeronáutica do Gabinete Militar da Presidência. Como sucedera a todos os oficiais que trabalharam diretamente com Geisel, naqueles dias Délio comandava uma mesa. Cuidava de papéis na Diretoria de Documentação Histórica da Aeronáutica. Não poderia enfrentar os galões de Burnier, mas seu prestígio na FAB vinha da estreita ligação pessoal que mantinha com o brigadeiro Eduardo Gomes, uma espécie de santo padroeiro da Aeronáutica, que o considerava um filho.

Revoltoso de 1922, adversário da ditadura de Vargas e de seu filonazismo dos primeiros anos da guerra, o *Brigadeiro*, como era chamado, tornara-se símbolo do liberalismo militar brasileiro. Duas vezes candidato a presidente, duas vezes batido, vivia com uma irmã, comungava quase todos os dias, falava pouco e ouvia muito, sobretudo a Délio. Nas eternas brigas da FAB tivera muitos adversários, mas jamais um desafiante. Com a denúncia de *Sérgio Macaco*, a essa altura ainda coberta pelo sigilo, abria-se a mais séria das crises do governo Costa e Silva: a sua erosão militar. Essa era a crise invisível.

Na crise visível — a da rua — a ocupação da reitoria da Universidade Federal do Rio de Janeiro reabriu o ciclo de provocações que parecia

---

44 Sérgio Miranda de Carvalho, fevereiro de 1987.
45 Depoimento do brigadeiro João Paulo Burnier, em Maria Celina d'Araujo, Gláucio Ary Dillon Soares e Celso Castro (orgs.), *Os anos de chumbo*, p. 221.
46 Délio Jardim de Mattos, 1973.

amainado desde que se celebrara a missa da Candelária. No início da noite de quinta-feira, dia 20 de junho, quando os estudantes, amparados na palavra do reitor, se retiraram da assembleia, a Polícia Militar os atacou. Uns apanharam dos PMs enfileirados pelas calçadas. Muitos fugiram, mas algumas centenas de jovens foram encurralados no campo de futebol do estádio do Botafogo, a menos de duzentos metros de distância. Capturados na armadilha, viram-se rendidos, espancados e humilhados. Deitaram-nos no gramado, obrigaram-nos a andar de quatro. Alguns PMs urinaram sobre presos.[47]

Assim como ocorrera em março com a morte de Edson Luis, o Rio de Janeiro acordaria em sobressalto, com as primeiras páginas dos jornais exibindo lúgubres fotografias de garotos deitados no escuro, debaixo das botas da polícia. Com uma diferença: dessa vez os jovens não eram secundaristas anônimos ou biscateiros "calaboçais". Eram os dourados filhos da elite. Sucedeu-se a "Sexta-Feira Sangrenta". O Centro do Rio foi tomado por um sururu que se iniciou por volta das nove da manhã e acabou no final da tarde com uma carga de cavalaria da Polícia Militar. No fim da jornada havia mais mortos: um PM com a cabeça esmagada por um tijolo jogado do alto de um edifício e três estudantes, entre os quais uma jovem, Maria Ângela Ribeiro, alvejada na fronte por um policial.[48] Ia começar tudo de novo.

A nobiliarquia intelectual carioca reuniu-se naquela mesma noite. Sua tática vinha do receituário do regime de 1946. A resposta à provocação seria uma nova manifestação, pacífica, unitária. Não só a tática estava vencida à esquerda e à direita, como o próprio cenário da principal reunião da noite simbolizava o crepúsculo de uma época. Os intelectuais, sem liderança sobre os estudantes, encontraram-se no apartamento do ex-deputado comunista Sinval Palmeira (que estava fora da cidade) — um latifúndio de seiscentos metros quadrados na avenida Atlântica. No mesmo prédio moravam o deputado Tancredo Neves (apartamento 801)

---

[47] Para os PMs urinando, depoimento de Vladimir Palmeira, de novembro de 1995, em *Diário da patetocracia*, coletânea de crônicas de José Carlos Oliveira, p. 271.
[48] Morreram também o PM Nelson de Barros, Manoel Rodrigues Ferreira e Fernando da Silva Lembo.

e o ministro das Relações Exteriores, Magalhães Pinto (401).[49] Chamado Golden State, esse edifício também era maledicentemente conhecido por São Dimas, numa referência ao padroeiro dos ladrões, pois fora construído com dinheiro da Caixa Econômica Federal no governo Kubitschek e vendido aos seus primeiros compradores, como era praxe na época, sem nenhuma correção monetária. Começaram ali as articulações para uma grande passeata na semana seguinte.

Faltavam dois dias para a manifestação do Rio de Janeiro, quando uma camionete Chevrolet C-14 chegou no meio da noite ao hospital militar do Cambuci, em São Paulo. Dela baixou um comando, chefiado pelo ex-sargento Pedro Lobo de Oliveira. Quatro homens disfarçados com fardas do Exército amordaçaram duas sentinelas e limparam o corpo da guarda, onde dormiam mais alguns soldados. Levaram nove fuzis FAL, novos em folha.[50] Ao acordar, o comandante do II Exército, general Manoel Carvalho Lisboa, revidou com uma bravata: "Atacaram um hospital, que venham atacar meu quartel!".[51] Seu quartel ficava no parque do Ibirapuera, numa caixa de concreto ajardinada.

Menos de 48 horas depois, na madrugada de 26 de junho, uma coluna de carros marchava em direção ao quartel do general Lisboa levando a resposta. À frente ia uma camionete C-14. Atrás, três Volkswagens. Eram oito pessoas, algumas delas, como a camionete, veteranas da operação do Cambuci. Perto do quartel-general os fuscas pararam, e um dos passageiros da camionete saltou. Logo em seguida saltou o motorista. Uma sentinela atirou seis vezes. A C-14 prosseguiu sozinha, com o acelerador preso por um dispositivo mecânico. Deveria chocar-se contra o portão do quartel e haveria de derrubá-lo. Desgovernou-se, bateu num poste e parou junto a um muro. O soldado Mário Kozel Filho, o *Kuka*, dezoito anos, saiu de sua guarita para inspecionar o carro quando uma carga de cinquenta quilos de dinamite o explodiu. Seis outros militares

---

[49] Zuenir Ventura, *1968 — O ano que não terminou*, p. 144. Palmeira comprou o seu apartamento sem financiamento, por 750 mil dólares.
[50] Carlos Alberto Brilhante Ustra, *Rompendo o silêncio*, p. 49. Antonio Caso, *A esquerda armada no Brasil — 1967/71*, p. 125.
[51] Antonio Caso, *A esquerda armada no Brasil — 1967/71*, p. 134.

saíram feridos.⁵² Somado ao PM morto no Rio, Kozel era o segundo cadáver fardado do ano.

Os dois atentados de São Paulo significaram o início da fase de combates ostensivos entre as organizações dispostas a praticar atos terroristas e o regime. Desde o ano anterior vinham sendo organizadas células, assaltados bancos e planejados novos ataques nas cidades ou bases de guerrilha rural. Essas iniciativas ainda amparavam-se essencialmente no esquerdismo militar expurgado em 1964 e fermentado em Cuba. Dos doze participantes do planejamento e dos ataques ao hospital do Cambuci e ao QG do Ibirapuera, sete eram ex-militares, seis dos quais tinham passado pelos campos de treinamento de Havana. Só quatro, entre eles duas mulheres, não tinham sido adestrados pelas Forças Armadas brasileiras ou cubanas.

O efetivo da esquerda radical deixara de ser um prolongamento da geração que fora ao comício da Central em 1964. Abastecia-se agora também na população que fizera as marchas religiosas contra João Goulart. No Rio de Janeiro, um dos comandantes da ocupação da UFRJ fora o estudante de química Jean Marc van der Weid, que no dia 31 de março estava no palácio Guanabara, disposto a "morrer pela liberdade" na defesa da democracia e de Carlos Lacerda.⁵³ Depois de passar uma tarde correndo da polícia pelas ruas do Centro, Alfredo Sirkis, de dezoito anos, teve um momento de felicidade ao ver que seus companheiros tinham quebrado os vidros da embaixada americana.⁵⁴ Meses antes, trocara por uma fotografia de Che Guevara o retrato de John Kennedy que tinha em seu quarto.⁵⁵ Em 1964, fora defender a democracia nos jardins do palácio Guanabara.⁵⁶ A explosão do Ibirapuera foi abafada pela passeata do Rio de Janeiro, iniciada horas depois. Ela entrou para a história da luta pelas liberdades públicas com o nome de Passeata dos Cem Mil. Como o profes-

---

52 Depoimento de José Ronaldo Tavares de Lira e Silva, em Antonio Caso, *A esquerda armada no Brasil — 1967/71*, pp. 135 e segs. Carlos Alberto Brilhante Ustra, *Rompendo o silêncio*, pp. 51 e segs. Ver também Judith Lieblich Patarra, *Iara*, p. 226, e "Memórias reveladas — Memórias censuradas", no sítio *A verdade sufocada*: <http://www.averdadesufocada.com/index.php/memrias-reveladas-especial-87/2066-2906-memrias-reveladas-memrias-censuradas>.
53 Daniel Aarão Reis Filho e Pedro de Moraes, *1968 — A paixão de uma utopia*, p. 118.
54 Alfredo Sirkis, *Os carbonários*, p. 109.
55 Idem, p. 56.
56 Idem, p. 58.

sor Deoclecio Redig de Campos, diretor dos Museus Vaticanos, dizia quando mostrava o *Juízo Final* de Michelangelo, no paredão da Capela Sistina, "foi o magistral pano de boca que caiu sobre uma época, encerrando-a".

Olhada, a passeata era uma festa. Manifestação de gente alegre, mulheres bonitas com pernas de fora, juventude e poesia. Caminhava em cordões. Havia nela a ala dos artistas, o bloco dos padres (150), a linha dos deputados. Ia abençoada pelo cardeal do Rio de Janeiro, o arquiconservador d. Jaime Câmara, que em abril de 1964 benzera a Marcha da Vitória. Muitas pessoas andavam de mãos dadas. Todo o Rio de Janeiro parecia estar na avenida. A serena figura da escritora Clarice Lispector, Norma Bengell, Nara Leão, Vinicius de Moraes e Chico Buarque de Hollanda, que com a poesia de "Carolina", e seus olhos verdes, encantava toda uma geração. Personagens saídos da crônica social misturavam-se com estudantes saídos do DOPS. Do alto das janelas a cidade jogava papel picado. Catedral frentista, a Passeata dos Cem Mil saiu da Cinelândia, jovem, bela e poderosa. Parecia o funeral do consulado militar.

Ouvida, era maravilhoso veículo de um anacronismo político. O slogan mais repetido da manifestação anunciava o fim do regime. Um pedaço gritava: "O povo organizado derruba a ditadura". Outro pedaço corrigia: "O povo armado derruba a ditadura". Não se contrapunham, complementavam-se. Quem os ouvisse de longe poderia escolher o adjetivo de sua preferência e acreditar que todos estivessem dizendo a mesma coisa. Bicéfala, a passeata estava na rua porque desde março a liderança radical forçava choques com o governo, mas fora a frente política costurada pela caciquia moderada que abrira a avenida para o povo.

Essa grande manifestação teve ponto de partida, a Cinelândia, mas tendo deixado a avenida num momento de sonho, tudo se acabou nas transversais. Depois de parar gloriosamente na Presidente Vargas, vagou emagrecida até os pés da estátua de Tiradentes, em frente ao antigo prédio da Câmara dos Deputados. Lá Vladimir Palmeira, o mais popular dos dirigentes estudantis, ameaçou: "A partir de hoje, para cada estudante preso, as entidades estudantis promoverão o encarceramento de um policial".[57]

---

[57] Para uma descrição minuciosa da passeata, ver Zuenir Ventura, *1968 — O ano que não terminou*, pp. 155 e segs., e José Dirceu e Vladimir Palmeira, *Abaixo a ditadura*, pp. 139-43.

A passeata fora a maior vitória conseguida pela oposição desde as eleições de 1965, mas seu capital político era inconversível. Nela não havia uma só alma que admitisse a hipótese da continuação do regime. A extrema esquerda queria que o povo armado derrubasse a ditadura e começasse a revolução socialista. O Partidão queria que o povo organizado derrubasse a ditadura, revogasse as leis do castelismo e formasse um governo de coalizão. Os liberais da oposição admitiam que Costa e Silva permanecesse no poder, desde que ainda no seu mandato reformasse a Constituição, promulgasse uma anistia e abrisse o caminho para a convocação de eleições diretas para a sua sucessão.

Desde abril o governo oscilava entre a ameaça do estado de sítio e uma tolerância marota, mas em nenhum momento circulou nele a ideia de atender sequer à mais secundária das reivindicações oposicionistas. Enquanto isso, 1968 mudava de cara. Os dias esplendorosos dos primeiros meses ofuscaram a complexidade daquele ano memorável. Ele começara com a ofensiva do Tet e a desistência de Lyndon Johnson, com as barricadas de Paris e o pânico de De Gaulle, com as agitações em Varsóvia e a Primavera de Praga. Estampido e não estopim, 1968 entrou no segundo semestre com Martin Luther King Jr. assassinado numa varanda de Memphis e Robert Kennedy, candidato democrata à Presidência dos Estados Unidos, morto num corredor de hotel na Califórnia. Em novembro, o republicano Richard Nixon ganhou a eleição americana. De Gaulle, batido em maio, convocou uma eleição e, em junho, consolidou sua maioria parlamentar, tomando à esquerda cem cadeiras na Assembleia Nacional. A Tchecoslováquia foi ocupada pelas tropas russas em agosto. Aquilo que parecera o início de um novo tempo era o seu desfecho.

Terminada a passeata, Costa e Silva concordou em receber uma comissão de representantes da manifestação para um encontro no Planalto e com ela se reuniu num episódio patético. Começou com uma disputa sobre a indumentária de dois estudantes sem paletó. Acabou num bate-boca.[58] Tratava-se de uma conversa de mudos com surdos. A comissão, que representava uma passeata, não tinha mandato nem influência sobre a esquerda radical, faltando-lhe ainda coragem e vontade para

---

[58] Zuenir Ventura, *1968 — O ano que não terminou*, pp. 167 e segs.

denunciá-la. Costa e Silva, por sua vez, não tinha comando sobre a anarquia militar, faltando-lhe autoridade e vontade para enquadrá-la.

O terrorismo militar, iniciado com o sequestro dos irmãos Duarte, mudou de tática. Conta um dos oficiais que patrocinaram essa ofensiva: "Nós fizemos uma reunião no CIE e resolvemos agir contra a esquerda. Definimos qual era o campo mais fraco e decidimos que era o setor de teatro. Em seguida, começamos a aporrinhar a vida dos comunistas nos teatros. A gente invadia, queimava, batia, mas nunca matava ninguém".[59] "Atribuíam as operações a altos escalões, mas eram operações clandestinas de escalões inferiores. (...) Os grupos dessas ações eram formados por majores, capitães, tenentes, sargentos e civis, uma frente de resistência anticomunista, contando com o apoio de civis, seja para 'aparelhos', seja para a execução de certas operações."[60]

Em julho e agosto, no Rio, puseram-se bombas em dois teatros.[61] Depois varejou-se em São Paulo o Teatro Ruth Escobar. Encenava *Roda-Viva*, espetáculo de Chico Buarque de Hollanda, dirigido por José Celso Martinez Corrêa. Um ano antes ele dirigira uma primorosa versão d'*O rei da vela*, de Oswald de Andrade. Apaixonado delirante, Zé Celso concebera uma provocação cultural: "É preciso provocar o espectador, chamá-lo de burro, recalcado, reacionário". O texto contava a história da construção mistificadora de um ídolo musical. A montagem pretendia lançar o "teatro da porrada" e incluía cenas de bolina entre um anjo e a Virgem, já envolvida numa cena erótica com seu Filho. Terminava com a morte do herói, cujo fígado era estraçalhado em cena. Zé Celso resolveu despedaçar um fígado de verdade (de boi), sujando parte da plateia.[62]

---

59 Coronel Luiz Helvecio da Silveira Leite, maio de 1985.
60 Entrevista do coronel Luiz Helvecio da Silveira Leite ao jornalista Ayrton Baffa, *O Estado de S. Paulo*, 24 de fevereiro de 1988. AA.
61 José Amaral Argolo e outros, *A direita explosiva no Brasil*, p. 278.
62 Zuenir Ventura, *1968 — O ano que não terminou*, pp. 88-93.

Roda-Viva foi atacada pelo braço ostensivo do terrorismo paramilitar em São Paulo, o Comando de Caça aos Comunistas, o CCC. Tinha o ministro da Justiça, Gama e Silva, como orientador.[63] Segundo um de seus fundadores, delegado do DOPS, nove entre dez militantes de sua tropa de choque eram oficiais do Exército.[64] Seus quadros civis treinavam num sítio em Cotia, e seus instrutores eram militares.[65] Na noite de 17 de julho, quando o espetáculo acabou, os camarins foram invadidos. Dezenas de galalaus entraram batendo, com pedaços de pau e socos-ingleses. Organizaram um corredor polonês e obrigaram os atores a ir para a rua como estivessem. A atriz Marília Pêra e seu colega Rodrigo Santiago foram nus. Continuaram apanhando em frente ao prédio do teatro, diante de uma plateia atônita e de duas guarnições da radiopatrulha, imóveis. Pêra foi socorrida por uma camareira que a cobriu com um blusão.[66]

No Rio, os dispositivos montados no Teatro Opinião para prevenir atentados inibiram as tentativas de deixar uma carga de retardo debaixo das arquibancadas de madeira da arena. "Optou-se então pela destruição total. Numa madrugada de chuva, com algumas cargas ocas e coquetéis-molotovs, acabamos com o teatro", conta um dos oficiais do CIE que planejou a operação.[67] Acabara-se o Opinião, um teatro sujo, perdido no esqueleto de um shopping center inacabado. Lá a cultura brasileira escreveu uma das suas belas páginas. Três anos antes, Nara Leão cantara:

---

[63] Entrevista de João Marcos Monteiro Flaquer a Luis Antônio Giron em "Comando de Caça aos Comunistas diz que atacou o 'Roda-Viva' em 1968", *Folha de S.Paulo*, 17 de julho de 1993, Ilustrada, pp. 4-1 e 4-4.
[64] Depoimento do delegado Raul Nogueira de Lima (*Raul Careca*), em Percival de Souza, *Autópsia do medo*, pp. 379-80.
[65] Entrevista de João Marcos Monteiro Flaquer a Luis Antônio Giron em "Comando de Caça aos Comunistas diz que atacou o 'Roda-Viva' em 1968", *Folha de S.Paulo*, 17 de julho de 1993, Ilustrada, pp. 4-1 e 4-4.
[66] Entrevistas de João Carlos Monteiro Flaquer (na verdade, João Marcos Monteiro Flaquer, mencionado também como João Marcos Flaquer em outras reportagens) e do ator Rodrigo Santiago a *O Estado de S. Paulo* de 29 de abril de 1988, em caderno dedicado ao ano de 1968. Zuenir Ventura, *1968 — O ano que não terminou*, p. 236. Para Marília Pêra, seu depoimento em *O Estado de S. Paulo* de 11 de dezembro de 1988, p. 7.
[67] Entrevista do coronel Luiz Helvecio da Silveira Leite ao jornalista Ayrton Baffa, *O Estado de S. Paulo*, 24 de fevereiro de 1988. AA.

> *Y el cielo se encuentra nublado*
> *No se ve relucir una estrella*
> *Los motivos del trueno y del rayo*
> *Vaticinan segura tormenta.*[68]

Com a impunidade e a rotina, os atentados tornaram-se mais violentos e seus autores, menos cuidadosos. Em outubro, quando a Censura proibiu *Roda-Viva*, foram sequestrados em Porto Alegre a atriz Elizabeth Gasper e o guitarrista Zelão. Levaram-nos para uma clareira e ordenaram-lhes que repetissem a cena de erotismo da Virgem com seu Filho, mas desistiram e libertaram-nos.[69] Poucos dias depois do sequestro de Porto Alegre o coronel Fiúza de Castro, chefe do CIE, mandou que fosse sequestrada em São Paulo a atriz Norma Bengell. Capturaram-na na porta de um hotel e levaram-na para a central de interrogatórios do Centro, que funcionava no Pelotão de Investigação Criminal (PIC) da Polícia do Exército da Vila Militar. Interrogaram-na, desculparam-se e libertaram-na.[70]

Durante o ano de 1968, no Rio de Janeiro, o terrorismo de direita praticou vinte atentados com explosivos e dois duplos sequestros.[71] Autodenominado "terrorismo branco", evitava situações em que pudesse fazer vítimas e, de fato, não matou ninguém. Nenhum dos ataques foi investigado. Num caso, como o CIE não soubesse a quem atribuir um atentado ao depósito do *Jornal do Brasil*, em cuja vizinhança se deixara uma pichação informando que a "UNE cumpre", bastou um telefonema a um notório militante do grupo para esclarecer que a esquerda nada

---

68 Uma canção da Guerra Civil Espanhola, em *Liberdade, liberdade*, de Flávio Rangel e Millôr Fernandes, p. 81.
69 *Veja* de 16 de outubro de 1968, p. 22, e Zuenir Ventura, *1968 — O ano que não terminou*, pp. 229 e segs.
70 Coronel Luiz Helvecio da Silveira Leite, maio de 1985, e Zuenir Ventura, *1968 — O ano que não terminou*, p. 237.
71 Além dos irmãos Duarte, foram presos na rua e levados para o Arsenal de Marinha o diretor de teatro Flávio Rangel e o arquiteto Bernardo Figueiredo, Zuenir Ventura, *1968 — O ano que não terminou*, p. 150. Para as explosões, José Amaral Argolo e outros, *A direita explosiva no Brasil*, pp. 278-9. Há ainda uma lista organizada por Flavio Deckes em *Radiografia do terrorismo no Brasil — 66/80*. Chega-se aos vinte atentados juntando-se, aos dezoito de Argolo e outros, dois que estão listados por Deckes: na ABI e no Teatro de Arena.

tivera com aquela bomba.[72] Se no caso dos irmãos Duarte houve uma sindicância de fancaria, nos seguintes, nem isso.

Dois oficiais — o tenente-coronel Luiz Helvecio da Silveira Leite (da ativa, no CIE) e o coronel Alberto Fortunato (da reserva, na Divisão de Segurança e Informações do Ministério do Interior) — participaram da cena de dez atentados a bomba.[73] Sob as vistas de um agente do CIE, Fortunato lançou dez bananas de dinamite gelatinosa contra a representação comercial da URSS na rua Alice.[74] Dois tenentes-coronéis bombardearam a embaixada da Polônia.[75] Desse grupo, anexo ao CIE, partiram dezoito das vinte bombas que explodiram na cidade. Os conhecimentos químicos vinham de um ex-militar francês, veterano das guerras da Indochina e da Argélia. A munição e alguns explosivos eram tirados do Depósito Central de Munição do Exército, em Paracambi. Dois dos coronéis encrenqueiros dos IPMs do governo Castello conheciam boa parte dos oficiais detonadores.[76] Tinha razão o *Correio da Manhã* quando dizia: "Mais do que indiferença, há, no comportamento do governo, estímulo à violência. Há conivência".[77]

O dispositivo terrorista impusera ao governo sua autonomia. Não a conseguiu porque fosse forte, mas porque faltava ao marechal Costa e Silva a vontade de reprimi-lo. O objetivo proclamado das bombas dos coronéis era intimidar a esquerda, mas seu propósito era favorecer a radicalização. Sua consequência foi a consolidação dentro das Forças Armadas de um bolsão indisciplinado, delinquente e inimputável. Em várias ocasiões esse terrorismo saído da anarquia militar foi comparado ao da esquerda, resultando mais suave e até mesmo preocupado em não ameaçar vidas

---

[72] José Amaral Argolo e outros, *A direita explosiva no Brasil*, p. 252.
[73] Os alvos dos atentados a bomba: Teatro Glaucio Gil, Legação Comercial Soviética, Embaixada da Polônia, Editora Tempo Brasileiro, Teatro João Caetano, Centro Acadêmico Cândido de Oliveira, Escola Nacional de Belas-Artes, Editora Civilização Brasileira, Livraria Forense, depósito de papel do *Jornal do Brasil*, Centro Acadêmico Sir Alexander Fleming e uma agência do *Correio da Manhã*.
[74] José Amaral Argolo e outros, *A direita explosiva no Brasil*, p. 237.
[75] Esse atentado foi praticado por Luiz Helvecio da Silveira Leite e Murilo Alexander. José Amaral Argolo e outros, *A direita explosiva no Brasil*, p. 238.
[76] José Amaral Argolo e outros, *A direita explosiva no Brasil*, pp. 236 e segs. Um deles era o coronel Ferdinando de Carvalho, encarregado do IPM do PCB. O outro, mencionado sem a mesma ênfase, era o coronel Osnelli Martinelli, do IPM dos Grupos dos Onze.
[77] *Correio da Manhã*, 8 de dezembro de 1968, editorial publicado na primeira página.

humanas. O paralelo não é razoável. Os terroristas da direita e da esquerda não se envolveram numa competição. Foram apenas contemporâneos, cada um deles girando ao redor de causas e objetivos diversos, produzindo resultados diferentes. O país e as Forças Armadas levariam treze anos para perceber o verdadeiro tamanho da conta que se pôs em marcha, terminando por consolidá-la numa política de terrorismo de Estado. Naqueles meses, a linha demarcatória do poder do dispositivo paramilitar sobre a disciplina e a hierarquia seria decidida em torno do caso Para-Sar.

De junho a setembro, através dos canais reservados da burocracia militar, *Sérgio Macaco* enfrentou Burnier. O brigadeiro valeu-se do peso de seus galões. O capitão fora transferido para o Recife e seu maior defensor na esquadrilha, o médico Rubens Marques dos Santos, o *Doc*, para Campo Grande. Ainda assim, tinha como principal aliado o brigadeiro Itamar Rocha, diretor de Rotas Aéreas, a quem o Para-Sar estava subordinado. Já na criação do CISA, Itamar procurara mostrar ao ministro da Aeronáutica, brigadeiro Márcio de Souza e Mello, os riscos da existência de um serviço de informações anexo ao seu gabinete, afogando a 2ª Seção do Estado-Maior.

Por meio de um ofício secreto, o brigadeiro Itamar encaminhara a denúncia do capitão e solicitara que fossem anuladas as duas transferências.[78] Baseado numa sindicância, Souza e Mello saiu em defesa de Burnier. Ex-integralista, o ministro era um duro.[79] Assumiu a responsabilidade pela utilização do Para-Sar em missões de "guerra interna, guerra revolucionária", negou que Burnier tivesse discutido assassinatos durante sua reunião com a esquadrilha, defendeu-lhe o "caráter reto", chamou-o de "brilhante oficial" e manteve as transferências. Foi adiante, informando a Itamar que mandara punir *Sérgio Macaco* com 25 dias de prisão, e assegurou: "Esteja V. Excia. descansado; em nenhum momento, nenhum de nós da FAB, V. Excia., eu, o brigadeiro Burnier, ou

---

[78] O *Ofício Secreto* de 23 de julho de 1968 está referido no *Aviso S-002/CH GAB* de 11 de setembro de 1968, endereçado pelo ministro Márcio de Souza e Mello ao brigadeiro Itamar Rocha. AA.
[79] Para a ligação de Márcio de Souza e Mello com o integralismo, ver o depoimento do brigadeiro Deoclécio Lima de Siqueira, em Maria Celina d'Araujo, Gláucio Ary Dillon Soares e Celso Castro (orgs.), *Visões do golpe*, p. 235. Ver também Hélgio Trindade, "O radicalismo militar em 64 e a nova tentação fascista", em Gláucio Ary Dillon Soares e Maria Celina d'Araujo (orgs.), *21 anos de regime militar*, p. 134. O general Olympio Mourão Filho reconheceu-o como subordinado do tempo da Milícia Integralista.

qualquer outra pessoa — nenhum de nós pensou, nem de leve — em 'eliminar vidas de quaisquer pessoas' por motivos políticos".[80]

A sindicância em que se baseara o ministro amparava-se em depoimentos fraudulentos dos participantes da reunião de 14 de junho. O coronel que a dirigiu rasgou os testemunhos dos sargentos que confirmaram a versão de *Sérgio Macaco* e pressionou alguns deles em seu gabinete, obtendo novas versões.[81] Diante da resposta de Souza e Mello, o brigadeiro Itamar Rocha agiu de acordo com o manual. Respondeu à hipótese de ter sido enganado pelo capitão, abrindo uma nova sindicância.

Itamar e seus aliados tinham nas mãos um caso exemplar, pois não cabia nele a justificativa de que a violência seria usada defensivamente ou sequer contra cidadãos politicamente proscritos. Também não se tratava de uma divergência doutrinária, mas de um choque de versões sobre uma situação factual: ou Burnier sugerira atentados e agora mentia, ou as testemunhas ouvidas eram mentirosas. A solução lógica seria a abertura de um inquérito, mas o ministro evitava-a. Era uma posição delicada tanto pela natureza do tema como pelo fato de o brigadeiro Eduardo Gomes, de quem Itamar fora chefe de gabinete, ter-se envolvido no problema. Tornava-se ainda mais embaraçosa porque o diretor de Rotas Aéreas e *Sérgio Macaco* recusaram os emplastros conciliatórios que desde 1964 haviam servido para contornar episódios em que se documentara a delinquência de oficiais metidos em atividades de polícia política.

Em nenhum momento Burnier e o ministro aceitaram o combate, juntando a defesa de suas honras ao peso de suas dragonas. Quando o capitão sustentou sua versão do encontro de 14 de junho, colocando Burnier na posição de mentiroso, o ministro reagiu tortuosamente, transferindo-o para o Recife. Pelas normas da disciplina e da hierarquia militares, deveria tê-lo enquadrado disciplinarmente. Na resposta ao ofício secreto do brigadeiro Itamar, Souza e Mello cortejou-o dizendo que, "sem favor, reconheço em sua pessoa marcantes virtudes, que só poderiam orientar o seu pronunciamento no sentido de colimar elevado

---

[80] *Aviso S-002/CH GAB* de 11 de setembro de 1968, do ministro Márcio de Souza e Mello ao brigadeiro Itamar Rocha, diretor-geral de Rotas Aéreas. Cópia cedida ao autor pelo capitão Sérgio Miranda de Carvalho. AA.
[81] Entrevista do sargento Pedro Klein a Isabel Cristina Mauad, 1984. AA.

objetivo".[82] Na ordem de prisão de *Sérgio Macaco* o ministro acusou-o de "ter deturpado" palavras de Burnier e "haver feito, por escrito, insinuação desrespeitosa" a seu respeito.[83] Na realidade, nada havia sido deturpado nem insinuado. O capitão e a maioria dos integrantes do Para-Sar diziam com todas as letras que Burnier os chamara a participar de assassinatos políticos. Se o capitão mentira, a sindicância fora instrumento inadequado de investigação e os 25 dias de cadeia, pena inepta e leniente. O ministro procurava encerrar a crise a preço de liquidação, enquanto ela ainda estava protegida pelo segredo.

Desde o fim de junho haviam-se acabado as passeatas frentistas. Por um breve período sucederam-se pancadarias no Rio e em São Paulo, mas depois, nem isso. Enquanto o CIE fazia a sua ofensiva contra os teatros, o terrorismo de esquerda avançava na sua articulação. Os militantes de um grupo formado por sargentos cassados e estudantes já tinham roubado a dinamite estocada numa pedreira paulista. Marighella, montando a sonhada guerrilha amazônica, encomendara aos frades dominicanos um levantamento da estrada Belém-Brasília, tarefa em que se ocupariam cinco religiosos e um seminarista.[84]

Na noite de 1º de julho, numa rua quieta da Gávea, no Rio de Janeiro, três terroristas do Comando de Libertação Nacional, o Colina, cortaram o caminho de um militar estrangeiro que cursava a Escola de Comando e Estado-Maior do Exército. Mataram-no com dez tiros e fugiram levando-lhe a pasta. Dois deles eram ex-sargentos. Estavam certos de terem liquidado o capitão boliviano Gary Prado, que efetivamente cursava a EsCEME. Seria a vingança do Che Guevara, pois Prado comandara os *rangers* que aprisionaram o *Guerrilheiro Heroico* nas matas de Vallegrande. Quando abriram a pasta, o passaporte da vítima informava que haviam matado o major do Exército alemão Edward von Westernhagen. Teria sido a ação terrorista mais espetacular do ano, mas como Westernhagen nada tinha a ver com Guevara, a Bolívia ou o Brasil, seus assassinos calaram-se.[85] Era o terceiro cadáver fardado.

---

82 *Aviso S-002/CH GAB* de 11 de setembro de 1968. AA.
83 *Boletim Reservado nº 38* da DPAer, de 17 de setembro de 1968. AA.
84 Mario Simas, *Gritos de justiça*, p. 90.
85 "O morto e o vivo", reportagem de Douglas Duarte, revista *Piauí*, setembro de 2007. Os ex-sargentos são João Lucas Alves, da FAB, e Severino Viana Colon, da PM do Rio.

A essa altura havia pelo menos dez organizações clandestinas de esquerda defendendo a luta armada contra o regime como etapa indispensável para a vitória de uma revolução popular e/ou socialista.[86] Três delas — o grupo de ex-sargentos e jovens de São Paulo, que viria a se denominar Vanguarda Popular Revolucionária, a dissidência marighelista e o Colina — já tinham passado pelo batismo de fogo. Numa estimativa grosseira pode-se acreditar que no início do segundo semestre de 1968, apesar de se contarem aos milhares as pessoas capazes de sustentar que só o povo armado derrubaria a ditadura, não chegaram a cem aquelas que, de fato, tiveram uma arma na mão. A clandestinidade não se tornara uma exigência para a esquerda estudantil, e os ex-sargentos e marinheiros ainda eram suficientes para suprir os núcleos de fogo.

Não há estatística confiável que permita quantificar o número de ações armadas praticadas pelas organizações de esquerda entre 1966 e o final de 1968. Pode-se estimar que, entre atentados pessoais, explosões de bombas, assaltos a bancos, casas de armas e depósitos de explosivos, elas tenham sido pelo menos cinquenta.[87] O governo farejava o problema, mas não o alcançava. Os órgãos de segurança tinham diante de si todos os sinais de um estalo de violência política, mas ainda não associavam à esquerda clandestina os assaltos a bancos e os roubos de explosivos. A dissidência marighelista teve cerca de dez militantes capturados a partir de junho, mas a polícia não foi além deles.[88] Alertado desde

---

[86] A saber: Partido Comunista do Brasil (PC do B), Ala Vermelha do PC do B, Partido Comunista Brasileiro Revolucionário (PCBR), Agrupamento Comunista (futura ALN), Organização Revolucionária Marxista — Política Operária (Polop), Comando de Libertação Nacional (Colina), Dissidência Comunista da Guanabara (DI-GB, futuro MR-8), Partido Comunista Revolucionário (PCR), Partido Operário Comunista (POC) e Ação Popular (AP). Ver Daniel Aarão Reis Filho e Jair Ferreira de Sá (orgs.), *Imagens da revolução*.

[87] Em 1968 deram-se dezessete assaltos em São Paulo (Jacob Gorender, *Combate nas trevas*, p. 108, mencionando noticiário d'*O Estado de S. Paulo* de 15 de maio e de *Veja* de 13 de agosto de 1969). A eles se somam nove assaltos em outros estados, cinco ações de roubo de armas e catorze explosões de bombas. Nesse ano sete pessoas foram assassinadas em ações resultantes da iniciativa de grupos de esquerda. A elas se somam o fazendeiro Zé Dico e os dois mortos do atentado de Guararapes. Algumas explosões e uns poucos assaltos podem não ter partido da esquerda (levantamento do autor).

[88] Maço de catorze folhas encontrado pelos agentes do DOI de São Paulo num aparelho. Trata-se de uma tentativa de reconstituição da sucessão de prisões de militantes das organizações armadas. Esse documento foi concluído no segundo semestre de 1973, pelos presos que estavam no presídio Tiradentes. Sua autenticidade foi reconhecida por diversos militantes da ALN e da VPR. Isso não significa que seu conteúdo esteja livre de equívocos. Tornou-se conhecido como *Quedograma*, nome pelo qual será referido. AA.

o início de 1967 para a possibilidade de eclosão de um surto terrorista, o regime que tanto venerava a segurança nacional exibia "primorosa ineficiência" ao combatê-lo.[89]

Segundo revelou o general Fiúza de Castro a Zuenir Ventura em 1988, o CIE estava infiltrado no aparelho paralelo de segurança dos universitários.[90] Os vinte anos que separaram a revelação dos acontecimentos impediram que se avaliasse devidamente essa infiltração. De qualquer forma, nos meses seguintes, quando ela poderia ter sido útil para desbaratar as células nascentes do terrorismo, nenhuma organização metida com a luta armada fora abalada por infiltrações. Pelo manual de combate a qualquer insurreição, é precisamente na fase embrionária das organizações sediciosas que o trabalho de prevenção do governo pode dar melhores resultados, desde que ele disponha de informações adequadas. Boa parte dos oficiais do CIE e do CISA, no entanto, estavam mais concentrados no seu próprio terrorismo. Os dois centros de informações não se articularam sequer com as delegacias policiais que investigavam isoladamente os assaltos e roubos de explosivos. Nos dias seguintes à explosão da bomba no portão do QG do Ibirapuera, os policiais que faziam plantão na delegacia que começava a centralizar a repressão política, atemorizados, passaram a dormir fora do prédio, até dentro de seus automóveis.[91]

Como observa Brian Crozier, especialista inglês no combate à subversão e discreto visitante do SNI em 1964: "Os bons governos previnem o conflito, os maus o estimulam; os governos fortes o desencorajam, e os governos fracos o tornam inevitável".[92] O governo do marechal Costa e Silva era mau e fraco.

---

89 *Sistema de Segurança Interna, Sissegin*. Apostila classificada como secreta, elaborada no CIE, c. 1973, p. 5. AA. Nela consta um trecho de documento da Ação Libertadora Nacional, ALN, atribuído a Iuri Xavier Pereira: "[Os Órgãos de Segurança] acostumados a uma repressão dirigida aos movimentos de massa pacíficos, ou às organizações de esquerda tradicionais de pouca periculosidade, ao ver-se enfrentando formas de atuação novas no cenário revolucionário brasileiro, mostraram-se de uma primorosa ineficiência". Prossegue o documento: "Realmente, Iuri tinha toda a razão, pois era exatamente o que então ocorria".
90 Zuenir Ventura, *1968 — O ano que não terminou*, p. 184.
91 Depoimento do delegado David dos Santos Araújo, o *Capitão José Lisboa* do DOI, em Percival de Souza, *Autópsia do medo*, p. 64.
92 Brian Crozier, *A theory of conflict*, p. 137. Para o seu contato com o SNI, *Diário de Heitor Ferreira*, 18 de setembro de 1964. APGCS/HF.

A provocação da anarquia

Para quem olhava a crise de dentro do governo, a questão estudantil e mesmo o terrorismo eram apenas uma parte do problema. As manifestações de rua indicavam que o regime perdera o apoio da classe média e até de uma parcela da elite. Para uma Revolução que se considerara abençoada pelas Marchas de 1964, a Passeata dos Cem Mil fora uma excomunhão. A base parlamentar de Costa e Silva, sustentada pelos sucessivos expurgos da bancada oposicionista, caminhava para a segunda metade do mandato com a antevisão de uma inevitável derrota nos grandes centros urbanos.

No coração do regime, o ministro do Interior, general Affonso Augusto de Albuquerque Lima, baronete da linha dura e candidato à Presidência, investia simultaneamente contra a agitação de esquerda e a conduta de colegas de governo. Chamava Costa e Silva de "molengão".[1] Numa conversa com o prefeito de Salvador queixara-se de seus colegas da Fazenda e dos Transportes: "O Delfim e o Andreazza devem ser enforcados e pendurados de cabeça para baixo, como ladrões".[2] Delfim sabia que Albuquerque

---

[1] Roberto Campos, *A lanterna na popa*, p. 887.
[2] Antonio Carlos Magalhães, junho de 1987.

Lima o odiava, mas embrulhava o general com a cumplicidade do presidente, a quem narrava suas manobras.³

No meio militar, Costa e Silva sofria o reflexo da debilidade do ministro do Exército. Lyra Tavares era um general fraco jogado num Alto-Comando de prima-donas que, ao contrário dele, haviam arriscado o fim de suas carreiras em 1964. Chocara-se com o chefe do Estado-Maior do Exército, Orlando Geisel, e depois de penosas negociações conseguiu empalhá-lo no EMFA.⁴ Sofria as costumeiras pressões do radicalismo dos coronéis da linha dura, dos tenentes-coronéis da EsCEME e dos capitães da EsAO, Escola de Aperfeiçoamento de Oficiais. Na Academia Militar das Agulhas Negras, um inquérito investigava ligações de cadetes com a Ação Popular.⁵ A essas inquietações somava-se o descontentamento com os soldos. Eram todas pseudônimos da anarquia. Diante dela, perdia a voz.

Duas semanas depois da passeata e do atentado ao QG do II Exército, Costa e Silva reuniu o Conselho de Segurança Nacional em duas longas sessões. As ruas haviam se acalmado e o clima parecia ser de trégua. Do palácio para fora falava-se em negociação (qual, não se sabia) e mudanças no ministério (quais, não se imaginava). O marechal reuniu os ministros e os chefes dos estados-maiores para uma sessão consultiva e vaga. As atas desses encontros, conhecidas em 2009, revelam um governo que se sentia encurralado. Via contra si os ventos do mundo, as vozes das passeatas, a imprensa, o Congresso, a Igreja, o Judiciário, os intelectuais e grupos econômicos. Todos, enfim. "O início da contrarrevolução", nas palavras do general chefe do Gabinete Militar, Jayme Portella, que abriu a reunião.⁶

---

3 Antonio Delfim Netto, maio de 1988.
4 Jayme Portella de Mello, *A Revolução e o governo Costa e Silva*, pp. 550-3, e *Diário de Heitor Ferreira*, 23 de fevereiro de 1967. APGCS/HF.
5 Quatro cadetes foram expulsos da Academia na segunda semana de julho. *O Estado de S. Paulo* de 17 de julho de 1968, p.4.
6 Ata da 41ª Reunião do Conselho de Segurança Nacional, de 11 de julho de 1968: <http://www.adur-rj.org.br/5com/pop-up/conselho_seg_nac_7_1968.pdf>. Arquivo Nacional. Esse documento transcreve uma fita cujo teor não se conhece. A transcrição, precária, foi descuidadamente revista. Só isso explica que ela se refira à "Revolução de Acapulco, na Turquia", quando o ministro Gama e Silva certamente

Para uma situação de tamanha gravidade, seria razoável supor que o presidente cogitasse discutir a possibilidade de recorrer ao remédio constitucional do estado de sítio, mas nem ele nem Portella, que tinha na pasta o texto do decreto, propuseram a iniciativa. Quando foi longe, o general disse que "a continuidade da evolução da situação, nas condições atuais, conduzirá em curto prazo a um agravamento intolerável". Mesmo nas fábricas, onde o general via uma "coincidência de atitudes, embora por motivos diferentes, do Ministério do Trabalho e do Partido Comunista, é grande a probabilidade de que a massa sindical venha a participar do processo revolucionário em marcha". Propôs "a adoção imediata de uma série de medidas políticas, econômicas, sociais e de segurança, todas elas enérgicas, profundas e de grande alcance". Quais, não disse.

O general Emílio Garrastazu Médici, chefe do SNI, acompanhou-o. Apontou a cumplicidade dos "grupos econômicos estrangeiros" e foi além: "O que se vê nas ruas não é mais a condução de legítimas reivindicações estudantis, mas um movimento que tem um objetivo nítido, qual seja o de derrubar o governo revolucionário instalado em 1964, para posterior implantação da Revolução Socialista Brasileira". Garrastazu Médici achava que o governo devia, "sem tardança, tomar medidas concretas de segurança, agindo energicamente". Como, também não disse.

Havia algo teatral na cena. Todos sabiam que o sujeito da frase era o estado de sítio, talvez mais, mas ainda não se falava claro. O ministro da Marinha opinou que "dentro da lei, nós ainda poderemos combater tudo, antes de qualquer medida excepcional". Lyra Tavares foi na mesma linha, mencionando a "firme disposição de preservar a ordem, dentro da lei". O brigadeiro Márcio de Souza Mello pronunciou as palavras mágicas: "Admito desde o estado de sítio até uma declaração formal para ser cumprida, com toda energia". O que isso queria dizer, não explicou. Orlando Geisel, chefe do Estado-Maior das Forças Armadas, disse que "devemos passar à ofensiva em todos os setores". Como, não esclareceu.

---

referiu-se a Kemal Ataturk. Ou ainda que o general Médici tenha mencionado a ocorrência de "convulsões intestinais" no quadro político do país.

Costa e Silva suspendeu a reunião por dez minutos para um cafezinho e foi a vez do ministro da Justiça, Luís Antonio da Gama e Silva. Ex-diretor da Faculdade de Direito do largo de São Francisco, ele conhecera Costa e Silva quando o general comandara a Região Militar de São Paulo. *Gaminha* descreveu o quadro: "A contrarrevolução se encontra nas ruas. A contrarrevolução se encontra na imprensa. A contrarrevolução se encontra no meio estudantil. A contrarrevolução se encontra nos meios políticos". Defendeu o estado de sítio e disse: "Se este não for suficiente, confesso, melancolicamente, mas como soldado de Vossa Excelência, que não vejo outro remédio senão retornarmos à origens da Revolução e, através de um Ato Adicional à atual Constituição, darmos ao Poder Executivo os meios necessários para salvar a Revolução Brasileira".

Agora se falava sério. O ministro ia além do sítio. Nas palavras de Costa e Silva, porém, tratava-se de sair da crise respeitando o que "o presidente Dutra chamaria o 'livrinho'. O 'livrinho' é a Constituição Brasileira. (...) Eu ainda creio muito na força da lei". No "ainda", estava aquilo que parecia ao marechal ser sua força. O ministro da Justiça propunha a ultrapassagem do "livrinho".

Depois de Gama e Silva falou o ministro das Relações Exteriores, Magalhães Pinto, o governador de Minas Gerais que, em 1964, rebelara seu estado e, habilidosamente, costurava sua candidatura à Presidência. Aos 59 anos, tinha uma aparência envelhecida, calvo e curvado, falava sempre baixo, quando falava. Parecia um ser extraterrestre, e naquela reunião realmente o foi. Rebateu os apocalipses apresentados por seus antecessores:

> É preciso, no meu entender, examinarmos bem detalhadamente nossa situação, particularmente daqueles incumbidos de certos problemas, para vermos se realmente estamos levando satisfação ao povo. (...) Na verdade, depois de 31 de março, nós verificamos que temos vivido certa confusão. Inicialmente, restauramos a Constituição, depois fizemos outra Constituição e falamos ora em legalidade, ora em revolução.
>
> Estamos perdendo a imprensa, os empresários, segundo algumas informações, estariam também sustentando o movimento, es-

tamos perdendo a Igreja, devo dizer, nas classes armadas há grandes descontentamentos, embora elas sejam fiéis às instituições. A classe política também está inquieta. Na classe média e mesmo nas elites também encontramos descontentamento.

Magalhães propôs que se fizesse outra reunião, pois "não quero apoiar, emocionalmente, qualquer medida para depois nos arrependermos". Sua proposta essencial era outra: "Vossa Excelência não deve fazer (...) cerimônia para modificar ou reorganizar completamente o seu ministério para enfrentar a conjuntura nacional".

Costa e Silva interrompeu-o: "O ministro do Exterior abordou um ponto que eu chamo de o óbvio ululante. Pôr as pastas à disposição do governo é medida desnecessária, pois a Constituição dá ao presidente da República a prerrogativa de nomear e de demitir seus ministros. Aliás, os ministros, ao assumirem, sabem disso".

Os dois começaram a falar ao mesmo tempo, com Magalhães na defensiva, ressalvando que "não quis desconsiderar", firmando sua posição: "Verdadeiramente, desejo dizer que, com isso, facilitaria qualquer composição". O presidente voltou a interrompê-lo e passou a palavra ao ministro da Fazenda, Delfim Netto.

O professor, que estava mais próximo de Portella e Médici, começou rebatendo Magalhães: "Estou convencido de que se trata de um processo puramente ideológico e pragmático, no qual o povo brasileiro tem muito pouca coisa a ver com ele". Mudando-se para sua área, mostrou que o país estava em franca recuperação econômica. O déficit público, dentro da meta; a inflação, entre 22% e 24%; as exportações começavam a crescer, o consumo de energia aumentara; o emprego superara os níveis de 1966; e o Produto Interno Bruto deveria chegar a 6%, ultrapassando os magros índices dos últimos cinco anos.[7] A média da produção de veículos, que fora de 18.600 carros em 1966, estava em 20.500. "Ora, quem está comprando isso é o povo. (...) Em nenhum regime político, ainda

---

[7] A inflação de 1968 fechou em 25,5%, acima dos 25% do ano anterior, mas num patamar inferior ao de 1963 (79,9%) e 1964 (92,1%). O PIB cresceria 9,8%, com uma expansão de 15% na indústria e nas exportações.

que estivéssemos num regime do tipo soviético, se obteriam taxas de crescimento muito maiores das que obteremos este ano." Ele estimou que as agitações ocorridas no Rio em junho custaram uma queda de 19% na arrecadação, uma perda equivalente à construção de 40 quilômetros de estradas. Encerrou, como os demais, culpando a imprensa: "Isso dá uma ideia física da destruição que se pode permitir àqueles que dispõem do monopólio da informação falsificada".

Às boas notícias de Delfim, o ministro do Trabalho, Jarbas Passarinho, acrescentaria a relativa paz no meio operário. O ministro defendeu uma solução "dentro do livrinho" e apoiou a ideia de uma recomposição ministerial. Ele preferia evitar o estado de sítio, apresentando um argumento poderoso: "O governo não sairá dele nesses quatro anos". Acreditava numa ofensiva política, mas, como os generais, alertava para a "evidente e indiscutível marcha da contrarrevolução que está nas ruas, está no Congresso, está na imprensa. O ministro do Exterior falou que os jornais são propriedades de capitalistas e o são de fato, até de condessas.[8] Mas acontece que as redações, as oficinas, sobretudo as redações, estão preparadas, bloqueadas e ocupadas por pessoas que estão interessadas em destruir o processo da Revolução de 31 de março". Passarinho achava que "não se deve desperdiçar um tiro de canhão num alvo que merece apenas um tiro de fuzil": "Vemos a palavra ditadura escrita todos os dias, com todas as letras, como se vivêssemos realmente uma ditadura, dando até vontade de fazê-la. Há esse ônus que todos nós sofremos".

Os ministros marcaram outra reunião para a terça-feira seguinte. Nela, Costa e Silva procurou dar um foco ao debate: "Nós estamos aqui justamente para decidir se o momento impõe medida de exceção ou não. Eu quero que cada ministro dê seu parecer rápido, opinando pelo sim ou pelo não".[9] Não conseguiu.

Dois ministros firmaram posição na defesa das leis ordinárias.[10] Os demais admitiam o estado de sítio e outros quatro deixaram a porta

---

8 Referência à condessa Pereira Carneiro, dona do *Jornal do Brasil*.
9 Ata da continuação da 41ª Reunião do Conselho de Segurança Nacional, 16 de julho de 1968: <http://www.adur-rj.org.br/5com/pop-up/conselho_seg_nac_7_1968.pdf>. Arquivo Nacional.
10 Hélio Beltrão, do Planejamento, e Carlos Simas, das Comunicações.

aberta para a edição de um Ato Institucional.[11] Ficou claro que do jeito que as coisas estavam não haveriam de continuar.

O tom vago que marcou os encontros foi quebrado pelo vice-presidente Pedro Aleixo, o último a falar. Respeitado jurista liberal da UDN mineira, condenou a proposta de Gama e Silva, pois "qualquer providência nesse sentido significaria, no meu entender, verdadeiro retrocesso". Sua intervenção foi a única com sentido prático. Admitindo a possibilidade da decretação do estado de sítio em nome da defesa da ordem, propunha medidas necessárias para ordená-la. Pela Constituição, ele poderia durar 60 dias, prorrogáveis por mais 60. Admitindo-se que fosse decretado no dia 1º de agosto, poderia ir, no máximo, até o dia 29 de novembro. A decretação do estado de sítio demandava providências práticas, pois um simples decreto não mudaria a situação. Aleixo lembrou que o Uruguai acabara de fazer isso, com maus resultados. "Parece-me de necessidade premente, se cogitasse, desde logo (...) [de] uma preparação prévia da execução do sítio": "A ocupação de todos os jornais por um corpo de censores, as providências contra o rádio, a televisão e assim por diante, dando uma demonstração de força do governo, que, por serem feitas com a devida eficiência, pudessem durar pouco (...). Teríamos, talvez, que invocar um pouco os exemplos do Estado Novo, como foi que ele se preparou etc.".[12]

Na sua crueza, a proposta de Pedro Aleixo embutia um cenário violento, porém ordenado. Não poderia haver estado de sítio sem censura, nem censura sem censores. O regime democrático de 1946 estivera sob o estado de sítio de novembro de 1955 ao final de janeiro de 1956. Nesse período o coronel Orlando Geisel auxiliara na censura aos jornais do Rio de Janeiro.[13] Em outubro de 1966 o marechal Castello Branco fechara o Congresso por três meses. Num caso, saiu-se do sítio para o governo liberal de Juscelino Kubitschek. No outro, retornou-se à ditadura envergonhada de Castello. Mesmo nesse episódio, preservaram-se os dispositi-

---

11 Tarso Dutra, da Educação; José Costa Cavalcanti, de Minas e Energia; Albuquerque Lima, do Interior; e Edmundo Macedo Soares, da Indústria e Comércio.
12 Pedro Aleixo era o presidente da Câmara dos Deputados no dia 10 de novembro de 1937, quando Getulio Vargas a fechou.
13 Maria Celina D'Araujo e Celso Castro (orgs.), *Ernesto Geisel*, p. 122.

vos constitucionais de garantia dos direitos dos cidadãos. O estado de sítio defendido por Pedro Aleixo manteria o país na ordem constitucional. O Ato Institucional proposto por Gama e Silva e insinuado por outros membros do Conselho de Segurança, não.

Costa e Silva encerrou os trabalhos refletindo a ambiguidade de sua posição: "A ditadura jamais será uma solução para o Brasil. (...) Eu entendo, como revolucionário, que qualquer ato fora da Constituição, no momento, será uma precipitação".

O marechal decidira boiar.

Pouco antes do início da reunião do Conselho de Segurança, estourara uma greve em Osasco, no cinturão industrial de São Paulo. Ela contrariava o otimismo do governo em relação ao meio sindical, não só porque mostrava um novo foco de agitação, mas também porque indicava que, como no Primeiro de Maio da praça da Sé, naufragava o acordo tácito do regime com o Partido Comunista. A paralisação vinha da radicalização de uma base operária que nascera na militância católica, dividira-se e fora influenciada por quadros da Vanguarda Popular Revolucionária, que já assaltara dois bancos e explodira as bombas do consulado americano e do QG do II Exército, em São Paulo. Um dos líderes da greve era o baiano José Campos Barreto, o *Zequinha*, veterano do Primeiro de Maio da praça da Sé. Na Cobrasma (Companhia Brasileira de Materiais Ferroviários), tornara-se uma espécie de capeta.

O movimento começou às 8h30 da manhã, quando tocou o apito da fábrica de vagões. Era o sinal combinado. No fim da tarde havia quatro indústrias paradas, duas delas ocupadas. Um dia depois, pararam mais quatro, e os grevistas chegaram a 10 mil. A polícia atacou no terceiro dia, quatrocentos operários foram presos, cinquenta ficaram detidos, desocuparam-se as oficinas e ocupou-se a cidade. A greve capitulou em 72 horas, antes mesmo que comandos esquerdistas conseguissem interromper o fornecimento de energia às fábricas.[14] A ideia segundo a qual se podia radicalizar nas fábricas para colher benefícios semelhantes aos recebidos

---

14 Celso Frederico (org.), *A esquerda e o movimento operário — 1964-1984*, vol. 1: *A resistência à ditadura*, p. 178. Para a ação dos comandos, depoimento de Antonio Roberto Espinosa, em Marcelo Ridenti, *O fantasma da revolução brasileira*, p. 48.

no início do ano pelos operários de Contagem mostrara-se errada. Errada estava sobretudo a ideia segundo a qual a repressão policial mostrava "a fraqueza do governo".[15]

Zequinha arengou aos soldados da Força Pública que se preparavam para derrubar as barricadas da fábrica, comandou a fuga dos últimos grevistas e reteve a polícia com uma tocha na mão, ameaçando explodir o depósito de gasolina. Quando a fábrica foi retomada, o ministro do Trabalho, Jarbas Passarinho, anunciou: "A Cobrasma está sob controle. José Campos Barreto foi preso".[16] *Zequinha* foi levado para a sede da Polícia Federal; deram-lhe choques elétricos, passaram-lhe sabão em pó nos olhos e espancaram-no para que se confessasse ligado a Marighella.[17]

A tortura de presos políticos estava de volta. A *Folha da Tarde* denunciara dez modalidades de suplício.[18] O economista Luciano Coutinho, preso semanas depois pelo DOPS, levou choques para que confessasse a autoria de um documento. José Genoino, presidente do Diretório Central de Estudantes da Universidade Federal do Ceará, capturado na rodoviária de São Paulo, resumiu sua experiência: "Me espancaram como a um animal".[19] Vladimir Palmeira, detido na PE do I Exército, viu presos ensanguentados sendo levados para suas celas.[20] Praticada pela "meganha" nas delegacias de polícia, eterno foco de violações de direitos humanos de cidadãos humildes, ela reaparecia a serviço do regime, mas distanciada dos quartéis. Vinha na sua forma habitual, primitiva, produto de um sistema policial inepto que até hoje se vale do espancamento dos presos como modo de imposição da autoridade e dos tormentos como instrumento essencial de investigação.

No final de agosto São Paulo já fora sobressaltada por 29 bombas.[21] Marighella organizara o ataque a um carro-forte nos subúrbios da cidade

---

15 Panfleto distribuído durante a greve. Ari Marcelo Macedo Couto, *A greve na Cobrasma*, p. 107.
16 Emiliano José e Oldack Miranda, *Lamarca, o capitão da guerrilha*, pp. 132 e segs.
17 *A Gazeta*, de 9 de agosto de 1968, citada em *Projeto Brasil: nunca mais*, tomo V, vol. 2: *As torturas*, p. 486. Ver também Judith Lieblich Patarra, *Iara*, p. 239.
18 *Folha da Tarde*, de 19 de setembro de 1968, citada por Judith Lieblich Patarra, *Iara*, p. 264.
19 Judith Lieblich Patarra, *Iara*, pp. 230 e 239, citando a *Folha da Tarde* de 19 de setembro de 1968 para as torturas e de 5 de agosto de 1968 para o caso de José Genoino.
20 José Dirceu e Vladimir Palmeira, *Abaixo a ditadura*, p. 161.
21 Telegrama do consulado americano em São Paulo ao Departamento de Estado, de 20 de setembro de 1968.

e um audacioso assalto ao trem pagador da estrada de ferro Santos-Jundiaí, do qual tirou o equivalente a US$ 21.600.[22]

Depois do ataque ao QG do II Exército, o atentado mais espetacular fora a explosão de um estacionamento situado em frente ao DOPS. O líder do grupo terrorista foi capturado em pouco tempo. Chamava-se Aladino Félix, fazia-se passar por *Sábato Dinotos*, mistura de mago e marginal. Ameaçava com o Apocalipse e apresentava-se como o Salvador dos Afortunados, amparado por discos voadores de uma civilização superior existente em Júpiter.[23] Levado para o Departamento Estadual de Investigações Criminais, o DEIC, confessou catorze explosões e um assalto a banco. Revelou os nomes de seus cúmplices, e a polícia prendeu toda a rede, formada por soldados e cabos da Força Pública. Sem sigla, programa revolucionário ou filiação marxista, Aladino Félix não fazia sentido. Mais tarde, denunciou que foi torturado por vinte horas.[24] Um de seus colegas, o soldado Juraci Gonçalves Tinoco, viu-o no chão de uma sala, desacordado, com a boca ensanguentada.[25]

Na fase de instrução criminal, Aladino disse que agira por ordem do general Jayme Portella, chefe do Gabinete Militar da Presidência. O soldado Juraci informou que um delegado o mandou confessar que era o presidente Costa e Silva quem "orientava e financiava a ação terrorista".[26] Documentadamente, o doido tinha no seu círculo de relações um general da reserva. Com sua ajuda, denunciara ao governo uma conspiração contrarrevolucionária e estivera por duas vezes com o diretor da Polícia Federal. Encontrara-se com o chefe da seção de informações do II Exército, a quem revelara ter à mão uma força de blindados capaz de tomar a cidade de São Paulo. O delegado do DOPS que cuidou do inquérito de Aladino concluiu que seu grupo era formado por "idealistas que tiveram de lançar mão de marginais para executar seus

---

22 Para o papel de Marighella como organizador dos dois assaltos, entrevista de Aloysio Nunes Ferreira a Luiz Maklouf Carvalho, *Jornal do Brasil*, 4 de julho de 1999, Caderno Brasil, p. 4. Para o butim, feita a redução para cruzeiros novos, Emiliano José, *Carlos Marighella*, p. 228.
23 Percival de Souza, *Autópsia do medo*, p. 458.
24 *Projeto Brasil: nunca mais*, tomo V, vol. 1: *A tortura*, p. 189.
25 Idem, p. 190.
26 Idem.

planos". Em suma: "Não eram terroristas dentro do esquema de subversão ligado ao Partido Comunista".[27]

No dia 16 de dezembro, anunciou-se que Dinotos escapara da prisão, mas policiais do DOPS informaram reservadamente que haviam recebido ordens para libertá-lo. Capturaram-no em setembro de 1969 numa favela, onde se dizia empenhado em traduzir a Bíblia do hebreu para o português. Nunca se identificou a mão que iluminava suas bombas. É implausível que ele tenha tratado diretamente com Portella, mas é provável que fosse a mão da direita quem lhe dava o fogo. Essa, pelo menos, era a suspeita do cônsul americano em São Paulo.[28]

Apesar dos sinais de agravamento da crise que incrustavam bolsões de ilegalidade na máquina do governo, Costa e Silva persistia numa postura malandra. Deixava-se boiar na corrente, cavalgando um discurso desconexo. Levado numa direção, dizia que estava indo noutra, como se as palavras e os movimentos tivessem perdido a articulação. Repetia com frequência que "o poder é como um salame, toda vez que você o usa bem, corta só uma fatia, quando o usa mal, corta duas, mas se não o usa, cortam-se três e, em qualquer caso, ele fica sempre menor".[29] As fatias iam sendo cortadas de três em três. Reiterava seu compromisso democrático, mas a cada profissão de fé legalista correspondia uma réplica de fé militarista.

Era capaz de anunciar que "creio na liberdade em si mesma, como o maior de todos os bens concedidos ao homem na Terra" com a mesma naturalidade com que informava que o Exército "não pode, em absoluto, (...) sair do quartel para acabar com a anarquia e entregar, depois, o país

---

27 Relatório do delegado Benedito Sidney de Alcântara, do DOPS paulista, em Percival de Souza, *Autópsia do medo*, pp. 461-2.
28 Telegramas do consulado americano em São Paulo ao Departamento de Estado, de 3 de janeiro de 1969 (*Possibilidade de que Muitas Explosões de Bombas em São Paulo Tenham Sido Trabalho de Grupos de Direita*) e de 29 de setembro de 1969. DEEUA.
29 Antonio Delfim Netto, outubro de 1990.

à anarquia".³⁰ Exercitava um fatalismo egocêntrico em que se via como baluarte e se confundia com a República: "Enquanto aqui estiver, essa Constituição (...) há de ser cumprida a rigor"; "Enquanto eu estiver aqui, não permitirei que o Rio se transforme em uma nova Paris"; "O poder legislativo só desaparecerá quando me eliminarem".³¹

Capturado pelo processo de anarquia militar desde o alvorecer de sua candidatura, Costa e Silva, como Castello, governava sob a pressão dos generais que o garantiam. À diferença de seu antecessor, não fez nenhum esforço real para fortalecer as instituições republicanas. De março a setembro de 1968 aplicou à crise o remédio da procrastinação. Nem reprimiu as manifestações de rua quando elas pareciam uma tempestade mundial, nem enquadrou o radicalismo do regime quando ele se criminalizou. Pode-se entender que, por razões ideológicas, e até mesmo por convicção, Costa e Silva não tivesse soluções a oferecer à esquerda, mas sua desastrosa contribuição decorreu do fato de ele não ter oferecido soluções nem sequer à direita.

No dia 2 de setembro, durante aquele horário sonolento da manhã que na Câmara se denomina "pinga-fogo", no qual os parlamentares ocupam a tribuna para tratar de assuntos irrelevantes, o deputado Marcio Moreira Alves tomou a palavra para condenar uma invasão policial que acontecera dias antes na Universidade de Brasília. A certa altura perguntou: "Quando o Exército não será um valhacouto de torturadores?". Fazia essa acusação amparado nas violências recentes e na autoridade que conquistara denunciando e provando dezenas de casos de tortura ocorridos no governo Castello Branco, todos acobertados pelos comandantes militares. Salvo uma pequena nota publicada na *Folha de S.Paulo*, ninguém ouviu falar no discurso. Impressionado com a greve de mulheres proposta pela ateniense Lisístrata na peça de Aristófanes, que assis-

---

30 A primeira citação refere-se ao discurso feito na Associação Brasileira de Imprensa em 7 de abril de 1968. Arthur da Costa e Silva, *Pronunciamentos do presidente*, p. 382. A segunda, ao pronunciamento feito em 15 de março de 1968. Jayme Portella de Mello, *A Revolução e o governo Costa e Silva*, p. 533.
31 A primeira citação vem da entrevista que concedeu em março. Jayme Portella de Mello, *A Revolução e o governo Costa e Silva*, p. 533. A segunda vem de declaração feita no dia 12 de maio. Zuenir Ventura, *1968 — O ano que não terminou*, p. 133. A terceira, de uma conversa de Costa e Silva com o presidente da Câmara, deputado José Bonifácio, em outubro. *Veja* de 9 de outubro de 1969.

tira havia pouco em São Paulo, Moreira Alves voltou à tribuna e sugeriu que, durante as comemorações da Semana da Pátria, houvesse um boicote às paradas. "Esse boicote", acrescentou, "pode passar também (...) às moças, às namoradas, àquelas que dançam com os cadetes e frequentam os jovens oficiais."[32]

Dois dias depois o ministro Lyra Tavares criou o caso. Criou-o à sua maneira. Num ofício de quatro itens endereçado a Costa e Silva, narrou o conteúdo dos discursos, reconheceu que o deputado estava "no uso da liberdade que lhe é assegurada pelo regime" e admitiu a "dignidade intangível" da Câmara. Pediu apenas "a proibição de tais violências e agressões verbais injustificáveis", sempre se declarando "obediente ao Poder Civil e confiante nas providências que Vossa Excelência julga devam ser adotadas".[33] O ofício 01/68 de Lyra a Costa e Silva parece-se na ambiguidade com a sua carta a Castello de 23 de março de 1964. Há nele toda a indignação de uma tropa ofendida e toda a compostura de um ministro disciplinado. Com o tempo, convencionou-se dizer que Lyra Tavares enviou a Costa e Silva uma representação pedindo que o deputado fosse processado. Trata-se de uma falsidade. Não há no ofício essa solicitação.

Mesmo assim, era o que bastava ao general Jayme Portella. Desde o primeiro despacho de Lyra com o presidente, o chefe do Gabinete Militar articulou a grande provocação. Dedicou-se à construção da crise com tamanho desembaraço que, capturado pela própria fantasia, chegou a dizer em suas memórias, onze anos depois, que o discurso de Moreira Alves "havia sido publicado em toda a imprensa, servindo de manchetes, o que mais irritou as Forças Armadas, pelo destaque dado".[34] Além do registro da *Folha de S.Paulo*, nenhum jornal publicou uma só palavra. As manchetes, os destaques e a irritação, ele os providenciaria.

---

[32] Aurelio de Lyra Tavares, *O Brasil de minha geração*, vol. 2, pp. 182-3. A confusão sobre o texto desse discurso é tão grande que, passados 32 anos, o ex-ministro Jarbas Passarinho acusava Moreira Alves de ter chamado o Exército de "valhacouto de gângsteres". Depoimento de Passarinho, em *Histórias do poder*, de Alberto Dines, Florestan Fernandes Jr. e Nelma Salomão (orgs.), vol. 1: *Militares, Igreja e sociedade civil*, p. 337.
[33] Aurelio de Lyra Tavares, *O Brasil de minha geração*, vol. 2, p. 183.
[34] Jayme Portella de Mello, *A Revolução e o governo Costa e Silva*, p. 586.

Os ministros da Marinha e da Aeronáutica solidarizaram-se com Lyra. Costa e Silva determinou ao ministro da Justiça que estudasse uma fórmula jurídica para punir o deputado. A sugestão veio rápida e drástica: o governo deveria solicitar à Câmara dos Deputados uma licença para processar Marcio Moreira Alves. Essa proposição era uma monstruosidade jurídica, visto que a essência da imunidade parlamentar está na inviolabilidade das palavras, opiniões e votos dos deputados e senadores. O presidente do partido governista, senador Daniel Krieger, encarregou-se de esclarecer isso em carta ao presidente, acrescentando uma óbvia reflexão daquilo que viria a ser o desfecho da embrulhada: "O processo depende de licença da Câmara. A tradição, o espírito de classe e a natureza secreta do voto nos levam à convicção da negação da licença. Criada essa situação, dela decorreria uma crise institucional, pondo em antagonismo a Câmara e as Forças Armadas do país".[35]

O que se buscava era o antagonismo. O governador Abreu Sodré ensaiou a denúncia da manobra, dizendo que "o radicalismo brasileiro está infiltrado até em mínimas áreas da periferia do governo, nos subúrbios do poder".[36] Estava no palácio do Planalto. Portella, o mais destacado, era de longe o colaborador mais influente de Costa e Silva. O general tinha como corneta o ministro da Justiça, Gama e Silva. Portella não falava, *Gaminha* não conseguia ficar calado. Um vivia na sombra, o outro era antes de tudo um exibicionista.

Durante todo o mês de setembro o caso do discurso foi cozinhado no palácio. Assim como procedera em relação às passeatas, Costa e Silva manteve-se numa estratégia de imobilismo e ameaça. Começara ameaçando com o estado de sítio contra agitações estudantis. Agora, como Krieger lhe mostrava, levava a crise para outra avenida, colocando em curso de colisão os tanques e a Câmara. Eram muitas as razões que conduziam o governo para esse caminho. A mais forte era a incapacidade de Costa e Silva de enfrentar uma a uma as tensões típicas do governo.

---

35 Daniel Krieger, *Desde as Missões*, p. 331.
36 *Jornal da Tarde* de 14 de setembro de 1968, p. 3. No dia 19, numa entrevista à televisão, Sodré falou em "rearticulação das extremas para, num cochilo nosso, tomar o poder". *Folha de S.Paulo* de 20 de setembro de 1968, p. 5.

De todas, a maior era o caso Para-Sar. Encruado, arrastara-se seis meses em silêncio, mas entrara no último ato. De um lado da manobra, o brigadeiro Itamar, com os documentos de sua sindicância, contestava a versão de Burnier. Do outro lado, o brigadeiro Eduardo Gomes procurara o senador Krieger e pedira-lhe que expusesse o caso a Costa e Silva, informando-o de que "interferira no sentido de que a ocorrência não fosse divulgada (...) pois julgava a sua difusão prejudicial à disciplina e às tradições da Força Aérea".[37] Eduardo Gomes agia de acordo com o manual da nobiliarquia. Se ganhasse, comprovaria mais uma vez que roupa suja se lava em casa. Se perdesse, passaria pelo dissabor de perceber que a sujeira não estava na roupa, mas na casa. Perdeu.

No dia 26 de setembro o brigadeiro Itamar mandou entregar pessoalmente ao ministro da Aeronáutica o resultado da sindicância. Ouvira 36 oficiais e sargentos, e concluíra que a maioria esmagadora confirmara a narrativa do capitão Sérgio, "sendo que nenhum elemento categoricamente a houvesse negado".[38] Diria mais: "Concluo (...) ser nítida e insofismável a intenção do brigadeiro Burnier de usar o Para-Sar como executor de atentados a figuras políticas. (...) Volto a insistir quanto à necessidade de intervenção de V. Excia., numa avaliação mais profunda dos fatos, porquanto os mesmos têm sido apurados de maneira superficial, em desacordo com a sua extrema gravidade".[39]

No dia seguinte foi demitido da Diretoria de Rotas Aéreas e preso por dois dias. Esse desfecho foi estimulado pelo general Portella e referendado por Costa e Silva. O ministro da Aeronáutica levara ao presidente o decreto de demissão do brigadeiro Itamar antes mesmo que ele remetesse a sindicância, mas o marechal confiava na possibilidade de um acordo. Entregue o cartapácio com os depoimentos que provaram o delito e desmentiram Burnier, a demissão foi assinada em 24 horas. Já não se estava em abril, quando um capitão podia se recusar a aceitar ordens ilegais de um brigadeiro. Nem se estava em junho, quando ou-

---

[37] Daniel Krieger, *Desde as Missões*, p. 325.
[38] *Comunicação de Ocorrência* do brigadeiro Itamar Rocha, de 2 de outubro de 1968, marcada "confidencial". Cópia cedida ao autor pelo capitão Sérgio Miranda de Carvalho. AA.
[39] Cópia de expediente remetido pelo brigadeiro Itamar Rocha ao ministro Souza e Mello, sem assinatura nem data. AA.

tro brigadeiro podia fazer saber ao ministro que duvidava da palavra de Burnier.

A vitória de Burnier informava que, num choque entre a ilegalidade e "a disciplina e as tradições" da FAB, vencera a anarquia. Era um aviso a toda a corporação militar. Eduardo Gomes, o venerado *Brigadeiro* das revoltas da República Velha e das campanhas contra a ditadura de Vargas, foi incapaz de ir buscar na opinião pública o desagravo à honra da FAB. Mesmo em outubro, quando o caso Para-Sar finalmente foi denunciado da tribuna da Câmara, manteve-se em olímpico silêncio. É certo que havia em 1968, dentro da hierarquia militar, um grupo de oficiais que poderiam ser chamados de liberais, respeitadores de algumas noções de direito, como a condenação do homicídio. O caso Para-Sar e o silêncio do *Brigadeiro* indicaram que essa brigada liberal preferia o silêncio a tomar riscos diante da criminalização das atividades policiais das Forças Armadas.

Itamar reagiu semanas depois de sua degola, remetendo aos demais brigadeiros um documento em que dizia: "Por trás de nossas patentes, observando nossas atitudes e reações, existe toda uma força armada. Com o brio com que reagirmos, com a altitude de nossos gestos de repúdio e com o exemplo do nosso procedimento, estaremos crescendo aos olhos dos subordinados que acreditam em seus chefes".[40] O texto tinha seis páginas e a marca de "confidencial". O caso Para-Sar acabara. Burnier vencera em público, e os brigadeiros que o combateram reclamavam em segredo.

O único protesto fardado partiu do general Mourão Filho, provisionado no Superior Tribunal Militar, cujo nome apareceu numa das versões da lista de políticos que sumiriam por conta da ofensiva de Burnier. Com seu gosto pelo teatro, foi para a televisão e ameaçou: "Vocês devem estar me ouvindo, fiquem sabendo que não tenho medo de morrer, nem entro em automóvel para ser sequestrado. Uso um Colt 45 e atiro muito bem".[41] Ficou nisso.

---

40 *Comunicação de Ocorrência* do brigadeiro Itamar Rocha, de 2 de outubro de 1968, marcada "confidencial". AA.
41 Olympio Mourão Filho, *Memórias*, p. 443.

A justificativa mais frequente para essas capitulações sempre foi associada a um hipotético desejo de preservação da unidade militar. Mesmo reconhecendo-se que o tradicional espírito de corpo da oficialidade pode ser um ingrediente na fabricação de uma cumplicidade de última instância, ele não é o único. Velho conhecedor da máquina militar, o marechal Cordeiro de Farias ensinaria que "há o interesse pessoal, pois o pensamento dominante é preservar posições, garantir a permanência em posições de vantagem".[42] O comportamento do brigadeiro Eduardo Gomes em anos posteriores, defendendo publicamente *Sérgio Macaco* com uma bravura proporcional ao declínio do regime, indica que sua capitulação conteve uma opção preferencial pela ditadura. Ao calar-se, não procurou preservar a FAB, mas o regime em que era hierarca. Se para ele o silêncio era uma conveniência, para oficiais biograficamente menos afortunados seria uma necessidade, quando não fosse convicção.

O caso Para-Sar, tornado público no dia 1º de outubro, surpreendia pela simplicidade de sua trama e pelo absurdo do seu desfecho. O ministro Souza e Mello pudera demitir o brigadeiro Itamar, mas não conseguia apresentar uma versão que se sustentasse. Acusado de proteger o que o *Correio da Manhã* denunciava como a "Operação Mata--Estudante", o ministro, através de seu gabinete, respondeu com a trapaça pela qual se confundia uma acusação feita contra um oficial com um ataque à corporação. Vislumbrava uma "manobra divisionária em ofensiva dirigida contra as próprias instituições militares, fazendo parte dos processos de tentativa de isolamento das Forças Armadas na comunidade brasileira".[43]

Apesar do refluxo das agitações estudantis, algo de raro estava acontecendo com os sentimentos da sociedade brasileira em relação aos militares. Confundidos com a natureza ditatorial do regime e com o desgaste do governo, os oficiais sentiam-se inibidos de vestir a farda

---

[42] Aspásia Camargo e Walder de Góes, *Meio século de combate*, p. 610.
[43] Pery Cotta, "A Operação Mata-Estudante", *Correio da Manhã* de 4 de outubro de 1968.

fora dos quartéis.⁴⁴ Caíra o número de estudantes do Colégio Militar que decidiam fazer o concurso de ingresso na Academia das Agulhas Negras.⁴⁵ No final de setembro encerrou-se no Maracanãzinho mais um glorioso Festival da Canção da época. Num país onde as manifestações culturais de massa se limitavam a novelas de televisão e partidas de futebol, esses festivais reuniam a mais talentosa geração de compositores que o Brasil já tivera. Tornaram-se a um só tempo festa e instante de refinamento intelectual. Duas canções disputavam a final. Uma era "Sabiá", de Antonio Carlos Jobim e Chico Buarque de Hollanda. Soava bonita, mas estava fora do lugar. A outra era "Caminhando", de Geraldo Vandré.⁴⁶ Musicalmente banal, quase uma guarânia, impressionava pela letra emocional, verdadeiro hino político, poético na sua raiva. Falava de "soldados armados, amados ou não", prontos "a morrer pela pátria ou viver sem razão". Sua força estava no refrão:

> *Vem, vamos embora, que esperar não é saber.*
> *Quem sabe faz a hora, não espera acontecer.*

As 20 mil pessoas que estavam no Maracanãzinho transformaram-se em coral dessa variante melódica do conceito marighelista de que "a vanguarda faz a ação". "Sabiá" derrotou "Caminhando", mas Tom Jobim mal conseguiu tocá-la. A arquibancada vaiou-o por 23 minutos.⁴⁷ Talvez tenha sido a mais longa das vaias ouvidas nos auditórios do país. Não era a Tom que se apupava, muito menos ao júri, que deixara "Caminhando"

---

44 A esse respeito, ver o manifesto dos alunos da Escola de Aperfeiçoamento de Oficiais: "O Exército (...) se torna alvo de uma insidiosa agressão, que vai desde a prisão de companheiros em universidades, até a inibição de usar a farda", em *O Estado de S. Paulo*, 1º de novembro de 1968. Também Lyra Tavares, em *O Exército e o Ato Institucional nº 5*, livreto marcado "reservado", Ministério do Exército, 1969. APGCS/HF. Na reunião do Conselho de Segurança Nacional de 16 de julho de 1968, disse o general: "Sucedem-se os casos de provocação contra militares fardados, sobretudo no III Exército, como expõe, em relatório, o respectivo comandante".
45 Alfred Stepan, *The military in politics*, p. 258. De 117 em 1963, esse número baixara para 47 em 1966.
46 O título oficial da canção é "Pra não dizer que não falei de flores".
47 Zuenir Ventura, *1968 — O ano que não terminou*, p. 206.

em segundo lugar. A vaia era contra a ditadura, e aquela seria a última manifestação vocalista das multidões brasileiras. Passariam uma década em silêncio, gritando pouco mais que "gol". Poucas semanas depois, o governo proibiu a execução de "Caminhando" nas rádios e em locais públicos. Temia que se tornasse "o ponto de partida para a aceleração e ampliação de um processo de dominação das massas".[48]

A vanguarda que se supunha capaz de fazer a hora vinha fazendo acontecer. Praticava uma ação relevante a cada duas semanas. Uma pequena dissidência estudantil de Niterói intitulou-se Movimento Revolucionário 8 de Outubro, MR-8, em memória do dia da captura do Che Guevara. Assaltava bancos e comprava terras no Paraná, onde pretendia montar bases de treinamento para um foco guerrilheiro na região de Foz do Iguaçu.

Cada grupo fazia sua hora. Algumas das melhores faculdades e escolas secundárias do Rio de Janeiro e São Paulo tornaram-se focos de recrutamento para a guerrilha. O calendário do movimento estudantil anunciava um grande acontecimento. No final do ano devia se realizar o XXX Congresso da UNE. Os três últimos haviam sido abrigados clandestinamente em conventos. Dessa vez planejava-se algo maior, com perto de mil participantes. O governador Abreu Sodré fez saber aos estudantes paulistas que estava disposto a tolerar a reunião caso ela tivesse lugar no Conjunto Residencial da Universidade de São Paulo, o Crusp. Era legalidade demais para tantos anseios revolucionários. Na liderança estudantil chegara-se a discutir uma proposta para que o congresso fosse realizado depois de uma fulminante ocupação de um edifício na avenida Rio Branco, no Centro do Rio de Janeiro.[49] Desde julho militantes do marighelismo vinham estudando a conveniência de utilizar o sítio de um veterano comunista na localidade de Ibiúna, a setenta quilômetros de São Paulo. A propriedade foi inspecionada pelo general cassado Euryale de Jesus Zerbini e pelo coronel Plínio Rolim de Moura, um oficial da reserva que se considerava depositário de poderes paranormais,

---

[48] *Ofício nº 427/68-SCDP*, de 23 de outubro de 1968. Do chefe do Serviço de Censura de Diversões Públicas ao diretor da Divisão de Operações da Polícia Federal. AA.
[49] João Guilherme Vargas Neto, outubro de 1988, e Zuenir Ventura, *1968 — O ano que não terminou*, pp. 239 e segs.

através dos quais recebera vibrações premonitórias do assassinato do presidente John Kennedy e da deposição de João Goulart. Ambos consideraram a topografia do local adequada para a reunião.[50]

A ideia segundo a qual mil estudantes poderiam ser convocados para um congresso clandestino, chegar a Ibiúna, eleger uma nova diretoria para a UNE e voltar às suas casas sem que o governo percebesse, era uma fantasia. Até que ponto ela resultou da inocência, não se sabe. Nenhum dos organizadores da reunião admitiu que houvesse, subjacente ao projeto, o desejo secreto de um confronto armado entre a segurança do congresso e a polícia, ou de uma prisão em massa. Oito anos depois, o CIE estava convencido de que o Congresso da UNE foi levado para Ibiúna propositalmente, numa "grande traição" destinada a facilitar o recrutamento de jovens para as organizações terroristas.[51] Rinaldo Claudino de Barros, militante do Partido Comunista Revolucionário, PCR, e presidente do diretório acadêmico da Faculdade de Sociologia da Fundação José Augusto, de Natal, revelou mais tarde que o Congresso de Ibiúna "foi feito para todos serem presos". "Pensava-se que, de repente, quando o cara fosse preso uma vez, ele saía de casa, abandonava a família e a faculdade, e entrava num partido de uma vez por todas."[52] Zuenir Ventura, que entrevistou os principais líderes estudantis da época, concluiu que "Ibiúna funcionou um pouco como laboratório para a guerrilha, como provavelmente desejava Carlos Marighella".[53]

Quando os estudantes começaram a afluir para o Congresso da UNE, o terrorismo de direita já lhes ensinara que o último trimestre de 1968 era diferente do primeiro. Na pequena rua Maria Antonia, no bairro paulista de Higienópolis, conviviam a Faculdade de Filosofia, Ciências e Letras da USP e a Universidade Mackenzie. Uma, conhecida popularmente pelo nome da rua, era faculdade de produção brilhante, joia da esquerda,

---

[50] Zuenir Ventura, *1968 — O ano que não terminou*, p. 246. Os poderes do coronel estão em carta de 2 de fevereiro de 1975 de Plínio Rolim de Moura ao general Sylvio Frota. APGCS/HF.

[51] *A Subversão Comunista em São Paulo*, Relatório I/76 do DOI-CODI do II Exército, marcado "reservado", de abril de 1976, fl. 3. AA.

[52] Entrevista de Rinaldo Claudino de Barros a Luiz Gonzaga Cortez, publicada no jornal *Dois Pontos*, do Rio Grande do Norte, maio-agosto de 1988, e reproduzida em *Cadernos de Jornalismo*, 1, dezembro de 1990, Brasília, Fenaj, p. 199.

[53] Zuenir Ventura, *1968 — O ano que não terminou*, p. 255.

fornecedora de quadros para o radicalismo da esquerda paulistana. Na outra, militava o CCC. Durante todo o ano os dois lados da calçada hostilizaram-se, até que no dia 2 de outubro alunos da escola de filosofia fecharam a Maria Antonia, cobrando pedágio em benefício da organização do Congresso da UNE. Um estudante do Mackenzie jogou um ovo no grupo que bloqueava a rua, e deu-se uma breve pancadaria, esfriada com o aparecimento da polícia. À noite o laboratório do Mackenzie foi aberto para a fabricação de bombas.[54]

Na manhã seguinte o CCC desceu os tanques. Sua tropa atacou com tiros e centenas de coquetéis-molotovs. Mataram um secundarista de vinte anos, José Guimarães, invadiram a Maria Antonia e incendiaram-na. Do ataque participaram, além de estudantes do Mackenzie, pelo menos dois policiais, o delegado *Raul Careca* e o comissário Octávio Gonçalves Moreira Junior. Ambos eram sócios fundadores do CCC. O segundo militava também na organização católica ultramontana Tradição, Família e Propriedade. O terrorismo de direita, que acabara com o Teatro Opinião no Rio de Janeiro, incendiara a Maria Antonia. Esta fora refúgio de professores europeus fugitivos do nazismo, era o berço da moderna sociologia brasileira. Nas suas ruínas, estudantes cantaram "Saudosa maloca".[55]

Ibiúna terminou como era de se supor. A polícia sabia local, dia e hora da reunião. Cercou-a com tropas da Polícia Militar na madrugada fria de 12 de outubro. Prenderam toda a UNE, sua liderança passada, presente e futura. No maior arrastão da história brasileira, capturaram-se 920 pessoas, levadas para São Paulo em cinco caminhões do Exército e dez ônibus.[56] O movimento estudantil se acabara. Dele restou um grande inquérito policial, que se transformou em mola para jogar na clandestinidade dezenas de quadros das organizações esquerdistas. Nos seis anos

---

[54] Maria Cecília Loschiavo dos Santos (org.), *Maria Antonia: uma rua na contramão*, p. 226. Para um estudo do episódio, ver Irene Cardoso, "Maria Antonia — O edifício de nº 294", em João Roberto Martins Filho (org.), *1968 faz 30 anos*, pp. 27-48.
[55] Consuelo de Castro, em Maria Cecília Loschiavo dos Santos (org.), *Maria Antonia: uma rua na contramão*, p. 94.
[56] *Veja* de 16 de outubro de 1968, p. 12. Coronel Luiz Helvecio da Silveira Leite, maio de 1985. Para os ônibus e caminhões, Samarone Lima, *Zé*, p. 68. Segundo um delegado do DOPS, em Samarone Lima, *Zé*, p. 68, o local da reunião era conhecido desde o dia 7.

seguintes, militando em agrupamentos armados ou na guerrilha rural, morreram pelo menos dezenove jovens que haviam estado em Ibiúna.[57]

Na mesma hora em que os estudantes eram colocados nos ônibus que os levariam à prisão em São Paulo, a dissidência esquerdista comandada pelo ex-sargento Onofre Pinto, egresso do MNR brizolista, assassinou com seis tiros e uma rajada de submetralhadora o capitão americano Charles Rodney Chandler. Emboscaram-no quando saía de sua casa, no bairro paulistano do Sumaré. Veterano do Vietnã, tinha trinta anos e estudava sociologia na Fundação Armando Alvares Penteado. Dera entrevistas e fizera pelo menos uma palestra sobre a guerra para uma audiência de militares.[58] Deveria voltar para Washington dali a poucas semanas.[59] Chamara a atenção dos terroristas e, sem que soubesse, fora sentenciado por um grupo de pessoas que arrogava a condição de tribunal revolucionário.

No caso da execução do major alemão Von Westernhagen supusera-se o assassinato do oficial que capturara o Che Guevara. Pela lógica de uma organização terrorista, a sentença faria nexo. O erro dos assassinos de Von Westernhagen não se situou na definição do objetivo, mas na sua identificação equivocada. Com Chandler a delinquência esteve precisamente na escolha do objetivo. Por mais de trinta anos, mesmo depois da anistia, seu assassinato foi defendido com base em duas acusações: era um agente da Central Intelligence Agency e torturara vietcongues. Nenhuma das duas jamais foi provada. Consideravam-no agente da CIA

---

57 Levantamento com base em Nilmário Miranda e Carlos Tibúrcio, *Dos filhos deste solo*, lista quinze nomes de jovens mortos que estiveram em Ibiúna: Antônio de Pádua Costa, Antônio dos Três Reis Oliveira, Aylton Adalberto Mortati, Eduardo Collier, Helenira Rezende de Souza Nazareth, Ivan Mota Dias, Jaime Petit da Silva, José Carlos Novais da Mata Machado, José Maurílio Patrício, Lauriberto José Reyes, Márcio Beck Machado, Maria Augusta Thomaz, Ranúsia Alves Rodrigues, Ruy Carlos Vieira Berbert e Tito de Alencar Lima, frei Tito (os dois últimos, acusados de terem participado da organização do congresso). Jacob Gorender, *Combate nas trevas*, p. 162, menciona Antônio Guilherme Ribas. Somam-se a eles Chael Charles Schreier e Fernando Borges de Paula Ferreira, presos quando atuavam no esquema de segurança do encontro (Judith Lieblich Patarra, *Iara*, p.251), e José Roberto Arantes de Almeida (mencionado em <http://www.desaparecidospoliticos.org.br/pessoa.php?id=136&m=3>). Também esteve em Ibiúna, como jornalista, Luiz Merlino, militante do POC, morto em 1971.
58 Entrevista de Charles Chandler, *Folha de S.Paulo*, 3 de março de 1968, 1º Caderno, p. 10.
59 Depoimento do diretor da CIA, Richard Helms, à Subcomissão de Assuntos Hemisféricos do Senado americano, 5 de maio de 1971, parcialmente liberado em 1987. DEEUA.

apoiando-se num raciocínio segundo o qual qualquer americano era, em princípio, um perigoso espião.[60] Fora para a Guerra do Vietnã como oficial do exército, assim como 24 anos antes outros capitães americanos desembarcaram na Normandia lutando contra o nazismo, mas isso não vinha ao caso.

O tribunal não decidiu matá-lo porque tivesse feito algo de errado, mas porque era americano e era militar. Além disso, estavam a fim de matar alguém que desse publicidade ao terrorismo. Iam longe os dias de outubro de 1967, quando o ex-sargento Pedro Lobo de Oliveira, dirigindo o táxi com que ganhava a vida, vagara pela noite paulista com um pedaço de cano cheio de clorato de potássio, alumínio em pó e açúcar. Queria jogá-lo na mansão de um empresário americano, mas acabou atirando-o em frente à casa da filha do governador Abreu Sodré. No dia seguinte, para seu desencanto, nenhum jornal falara do atentado.[61] Dessa vez Pedro Lobo dirigiu o automóvel que transportou o pelotão de fuzilamento e, quando voltou ao volante de seu táxi, tinha garantidas as primeiras páginas das edições dos jornais do dia seguinte. Meses depois, Marighella relacionava a "execução do espião da CIA" como uma das provas de que "estamos em plena guerra revolucionária".[62]

Somado a dois PMs assassinados semanas antes em São Paulo, Chandler fora o quinto cadáver fardado de 1968. O terrorismo de esquerda tomara a ofensiva tanto na quantidade como na qualidade. As ações de significado político, que rendiam publicidade, prevaleceram

---

60 Exemplo da distorção propagandística com que se confundiam funcionários do governo americano com agentes da CIA pode ser encontrado na nota da VPR de abril de 1970, referente ao sequestro do cônsul americano em Porto Alegre, Curtis Cutter: "Este indivíduo, ao ser interrogado, confessou suas ligações com a CIA (Agência Central de Inteligência, órgão da espionagem internacional dos Estados Unidos) e revelou vários dados sobre a atuação da CIA no território nacional e sobre as relações desta agência com os órgãos de repressão da ditadura militar. Ficamos sabendo, entre outras coisas, que a CIA trabalha em estreita ligação com o Cenimar, fornecendo inclusive 'orientação' a este último órgão sobre os métodos de tortura mais eficazes a serem aplicados nos prisioneiros". O sequestro de Cutter falhou, e ele jamais foi interrogado pela VPR. A nota fora redigida durante o planejamento da operação e deixara-se em branco o espaço onde deveria entrar a data. O documento está em IstoÉ de 19 de agosto de 1987, p. 21, na reportagem intitulada "Os segredos do terror".
61 Depoimento de Pedro Lobo de Oliveira, em Antonio Caso, *A esquerda armada no Brasil — 1967-71*, p. 113.
62 Carlos Marighella, *Manual do guerrilheiro urbano e outros textos*, p. 60.

sobre aquelas com objetivo logístico, que buscavam dinheiro e armas. Ofensiva virulenta, incluiu dois assassinatos vindicativos (do major alemão e do capitão americano) e dois ataques a instalações militares (o hospital do Cambuci e o QG do II Exército). Desbaratou o comício de Abreu Sodré, ferindo-o. Explodiu pelo menos dez bombas. Foi eficaz também na busca de meios. A polícia atribuía aos seus assaltos uma arrecadação de 1,2 milhão de cruzeiros, equivalentes a 330 mil dólares ao câmbio da época. Além disso, roubou-se perto de 1,5 tonelada de explosivos.[63] É possível que essa lista, como todas as produções policiais do gênero, esteja inflacionada. Muito provavelmente as ações praticadas em 1968 passaram de cinquenta. Nelas, em confrontos deliberados, foram assassinadas sete pessoas.[64]

Do outro lado, os grupos paramilitares praticaram dezessete atentados, que devem ser somados às catorze explosões e a um assalto a banco confessados por Aladino Félix. Disso resulta que foram 32 os atos terroristas saídos da direita, sem vítimas fatais. Dias depois do arrastão da UNE, um comando terrorista integrado por oficiais e sargentos do Exército explodira a Livraria Civilização Brasileira, no Centro do Rio de Janeiro. Era a mais corajosa editora de esquerda do país. Só a tenacidade de seu dono, Ênio Silveira, impediria que ela perecesse, como o Teatro Opinião e a Maria Antonia.[65] Para os padrões da política brasileira, onde a cordialidade da crônica perdoa a violência do Estado, o ano de 1968 teve também uma violência específica. Enquanto os distúrbios ocorridos na França custaram cinco vidas e os dos Estados Unidos, uma, as passeatas brasileiras que se seguiram à morte de Edson Luis de Lima Souto custaram mais dez. Nenhum desses homicídios foi investigado.

[63] *Veja* de 18 de dezembro de 1968, p. 23, para os assaltos, e 23 de outubro de 1968, para a dinamite. Essa cifra derivaria de 26 assaltos que, não tendo sido desvendados, eram atribuídos à esquerda armada.
[64] Além de Mário Kozel Filho, Von Westernhagen e Chandler, foram assassinados os PMs paulistas Antonio Carlos Jeffery e Eduardo Custódio de Souza. (O PM Nelson de Barros, morto no Rio de Janeiro quando foi atingido por um objeto atirado de um edifício, não entrou nessa conta.) Morreram também dois civis, Wenceslau Ramalho Leite e Estanislau Inácio Correa, ambos durante o roubo de seus automóveis.
[65] Heleno Cláudio Fragoso, em seu *Advocacia da liberdade*, pp. 24-5, conta que um ex-colaborador do CIE informou a Ênio Silveira no dia 16 de outubro de 1968 que os autores do atentado haviam sido o major Bismark, o capitão Ramalho e os sargentos Mazza, Fialho e Dárcilo, todos do CIE. O major Bismark Baracuhy Amancio Ramalho mais tarde foi para o SNI.

Seja qual for o nome que se dê ao surto terrorista de 1968, o que houve de essencial nele foi a instrumentalização daquilo que se denominou "guerra revolucionária". Para Marighella e as outras organizações de esquerda que usavam a mesma expressão, ela pretendia significar um salto de qualidade no combate ao regime. Havendo a "guerra revolucionária", a luta armada deixava de ser uma tese, tornando-se uma inevitabilidade. Para os comandantes militares, havendo "guerra revolucionária", o regime constitucional deixava de ser um constrangimento, tornando-se um estorvo.

Nos dois casos o uso da expressão era uma conveniência retórica a serviço de uma ideia maior de tutela da sociedade. O radicalismo esquerdista beneficiava-se da ideia de "guerra" dispensando a parafernália teórica que punha no caminho dos revolucionários a mobilização da sociedade, ou pelo menos de uma parte considerável da classe operária. Para apressar o socialismo, dispensavam temporariamente as massas. Do outro lado, o regime embebia-se na literatura militar francesa, em que o conceito de guerra revolucionária racionalizara a derrota sofrida na Indochina e justificara a conduta do Exército na repressão ao movimento de libertação da Argélia.

Os dois lados queriam provar que estourara uma revolução no Brasil, mas como ela não existia, contentavam-se em proclamar a existência do processo a que chamavam de "guerra revolucionária". À esquerda o slogan carregava o embuste de sugerir que a revolução estava na rua porque algumas centenas de pessoas tinham resolvido começar uma guerra. À direita, queria-se colocar o país em estado de guerra porque algumas centenas de pessoas queriam fazer uma revolução. Por conta disso, falavam a mesma língua:

Dizia Marighella: "A questão no Brasil não está no mito de quem der o primeiro tiro. Aliás, o primeiro tiro já foi dado, pois encontramo-nos em pleno curso da guerra revolucionária".[66]

Dizia o general Humberto de Souza Mello, ao assumir a Diretoria de Ensino e Formação do Exército: "A guerra revolucionária, cujas características definem a guerra dos nossos tempos, assumindo importância imprevisível e envolvendo problemas humanos fundamentais, exige que

---

66 Carlos Marighella, *Manual do guerrilheiro urbano e outros textos*, p. 37.

cada cidadão-combatente tenha criado em si um mundo interior conscientizado nas forças morais, espirituais e de cultura, que permita maior eficiência na utilização das armas com as quais está adestrado".[67]

Menos de um mês depois da execução de Chandler a polícia começara a puxar dois fios da rede terrorista de esquerda. Capturara em novembro dois militares cassados que operavam no Colina. No Rio de Janeiro, Marighella assaltara um carro pagador do Instituto de Previdência do Estado da Guanabara que lhe rendeu o equivalente a 31 mil dólares e o fim do seu próprio mistério. Com a prisão de um dos envolvidos na "expropriação" a polícia conseguiu finalmente associar o nome do velho dirigente comunista a um assalto. A capa da revista *Veja* avisava: "Procura-se Marighella, chefe comunista, crítico de futebol em Copacabana, fã de cantadores de feira, assaltante de bancos, guerrilheiro, grande apreciador de batidas de limão".[68]

A verdadeira guerra que os generais tinham nos quartéis estava na insatisfação da oficialidade. Os dois principais centros de instrução do Exército, a Escola de Aperfeiçoamento de Oficiais e a Escola de Comando e Estado-Maior, haviam se tornado focos de panfletagens. Na EsAO chegara-se a redigir um manifesto em que os capitães, arrochados em salários de menos de trezentos dólares mensais, reclamavam: "A carreira militar encontra-se em visível fase de desfibramento devido à falta de motivações profissionais e insuficiência de vantagens materiais".[69] Denunciavam o "tráfico de influência" na rotina da carreira, "a onda de descrédito do governo [que] se avoluma pela corrupção" e "o alastramento da horda subversiva". Concluíam: "É hora de mudar!". Nesse documento os capitães balearam até mesmo a gramática, com "excessões" e "dissenções".[70] Nada mais subversivo.

---

67 Boletim da Agência Nacional de 30 de agosto de 1968.
68 *Veja* de 20 de novembro de 1968.
69 O salário de um capitão, segundo *Veja* de 13 de novembro de 1968, era de 850 cruzeiros novos mensais, o equivalente a 265 dólares.
70 Manifesto da EsAO, em *O Estado de S. Paulo*, 1º de novembro de 1968.

Diante da desordem, Lyra Tavares reagiu ao seu estilo. Respondeu aos panfletos dizendo que "julgo, por princípio e por temperamento, sempre útil qualquer sugestão". Depois atacou: "É estranho (...) que fontes já identificadas tivessem dado curso à notícia de que o ministro estivesse cogitando punir os capitães".[71] Prender a UNE em Ibiúna era fácil, prender os oficiais da EsAO, outra conversa. Em vez de enquadrar os capitães insubordinados, o ministro ameaçava quem espalhara a ideia segundo a qual faria cumprir o regulamento disciplinar da Força que comandava.

Para os analistas da Central Intelligence Agency, em Washington, a situação diferia pouco — para pior — da previsão feita dois anos antes pelo diplomata Philip Raine:

> Os protestos e os problemas internos dos militares, como os baixos salários, espalharam a insatisfação nas Forças Armadas, que, por sua proximidade do governo, tiveram de suportar o grosso dos ataques da oposição. Os chefes militares, preocupados com a insatisfação, sobretudo entre os oficiais mais jovens, estão pressionando o presidente para melhorar o funcionamento de seu governo e para liquidar as forças de oposição mais radicais. Embora Costa e Silva tenha sido capaz de evitar ações drásticas que posteriormente virão a debilitar as fracas instituições civis, como o Congresso, uma piora substancial da situação política pode muito bem forçá-lo a aceitar o aumento do controle militar sobre a política do governo, ou então a enfrentar o perigo de ser deposto.[72]

Às três horas da tarde de 12 de dezembro o presidente Costa e Silva ia do aeroporto do Galeão para o palácio Laranjeiras. Pelo rádio da limusine ouviu o resultado da votação do pedido de licença para processar Marcio Moreira Alves. Como previra o senador Krieger, o pedido

---
[71] *Correio da Manhã*, 8 de novembro de 1968.
[72] *The Military in Brazil, Special Report* da *Weekly Review* da Central Intelligence Agency, de 29 de novembro de 1968. DEEUA.

foi rejeitado. Foram 216 votos contra 136 a favor. Também como previra Krieger, estava feita a "crise institucional, pondo em antagonismo a Câmara e as Forças Armadas do país". Costa e Silva trancou-se no palácio e deixou-se boiar.

No Gabinete Militar, em Brasília, o general Portella trabalhava desde a manhã. Antes mesmo de ser anunciado o resultado da votação, ele se reunira com o diretor da Polícia Federal, esquematizando uma operação militar destinada a censurar a imprensa. As rotativas d'*O Estado de S. Paulo* foram desligadas pela Polícia Federal ainda na madrugada do dia 13, para impedir a circulação de um editorial em que se lembrava a Costa e Silva que governar uma nação era coisa mais complicada que comandar uma tropa.[73]

Durante trinta horas o marechal presidiu em silêncio uma revolta militar. Ainda na tarde do dia 12, diante do resultado da votação, os generais mais graduados do quartel-general, no Rio, foram ao ministro Lyra Tavares. Ele saíra do seu gabinete do nono andar e subira para uma sala que ocupava no piso superior sempre que desejava descansar. Os generais queriam o golpe. "Os mais extremados, inclusive pelas notícias que recebíamos dos quartéis, achavam que precisava começar tudo de novo", lembraria o general Muricy, chefe do Estado-Maior do Exército.[74] O general Moniz de Aragão dizia que "se o presidente estava vacilando, que fosse ultrapassado".[75] Lyra disse que ficava com o que decidisse Costa e Silva, ao que Muricy respondeu que ficava com o que ele, Lyra, decidisse, deixando implícito que se o ministro decidisse contra o presidente, teria o seu apoio.

Decidiu-se que o ministro e o chefe do EMFA, Orlando Geisel, iriam ao Laranjeiras para expor a situação ao presidente. O comandante do I Exército, Syseno Sarmento, resolveu fazer a mesma coisa. Costa e Silva não os recebeu. Subiu para o primeiro andar do casarão e trancou-se nos aposentos, onde ficou ouvindo música. Só desceu ao salão de jantar para ver um filme de faroeste.[76] Numa folha de bloco deixada pelo presidente

---

[73] "Instituições em frangalhos", editorial d'*O Estado de S. Paulo*, edição de 13 de dezembro de 1968, da qual circularam apenas 106 mil exemplares.
[74] General Antonio Carlos Muricy, agosto de 1988.
[75] Jayme Portella de Mello, *A Revolução e o governo Costa e Silva*, p. 724.
[76] Idem, p. 641, e Hernani d'Aguiar, *Estórias de um presidente*, p. 133.

na mesa de seu gabinete lia-se: "Recesso do Congresso".[77] A essa altura o comandante da Vila Militar, general João Dutra de Castilho, estava rebelado, sem contudo ter colocado um só de seus praças em posição de combate.[78] Por via das dúvidas, alguns oficiais do Gabinete Militar preferiram dormir no palácio.[79] Gama e Silva, velha vivandeira, circulava pelos bivaques dos granadeiros com uma proposta de extravagância do poder militar. Denominava-a Ato Institucional nº 5.

---

77 Jayme Portella de Mello, *A Revolução e o governo Costa e Silva*, p. 642.
78 General Antonio Carlos Muricy, agosto de 1988.
79 Hernani d'Aguiar, *Ato 5*, p. 284.

A missa negra

Às dezessete horas da sexta-feira, 13 de dezembro do ano bissexto de 1968, o marechal Arthur da Costa e Silva, com a pressão a 22 por 13, parou de brincar com palavras cruzadas e saiu de seus aposentos no palácio Laranjeiras para presidir o Conselho de Segurança Nacional, reunido em torno de uma mesa da biblioteca.[1] Começava uma missa negra. Composto por ministros demissíveis *ad nutum*, o Conselho sempre fora uma ficção. Suas decisões, sem a chancela do presidente, nada valiam. Sua competência legal para tratar da matéria levada à suposta consulta era nula.

O marechal deteve-se na porta do salão, conversando baixo com o vice-presidente Pedro Aleixo, que acabara de chegar de Belo Horizonte. Demoraram-se por quase meia hora. Quando Costa e Silva ocupou a cabeceira, cada ministro tinha uma cópia do Ato Institucional nº 5 em frente a seu lugar. Dois microfones, colocados ostensivamente sobre a mesa, gravariam a sessão. A sala estava tomada pelo barulho de sirenes de veículos que circulavam no pátio da mansão.

---

[1] Jayme Portella de Mello, *A Revolução e o governo Costa e Silva*, p. 653. Para a pressão, Hernani d'Aguiar, *Ato 5*, p. 287.

O presidente abriu a reunião com um discurso em que se denominou "legítimo representante da Revolução de 31 de março de 1964" e lembrou que com "grande esforço (...) boa vontade e tolerância" conseguira chegar a "quase dois anos de governo presumidamente constitucional". Ofereceu ao plenário "uma decisão optativa: ou a Revolução continua, ou a Revolução se desagrega". Batendo na mesa, anunciou que "a decisão está tomada" e pediu que "cada membro diga o que pensa e o que sente".[2] Era o primeiro discurso desconexo daquela sessão presidida pela determinação de proclamar uma ditadura. O marechal suspendeu a reunião por vinte minutos, para que cada ministro lesse o texto, e desculpou-se pela pressa. Com um preâmbulo de seis parágrafos, o Ato tinha doze artigos e cabia em quatro folhas de papel. Sua leitura atenta exigia pouco mais que cinco minutos. Costa e Silva retirou-se debaixo de aplausos.

Na volta, deu a palavra ao vice-presidente Pedro Aleixo. Sereno e com elegante pronúncia, Pedro Aleixo falou como se estivesse numa sala de aula da faculdade de direito. Defendia simultaneamente o regime constitucional e sua biografia. Mais esta que aquele. Começou ensinando que a Câmara só poderia ter dado a licença para processar Marcio Moreira Alves se agisse com base num critério político, pois não poderia fazê-lo "segundo as normas do direito aplicáveis ao caso". Ou seja, o "insólito agressor da dignidade dos elementos componentes das Forças Armadas" não podia ser processado pelo conteúdo de um discurso proferido da tribuna. O vice-presidente declarou-se favorável a um remédio constitucional — o estado de sítio, cuja preparação defendera em julho — e denunciou o conteúdo do Ato que acabara de ler: "Da Constituição, que é antes de tudo um instrumento de garantia dos direitos da pessoa humana, e da garantia dos direitos políticos, não sobra (...) absolutamente nada". "Estaremos (...) instituindo um processo equivalente a uma própria ditadura."

---

[2] Todas as citações de votos dessa reunião baseiam-se na fita da gravação. Existe ainda uma *Ata da Quadragésima Terceira Reunião do Conselho de Segurança Nacional*, da secretaria-geral do CSN. Esses dois documentos guardam diferenças. Em alguns casos trata-se de consequências da simples revisão dos votos, proferidos de improviso. Em outros — diversos — as divergências são produto de fraude política. Na fita ouve-se Costa e Silva falar em "governo presumidamente constitucional". Na *Ata* lê-se "governo decididamente constitucional". APGCS/HF.

Falara o respeitado bacharel, mas cabia ao vice-presidente concluir. Com a ditadura na mão, prosseguiu: "Todo ato institucional (...) que implique na modificação da Constituição existente, é realmente um ato revolucionário. Que se torne necessário fazer essa revolução, é uma matéria que poderá ser debatida e acredito até que se pode demonstrar que essa necessidade existe". Admitiu que se o estado de sítio viesse a se mostrar insuficiente, "a própria nação (...) compreenderia a necessidade de um outro procedimento". Entre o sítio e o Ato havia inúmeras diferenças de alcance, mas a essencial estava na essência do regime que adviria. Num, seria mantida a Constituição de 1967. No outro, ela seria atropelada. Ademais, enquanto o primeiro poderia durar até 120 dias, o Ato não tinha prazo de validade. Aleixo concluiu reafirmando obliquamente sua discordância e, dirigindo-se a Costa e Silva, anunciou sua "certeza de que estou cumprindo um dever para comigo mesmo, um dever para com Vossa Excelência, a quem devo a maior solidariedade". Em nenhum momento Pedro Aleixo disse diretamente que condenava a promulgação do Ato. O bacharel denunciou a ditadura, mas nela se manteve vice-presidente.

"Acabamos de ouvir a palavra abalizada do vice-presidente (...) da qual discordo absolutamente", emendou o almirante Augusto Rademaker, ministro da Marinha. Militante integralista nos anos 1930, membro do comando revolucionário de abril de 1964, tomara dois dias de cadeia durante o mandato de Castello por ter criticado o governo.[3] Ganhara o cargo depois de ter passado dois anos numa escrivaninha de adido ao gabinete do ministro. "O que se tem que fazer é realmente uma repressão", acrescentou. O marujo foi às águas do direito constitucional e argumentou que "o recesso, a meu ver, não requer estado de sítio, por enquanto". Naufrágio, pois pela Constituição ainda vigente o estado de sítio nada tinha a ver com o recesso parlamentar, que nem sequer poderia ser decretado durante sua duração.

Entrou o ministro do Exército, Lyra Tavares: "Nós estamos agora perdendo condições (...) de manter a ordem neste país".[4] E ameaçou: "É preci-

---

[3] Para a militância integralista, Hélgio Trindade, "O radicalismo militar em 64 e a nova tentação fascista", em Gláucio Ary Dillon Soares e Maria Celina d'Araujo (orgs.), *21 anos de regime militar*, p. 134.

[4] O voto do general Lyra Tavares foi severamente alterado na redação da *Ata*. Em alguns casos isso deveu-se às suas relações hostis com a sintaxe. Em outros houve maquiagem política. Ele começou

so assinalar que foi com grande sacrifício que as Forças Armadas, particularmente o Exército, guardaram até aqui, como fato inédito na história política do Brasil, o seu silêncio, à espera de uma solução, e convencidos — todos os quadros — de que não pode deixar de haver essa solução".

Costa e Silva deu a palavra "por ordem de antiguidade" ao chanceler Magalhães Pinto. Pelo cerimonial da República, o ministro da Justiça tem precedência sobre os demais. O presidente pulara Gama e Silva. Magalhães percebeu a astúcia e lamentou que o ministro não tivesse falado antes, explicando sua obra. O chanceler vivia um desconforto biográfico. Em 1943 assinara o *Manifesto dos Mineiros*, primeira manifestação da elite liberal contra a ditadura de Getulio Vargas. Estava pronto para assinar o Ato de *Gaminha*, mas tentava ganhar tempo. "Eu também confesso, como o vice-presidente da República, que (...) nós estamos instituindo uma ditadura. E acho que se ela é necessária, devemos tomar a responsabilidade de fazê-la. Eu não conheço bem, dentro do mecanismo constitucional (...) se o que resta caracteriza mesmo essa ditadura. Acho que ainda é tempo de alguma coisa ser feita para evitar".[5] Magalhães concluiu que "devemos fazer um ato institucional", "procurando colocar nele o essencial", e sugeriu que seria útil "um debate privado entre aqueles que fizeram o Ato e aqueles que podem dar uma contribuição jurídica (...) porque devemos ter um Ato o mais jurídico possível, e resguardar os direitos do cidadão também o mais possível".

O ministro da Fazenda pisou no acelerador. Antonio Delfim Netto, um menino do Cambuci, ex-contínuo da Gessy, formado na Universidade de São Paulo, lapidado na assessoria da Confederação Nacional da Indústria, ainda era um ministro sem muito destaque, mas viu longe. Queria que a concentração de poderes pedida por Costa e Silva desse ao governo mão livre para legislar sobre matéria econômica e tributária:

---

dizendo que "também devo declarar, de acordo com as palavras do ministro da Marinha, que ouvi com grande e merecido respeito os conceitos de jurista com a responsabilidade de vice-presidente, do dr. Pedro Aleixo". Revisto, esse preâmbulo obsequioso transformou-se no seguinte: "Eu também desejo me declarar de acordo com as palavras do ministro da Marinha". APGCS/HF.

5 Na *Ata*, numa das mais fraudulentas alterações, trocou-se a frase "acho que ainda é tempo de alguma coisa ser feita para evitar" por "acho que é tempo de se fazer alguma coisa para acabar com as crises. (...)". APGCS/HF.

"Estou plenamente de acordo com a proposição que está sendo analisada no Conselho. E se Vossa Excelência me permitisse, direi mesmo que creio que ela não é suficiente. Eu acredito que deveríamos atentar e deveríamos dar a Vossa Excelência a possibilidade de realizar certas mudanças constitucionais que são absolutamente necessárias para que este país possa realizar o seu desenvolvimento com maior rapidez".

Seguiu-se o ministro da Agricultura, Ivo Arzua, ex-prefeito de Curitiba. Foi o voto mais longo da reunião. A sua audição sugere que ele foi à reunião acreditando que alguém esperava pelas suas sugestões. É provável que tenha levado um texto, do qual não conseguiu se desvencilhar. Louvou a "magnanimidade" das Forças Armadas por não terem resolvido o caso de Marcio Moreira Alves através de um "desforço pessoal", como ele faria. Agradeceu "a atenção paternal, os sábios conselhos" de Costa e Silva, citou Churchill como "grande monumento da última guerra" e deu sua ideia, para embaraço de vários colegas. Denunciou a Constituição por estar "contra a vontade nacional", atacou os partidos por "falta de substância filosófica" e sugeriu a criação de uma "Nova República", com a dissolução do Congresso e a realização de eleições para uma Constituinte. Foi a nota cômica e constrangedora da tarde.[6]

O ministro do Trabalho, Jarbas Passarinho, coronel da reserva projetado na política do Pará em 1964, quando saiu do quartel para assumir o governo do estado, chamou a reunião de "histórica". Pouco antes, estivera com o general Portella, que lhe pedira um apoio "forte e breve".[7] Assim foi: "Sei que a Vossa Excelência repugna, como a mim e a todos os membros desse Conselho, enveredar pelo caminho da ditadura pura e simples, mas me parece que claramente é esta que está diante de nós. (...) Às favas, senhor presidente, neste momento, todos os escrúpulos de consciência".[8]

O general Orlando Geisel, chefe do Estado-Maior das Forças Armadas, foi na mesma linha: "Se não tomarmos neste momento esta medida que está sendo aventada, amanhã vamos apanhar na cara, senhor presidente".[9]

---

[6] Para o constrangimento, Antonio Delfim Netto, 1988.
[7] Depoimento de Jarbas Passarinho, em *Histórias do poder*, de Alberto Dines, Florestan Fernandes Jr. e Nelma Salomão (orgs.), vol. 1: *Militares, Igreja e sociedade civil*, p. 338.
[8] Na *Ata* lê-se: "Mas, senhor Presidente, ignoro todos os escrúpulos de consciência". APGCS/HF.
[9] Na *Ata* lê-se: "(...) vamos apanhar na carne". APGCS/HF.

O chefe do SNI, general Médici, anunciou que aprovava o texto "com bastante satisfação".

A mais audaciosa proposta veio do chefe do Gabinete Civil, Rondon Pacheco, um mineiro tímido que fizera sua carreira no Congresso à sombra dos veneráveis liberais da UDN. Começou batendo na ferradura. Atacou a sugestão do estado de sítio. Mostrou que a Constituição só permitia a suspensão das imunidades parlamentares, "pelo voto secreto, pelo voto secreto", repetiu, de dois terços da Casa a que pertencesse o congressista. Ou seja, o estado de sítio não permitiria a cassação de Marcio Moreira Alves. Rondon declarou-se favorável ao Ato, e Costa e Silva ia passando a palavra ao general Jayme Portella, quando o chefe do Gabinete Civil, surpreendido pela interrupção, pediu para continuar. Bateria também no cravo. Contou que já examinara várias propostas de atos e em todas as ocasiões sugerira "a conveniência política de se estabelecer prazo para o recesso, bem como um prazo também para o Ato Institucional, prazo que poderia ser de um ano". A proposta de Rondon foi a única tentativa real de abrandamento da ditadura.

Quando a palavra foi passada ao ministro Gama e Silva, o presidente chamou-o de "responsável direto pela redação do Ato". Fora deixado por último para descer ao campo de batalha e matar os feridos. Enquanto falava, as sirenes do pátio pareciam enlouquecidas. Ficou "de inteiro acordo" com a proposta de Delfim, a qual concedia poderes constituintes ao presidente, ampliando a profundidade do golpe e dando-lhe um caráter dinâmico que o transformaria em instrumento de permanente revitalização da ditadura.[10] Rebateu a ideia de Rondon, que limitava a vigência do Ato: "A experiência demonstra como foi errado ter fixado prazos no Ato Institucional nº 1. Penso que isto é motivo mais do que suficiente para justificar que este Ato, outorgado como foi, possa até mesmo ser revogado a curto ou a longo prazo (...) mas limitá-lo (...) seria incidirmos no mesmo erro do Ato Institucional nº 1, quando a Revolução se autolimitou".

Costa e Silva fechou a reunião com uma cruel malandragem. Elogiou Aleixo, pediu a Deus "que não me venha convencer amanhã de que ele

---

10 A sugestão de Delfim teve o apoio expresso de dois ministros: Affonso de Albuquerque Lima, do Interior, e Orlando Geisel, chefe do Estado-Maior das Forças Armadas.

é que estava certo", mas anunciou ao auditório que o vira confabulando com o vice no início da reunião: "Quero revelar ao Conselho que Sua Excelência, há poucos minutos, em confidência (...) apresentou a sua indiscutível solidariedade às decisões do presidente da República, incorporando-se à sua própria situação. Isso me trouxe um grande conforto. (...) Sua Excelência acabou de me dizer que a sorte dele é a minha sorte".

Acabara o serviço. Por trás do palavrório, a decisão fora produto da vontade de Costa e Silva. O ministério não se dividiu entre a posição de Pedro Aleixo e o projeto de ato, mas entre a audácia de um pelotão de fuzilamento e a cautela dos liberais. O pelotão, articulado por Portella, tinha os ministros militares como porta-vozes, o chefe do SNI como chefe de disciplina e os ministros Gama e Silva, Delfim Netto e Jarbas Passarinho como atiradores de elite. Pedro Aleixo, Magalhães Pinto e Rondon Pacheco tentaram abrandar o golpe, cada um à sua maneira. Nem coordenaram suas ressalvas, nem sugeriram a hipótese de jogar seus cargos no pano verde. Se houve correlação entre as ideias que expressaram e a conduta que assumiram, eles passaram de um regime constitucional a uma ditadura distraídos como quem vai à igreja para um batizado, erra de capela e entra numa missa de corpo presente. Diferiam do pelotão de fuzilamento porque aceitavam a ditadura, enquanto ele a queria.

Quase vinte anos depois, Antonio Delfim Netto levantou o véu que encobriu toda a crise de 1968, bem como a reunião do Laranjeiras:

> Naquela época do AI-5 havia muita tensão, mas no fundo era tudo teatro. Havia as passeatas, havia descontentamento militar, mas havia sobretudo teatro. Era um teatro para levar ao Ato. Aquela reunião foi pura encenação. O Costa e Silva de bobo não tinha nada. Ele sabia a posição do Pedro Aleixo e sabia que ela era inócua. Ele era muito esperto. Toda vez que ia fazer uma coisa dura chamava o Pedro Aleixo para se aconselhar e, depois, fazia o que queria. O discurso do Marcito não teve importância nenhuma. O que se preparava era uma ditadura mesmo. Tudo era feito para levar àquilo.[11]

---

11 Antonio Delfim Netto, agosto de 1986, e maio e novembro de 1988.

Durante a reunião falou-se dezenove vezes nas virtudes da democracia, e treze vezes pronunciou-se pejorativamente a palavra *ditadura*. Quando as portas da sala se abriram, era noite. Duraria dez anos e dezoito dias.

Horas mais tarde, Gama e Silva anunciou diante das câmeras de TV o texto do Ato Institucional nº 5. Pela primeira vez desde 1937 e pela quinta vez na história do Brasil, o Congresso era fechado por tempo indeterminado.[12] O Ato era uma reedição dos conceitos trazidos para o léxico político em 1964. Restabeleciam-se as demissões sumárias, cassações de mandatos, suspensões de direitos políticos. Além disso, suspendiam-se as franquias constitucionais da liberdade de expressão e de reunião. Um artigo permitia que se proibisse ao cidadão o exercício de sua profissão.[13] Outro patrocinava o confisco de bens. Pedro Aleixo queixara-se de que "pouco restava" da Constituição, pois o AI-5 de Gama e Silva ultrapassava de muito a essência ditatorial do AI-1: o que restasse, caso incomodasse, podia ser mudado pelo presidente da República, como ele bem entendesse. Quando o locutor da Agência Nacional terminou de ler o artigo 12 do Ato e se desfez a rede nacional de rádio e televisão, os ministros abraçaram-se.[14]

A pior das marcas ditatoriais do Ato, aquela que haveria de ferir toda uma geração de brasileiros, encontrava-se no seu artigo 10: "Fica suspensa a garantia de *habeas corpus* nos casos de crimes políticos contra a segurança nacional". Estava atendida a reivindicação da máquina repressiva. O *habeas corpus* é um inocente princípio do direito, pelo qual desde o alvorecer do segundo milênio se reconhecia ao indivíduo a capacidade de livrar-se da coação ilegal do Estado. Toda vez que a Justiça concedia o *habeas corpus* a um suspeito, isso significava apenas que ele era vítima de perseguição inepta, mas desde os primeiros dias de 1964 esse institu-

---

[12] O Congresso foi fechado por tempo indeterminado em 1823, 1889, 1930 e 1937. Em outubro de 1966, para assegurar a perda do mandato de seis deputados, Castello fechou-o por um mês.
[13] Com base nesse dispositivo, os jornalistas Antônio Callado e Leo Guanabara foram depois proibidos de exercer a profissão. Depois de publicada a punição, Costa e Silva revogou-a.
[14] Depoimento do locutor Alberto Curi, encarregado da leitura do Ato. *O Globo*, 11 de dezembro de 1988.

to foi visto como um túnel por onde escapavam os inimigos do regime. Três meses depois da edição do AI-5, estabeleceu-se que os encarregados de inquéritos políticos podiam prender quaisquer cidadãos por sessenta dias, dez dos quais em regime de incomunicabilidade. Em termos práticos, esses prazos destinavam-se a favorecer o trabalho dos torturadores. Os dez dias de incomunicabilidade vinham a ser o dobro do tempo que a Coroa portuguesa permitia pelo alvará de 1705.[15] Estava montado o cenário para os crimes da ditadura.

Dias depois da edição do AI-5, Rondon Pacheco telefonou ao ex-ministro Carlos Medeiros Silva, autor do texto do AI-1, perguntando-lhe o que tinha achado: "Ora, Rondon, vocês fazem um ato sem prazo e ainda vêm me perguntar o que eu acho?".[16]

As emissoras de televisão, as rádios e as redações de jornais foram ocupadas por censores recrutados na polícia e na Escola de Aperfeiçoamento de Oficiais. Carlos Lacerda, que quatro anos antes agradecera a Deus a chegada dos tanques, foi levado preso para um quartel, por ordem do general Jayme Portella, para desagrado do comandante do I Exército, Syseno Sarmento, que acabara de encarcerar o ex-presidente Juscelino Kubitschek, capturado quando descia as escadas do Teatro Municipal. JK foi levado para uma unidade da Baixada Fluminense, onde o deixaram num alojamento sujo, com privada sem tampo, sofá rasgado e goteira.[17] Seu amigo Hugo Gouthier, ex-embaixador em Roma, honrava um jantar de grã-finos quando foi chamado ao telefone e avisado pela empregada de que a polícia o esperava em casa. Em 1964 escrevera à TV italiana que a derrubada de Jango se destinara a "neutralizar a ação comunista que ameaçava derrubar as instituições brasileiras e atentar contra os valores mais sagrados de nossa tradição cristã e democrática".[18] Voltou à mesa, terminou a refeição e despediu-se dos amigos. Acabou no quartel da PM da praça da Harmonia, que guardava o padre vice-reitor da PUC.[19] Em Goiânia, onde seria paraninfo de

---

[15] *Autos de devassa da Inconfidência Mineira*, vol. 2, nota na p. 138.
[16] Carlos Medeiros Silva, dezembro de 1968. Medeiros foi o redator do texto do Ato Institucional propriamente dito. É do jurista Francisco Campos a autoria do preâmbulo.
[17] Para o quartel, Josué Montello, *Diário do entardecer*, p. 165.
[18] *Correio da Manhã*, 18 de abril de 1964.
[19] Hugo Gouthier, *Presença*, p. 207.

uma turma de estudantes de direito, o advogado Sobral Pinto, que em 1963 denunciara a bolchevização do país e um ano depois estava no DOPS soltando comunistas, foi preso de pijama e chinelos, aos 75 anos.[20] Levaram-no para uma cela de quartel.

O governo que começara sinalizando um interesse na volta dos intelectuais e cientistas exilados expulsaria das universidades 66 professores, entre eles Caio Prado Júnior (que não tinha cargo, mas só o título de livre-docente da USP), Fernando Henrique Cardoso (que conquistara a cátedra de Ciência Política poucos meses antes), o sociólogo Florestan Fernandes, a historiadora Maria Yedda Linhares, o físico Jayme Tiomno e o médico Luiz Hildebrando Pereira da Silva, que deixara uma posição no Instituto Pasteur, em Paris, para organizar o Departamento de Parasitologia da Faculdade de Medicina da USP em Ribeirão Preto.

Avançou-se também sobre as novas dissidências. A atriz Marília Pêra, da peça *Roda-Viva*, foi trancada num mictório de quartel.[21] Caetano Veloso e Gilberto Gil, capturados por uma patrulha do Exército em São Paulo, vagaram por unidades militares do Rio. Os dois jovens atrevidos que cantavam "É proibido proibir", vestiam roupas adoidadas e usavam cabelos compridos, tiveram a cabeça raspada, foram confinados em Salvador e exilados para Londres. Na carceragem da Brigada Paraquedista, Caetano compôs:

> *Eu quero ir, minha gente*
> *Eu não sou daqui*
> *Eu não tenho nada*
> *Quero ver Irene rir.*[22]

Em que iria dar isso tudo? Essa era a curiosidade do embaixador americano John Tuthill. Entre as pessoas com quem tentou obter a resposta

---

20 Para a denúncia da bolchevização, John W. F. Dulles, *Carlos Lacerda*, vol. 2: 1960-1977, p. 219.
21 Depoimento de Marília Pêra a *O Estado de S. Paulo* de 11 de dezembro de 1988.
22 Caetano Veloso, *Verdade tropical*, pp. 347-409.

estava o general Golbery. Fósforo riscado, vivia entre sua cadeira no Tribunal de Contas e a casa de Jacarepaguá. Repetiu o que previra três anos antes. Disse que o regime não estivera ameaçado e que os generais "estão vendo fantasmas". O Ato resultara da inépcia de um governo desorientado, presidido por um homem emotivo que "prefere distrair-se com filmes e conversas despreocupadas com amigos". Chamou Gama e Silva de "maluco" e Lyra Tavares de "oportunista". Duvidou das previsões otimistas que antecipavam a reabertura do Congresso em três meses. Pelo contrário, viriam mais cassações e, provavelmente, atingiriam o Supremo Tribunal Federal. Não acreditava num surto de moderação: "Muita gente tem contas pessoais a ajustar".[23]

Precisamente um mês depois da edição do AI-5, o coronel João Baptista Figueiredo, ex-chefe da Agência Central do SNI, então no comando do Regimento de Cavalaria de Guarda, em Brasília, sintetizava a situação: "A impressão que tenho é que cada um procura tirar o maior proveito possível do momento porque começam a perceber a quase-impossibilidade de uma saída honrosa para os destinos do país. (...) Os erros da Revolução foram se acumulando e agora só restou ao governo 'partir para a ignorância'".[24]

---

[23] Telegrama do embaixador John Tuthill ao Departamento de Estado, de 3 de janeiro de 1969. Em *O Estado de S. Paulo*, 13 de dezembro de 1998. DEEUA.
[24] Carta de 13 de janeiro de 1969 do coronel Figueiredo a Heitor Ferreira. APGCS/HF.

O fogo do foco urbano

Baixado o AI-5, "partiu-se para a ignorância". Com o Congresso fechado, a imprensa controlada e a classe média de joelhos pelas travessuras de 1968, o regime bifurcou a sua ação política. Um pedaço, predominante e visível, foi trabalhar a construção da ordem ditatorial. Outro, subterrâneo, que Delfim Netto chamava de "a tigrada", foi destruir a esquerda.[1] Faziam parte do mesmo processo, e o primeiro acreditava que o segundo seria seu disciplinado caudatário. Desde 1964, a máquina de repressão exigia liberdade de ação. Com o AI-5, ela a teve e foi à caça.

Nas organizações de extrema esquerda o Ato foi avaliado dentro da melhor tradição do quanto-pior-melhor associada à ideia do quanto-mais-forte-mais-fraco. Da conjugação dos dois resultava a transcendental invencibilidade da revolução socialista. A ALN de Marighella concluiu que "a crueldade dos fascistas que detêm o poder favoreceu o clima de guerra revolucionária, arrastando contra os militares brasileiros e a atual ditadura um número cada vez maior de inimigos". O PC do B foi igualmente claro: "O AI-5 não é expressão de força. Revela, bem ao contrário, debili-

---

[1] Delfim Netto repetiu essa expressão em inúmeras conversas com o autor.

dade da ditadura". "Ele aprofunda as contradições internas e amplia consideravelmente a área de oposição à ditadura", acrescentava o PCBR.² O Ato parecia a comprovação de que só o povo armado derruba a ditadura. Como escreveu Jacob Gorender, o mais criterioso e melhor documentado historiador desse período: "O capítulo das lutas de massas estava encerrado. Nas trevas da clandestinidade não havia resposta possível que não a do combate pelas armas. As vanguardas revolucionárias não podiam ser partidos políticos com 'braços armados', mas organizações de corpo inteiro militarizadas e voltadas para as tarefas da luta armada".³

Na última noite de 1968, Carlos e Loreta Valadares, *Guilherme* e *Cristina* da AP, entraram numa pequena hospedaria da mata do norte mineiro com três sacos onde carregavam roupas de camponês, o *Livro vermelho* do camarada Mao, um rádio, dois revólveres e rapadura. Estavam a um dia das matas da Jaíba, onde a organização armava seu foco guerrilheiro. Ela, advogada, tinha 25 anos. Ele estudava medicina. Deitaram-se sobre duas peles de porco pulguentas, e *Cristina* apertou a mão de *Guilherme*: "Veja, Carlos. É Ano-Novo e estamos indo pra guerra".⁴

Desde 1927, quando Mao Zedong compensara a derrota da insurreição de Xangai com a teoria de guerra camponesa, a esquerda ganhara um projeto estratégico capaz de alimentar-lhe a fé onde fosse impossível a revolução urbana. A vitória de Fidel Castro fora a um só tempo atualização da velha ideia e sinal de sua atualidade. As cidades são "cemitérios de revolucionários", proclamara o Comandante. A transposição do modelo bem-sucedido de Sierra Maestra para a cordilheira dos Andes era venerada sob o nome de "teoria do foco", uma redundância francesa a serviço de uma conveniência cubana. Ela surgiu com o ensaio "Revolução na revolução", do jornalista Régis Debray. Coisa simples: havendo um regime capitalista retrógrado, e dispondo-se de algo em torno de duzentos revolucionários (Fidel desembarcou com 81), faz-se um foco guerrilheiro no mato, ele se amplia, chega à cidade, derruba o governo, e acabou-se. Quando Castro

---

2 Daniel Aarão Reis Filho, "As organizações comunistas e a luta de classes — 1961-68", vol. 1, pp. 367, 362 e 365, para as três citações, respectivamente. Esse trabalho, tese de doutoramento do autor, foi posteriormente publicado, numa versão resumida, em forma de livro com o título *A revolução faltou ao encontro*.
3 Jacob Gorender, *Combate nas trevas*, p. 167.
4 Luiz Manfredini, *As moças de Minas*, pp. 17 e 32.

leu o trabalho ainda inédito do jornalista, comentou: "Interessante... Diz o que nós não podemos dizer. Por que não me trazem esse francês aqui?". Providenciou a edição do livro.[5] A morte do Che e sete fracassos sucessivos nas matas latino-americanas indicavam as dificuldades do grande projeto da revolução continental, mas ele se nutria de uma espécie de lógica de aposta: as chances podiam ser poucas, mas a vitória era total.*

Cristina e *Guilherme*, por exemplo, ficaram pouco mais de quarenta dias no projeto de foco rural da Jaíba e foram recolocados na rede urbana da AP.[6] Retomara-se o combate nas cidades, tática que preservava a mobilidade de seus quadros e lhes permitia agir num meio culturalmente familiar.

Essa concepção também ganharia o apoio de Havana. Para Fidel, tinha a utilidade adicional de responder à sequência internacional de atentados praticados desde o início de 1968 pela organização anticastrista El Poder Cubano. Esse grupo, baseado em Miami, foi responsável por 24 dos 37 ataques terroristas de caráter internacional ocorridos durante o ano em todo o mundo. Sem ter matado ninguém, explodira bombas em quinze embaixadas, consulados e escritórios de turismo de países que tinham relações com Cuba. Atacara um navio inglês, um banco japonês e companhias de aviação mexicanas e francesas. Só no mês de julho estourara doze bombas nos Estados Unidos, sete das quais em Nova York.[7] El Poder Cubano resultava de uma dissidência do terrorismo anticastrista, abandonada pela Central Intelligence Agency em 1966. Nesse ano o governo americano suspendera o patrocínio de operações militares contra Cuba, depois de ter coordenado uma invasão, instalado bases de treinamento em diversos países centro-americanos e um foco de guerrilheiros na serra do Escambray.[8]

---

5 Claudia Furiati, *Fidel Castro*, vol. 2, p. 182.
* As guerrilhas castristas fracassaram nos seguintes países: Argentina, Bolívia, Brasil, Haiti, Panamá, República Dominicana e Venezuela. Em dois países (Guatemala e Peru) as insurreições persistiriam, sem a mesma influência cubana. Num (Nicarágua) a guerrilha tomaria o poder em 1979.
6 Luiz Manfredini, *As moças de Minas*, p. 47.
7 Brian Jenkins e Janera Johnson, *International Terrorism: a Chronology*, 1968-1974, Rand Corporation, março de 1975, Santa Monica, pp. 12-5.
8 Num artigo intitulado "President Kennedy's plan for peace with Cuba", o embaixador Richard Goodwin, secretário de Estado assistente para Assuntos Interamericanos durante o governo Kennedy,

As atividades terroristas do governo americano contra Fidel Castro — coordenadas pela CIA sob o nome de *Operação Mongoose* — incluíram inúmeros projetos de assassinato. Chegou-se a oferecer 150 mil dólares pela cabeça do Comandante.[9] Planejou-se contaminar sua roupa de pesca submarina com fungos capazes de produzir uma doença de pele, o aparelho de respiração com bacilos de tuberculose, e até mesmo o envenenamento de seus charutos.[10] Nunca um grupo terrorista agira em território americano com a desenvoltura de El Poder Cubano. Ele saiu do ar nos últimos meses de 1968, pouco depois do assassinato do capitão Chandler, em São Paulo.

A tática do foco urbano mostrava-se também financeiramente sustentável. Através do lançamento de algumas dezenas de militantes treinados na Ilha, suas organizações podiam chegar à autossuficiência financeira com assaltos e sequestros. Havana poderia ter de desembolsar alguns dólares aqui, outros ali, mas ficaria apenas com os custos — em pesos — do treinamento, hospedagem e abrigo de seus protegidos. Ademais, se uma guerrilha rural não ofereceria contrapartida publicitária durante o tempo em que permanecesse incubada, o foco urbano seria verdadeira ribalta. O próprio Fidel indicara saber disso em 1958, quando providenciou o sequestro de 47 cidadãos americanos, além do campeão mundial de fórmula 1, Juan Manuel Fangio, provando que o governo de Fulgencio Batista não controlava a cidade de Havana.[11]

Finalmente, uma forma de foco não excluía a outra. No Brasil quase todas as organizações envolvidas em assaltos separavam um pedaço dos butins para comprar fazendas que seriam usadas como bases para a guerrilha rural. Fazia-se de conta que roubar bancos era parte da tradição revolucionária. Afinal, o próprio Che assaltara um em 1958. Desprezou-se a diferença entre uma guerrilha que produz assaltos e assaltos para produzir guer-

---

classificou a política americana desse período de "um tipo de terrorismo patrocinado pelo Estado (*state-sponsored terrorism*)", em *The New York Times*, 5 de julho de 2000.
9 Thomas Powers, *The man who kept the secrets*, p. 398.
10 Para a *Operação Mongoose*, Thomas C. Wright, *Latin America in the era of the Cuban Revolution*, p. 63. Para os venenos, Thomas Powers, *The man who kept the secrets*, p. 401.
11 Paul Wilkinson, *Terrorism and the Liberal State*, p. 264.

rilha. Ela fora percebida por Guevara, quando aconselhou um combatente argentino a descartar esse caminho enquanto não controlasse áreas rurais: "Se você começa roubando bancos, acaba virando assaltante de bancos".[12]

Funcionavam em Cuba quatro focos multinacionais de treinamento. Segundo uma estimativa da Defense Intelligence Agency, entre 1961 e 1969, eles receberam 1.500 militantes do radicalismo esquerdista latino-americano.[13] Num grupo houvera sete brasileiros, dois portugueses, quatro peruanos, dois dominicanos e quatro equatorianos.[14] Fidel encontrara-se em Havana com um dirigente dos Tupamaros uruguaios e garantira-lhe ajuda.[15] Logo no início de 1968, na Guatemala, a guerrilha indicara que a luta armada estava mudando de qualidade. Em janeiro ela matara o chefe da missão militar americana e em março assassinara o próprio embaixador dos Estados Unidos, John Gordon Mein, quando ele reagiu a uma tentativa de sequestro.

Na morte de Mein, que servira como ministro-conselheiro no Brasil em 1964, levantou-se uma bizarra conexão. Um dos carros usados pelos terroristas estava alugado em nome de uma certa Isabelle Chaumet. Descoberta, matou-se com um tiro na boca. Chamava-se Michèle Firk. Francesa e cineasta, rodara um filme em Cuba. Era conhecida nos círculos radicais parisienses desde que participara de um providencial contrabando de duas toneladas de armas para ajudar a guerrilha argelina.[16] Em agosto de 1968, os Tupamaros uruguaios fizeram o primeiro sequestro do ciclo terrorista, prendendo por alguns dias o poderoso presidente da companhia estatal de eletricidade, melhor amigo do presidente da República. Meses depois limparam espetacularmente a caixa de um cassino de Punta del Este, levando o equivalente a 230 mil dólares.[17]

---

12 Jon Lee Anderson, *Che Guevara*, p. 600.
13 Carla Anne Robbins, *The Cuban threat*, p. 53.
14 Percival de Souza, *Eu, Cabo Anselmo*, pp. 110 e 109.
15 *La subversión. Las Fuerzas Armadas al Pueblo Oriental*, tomo I: *República Oriental del Uruguay*, p. 114. O dirigente Tupamaro era Mauricio Rosencof, renomado teatrólogo, fundador do movimento.
16 Gilles Perrault, *Un homme à part*, vol. 2, pp. 180-1.
17 Arturo C. Porzecanski, *Uruguay's Tupamaros*, p. 40. Lawrence Weschler, *Um milagre, um universo*, p. 110.

A transposição do foco do campo para a cidade era mais que uma realocação geográfica. Relacionava-se com uma nova visão do processo revolucionário. Pelo catecismo do marxismo-leninismo, o partido, vanguarda da classe operária, organiza-a e lidera-a. Disso resultava que o avanço da revolução socialista dependia de alguma maneira do grau de organização dos trabalhadores e da influência que sobre eles exerce o partido. A noção marighelista segundo a qual "a ação faz a vanguarda" não revia de imediato esse dogma, pois destinava-se muito mais a substituir o PCB no papel histórico de facho luminoso. Trocava apenas a liderança militante do cotidiano político pela ação espetacular da vanguarda. Tinha a virtude de produzir resultados imediatos.

Faltava enunciar as relações com a freguesia. Quando isso começou a ser feito, a revolução socialista distanciou-se da clientela. "A guerrilha não é o braço armado de um partido ou de uma organização, seja ela qual for. A guerrilha é o próprio comando, político e militar, da Revolução", proclamava a ALN. Já a Vanguarda Popular Revolucionária, VPR, ia mais longe. Formada por intelectuais, estudantes, sargentos e marinheiros cassados, ela informava: "A guerra do povo não significa que as organizações armadas se colocam ao lado dos movimentos de massa e os apoiam, e sim que o povo se organiza para o sustento e desenvolvimento dos grupos armados".[18] Nessa linha de raciocínio a VPR dispensou a maior parte de seus jovens militantes secundaristas em benefício de algo mais maduro, "uma organização de grande poder de fogo, ultraclandestina".[19] Assaltara o primeiro banco em março de 1968, três meses antes da Passeata dos Cem Mil, nove meses antes do AI-5.[20]

Numa fase inicial, até o início de 1969, os militantes do marighelismo agiram de acordo com uma recomendação de seu chefe segundo a qual "não se deve pedir licença a ninguém para praticar uma ação revolucionária". Essa ligeireza tática logo mostrara-se perigosa, pois sucederam-se assaltos num mesmo bairro, no mesmo dia, quase à mesma hora, permitindo que a polícia chamada a um acudisse ao outro. Além

---

18 Daniel Aarão Reis Filho, "As organizações comunistas e a luta de classes — 1961-68", vol. 1, pp. 344 e 333, para as duas citações, respectivamente.
19 Alfredo Sirkis, *Os carbonários*, p. 177.
20 João Roberto Laque, *Pedro e os Lobos*, p. 155.

disso, enquanto militantes se reuniam num bairro, um assalto que não lhes fora comunicado acabava atraindo policiais para a região. A confusão foi evitada criando-se uma coordenação precária, por meio da qual os diversos níveis de comando gerenciavam as ações armadas.

Os quadros dessas organizações eram aceitos com preleções solenes e entravam na nova vida com uma ponta do orgulho dos cavaleiros andantes. "De agora em diante, como no poema de Lorca, meu nome não era mais meu nome, nem minha casa era mais minha casa", escreveria o jornalista Fernando Gabeira, relembrando a bonita tarde do Leblon em que se tornou *Honório*. Depois, foi *Mateus, Bento, João e Inácio*.[21] Feita a opção revolucionária, o militante era sugado para o interior da organização. Quando mantinha a sua real identidade em regime de meio expediente, procurava dissimular sua vinculação revolucionária. Quando era um combatente de tempo integral, "profissionalizado", vivia em aparelhos ou quartos alugados numa rotina em que se alternavam reuniões, encontros e ações. Viver "fechado" significava morar em casas de janelas cerradas, desligado de relações fora do círculo da militância.

Para a maioria dos militantes, recrutados nas universidades e em alguns dos melhores colégios do Rio de Janeiro, São Paulo e Belo Horizonte, esse mundo igualitário e recluso, mas cheio de paixões e amizades fraternais, formava a base para a produção de um "homem novo", livre dos laços familiares e das ansiedades da rotina da classe média. A militância e a existência confundiam-se numa aventura heroica, até mesmo romântica. Quem não vira os *maquisards* do filme *Cinzas e diamantes*, do diretor polonês Andrezj Wajda? Ou a transformação do padre Nando, do romance *Quarup*, de Antônio Callado? Quem não ouvira o grito do Corisco de Glauber Rocha? Quem não cantava com Caetano Veloso?

É preciso estar atento e forte.
Não temos tempo de temer a morte.

---

21 Fernando Gabeira, *O que é isso, companheiro?*, p. 71.

No início de 1969 pode-se estimar que houvesse oitocentos militantes envolvidos com ações armadas no arco que ia da ALN ao PCBR.[22] Richard Helms, o diretor da CIA, informou ao Senado americano em maio de 1971 que "o número de pessoas metidas com terrorismo, em qualquer época, nunca passou de mil".[23] Na conta do coronel Carlos Alberto Brilhante Ustra, que comandou o DOI de São Paulo, seriam 1.650.[24] Todas as organizações mantinham uma estrutura celular, agrupando-se em setores estanques, que obedeciam a uma direção nacional. Em tese, cada militante conhecia apenas os seus colegas de célula e um coordenador enviado pela direção, mesmo assim, por codinome. A maioria funcionava como rede de apoio, colaborando nas comunicações e no transporte, garantindo pouso e levantamentos de alvos para futuras ações. O coração do grupo estava sempre nos comandos armados, protegidos por severas normas de clandestinidade. Eram a própria finalidade da organização e tinham em média vinte homens cada um. Em torno desses núcleos estendia-se a rede que, em algumas organizações, reunia centenas de militantes.

Desde o primeiro momento os grupos envolvidos na luta armada foram acusados de praticar um militarismo que, em análises posteriores, serviria como explicação para o colapso de suas estruturas. *Militarismo* é o termo debaixo do qual se abrigam diversas questões substantivas.

22 As principais organizações envolvidas com a luta armada em 1969 eram ALN, VPR, MR-8, Colina e PCBR. Calculei em oitocentos o número de militantes que participaram de ações armadas, atribuindo trezentos quadros à ALN, duzentos à VPR e outros trezentos ao MR-8, Colina, Dissidência Comunista e PCBR somados. São muitos os casos de pessoas que militaram em diversos grupos. Com base nos números do *Projeto Brasil: nunca mais*, debulhando os nomes repetidos, Marcelo Ridenti chega a um total de 2.613 processados em pouco mais de trinta organizações, durante os anos 1960 e 1970. Subtraindo-se os processados do PCB (687), do PC do B (259), da AP (470) e do Grupo dos Onze (95), chega-se a 1.416 pessoas. Nesse número estão incluídas aquelas cuja militância era periférica, sem relação com ações armadas. Ver Ridenti, *O fantasma da revolução brasileira*, pp. 68-9.

23 Depoimento do diretor da Central Intelligence Agency, Richard Helms, à Subcomissão de Assuntos Hemisféricos da Comissão de Relações Exteriores do Senado, 5 de maio de 1971, parcialmente liberado em fevereiro de 1987.

24 Carta do coronel Carlos Alberto Brilhante Ustra ao autor, de 20 de fevereiro de 1991. Ustra estimou a seguinte distribuição: ALN, 250; PC do B, duzentos; VPR, duzentos; VAR, duzentos; Ala Vermelha, cem; Molipo, cem; PCBR, cem; MR-8, cem; MRT, trinta; MRM, cinquenta; POC, trinta; MCR, trinta; REDE, trinta; PRT, vinte; PORT, dez; OCML-PO, cinquenta; Frente Bolchevique Trotskista, dez; Grupo Independência ou Morte, cinquenta; Frente de Libertação do Nordeste, dez.

A mutilação da vida social, a coabitação em aparelhos aonde os inquilinos chegavam e de onde partiam imprevistamente, produziam uma vida coletiva forçada, enervante. "Entulhávamo-nos em esferas fechadas", recordaria Herbert Daniel, um dos comandantes da VPR.[25] As células compartimentalizadas e os núcleos de combatentes enfrentavam problemas que a esquerda brasileira jamais imaginara. De um lado, a estrutura celular é protetora, pois um militante conhece pouco mais que meia dúzia de seus companheiros. De outro, provoca curtos-circuitos sempre que um elo da corrente é rompido, e têm de ser restabelecidas as comunicações cortadas. Os combatentes precisam de egos fortes o suficiente para suportar a tensão de suas opções e maleáveis o bastante para prestar obediência a uma liderança desconhecida, planejando operações que só podem ser desencadeadas com a permissão de uma autoridade superior.[26]

A ideia das cidades como cemitério da guerrilha era mais que uma imagem retórica. Dispensando a montagem de bases rurais, as organizações armadas aprisionaram-se, principalmente em São Paulo e no Rio de Janeiro. Dispensando o campo, perderam um refúgio eficaz e barato para os militantes identificados pelo governo. Um estudo da vida de 76 organizações terroristas de todo o mundo informa que os grupos amparados por bases rurais se mostraram mais longevos que os focos simplesmente urbanos. Quase todos os grupos sem um pé no campo, agindo e vivendo no mesmo país, duraram de um a cinco anos.[27]

O próprio *quid pro quo* das organizações estava malformulado. Supunham-se num combate em que a vitória seria a derrubada do governo e a derrota, sua permanência no poder. O dilema de um grupo revolucionário não está no que acontece ao seu adversário, mas no que acontece a ele mesmo, na sua capacidade de sobreviver. Uma organização vence enquanto existe e perde quando se desintegra. Seu objetivo pode ser a derrubada do governo, mas sua luta cotidiana é pela

---

[25] Herbert Daniel, *Passagem para o próximo sonho*, p. 121.
[26] John B. Wolf, "Organization and management practices of urban terrorist groups", *Terrorism: An International Journal* 1, nº 2, 1978, Nova York, Crane Russak.
[27] Martha Crenshaw, "How terrorism ends", pp. 39 e segs. Citado em Leonard B. Weinberg e Paul B. Davis, *Introduction to political terrorism*, p. 110.

existência. O Exército Republicano Irlandês foi uma empresa terrorista bem-sucedida, apesar de não ter libertado a Irlanda. Já os Tupamaros uruguaios, os Montoneros argentinos e as siglas brasileiras são exemplo de fracasso, apesar de as ditaduras que combateram terem mordido o pó menos de vinte anos depois. Para as organizações terroristas o inimigo era o governo de Costa e Silva, mas no seu caminho estava a "tigrada".

No início de 1969 a guerra revolucionária estava começando e aparentemente começava bem. Seis organizações achavam-se em plena atividade.[28] A ditadura parecia isolada. Os militantes abundavam. O sucesso do ataque ao quartel-general do II Exército e da execução do capitão Chandler indicava que o fator surpresa oferecia o êxito fácil. A precariedade com que se protegiam bancos e carros-fortes prometia um razoável período de fartura de fundos. Era planejar, executar e triunfar. Limpavam-se cofres de bancos, paióis de pedreiras e casas de armas. Em 1968 deram-se dezessete assaltos a agências bancárias e carros-fortes em São Paulo, um a cada três semanas. Nos últimos cinco meses do ano seguinte esse número saltou para 59, um a cada seis dias.[29]

Esses sucessos eram muito mais um produto dos erros alheios que dos acertos das organizações esquerdistas. Durante todo o ano de 1968 a máquina de informações e repressão do governo patrocinou o seu próprio terrorismo e edificou o golpe do AI-5, mas não cuidou da segurança nacional. Nem sequer a captura de toda a liderança estudantil do país em Ibiúna estimulou um trabalho metódico de coleta de informações. Em São Paulo a polícia teve nas mãos três militantes da VPR; um era Ladislas Dowbor, o *Jamil*, seu principal teórico das ações armadas. Deixou-os escapulir, libertados por um advogado de ocasião que os disse marginais e enriqueceu sua argumentação com uma propina.[30] Havia quartéis do Exército onde o serviço de guarda era feito com armas descarregadas. Pela mecânica dos IPMs, majores e coronéis presidiam inquéritos sobre passeatas, pichações e panfletagens. Em Brasília funcionou uma inves-

---

28 ALN, Colina, VPR, MR-8, PCBR e a Ala Vermelha, uma dissidência do PC do B.
29 Jacob Gorender, *Combate nas trevas*, p. 108, mencionando noticiário d'*O Estado de S. Paulo* de 15 de maio e de *Veja* de 13 de agosto de 1969. Para os assaltos a agências e transportadores de dinheiro de bancos nos últimos cinco meses de 1969, *Jornal do Brasil*, 14 de dezembro de 1970, pp. 44-6.
30 Judith Lieblich Patarra, *Iara*, p. 249, e Luiz Maklouf Carvalho, *Mulheres que foram à luta armada*, p. 45.

tigação para descobrir e punir os responsáveis pelo aparecimento de balões de gás com tarjas pretas no céu da cidade durante um desfile militar de Sete de Setembro.[31]

O trabalho de repressão continuou na jurisdição da Polícia Civil, com alguma colaboração da Polícia Federal. Em São Paulo criou-se uma delegacia especial para tratar de assaltos a bancos, mas não houve esforço estrutural para que a máquina policial se organizasse diante da nova situação. Faltavam ao governo informações, analistas, equipes e uma doutrina de segurança pública. A circunscrição do problema à esfera policial refletia mais a ausência de rumo do que uma esperança de que os DOPS fossem remédio adequado.

Durante todo o ano de 1968 a "tigrada" acautelara-se, pois o destino da espécie dependia do desfecho do caso Para-Sar. Enquanto ele não foi conhecido, deixou-se à polícia a tarefa de reunir informações e capturar suspeitos. A "meganha" também se acautelara. As denúncias de espancamento de presos políticos viriam a ser 85, um número alto se comparado com as cinquenta do ano anterior, mas ainda abaixo do teto de 203, em 1964.[32] Até janeiro de 1969, não só as organizações se mantiveram quase intactas, como nenhum atentado de vulto foi desvendado.

---

31 *Projeto Brasil: nunca mais*, tomo III: *Perfil dos atingidos*, p. 184.
32 Idem, tomo V, vol. 1: *A tortura*, p. 114. As estatísticas colhidas pelo *Projeto Brasil: nunca mais* referem-se a denúncias de torturas feitas durante o processo judicial nas auditorias militares.

O Exército aprende a torturar

A máquina policial do governo atacou a esquerda armada em Minas Gerais. Num só lance, acabou com o Colina e com um pedaço da AP. O Colina tinha pouco mais de seis meses e um desempenho comparável ao das organizações que praticavam atos terroristas em São Paulo e no Rio. Fuzilara Von Westernhagen, matara o dono de um automóvel durante o furto do veículo, pusera uma bomba na casa do delegado regional do Trabalho e outra na do presidente do Sindicato dos Bancários, levara o dinheiro de pelo menos quatro bancos e as armas de duas sentinelas. Sobrevivera à prisão de dois ex-sargentos que estavam entre seus fundadores. Seu comando operava em Belo Horizonte. Era composto por poucas dezenas de jovens, quase todos saídos das faculdades de Medicina e Engenharia da Universidade Federal de Minas Gerais. Entre eles estava Dilma Rousseff que, em 1967, aos 19 anos, se casara com Claudio Galeno Linhares. Ela era *Wanda*. Ele, *Lobato*.

Na primeira semana de janeiro dois de seus militantes foram capturados depois de terem assaltado duas agências bancárias na velha cidade de Sabará. Em menos de um mês havia trinta presos, e a rede desabava.[1] Durante a caça

---

[1] Herbert Daniel, *Passagem para o próximo sonho*, p. 19, e *Jornal da Tarde*, 30 de maio de 1969.

aos aparelhos do Colina a polícia invadiu uma casa no bairro de São Geraldo, em Belo Horizonte, e foi recebida a rajadas de submetralhadora. Morreram dois policiais. Foi o primeiro caso de baixas em combate. O delegado Luiz Soares da Rocha, que comandava a operação, impediu, no braço, que um policial matasse os cinco prisioneiros capturados.[2] Nesses jovens começou-se a escrever um novo capítulo da repressão. Foram torturados em quatro delegacias diferentes, mas também em dois quartéis do Exército. (*Wanda* e *Lobato* deixaram Belo Horizonte e esconderam-se no Rio.)

Em Belo Horizonte, os presos apanharam no 12º Regimento de Infantaria e lá foram interrogados pelo comandante do Centro de Preparação de Oficiais da Reserva (CPOR), que acumulava a essa função a de encarregado do IPM da subversão universitária em Minas Gerais.[3] Era o coronel Octavio Aguiar de Medeiros, ex-chefe da seção de sovietologia, a SC-4 do SNI de Golbery, coordenador da coleção de publicações do Serviço. Pensara até em estender o recrutamento do SNI às universidades, valendo-se de estudantes para trabalhos de pesquisa.[4] Neto de marechal e filho de almirante, estivera entre os revoltosos da Escola de Comando e Estado-Maior no dia 31 de março de 1964. Vinha da elite do regime. Costa e Silva, acertando suas contas com o SNI, atirara-o, aos 46 anos, ao "canil" de um CPOR, comando de coronel desgraçado.

Medeiros foi um exibicionista com a carcaça do Colina. Nunca dera entrevistas, e não voltaria a dá-las, nem mesmo quando chefiou o SNI, de 1978 a 1985, a poucos passos da Presidência da República. Em Belo Horizonte tirou o máximo de proveito da fama que a subversão lhe oferecia. Vangloriara-se de trabalhar das sete da manhã à uma da madrugada. Como chegara ao êxito, não contava: "Falaram em maltratar estudantes, mas qualquer pessoa que conversar com esses cinco rapazes presos pode ver qual é a verdade".[5] Quando lhe mostraram uma presa

---

2 Maurício Paiva, *O sonho exilado*, pp. 25-6. Para a identificação do policial, Maurício Paiva, julho de 2001.
3 Auto de Qualificação e carta manuscrita de Murilo Pinto da Silva, em *Projeto Brasil: nunca mais*, tomo V, vol. 3: *As torturas*, pp. 259 e 261: "No 12º RI meus espancadores e interrogadores foram o coronel Medeiros, sargento Mendes, sargento Kleber, capitão Almeida e outros". Auto de Qualificação de Julio Antonio Bittencourt de Almeida, em *Projeto Brasil: nunca mais*, tomo V, vol. 2: *As torturas*, p. 696: "No RI nossos espancadores e interrogadores foram: coronel Medeiros, sargento Marcolino (...)".
4 *Diário de Heitor Ferreira*, 4 de março de 1967. APGCS/HF.
5 *Jornal da Tarde*, 30 de maio de 1969.

da AP que durante as sessões de tortura exigia respeito aos seus direitos legais, gracejou: "Vida boa, hein?".[6] Surgiu como o primeiro agente do governo a desmontar uma organização terrorista.

A ofensiva contra o Colina foi um sucesso. Pareceu um perfeito trabalho de investigação, capturas e análises. O êxito da operação durou até 1987, quando Jacob Gorender publicou seu *Combate nas trevas*. Então revelou-se o fiasco: passara por baixo do pau de arara de Medeiros a descoberta da identidade dos assassinos de Von Westernhagen. Os dois sargentos que atiraram no alemão estavam presos, por outras ações. Um deles, João Lucas Alves, havia sido capturado com o mesmo Volkswagen cor gelo visto na cena da execução do major. O assunto não foi mencionado nos interrogatórios.[7]

João Lucas, um pernambucano de 34 anos, passara pelo curso de Havana. Assassinaram-no na Delegacia de Roubos e Furtos de Belo Horizonte. A polícia informou que ele se matara, asfixiando-se com a calça. Era o 13º suicida do regime, o quinto a enforcar-se na cela.[8] A autópsia informava que seu cadáver tinha doze lesões e lhe faltava a unha de um artelho do pé esquerdo.[9] Pouco depois, num quartel do Rio, morreu o outro sargento, Severino Viana Colon. Novamente, suicídio (o 14º), novamente enforcamento (o sexto).[10] A destruição do Colina e de outras siglas que agiam em Minas Gerais indicava novos tempos. Um dos torturadores do 12º RI, o jovem tenente Marcelo Paixão de Araújo, de 21 anos, estava começando sua carreira. Aprendia "vendo". Socos, palmatória, pau de arara e, finalmente, o choque elétrico.[11]

---

6 Luiz Manfredini, *As moças de Minas*, p. 83.
7 Jacob Gorender, *Combate nas trevas*, p. 142.
8 Segundo as versões oficiais, enforcaram-se na prisão Elvaristo Alves da Silva, Severino Elias de Melo, Milton Soares de Castro e Higino João Pio. Ver Nilmário Miranda e Carlos Tibúrcio, *Dos filhos deste solo*, pp. 462, 573, 467 e 574.
9 Auto de Corpo de Delito de João Lucas Alves, em *Brasil: nunca mais*, p. 249.
10 Nilmário Miranda, *Os filhos deste solo*, p. 298.
11 Entrevista de Marcelo Paixão de Araújo a Alexandre Oltramari, *Veja* de 9 de dezembro de 1998, pp. 44-9.

Os "cinco rapazes presos" a que se referira Medeiros foram mandados de Belo Horizonte para a 1ª Companhia do Batalhão de Polícia do Exército da Vila Militar, no bairro de Deodoro. Ela funcionava como sede do setor de operações do CIE, que não dispunha de base logística além das salas no prédio do quartel-general. A PE da Vila apoiava o CIE com carros, equipes de captura, salas de interrogatório e celas. Lá, oficiais e sargentos cultivavam aquela área cinzenta da polícia carioca onde o crime e a lei se confundem em personagens que vivem da delinquência num mundo de folclore cafajeste. Dessa proximidade resultou a criação, dentro do quartel, de uma sociedade denominada Escuderie Jason, que imitava a Escuderie Le Cocq, com a qual a "meganha" homenageava um detetive assassinado nas cercanias de um ponto de bicho. A Le Cocq, com a caveira dos piratas como símbolo, tornara-se sinônimo do Esquadrão da Morte.

A Escuderie Jason homenageava um sargento morto em serviço e tinha seu cadastro guardado no quartel da PE.[12] Dela faziam parte policiais, contraventores, sargentos e oficiais. Entre os dignitários que distribuíam a honraria estava um policial-contrabandista, alcaguete do CIE. Presenteava comparsas com adesivos e cartões de identidade onde brilhava o escudo da Polícia do Exército.[13]

Na 1ª Companhia da PE, na tarde de 8 de outubro de 1969, oficiais do Exército brasileiro escreveram uma triste página da história da corporação.

Os presos eram dez. Entre eles, seis rapazes do Colina. Foram tirados das celas, postos em fila e escoltados até um salão.[14] No caminho ouviram uma piada de um cabo: "São esses aí os astros do show?". A plateia, sentada em torno de mesas, chegava perto de cem pessoas. Eram oficiais e sargentos, tanto do Exército como da Marinha e Aeronáutica. Numa das extremidades do salão havia uma espécie de palco, e nele o "tenente

---

12 Auto de Inquirição do Tenente Jorge Itamar de Oliveira, *Processo nº* 42 479-8, de 1979, STM, vol. 4, p. 1697, e do Sargento José Renato da Silva, vol. 1, p. 483.
13 *Processo nº* 4896, Termo de Perguntas ao Indiciado Manoel de Oliveira Alves, vol. 1, p. 425. Para a concessão dos títulos, 2ª Testemunha de Defesa do Capitão Ailton Guimarães Jorge, Tenente-Coronel Enio de Albuquerque Lacerda, *Processo nº* 42 476-8, STM, vol. 4, p. 1740. Para a Escuderie, ver também o testemunho de Luís Antonio Raposo Carneiro, vol. 4, p. 1816.
14 Carta de doze presos políticos de Belo Horizonte, de 19 de dezembro de 1969. Eram Maurício Paiva, Ângelo Pezzuti, Murilo Pinto da Silva, Pedro Paulo Bretas, Afonso Celso Lara e Nilo Sérgio Menezes Macedo.

Ailton" presidia a sessão com um microfone e um retroprojetor: "Agora vamos dar a vocês uma demonstração do que se faz clandestinamente no país".[15]

O chefe da seção de informações da 1ª Companhia era o tenente Ailton Joaquim. Completara 27 anos fazia apenas quatro dias. Com 1,63 metro de altura, era quase um anão nas formaturas dos galalaus da PE.[16] Filho de um pequeno comerciante, criado no subúrbio carioca, fora um aluno comum na Academia Militar das Agulhas Negras. Em todo o curso conseguiu uma só nota 8 (em topografia) e passou raspando com um 4 pela cadeira de Direito. Com uma média final de 6,7, foi o 29º numa turma de 57 cadetes.[17] Servira com sucesso no Batalhão Ipiranga, em São Paulo, onde o comandante de sua companhia o retratou com a poesia da caserna: "Sua firmeza o sustenta; sua luz o guia. A cera facilmente se liquefaz; o cristal nunca perde a sua aresta".[18] Chegara à PE em julho de 1967 e vivia com a mulher numa das modestas casas de oficiais da Vila. Desde que o CIE montara sua base de operações em Deodoro, Ailton Joaquim deixara a tediosa rotina de *sherlock* encarregado de descobrir quem danificara um ventilador da companhia, para entrar na vida agitada da repressão política.[19]

Os presos foram enfileirados perto do palco, e o "tenente Ailton" identificou-os para os convidados. Tinha três sargentos por acólitos. Com a ajuda de slides, mostrou desenhos de diversas modalidades de tortura. Em seguida os presos tiveram de ficar só de cuecas.

Maurício Vieira de Paiva, 24 anos, quintanista de engenharia, foi ligado a um magneto pelos dedos mínimos das mãos. Era a máquina de choques elétricos. Depois de algumas descargas, o tenente-mestre ensinou que se devem dosar as voltagens de acordo com a duração dos choques. Chegou

---

15 A. J. Langguth, *A face oculta do terror*, pp. 192-3.
16 Ailton Joaquim, Folha de Identidade, Academia Militar das Agulhas Negras. *Processo nº* 42 479-8, de 1979, STM, p. 982.
17 Alterações do Cadete Ailton Joaquim, Academia Militar das Agulhas Negras. *Processo nº* 42 479-8, de 1979, STM, p. 984.
18 Elogio do capitão Luiz Marques de Barros, Alterações do Tenente Ailton Joaquim no Batalhão Ipiranga, *Processo nº* 42 479-8, de 1979, STM, p. 994.
19 Alterações do Tenente Ailton Joaquim, Batalhão Ipiranga e 1ª Companhia da PE, *Processo nº* 42 479-8, de 1979, STM, pp. 994, 1000, 1007 e 1005.

a recitar algumas relações numéricas, lembrando que o objetivo do interrogador é obter informações e não matar o preso.[20]

Murilo Pinto da Silva, 22 anos, funcionário público, ficou de pés descalços sobre as bordas de duas latas abertas. Pedro Paulo Bretas, 24 anos, terceiranista de medicina, foi submetido ao esmagamento dos dedos com barras de metal. Outro preso, um ex-soldado da Polícia Militar, apanhou de palmatória nas mãos e na planta dos pés. "A palmatória é um instrumento com o qual se pode bater num homem horas a fio, com toda a força", explicou o tenente.

No pau de arara penduraram Zezinho, que estava na PE por conta de crimes militares. Ailton explicou — enquanto os soldados demonstravam — que essa modalidade de tortura ganhava eficácia quando associada a golpes de palmatória ou aplicações de choques elétricos, cuja intensidade aumenta se a pessoa está molhada.

"Começa a fazer efeito quando o preso já não consegue manter o pescoço firme e imóvel. Quando o pescoço dobra, é que o preso está sofrendo", ensinou o tenente-professor.

O Exército brasileiro tinha aprendido a torturar.[21]

---

20 As descrições dessa aula de tortura estão em A. J. Langguth, *A face oculta do terror*, pp. 192-7, com base numa entrevista com Murilo Pinto da Silva. Há ainda carta assinada por doze presos de Belo Horizonte em 19 de dezembro de 1969, em *Terror in Brazil, a dossier*, opúsculo publicado em Nova York, em abril de 1970, pelo The American Committee for Information on Brazil. Ver também o depoimento de Maurício Paiva, em *O sonho exilado*, pp. 49-53.

21 Em janeiro de 1969 realizou-se no quartel da PE de São Paulo uma aula idêntica. Depoimento de Izaías Almada, em Alipio Freire, Izaías Almada e J. A. de Granville Ponce (orgs.), *Tiradentes, um presídio da ditadura*, p 18.

APÊNDICE
Breve nomenclatura militar

1 Patentes

São as seguintes as patentes dos oficiais das Forças Armadas:

MARECHAL (CINCO ESTRELAS)
Patente honorífica, extinta no governo Castello.
Ao passarem para a reserva, os generais de exército eram promovidos ao marechalato. Em 1975 eles eram 73.[*]

GENERAL DE EXÉRCITO (QUATRO ESTRELAS)
É a patente mais alta dos oficiais da ativa.
Em 1964 o Exército tinha catorze quatro-estrelas. Quatro em comandos de exércitos, um na chefia do Estado-Maior e outros quatro na chefia dos departamentos administrativos. Juntos, formavam o Alto-Comando.
Um oficial pode ter quatro estrelas e ficar sem função, assim como pode ter função (o comando da Escola Superior de Guerra, por exemplo) e não pertencer ao Alto-Comando.
(Essa patente corresponde à de almirante de esquadra na Marinha e tenente-brigadeiro na Força Aérea.)

---

[*] Até 1968, quando morreu, o marechal Mascarenhas de Moraes foi mantido no serviço ativo, por decisão do Congresso. Era uma homenagem ao comandante da Força Expedicionária Brasileira.

GENERAL DE DIVISÃO (TRÊS ESTRELAS)
Em 1964 eram 31.* Em 1975, 42.

Os três-estrelas comandam as divisões de tropas (a 1ª Divisão de Infantaria, da Vila Militar, por exemplo). Ocupam as vice-chefias do Estado-Maior e dos departamentos. Também chefiam as Regiões Militares.

(Corresponde ao vice-almirante e ao major-brigadeiro.)

GENERAL DE BRIGADA (DUAS ESTRELAS)
Em 1964 eram 73. Em 1975, 93.

Um general de duas estrelas pode comandar uma unidade importante, como a Brigada Paraquedista, ou uma diretoria burocrática.

Em 1964 a idade média dos generais de brigada ficava em pouco menos de 54 anos.

(Corresponde ao contra-almirante e ao brigadeiro.)

Pela reforma de 1967, devida ao presidente Castello Branco, nenhum oficial pode permanecer mais de doze anos na ativa como general. Além disso, cada uma das patentes deve ter 25% de seu quadro renovado a cada ano. Essas normas vigoram até hoje.

CORONEL
Em 1964 o Exército tinha 340 coronéis em funções consideradas militares. Em 1975, 408.

Na tropa, o coronel comanda um regimento.

(Corresponde ao capitão de mar e guerra da Marinha.)

Pela reforma de Castello nenhum coronel pode permanecer menos de sete e mais de nove anos na patente.

TENENTE-CORONEL
Comanda um batalhão.

Patente em que se ficava em torno de cinco anos.

---

* Computaram-se os engenheiros militares (dois), médicos (um), veterinários (um) e intendentes (um).

A etiqueta militar dá aos tenentes-coronéis o tratamento de "coronel".

(Corresponde ao capitão de fragata da Marinha.)

MAJOR
Comanda um batalhão.

(Corresponde ao capitão de corveta da Marinha.)

CAPITÃO
Comanda uma companhia.

Em 1975 o Exército tinha cerca de 2 mil capitães.

TENENTE
Comanda um pelotão.

Na média, de cada cem tenentes, seis chegam a general.

2 Estrutura

No Exército convivem duas estruturas. Uma, diretamente relacionada com as tropas de combate, é bastante simples. Outra, na qual está a burocracia, é mais complexa.

É a seguinte a estrutura de uma tropa de combate, vista de baixo para cima:

PELOTÃO
Tem um efetivo que pode variar entre trinta e cinquenta homens. É comandado por um tenente.

COMPANHIA
Três pelotões formam uma companhia. Tem de cem a 150 homens. É comandada por um capitão.

BATALHÃO
Três companhias formam um batalhão. Seu efetivo oscila de trezentos a 450 homens, comandados por um major ou tenente-coronel.

REGIMENTO
Três batalhões formam um regimento. Tem entre mil e 1.500 homens e é comandado por um coronel.

BRIGADA
É uma unidade de composição mista, sempre comandada por um general de duas estrelas. Seu efetivo pode variar entre 5 mil e 10 mil homens.

DIVISÃO
Um número variável de brigadas e regimentos agrupam-se numa divisão.

Essa é a principal unidade combatente. Reúne tropas das diferentes Armas. Nelas, as tropas de infantaria e de artilharia ficavam sob o comando de generais numa Infantaria Divisionária (ID) e numa Artilharia Divisionária (AD).

EXÉRCITO
Conhecido como "grande comando", agrupa todas as tropas de uma determinada região geográfica.

As tropas terrestres estavam assim divididas:

I Exército, com jurisdição sobre as tropas do Rio de Janeiro (onde ficava o seu comando), Minas Gerais e Espírito Santo;

II Exército, incluindo São Paulo (sede do comando) e Mato Grosso;

III Exército, incluindo o Rio Grande do Sul (sede do comando, em Porto Alegre), Santa Catarina e Paraná; e

IV Exército, com sede no Recife, englobando todos os estados do Nordeste.

Além desses grandes comandos ocupados por quatro-estrelas, havia dois outros, sob as ordens de generais de divisão:

Comando Militar da Amazônia, com sede em Manaus; e

Comando Militar do Planalto, com sede em Brasília e jurisdição sobre o Distrito Federal e Goiás.

Existiam também onze Regiões Militares, comandadas por generais de divisão.

A região cuida essencialmente do apoio logístico ao Exército em cujas áreas se situa.

Eram as seguintes as Regiões Militares:

1ª RM, com sede no Rio de Janeiro;
2ª RM, com sede em São Paulo;
3ª RM, com sede em Porto Alegre;
4ª RM, com sede em Juiz de Fora;
5ª RM, com sede em Curitiba;
6ª RM, com sede em Salvador;
7ª RM, com sede em Recife;
8ª RM, com sede em Belém;
9ª RM, com sede em Campo Grande;
10ª RM, com sede em Fortaleza; e
11ª RM, com sede em Brasília.

Cronologia

1950

POLÍTICA

MAIO A chapa encabeçada pelo general Estillac Leal vence a eleição do Clube Militar com o apoio da esquerda. Nela, o tenente-coronel Nelson Werneck Sodré dirige o Departamento Cultural. Derrota a chapa de Cordeiro de Farias e do general Humberto Castello Branco.

JUNHO O PTB lança o ex-ditador Getulio Vargas, deposto em 1945, como candidato a presidente.

AGOSTO O PCB divulga o *Manifesto de Agosto*, que defende a derrubada do governo.

OUTUBRO Vargas derrota o brigadeiro Eduardo Gomes e é eleito presidente da República com 3,8 milhões (48,7%) de votos. Seus eleitores cantavam:

> Bota o retrato do velho outra vez,
> Bota no mesmo lugar.
> O sorriso do velhinho
> Faz a gente trabalhar.

ECONOMIA E SOCIEDADE

O Brasil tem 52 milhões de habitantes. Durante a década de 1940 a expectativa de vida do brasileiro foi de 45,9 anos. Nos anos 1950 passará para 52,4.

O PIB nacional é de US$ 15 bilhões da época.

O salário mínimo é de Cr$ 380,00, equivalentes a US$ 12 no câmbio paralelo.

Quase dois terços (64%) da população vivem no campo. Um em cada dois adultos é analfabeto.

Com 2,3 milhões de habitantes, o Rio de Janeiro tem 105 favelas, com 170 mil moradores.

O economista argentino Raúl Prebisch, autor de "O desenvolvimento da América Latina e seus principais problemas", assume a secretaria executiva da Comissão Econômica para a América Latina, a Cepal.

JULHO Inaugurada a via Dutra.

SETEMBRO Inaugurada a primeira refinaria estatal, em Mataripe, na Bahia.

1951

POLÍTICA

JANEIRO Posse de Getulio Vargas. O *New York Times* diz que ele está "prejudicado pelas grandes expectativas". Carlos Lacerda defende o seu impedimento. A *Imprensa Popular*, do PCB, chama-o de "velho tirano".

O general Estillac Leal é nomeado ministro da Guerra. Os militares continuam divididos.

ABRIL Os EUA pedem ao Brasil o envio de uma divisão de infantaria para a Guerra da Coreia. Vargas, depois de negociar, acaba negando o pedido.

JUNHO Surge no Rio o jornal *Última Hora*, fundado por Samuel Wainer, jornalista da simpatia de Vargas. O empreendimento é financiado pelo Banco do Brasil.

DEZEMBRO Decretado o aumento do salário mínimo. No seu nível máximo chega a Cr$ 1.200,00 (US$ 40 da época, no paralelo).

ECONOMIA E SOCIEDADE

A seca aflige o Nordeste.

JANEIRO Vargas cria a Assessoria Econômica, ligada ao seu gabinete e chefiada pelo economista Rômulo de Almeida.

ABRIL Criada a Comunidade Europeia do Carvão e do Aço (CECA). É o início do Mercado Comum.

SETEMBRO O ministro da Fazenda, Horácio Lafer, vai aos EUA buscar financiamentos. Não os consegue.

DEZEMBRO Getulio Vargas acusa as companhias estrangeiras de maquiar as remessas de lucros: "Não conheço exemplo de espoliação maior". A média anual dessas remessas está em US$ 90 milhões.

Vai ao Congresso o projeto do governo para a criação da Petrobras. O texto não prevê o monopólio estatal.

CULTURA

João Cabral de Melo Neto publica o poema "O cão sem plumas":

> Liso como o ventre de uma cadela fecunda,
> o rio cresce
> sem nunca explodir.

Ismael Silva grava "Antonico".

Nat King Cole canta "Mona Lisa".

Surgem o *cool jazz* e Miles Davis.

Henri Matisse pinta a capela de Vence.

Confinado num hospital para doentes mentais, Ezra Pound publica 70 *cantos*.

JUNHO Inaugurado o estádio do Maracanã, e nele joga-se a Copa do Mundo.

JULHO O Uruguai vence o Brasil por 2 × 1.

SETEMBRO Vai ao ar em São Paulo a TV Tupi, primeira emissora de televisão da América Latina.

MUNDO

O mundo tem 2,5 bilhões de habitantes, com 480 milhões de crianças desnutridas.

JANEIRO A China e em seguida a URSS reconhecem a República Democrática do Vietnã, área controlada pela guerrilha de Ho Chi Minh contra o domínio francês.

FEVEREIRO O senador Joseph McCarthy lança sua campanha de denúncias de infiltração comunista no governo americano. Lista 250 nomes. Surge o termo "macartismo".

O embaixador George Kennan, numa reunião de diplomatas americanos na América Latina, sustenta que na região não há base para regimes democráticos.

JUNHO Começa a Guerra da Coreia.

SETEMBRO Primeira travessia do Atlântico por um avião a jato, em dez horas e um minuto.

NOVEMBRO O papa Pio XII proclama o dogma da Assunção Imaculada de Maria.

CULTURA

O disc-jóquei Alan Freed põe no ar a expressão "rock-and-roll".

Luiz Gonzaga e Humberto Teixeira compõem "Assum preto":

> Furaram os olhos do Assum Preto
> Pra ele assim cantar melhor.

A Rádio Nacional transmite a novela *O direito de nascer*.

É aberta a I Bienal de São Paulo. Os comunistas a chamam de "apoteose do modernismo decadente".

Jorge Amado recebe em Moscou o Prêmio Stalin.

Vittorio de Sica termina o filme *Milagre em Milão*.

A filósofa Hannah Arendt publica *Origens do totalitarismo*.

J. D. Salinger publica *O apanhador no campo de centeio*.

Surge a TV em cores nos EUA.

MUNDO

O general Juan Perón é reeleito presidente da Argentina.

JANEIRO No dia 4 as tropas comunistas tomam Seul, capital da Coreia do Sul, e são expulsas em março.

FEVEREIRO A empresa britânica Ferranti produz o primeiro computador de uso comercial, o Ferranti Mark I. Vende nove em sete anos. Um mês depois a Univac produz o primeiro computador americano. Tem 5 mil válvulas.

MAIO A AT&T torna-se a primeira empresa do mundo com 1 milhão de acionistas.

SETEMBRO Expurgo no Partido Comunista Checo. Seu secretário-geral, Rudolf Slansky, é preso. Será fuzilado.

DEZEMBRO Primeira geração de eletricidade num reator nuclear, nos EUA.

1952

POLÍTICA

A oposição parlamentar passa a defender não só a criação da Petrobras, mas também o monopólio estatal do petróleo.

Migração de nordestinos para São Paulo. Aos sete anos, embarcado num pau de arara, o pernambucano Luiz Inácio da Silva deixa a seca do Nordeste e chega a Santos com a mãe. Viajam treze dias e o menino não troca de roupa.

FEVEREIRO A revista americana *Time* diz que Vargas quer se tornar ditador.

O general Canrobert Pereira da Costa acusa: "A mão comunista está em todos os cantos e é preciso cortá-la".

Assinado o Acordo Militar Brasil-EUA.

MAIO A chapa governista de Estillac Leal e de Horta Barbosa perde as eleições do Clube Militar. O resultado expõe a fraqueza militar do governo com a vitória da corrente que faz oposição a Vargas.

NOVEMBRO O general Estillac Leal deixa o Ministério da Guerra.

ECONOMIA E SOCIEDADE

Como resultado da política industrialista de Vargas, no período 1951-1952 a economia cresce 6,1% ao ano e a indústria, 5,7%.

A IBM lança o seu primeiro computador comercial de porte, o 701.

JANEIRO As remessas de lucros das companhias estrangeiras são limitadas a 10% do capital investido.

JUNHO Criado o BNDE (Banco Nacional do Desenvolvimento Econômico), que tem Roberto Campos na diretoria.

OUTUBRO O episcopado cria a Conferência Nacional dos Bispos do Brasil. Terá caráter permanente e expressará a opinião do colégio episcopal. D. Helder Câmara é seu secretário-geral.

DEZEMBRO A balança comercial fecha o ano com um déficit de US$ 286 milhões. O maior já ocorrido. Em 1950 registrara-se um superávit de US$ 425 milhões.

Inflação de 11,3% no ano.

1953

POLÍTICA

JANEIRO Nova Lei de Segurança Nacional. A militância comunista custa de quinze a trinta anos de prisão aos cabeças.

MARÇO Aos 36 anos, Jânio Quadros elege-se prefeito de São Paulo.

Inicia-se a maior greve já ocorrida no Brasil, a Greve dos Trezentos Mil, em São Paulo.

Numa conferência na Escola Superior de Guerra, o general Canrobert Pereira da Costa fala em "guerra subversiva".

JUNHO Vargas muda o ministério e, aos 35 anos, seu protegido, João Goulart, torna-se ministro do Trabalho.

Milton Eisenhower, irmão do presidente americano, chega ao Rio em missão oficial e diz que, se o Brasil quiser ser ajudado, terá de se ajudar.

DEZEMBRO A CIA estima que o PCB tenha 60 mil militantes.

ECONOMIA E SOCIEDADE

Geada na lavoura de café. Agrava-se a situação criada pela seca no Nordeste.

ABRIL-MAIO Anunciada a descoberta da estrutura molecular do DNA.

JUNHO Cai o ministro da Fazenda, Horácio Lafer. Em seu lugar é nomeado Oswaldo Aranha. Empossado, apresenta um plano contra a inflação. Uma nova política cambial comprime as importações e estimula a produção interna.

JULHO A Comissão Mista Brasil-EUA, destinada a articular reformas e negociar financiamentos, encerra suas atividades. Fora criada em 1951. Deu em nada.

OUTUBRO Vargas sanciona a lei que criou a Petrobras.

DEZEMBRO Criada a Cacex, Carteira de Comércio Exterior do Banco do Brasil.

CULTURA

Adhemar Ferreira da Silva ganha a medalha de ouro no salto triplo nas Olimpíadas de Helsinque.

Sucesso de Antônio Maria e Fernando Lobo, "Ninguém me ama":

> Ninguém me ama, ninguém me quer,
> Ninguém me chama de meu amor.
> A vida passa, e eu sem ninguém,
> E quem me abraça não me quer bem.

Sai a revista literária *Noigrandes* nº 1, com obras dos poetas Haroldo de Campos, Augusto de Campos e Décio Pignatari.

Agatha Christie publica *A ratoeira*.

Ernest Hemingway publica *O velho e o mar*.

NOVEMBRO O escritor John Clellon Holmes, que ouvira de Jack Kerouac a expressão "geração beat", escreve um artigo intitulado "Esta é a geração beat".

MUNDO

A Europa retoma o desenvolvimento econômico. Termina o avanço da esquerda. Os conservadores governam na Alemanha, na França, na Itália e na Inglaterra.

A África do Sul passa a registrar seus habitantes de acordo com a cor. É o *apartheid*.

FEVEREIRO Morre Jorge VI, e Elisabeth II torna-se rainha da Inglaterra.

MARÇO Um golpe depõe Carlos Prío Socarrás, e Fulgencio Batista toma o poder em Cuba. É apoiado pelos EUA.

ABRIL O presidente Harry Truman usa tropas federais para evitar uma greve de metalúrgicos. Seiscentos mil trabalhadores param.

JULHO Os militares egípcios derrubam o rei Faruk.
Eva Perón morre em Buenos Aires.

NOVEMBRO Os EUA explodem a primeira bomba de hidrogênio.

CULTURA

Graciliano Ramos publica *Memórias do cárcere*.

Fundado o Teatro de Arena, em São Paulo.

Nos cinemas: *O cangaceiro*, de Lima Barreto, filme que ganhará a Palma de Ouro no Festival de Cannes, e *Shane*, ou *Os brutos também amam*, com Alan Ladd.

Primeira edição da revista *Playboy*. Com Marilyn Monroe nua nas páginas centrais, vendeu 54 mil exemplares.

Sai o *Relatório Kinsey*, revelando o comportamento sexual da mulher americana.

Uma garota de dezenove anos arrasa no Festival de Cannes: Brigitte Bardot.

Fellini mostra *I vitelloni*.

Cole Porter compõe "I love Paris".

Estreia *Esperando Godot*, de Samuel Beckett.

Marc Chagall pinta *Torre Eiffel*.

MUNDO

JANEIRO O general Dwight Eisenhower assume a Presidência dos EUA.

O secretário de Estado John Foster Dulles adverte: antes da guerra 200 milhões de pessoas viviam sob o comunismo, agora são 800 milhões.

MARÇO Josef Stalin morre. O PCB põe seu retrato na entrada da estação de Triagem, no Rio, com a inscrição: "Glória Eterna ao nosso Pai, Mestre e Guia".

JUNHO O Exército Vermelho ajuda a reprimir protestos de operários em Berlim Oriental. Sete mortos.

JULHO Termina a Guerra da Coreia.
Fidel Castro ataca o quartel Moncada. Fracassa e é preso. Anistiado, exila-se no México em 1954.

AGOSTO A URSS surpreende e explode sua bomba de hidrogênio.

1954

POLÍTICA

FEVEREIRO Sai o *Manifesto dos Coronéis* contra o governo. Assinado, entre outros, pelos coronéis Golbery do Couto e Silva e Sylvio Frota.
Vargas demite João Goulart.

MARÇO Carlos Lacerda denuncia um pacto secreto de Vargas com Perón, contra os EUA.
A oposição defende o recurso ao golpe para derrubar Vargas.

MAIO Vargas aumenta o salário mínimo em 100%: de Cr$ 1.200,00 chega a Cr$ 2.400,00.

AGOSTO

5 Num atentado contra o jornalista Carlos Lacerda, morre o major Rubens Vaz, da FAB.

23 Trinta generais pedem a renúncia de Vargas. Entre os signatários, Castello Branco.

24 Vargas mata-se com um tiro no coração. Assume o vice, João Café Filho.

OUTUBRO Jânio Quadros elege-se governador de São Paulo.

ECONOMIA E SOCIEDADE

Produzido nos EUA o primeiro rádio com transístor.

A IBM lança seu computador 704, o primeiro a usar memória magnética.

ABRIL A Petrobras inaugura a refinaria de Cubatão. Meses depois é inaugurada a de Manguinhos, da iniciativa privada.

JUNHO Diante da política de elevação do preço mínimo do café brasileiro, o governo americano boicota sua importação.

AGOSTO Café Filho nomeia Eugênio Gudin para o Ministério da Fazenda. Ele se lança num drástico programa de corte de despesas públicas. Institui o desconto na fonte para o imposto de renda dos assalariados.

SETEMBRO Diante de uma crise cambial, Gudin consegue nos EUA US$ 200 milhões de empréstimo de dezenove bancos privados.

OUTUBRO Gudin restringe o crédito. Crise na indústria: bancos e empresas abrem falência.

1955

POLÍTICA

FEVEREIRO Juscelino Kubitschek é lançado candidato a presidente pelo PSD.

ABRIL Num comício em Jataí (GO), JK anuncia que vai construir Brasília.

AGOSTO O presidente do Clube Militar, general Canrobert Pereira da Costa, diz que o país vive uma "pseudolegalidade".

OUTUBRO

3 JK é eleito presidente com 3 milhões de votos.

5 Carlos Lacerda pede publicamente que os militares deem um golpe.

NOVEMBRO

8 Enfartado no dia 3, Café Filho licencia-se e Carlos Luz assume a Presidência.

10 O general Henrique Lott demite-se do Ministério da Guerra.

11 Lott depõe Carlos Luz. Assume o presidente do Senado, Nereu Ramos.

13 Carlos Lacerda asila-se na embaixada de Cuba.

ECONOMIA E SOCIEDADE

O Brasil entra num ciclo de crescimento inédito em sua história. Até 1960 o PIB crescerá uma média de 8,1% e a renda *per capita*, 4,8%.

Estimulados pela Petrobras, os industriais do setor de maquinaria pesada fundam a Associação Brasileira da Infraestrutura e Indústrias de Base (Abdib).

Aberto nos EUA o primeiro McDonald's.

JANEIRO Inaugurada a hidrelétrica de Paulo Afonso, no rio São Francisco. É a primeira grande usina construída no Nordeste.

ABRIL Eugênio Gudin deixa o Ministério da Fazenda. É substituído pelo paulista José Maria Whitaker, que afrouxa o crédito.

JUNHO Criado o Instituto Superior de Estudos Brasileiros, o ISEB. Viria a se tornar um centro de reflexão do que se denominou "ideologia do desenvolvimento".

CULTURA

Marta Rocha é a segunda colocada no concurso de Miss Universo.

Inaugurado o parque do Ibirapuera, em São Paulo.

Carlos Drummond de Andrade publica *Fazendeiro do ar & Poesia até agora*.

Jorge Amado publica sua trilogia stalinista *Os subterrâneos da liberdade*.

Elvis Presley grava seu primeiro disco: *That's all right, mama*.

Ernest Hemingway ganha o Prêmio Nobel de Literatura.

Isaac Deutscher publica *Trotsky: o profeta armado, 1879-1921*, primeiro volume de sua trilogia sobre o revolucionário russo Leon Trotsky.

Jasper Johns pinta *Bandeira*.

O laboratório americano Eli Lilly quebra o segredo da fórmula do LSD, sintetizado em 1938, e começa a produzir o ácido.

Akira Kurosawa dirige *Os sete samurais*.

MUNDO

Treze das vinte nações latino-americanas têm governos controlados por militares.

MARÇO As repúblicas americanas assinam a *Declaração de Caracas*, na qual se iguala a subversão interna à expansão do comunismo.

ABRIL Eisenhower usa o termo "dominó" para denominar o risco do avanço comunista no mundo.

MAIO Termina a Batalha de Dien Bien Phu, com a vitória dos comunistas. A França perde o Vietnã, que é dividido em dois.

O general Gamal Abdel Nasser toma o poder no Egito.

A Corte Suprema dos EUA declara ilegal a segregação racial nas escolas.

O general Alfredo Stroessner toma o poder no Paraguai.

JUNHO O presidente Jacobo Arbenz, da Guatemala, é derrubado por um golpe militar organizado pela CIA.

NOVEMBRO Começa a Guerra da Argélia.

CULTURA

Primeira transmissão de um jogo de futebol (Santos x Palmeiras) pela televisão brasileira. O Brasil tem 141 mil aparelhos de TV.

Nos cinemas: *Rio, 40 graus*, de Nelson Pereira dos Santos; *Rififi*, de Jules Dassin; e *Nem Sansão nem Dalila*, de Carlos Manga, com Oscarito.

Caio Prado Júnior lança a revista *Brasiliense*.

Inaugurada a Disneylândia, na Califórnia.

Morre James Dean, aos 24 anos.

A banda Bill Halley e seus Cometas emplaca o primeiro sucesso mundial de um novo estilo musical: "Rock around the clock".

Vladimir Nabokov publica, em Paris, *Lolita*.

Surge a expressão "pop art".

Herbert Marcuse publica *Eros e civilização*.

Allen Ginsberg lê pela primeira vez seu poema "Howl". Fala das "melhores cabeças de minha geração morrendo numa nudez histérica".

MUNDO

ABRIL Winston Churchill renuncia ao cargo de primeiro-ministro. É o último dos Três Grandes (com Roosevelt e Stalin) a deixar definitivamente o poder.

JULHO Conhecem-se, no México, Fidel Castro e Ernesto "Che" Guevara. O médico argentino resolve se juntar ao grupo que pretende desembarcar em Cuba.

SETEMBRO Um golpe militar derruba o general Perón na Argentina.

DEZEMBRO A costureira Rosa Parks é presa ao se recusar a sair do assento para brancos num ônibus de Montgomery, no Alabama. Martin Luther King Jr. lidera um boicote aos transportes públicos. O movimento dura 381 dias, até que a Corte Suprema declara ilegal a discriminação racial nos transportes públicos americanos.

O Conselho da Europa cria a bandeira da Comunidade. Tem fundo azul e doze estrelas.

1956

POLÍTICA

JANEIRO JK assume.

FEVEREIRO JK lança o seu Programa de Metas. Baseia-se na captação de recursos externos, na intervenção estatal, na definição de setores prioritários para o desenvolvimento e na tolerância inflacionária.

Oficiais da FAB rebelam-se contra o governo e vão para Jacareacanga, no Pará. Rendem-se em duas semanas.

MARÇO JK propõe a anistia plena e irrestrita aos rebeldes e aos que conspiraram contra sua posse.

O coronel Olympio Mourão Filho é promovido a general.

ABRIL Revolta de estudantes no Rio contra o aumento das passagens de bonde.

NOVEMBRO Políticos e sindicalistas homenageiam o general Lott com a Espada de Ouro. Nova crise militar. Castello Branco rompe com Lott.

ECONOMIA E SOCIEDADE

O Brasil produz 160 mil geladeiras, com um índice de nacionalização de 47%.

O BNDE passa a admitir seus técnicos por concurso.

D. Helder Câmara organiza a Cruzada São Sebastião, para "urbanizar, humanizar e cristianizar" as favelas do Rio.

Milton Friedman publica "The quantity theory of money: a restatement", base do novo pensamento monetarista.

MAIO Começam os estudos para a construção de uma refinaria em Caxias (RJ).

JUNHO JK instala o Grupo Executivo da Indústria Automobilística (GEIA).

SETEMBRO Inaugurada a fábrica de caminhões da Mercedes-Benz, em São Paulo.

Começa a obra da barragem de Três Marias.

DEZEMBRO O ano termina com a inflação em 24,4%. Contra 12,4% em 1955.

1957

POLÍTICA

O ministro da Guerra, general Lott, veta o reatamento de relações com a URSS.

Fernando Henrique Cardoso e sete outros professores e alunos da USP começam a se reunir para discutir a obra de Marx. Denominam-se Grupo do Capital.

MAIO Carlos Lacerda salva-se de um processo que poria em risco seu mandato de deputado federal.

JULHO Greve de metalúrgicos no Rio.

OUTUBRO Greve geral em São Paulo: 400 mil trabalhadores param durante dez dias.

Descontente com nomeações do governo federal, Jânio Quadros ameaça renunciar ao governo de São Paulo.

NOVEMBRO Carlos Lacerda diz que Juscelino faz um "governo na fraude, pela fraude e para a fraude".

ECONOMIA E SOCIEDADE

O projeto de Lucio Costa vence o concurso do Plano Piloto de Brasília.

FEVEREIRO JK inaugura a rodovia Rio de Janeiro-Belo Horizonte.

Decide-se a construção da hidrelétrica de Furnas, a terceira do mundo.

MARÇO Alemanha Ocidental, França, Itália, Holanda, Bélgica e Luxemburgo assinam os Tratados de Roma, criando a Comunidade Europeia. A Inglaterra continua de fora.

JULHO A Ford decide instalar uma fábrica de caminhões no Brasil.

SETEMBRO A Volkswagen do Brasil produz o seu primeiro veículo com 50% de peças nacionais. É uma Kombi.

O ano termina com um déficit de US$ 286 milhões no balanço de pagamentos.

CULTURA

Adhemar Ferreira da Silva torna-se bicampeão olímpico em salto triplo.

Guimarães Rosa publica *Grande sertão: veredas*.

Mirabeau e Milton de Oliveira gravam "Fala Mangueira".

João Cabral de Melo Neto publica *Morte e vida severina*:
> Somos muitos Severinos
> iguais em tudo na vida.

Baby doll, de Elia Kazan, com Carroll Baker. O filme vai influenciar a moda feminina.

Orfeu da Conceição, de Tom Jobim e Vinicius de Moraes, estreia no Teatro Municipal.

I Exposição Nacional de Arte Concreta, no MAM de São Paulo e no do Rio.

Jean Genet escreve a peça *O balcão*.

Giuseppe di Lampedusa publica *O leopardo*.

Wright Mills publica *A elite do poder*.

Aos 44 anos, o pintor americano Jackson Pollock morre num acidente de carro.

MUNDO

FEVEREIRO Nikita Kruchev, secretário-geral do Partido Comunista Soviético, denuncia os crimes de Stalin no XX Congresso.

JUNHO Breve revolta anticomunista na Polônia, reprimida pelo Exército.

JULHO No Egito, o presidente Nasser nacionaliza o canal de Suez e proíbe a passagem de navios israelenses.

O general Odría é deposto no Peru.

SETEMBRO Dois atentados de terroristas argelinos iniciam a Batalha de Argel.

OUTUBRO Israel invade o Egito. Tropas anglo-francesas retomam Suez. Os EUA condenam o ato e os invasores se retiram.

Rebelião na Hungria contra o regime comunista. Imre Nagy, o novo primeiro-ministro, promete eleições livres.

NOVEMBRO A URSS invade a Hungria.

DEZEMBRO Fidel Castro desembarca em Cuba.

CULTURA

Escalado um novo atacante na seleção brasileira: Pelé estreia com dezesseis anos.

Jânio Quadros proíbe o rock-and-roll em bailes públicos em São Paulo.

A Sony lança com sucesso comercial um modelo de rádio de pilha.

Surge o som estereofônico.

Nos cinemas: *A ponte do rio Kwai*, de David Lean, com Alec Guinness e William Holden, e *E Deus criou a mulher*, com Brigitte Bardot.

O costureiro Balenciaga cria a moda "saco". Despreza a linha da cintura e sobe a saia.

Jack Kerouac publica *On the road*.

Surge o termo "*beatnik*".

Albert Camus ganha o Nobel de Literatura.

MUNDO

O mundo tem 71 cidades com mais de 1 milhão de habitantes (duas no Brasil). Em 1914 eram dezesseis (nenhuma no Brasil).

O *baby boom* chega ao apogeu. Nascem 4,3 milhões de crianças nos EUA.

MARÇO A Costa do Ouro torna-se a República de Gana. É o início da descolonização da África Negra.

MAIO O general Rojas Pinilla é deposto na Colômbia.

Em desgraça, morre o senador Joseph McCarthy.

SETEMBRO Eisenhower manda tropas a Little Rock para assegurar a matrícula de estudantes negros em escolas públicas.

Acaba a Batalha de Argel: o dispositivo terrorista argelino é desmantelado.

OUTUBRO A URSS põe em órbita o primeiro satélite espacial, o Sputnik 1. Pesa 83 quilos.

1958

POLÍTICA

Surgem no Nordeste as Ligas Camponesas.

MARÇO Revogado o mandado de prisão preventiva de Luiz Carlos Prestes. Ele vivia na clandestinidade desde 1948.

O PCB muda sua política e passa a defender uma aliança com a burguesia.

ABRIL Arthur da Costa e Silva é promovido a general de divisão.

MAIO O general Justino Alves Bastos derrota Castello Branco na eleição para a presidência do Clube Militar.

JUNHO JK inaugura o palácio da Alvorada.

JULHO JK impede que cafeicultores descontentes façam uma marcha a Brasília.

Começa a inflexão da Juventude Universitária Católica para a esquerda, com a defesa de um "cristianismo revolucionário".

AGOSTO O secretário de Estado americano John Foster Dulles visita o Brasil e nega um financiamento à Petrobras. A UNE o hostiliza.

ECONOMIA E SOCIEDADE

NOVEMBRO JK impede que Carlos Lacerda vá à televisão.

Seca no Nordeste. JK vai ao Ceará.

Um banco americano em Londres aceita depósitos em dólar. Surge o eurodólar.

John Kenneth Galbraith publica *A sociedade afluente*.

ABRIL Vai para a rua o primeiro carro de passeio brasileiro, o DKW-Vemag.

MAIO JK entrega ao engenheiro Bernardo Sayão a obra da estrada Belém-Brasília.

JUNHO Lucas Lopes assume o Ministério da Fazenda com o propósito de cortar gastos e derrubar a inflação.

O ano termina com a inflação em 24,1% e com a indústria de bens de produção superando, pela primeira vez, a de bens de consumo. A economia cresceu 10,8%.

1959

POLÍTICA

JK sofre um enfarte e o episódio é mantido em segredo.

MAIO Fidel Castro visita o Brasil e se encontra com JK.

O PTB lança a chapa Lott-Jango para presidente e vice.

JUNHO JK vai ao Clube Militar e anuncia o rompimento das conversações com o FMI. Inicia-se uma campanha nacionalista destinada a fortalecer o governo.

OUTUBRO O rinoceronte Cacareco consegue 90 mil votos na eleição municipal de São Paulo.

NOVEMBRO Jânio Quadros, candidato de um pequeno partido à Presidência da República, renuncia. Semanas depois renuncia à renúncia.

Nova rebelião na FAB. O coronel João Paulo Burnier sequestra um avião de passageiros e toma o campo de pouso de Aragarças, na Amazônia. Acaba em três dias.

ECONOMIA E SOCIEDADE

O Brasil termina a década com 70 milhões de habitantes, cuja expectativa de vida passou de 45,9 anos para 52,4.

O PIB cresceu 9,8% no ano.

O salário mínimo vale Cr$ 6.000,00.

Celso Furtado publica *Formação econômica do Brasil*.

Vendida nos EUA a primeira copiadora de papel plano, a Xerox 914.

JANEIRO Circula o primeiro fusca.

ABRIL Leonel Brizola, governador do Rio Grande do Sul, nacionaliza a concessionária americana de energia elétrica do estado.

JULHO Inaugurada a ponte aérea Rio-São Paulo.

AGOSTO Lucas Lopes deixa a Fazenda.

NOVEMBRO JK inaugura a linha de montagem da Volkswagen, em São Bernardo do Campo (SP).

DEZEMBRO Criada a Sudene.

A inflação fecha o ano em 39,4%.

CULTURA

Brasil 5, Suécia 2. A seleção ganha sua primeira Copa do Mundo.

Maria Esther Bueno e a americana Althea Gibson vencem o torneio de duplas de Wimbledon.

Estreia a peça *Eles não usam black-tie*, de Gianfrancesco Guarnieri.

É publicado *Gabriela, cravo e canela*, de Jorge Amado.

Boris Pasternak, autor d'*O doutor Jivago*, ganha o Nobel e é proibido pelo governo russo de recebê-lo.

Surge a expressão "*nouvelle vague*", que designa o novo cinema francês.

Elizeth Cardoso grava o LP *Canção do amor demais*. Numa das faixas, canta "Chega de saudade", de Tom Jobim e Vinicius de Moraes. João Gilberto a acompanha ao violão. Pela primeira vez ouve-se na música brasileira a nova batida que meses depois seria chamada bossa nova.

MUNDO

JANEIRO O general Pérez Jiménez é deposto na Venezuela. Meses depois, Rómulo Betancourt elege-se presidente.

FEVEREIRO Arturo Frondizi é eleito presidente da Argentina.

Rebeldes cubanos sequestram em Havana o piloto de fórmula 1 Juan Manuel Fangio.

MAIO A guarnição francesa na Argélia se rebela contra o governo civil de Paris. O general Charles de Gaulle é chamado a organizar um novo gabinete.

Manifestações contra a visita do vice-presidente Richard Nixon na Argentina, na Bolívia, no Peru e na Venezuela. Em Caracas seu carro é apedrejado. Nele está o coronel Vernon Walters.

OUTUBRO Morre o papa Pio XII. O cardeal Angelo Roncalli é eleito papa e adota o nome de João XXIII. Tem 77 anos, e acredita-se que fará um pontificado de transição.

Só há ditaduras em cinco pequenas nações da América Latina.

CULTURA

João Gilberto grava "Chega de saudade".

O filme *O homem do Sputnik*, com Oscarito e Norma Bengell, fecha o ciclo da chanchada no cinema brasileiro.

Antonio Candido publica *Formação da literatura brasileira*.

Sérgio Buarque de Holanda publica *Visão do paraíso*.

Depois de protestos contra a censura, os cinemas brasileiros mostram *Les amants*, com Jeanne Moreau numa cena inédita de sexo implícito.

Jean-Luc Godard mostra *Acossado*, com Jean-Paul Belmondo e Jean Seberg.

Marilyn Monroe se mostra como atriz em *Quanto mais quente melhor*.

Nasce o personagem Asterix.

O Brasil ganha o mundial de basquete, e Maria Esther Bueno leva o torneio de simples de Wimbledon.

MUNDO

Um ano depois do lançamento da campanha do "Grande salto para a frente", começa a fome na China. Calcula-se que, até 1962, morreram 30 milhões de pessoas.

JANEIRO Fidel Castro e seus barbudos entram em Havana.

Fracassa um desembarque de guerrilheiros cubanos no Panamá.

João XXIII convoca o Concílio Ecumênico.

JUNHO Fracassa um desembarque de guerrilheiros castristas na República Dominicana.

AGOSTO Fracassa um novo desembarque de guerrilheiros, no Haiti.

SETEMBRO Nikita Kruchev visita os EUA. É a primeira visita de um governante da URSS.

OUTUBRO Margaret Thatcher é eleita para o Parlamento inglês.

1960

POLÍTICA

FEVEREIRO Eisenhower visita o Brasil e combina com JK o reinício das negociações com o FMI.

Jânio Quadros vai a Cuba e diz que fará uma reforma agrária.

ABRIL JK inaugura Brasília e chora na missa. A obra custou o equivalente a 2,3% do PNB.

OUTUBRO Jânio Quadros elege-se com 5,6 milhões de votos (48%) e João Goulart fica na vice. Os janistas cantam:

Varre, varre, vassourinha.
Varre, varre a bandalheira.

Carlos Lacerda elege-se governador do estado da Guanabara.

NOVEMBRO Os marítimos e ferroviários fazem a Greve da Paridade. Querem equiparação salarial com os militares.

DEZEMBRO O tenente Carlos Lamarca vai servir em Quitaúna, São Paulo.

ECONOMIA E SOCIEDADE

O Brasil tem 598 mil aparelhos de televisão. Os EUA têm 85 milhões.

O Rio tem 147 favelas, com 337 mil moradores.

O economista Ignácio Rangel publica *Elementos de economia do projetamento*.

Realiza-se no BNDE o I Simpósio sobre Computadores Eletrônicos.

Criada a Organização dos Países Exportadores de Petróleo, a OPEP. Reúne apenas cinco países: Arábia Saudita, Irã, Iraque, Kuwait e Venezuela. É considerada uma entidade inútil. O barril custa US$ 1,50.

Começa a comercialização da pílula anticoncepcional nos EUA.

1961

POLÍTICA

JANEIRO Jânio Quadros assume a Presidência.

FEVEREIRO Golbery é nomeado para o Conselho de Segurança Nacional, no Rio.

MARÇO Geisel é promovido a general e logo depois vai comandar a tropa de Brasília.

MAIO Francisco Julião, líder das Ligas Camponesas, vai a Cuba. Pede ajuda a Fidel.

AGOSTO Jânio Quadros renuncia.
Os ministros militares vetam a posse de João Goulart, que está na China.
Divide-se o Exército. A guarnição do Sul quer a posse de Jango.
Jango aceita o regime parlamentarista.

SETEMBRO João Goulart assume. Tancredo Neves é o primeiro-ministro.

NOVEMBRO Francisco Julião diz que a reforma agrária será feita "na lei ou na marra".
Empresários e militares da reserva fundam o IPÊS (Instituto de Pesquisas e Estudos Sociais).

ECONOMIA E SOCIEDADE

O índice de nacionalização das Kombis e dos fuscas chega a 95%.

O Brasil produz 350 mil geladeiras, com quase 100% de nacionalização. Em 1956 produzia 160 mil, com 47% de nacionalização.

A Fairchild Corporation produz o primeiro circuito integrado de computador.

Sai o livro *Latin American issues*, de Albert Hirschman. Nele, num artigo, Roberto Campos cunha os termos "estruturalismo" e "monetarismo" para a análise da inflação.

JANEIRO O banqueiro baiano Clemente Mariani assume a Fazenda.

MARÇO Jânio desvaloriza a moeda. O dólar, que custava Cr$ 90,00, passa a valer Cr$ 200,00.

OUTUBRO Jango cassa as concessões ilegais de jazidas à empresa americana Hanna.

DEZEMBRO A esquerda assume a Confederação Nacional dos Trabalhadores na Indústria.

CULTURA

O sucesso do ano é *Quarto de despejo*, diário da favelada Carolina de Jesus.

Jean-Paul Sartre e Simone de Beauvoir vêm ao Brasil.

Clarice Lispector publica *Laços de família*.

O boxeador Eder Jofre é o campeão mundial dos pesos-galos.

Nos cinemas: *Rocco e seus irmãos*, de Luchino Visconti; *La dolce vita*, de Federico Fellini; e *Psicose*, de Alfred Hitchcock.

O fotógrafo cubano Alberto Korda faz o famoso retrato de Che Guevara, que seria publicado somente em 1967.

O boxeador Cassius Clay, depois Muhammad Ali, ganha a medalha de ouro dos meios-pesados nas Olimpíadas de Roma.

O alemão Armin Hary corre os cem metros em dez segundos.

Dança-se o twist.

MUNDO

A China começa a se afastar da URSS.

Che Guevara escreve *A guerra de guerrilhas*.

JANEIRO Começam as manifestações de estudantes americanos negros contra a segregação racial em lugares públicos.

MARÇO Massacre de Sharpeville, na África do Sul. A polícia atira contra uma manifestação de negros. Em poucos segundos mata 69 pessoas e fere mais de 180.

ABRIL O Senegal torna-se independente.

MAIO Israel captura o nazista Adolf Eichmann, que vivia como operário em Buenos Aires. Vai julgá-lo e enforcá-lo em Tel Aviv.

JUNHO A Bélgica dá a independência ao Congo. Patrice Lumumba, de 35 anos, assume o governo e é deposto em setembro.

JULHO Fidel confisca as refinarias americanas de petróleo em Cuba.

OUTUBRO Independência da Nigéria.

NOVEMBRO John Kennedy é eleito presidente dos EUA.

CULTURA

O Brasil bate a marca do 1 milhão de aparelhos de TV.

Nelson Rodrigues estreia *O beijo no asfalto*.

O Centro Popular de Cultura da UNE produz *Cinco vezes favela*, com o episódio "Couro de gato", dirigido por Joaquim Pedro de Andrade.

Henry Miller publica nos EUA *Trópico de câncer*.

O filósofo e psiquiatra martiniquense Frantz Fanon publica *Os condenados da terra*.

Michel Foucault publica *História da loucura*.

Audrey Hepburn aparece em *Breakfast at Tiffany's* (*Bonequinha de luxo*).

Em Liverpool, um rapaz pergunta a Brian Epstein se em sua loja há uma gravação de um conjunto chamado The Beatles. Epstein se torna empresário do grupo e vai à luta. A EMI e a Decca recusam-se a gravar músicas dos garotos.

MUNDO

JANEIRO Os EUA rompem relações diplomáticas com Cuba.
Posse de John Kennedy.
É assassinado no Congo o ex-primeiro-ministro Patrice Lumumba.

FEVEREIRO Rebelião negra em Angola.

MARÇO Kennedy lança a Aliança para o Progresso. Pretende impulsionar reformas sociais e conter a influência cubana.

ABRIL O soviético Yuri Gagarin torna-se o primeiro homem a entrar em órbita e informa: "A Terra é azul".
Uma força de exilados treinada pela CIA invade Cuba, mas rende-se em 48 horas.

AGOSTO A Alemanha comunista ergue o Muro de Berlim, símbolo da Guerra Fria.

OUTUBRO Nikita Kruchev tira o corpo de Stalin do mausoléu onde estava ao lado de Lenin, na praça Vermelha.

1962

POLÍTICA

JUNHO A esquerda católica funda a Ação Popular, a AP.

Tancredo Neves renuncia ao cargo de primeiro-ministro.

Saques na Baixada Fluminense: 42 mortos.

JULHO Criado o Comando Geral dos Trabalhadores, CGT.

Kennedy decide colocar no baralho a carta de golpe militar no Brasil.

Atentado contra o Congresso da UNE, em Petrópolis, com a participação de militares.

SETEMBRO Greve contra o parlamentarismo.

Brizola: "Se não for eleito um parlamento popular, a revolução será inevitável".

OUTUBRO Eleições parlamentares. O PTB de Goulart torna-se o maior partido da Câmara.

Cai um avião da Varig em Lima, e nele é encontrada uma mala diplomática cubana com relatórios da guerrilha de Julião no Brasil.

ECONOMIA E SOCIEDADE

Milton Friedman publica *Capitalismo e liberdade*.

A IBM lança discos para o armazenamento de dados.

JUNHO João Goulart instala a Eletrobras.

JULHO Criado o 13º salário.

SETEMBRO O banqueiro Walter Moreira Salles, principal interlocutor do governo com o mundo financeiro, deixa o Ministério da Fazenda.

Criado o Ministério do Planejamento. Será ocupado por Celso Furtado.

DEZEMBRO Anunciado o Plano Trienal. Pretende derrubar a inflação para o patamar de 10% em 1965.

O governo concede um aumento de pouco mais de 50% no salário mínimo. Os sindicatos pediam 80%.

O ano termina com 52% de inflação e um crescimento do PIB de 8,6%.

1963

POLÍTICA

O jornalista Carlos Leonam cunha a expressão "esquerda festiva".

Surge o Comando de Caça aos Comunistas, o CCC.

JANEIRO Um plebiscito restabelece o regime presidencialista.

FEVEREIRO Prestes vai a Cuba e condena as guerrilhas. Francisco Julião está em Havana, cuidando de seu projeto de luta armada.

ABRIL A CNBB teme "subversões imprevisíveis dos valores democráticos".

JULHO Numa pesquisa do Ibope em dez grandes cidades, Jango tem 35% de avaliação ótima ou boa, 41% de regular e 19% de má ou péssima.

SETEMBRO Carlos Lacerda defende um golpe militar contra Jango.

Castello Branco assume a chefia do EME.

OUTUBRO Jango tenta colocar o país em estado de sítio, vê-se isolado e recua.

ECONOMIA E SOCIEDADE

JANEIRO San Tiago Dantas assume a Fazenda no primeiro ministério presidencialista.

JUNHO Carvalho Pinto, ex-governador de São Paulo, substitui San Tiago no Ministério da Fazenda.

DEZEMBRO Ney Galvão substitui Carvalho Pinto na Fazenda. Em 27 meses, é o quinto ocupante do cargo.

Jango tabela os lubrificantes e entrega à Petrobras o monopólio da compra de petróleo.

O ano fecha com os seguintes indicadores econômicos:

Inflação de 79,9%. É a maior da história.

Crescimento do PIB de 0,6%. É a menor taxa desde 1947, quando começou o cálculo sistemático do produto interno.

Déficit do Tesouro: Cr$ 500 bilhões.

CULTURA

O Brasil é bicampeão mundial de futebol.

Tom Jobim e Vinicius de Moraes compõem "Garota de Ipanema".

O filme *O pagador de promessas*, de Anselmo Duarte, ganha a Palma de Ouro no Festival de Cannes.

Érico Veríssimo publica *O arquipélago*, concluindo a trilogia *O tempo e o vento*.

Show da bossa nova no Carnegie Hall, em Nova York.

Estreiam *Os cafajestes*, de Ruy Guerra, e *Garrincha, alegria do povo*, de Joaquim Pedro de Andrade.

Rachel Carson publica *Silent Spring*, clássico da formação da consciência ambientalista.

David Lean mostra *Lawrence da Arábia*, com Peter O'Toole.

Morre Marilyn Monroe.

Os Beatles lançam seu primeiro compacto, *Love me do*.

Surgem no Brasil as sandálias Havaianas.

MUNDO

FEVEREIRO Kennedy autoriza as tropas americanas no Vietnã a revidar em caso de ataque. No fim do ano os EUA têm 11 mil "assessores" no país.

Militares argentinos derrubam o presidente Arturo Frondizi.

JULHO A Argélia torna-se independente.

Kennedy muda sua política e decide reconhecer o governo de militares peruanos que derrubaram o presidente Manuel Prado.

AGOSTO O primeiro-ministro soviético Nikita Kruchev coloca, em segredo, mísseis nucleares em Cuba.

OUTUBRO Os americanos descobrem os mísseis russos e bloqueiam Cuba. Os russos retiram os foguetes em troca da promessa de que Cuba não será invadida. Nesses dias a guerra nuclear esteve por um fio de cabelo.

Começa o Concílio Vaticano II.

CULTURA

O CPC da UNE grava a "Canção do subdesenvolvido":

Começaram a nos vender e a nos comprar.
Comprar borracha, vender pneu.
Comprar minério, vender navio.
Pra nossa vela, vender pavio.
Só mandaram o que sobrou de lá:
Matéria plástica, que entusiástica,
Que coisa elástica, que coisa drástica.

Nara Leão grava "Marcha da Quarta-Feira de Cinzas".

Nelson Pereira dos Santos mostra *Vidas secas* e Cacá Diegues, *Ganga Zumba*.

Ieda Maria Vargas é eleita Miss Universo.

Mary McCarthy publica *O grupo*.

Uma exposição no Museu Guggenheim reúne Andy Warhol, Robert Rauschenberg e Jasper Johns.

Surgem os Rolling Stones.

MUNDO

Jorge Masetti, amigo de Guevara, lança um foco guerrilheiro na Argentina.

JANEIRO De Gaulle impede a entrada da Grã-Bretanha no Mercado Comum Europeu.

ABRIL Na Guatemala o general Ydígoras Fuentes é deposto por um golpe militar.

MAIO Uma expedição de 35 peruanos treinados em Cuba interna-se na selva.

JUNHO Morre o papa João XXIII. O cardeal Montini torna-se Paulo VI.

JULHO O presidente Arosemena é deposto pelos militares no Equador.

AGOSTO O pastor Martin Luther King Jr. diz em Washington: "Eu tenho um sonho".

SETEMBRO Um golpe militar derruba o presidente Juan Bosch, da República Dominicana.

NOVEMBRO John Kennedy é assassinado. Assume o vice, Lyndon Johnson.

1964

POLÍTICA

JANEIRO Em Moscou, Prestes assegura a Nikita Kruchev: "Se a reação levantar a cabeça, nós a cortaremos de imediato".

MARÇO

13 Comício da Central.

19 Marcha da Família, em São Paulo.

20 O general Castello Branco distribui sua *Circular Reservada*.

A convenção do PSD lança a candidatura de JK nas eleições previstas para 1965.

24 Começa a rebelião dos marinheiros.

30 Jango discursa no Automóvel Clube.

31 O general Mourão Filho decide rebelar-se.

ABRIL

1º Jango vai para Brasília e de lá para o Rio Grande do Sul.

Costa e Silva proclama-se "comandante do Exército nacional".

No fim do dia haviam morrido sete civis.

2 O presidente da Câmara, Ranieri Mazzilli, torna-se presidente da República.

9 Baixado o Ato Institucional. Numa primeira fornada, cassa quarenta mandatos.

Jango asila-se no Uruguai.

11 Castello Branco é eleito presidente.

JUNHO Criado o SNI. Golbery vai chefiá-lo.

Aos 27 anos, o capitão Heitor Ferreira, assistente de Golbery, começa seu diário.

Castello cassa JK.

JULHO O Congresso prorroga o mandato de Castello por um ano, até março de 1967.

AGOSTO Castello faz o discurso das "vivandeiras alvoroçadas".

SETEMBRO O *Correio da Manhã* começa a sua campanha contra a tortura.

Castello manda Geisel ao Nordeste para investigar denúncias de torturas.

OUTUBRO Caduca o artigo punitivo do Ato Institucional. Foram atingidas 4.454 pessoas. Delas, 2.757 eram militares.

DEZEMBRO O ano termina com vinte mortos (nove suicídios) e 203 casos de denúncias de torturas.

ECONOMIA E SOCIEDADE

JANEIRO Jango sanciona a nova lei de remessa de lucros aprovada pelo Congresso.

A Fiesp recusa-se a participar de um ato de solidariedade a Jango, organizado pela CNI.

Jango fecha a carteira de redescontos do Banco do Brasil em São Paulo e no Rio Grande do Sul.

Uma pesquisa feita em oito capitais mostra que 72% dos brasileiros acham necessária a reforma agrária.

ABRIL O secretário de Estado Dean Rusk cria uma comissão para estudar um plano de ajuda imediata ao governo brasileiro.

Castello Branco coloca Octávio Gouvêa de Bulhões no Ministério da Fazenda.

MAIO Roberto Campos assume o Ministério do Planejamento.

A Superintendência da Moeda e do Crédito acaba com o regime de subsídios.

JULHO Concluída a renegociação da dívida externa, de US$ 3,8 bilhões.

Castello baixa a nova fórmula para o cálculo dos reajustes salariais. Surge a expressão "arrocho salarial".

AGOSTO Chega ao Congresso o Plano de Ação Econômica do Governo (PAEG). Seu principal objetivo é derrubar a inflação.

Institui-se a correção monetária.

Criado o Banco Nacional da Habitação.

Castello sanciona uma nova lei de remessa de lucros.

Golbery relata a Castello: "Os esforços do governo no combate à inflação não têm sido bem compreendidos pela opinião pública".

SETEMBRO Apesar da crise econômica, a Volkswagen revela que bateu seu recorde de produção.

NOVEMBRO Lacerda ataca a política econômica do governo.

DEZEMBRO Criado o Banco Central.

O ano termina com a inflação em 92,1%.

CULTURA

A Editora Civilização Brasileira lança *O Estado militarista*, de Fred J. Cook. Entre 1961 e 1964 a Civilização publicou um livro novo a cada dia útil.

Herbert Marcuse publica *A ideologia da sociedade industrial: o homem unidimensional*.

Depois de um período de ostracismo, reaparece o compositor Ismael Silva.

Nos cinemas: *Zorba, o Grego*, com Anthony Quinn e música de Mikis Theodorakis, e *007 contra Goldfinger*, com Sean Connery.

FEVEREIRO Cassius Clay torna-se campeão mundial de pesos-pesados.

MARÇO Primeira exibição (privada) de *Deus e o diabo na terra do sol*, de Glauber Rocha. Uma parte da plateia vai do cinema para o comício da Central.

ABRIL A Censura apreende as cópias de *Deus e o diabo na terra do sol*. Depois libera-as.

JULHO Anuncia-se o início da colocação da grama no Aterro do Flamengo.

São demitidos 26 artistas da Rádio Nacional. Entre eles, Mário Lago e Dias Gomes.

AGOSTO A Censura proíbe *Sete dias em maio*, que contava um golpe militar em Washington. Depois o filme é liberado.

Os Beatles chegam aos EUA, numa viagem triunfal.

SETEMBRO Fechada a boate Black Horse, a mais famosa do Rio.

DEZEMBRO Em Nova York, Che Guevara é convidado para uma festa na casa da milionária Bobo Rockefeller. É o "radical-chic".

Bob Zagury, namorado de Brigitte Bardot, a traz para o Brasil. Vão para Cabo Frio e ficam numa praia desconhecida chamada Búzios.

Estreia o show *Opinião*, com Nara Leão, Zé Kéti e João do Vale:

Podem me bater,
Podem me prender,
Podem até deixar-me sem comer
Que eu não mudo de opinião.

MUNDO

ABRIL Desmancha-se a guerrilha argentina estimulada por Guevara. O chefe do grupo, Masetti, desaparece na mata.

Julius Nyerere, presidente da Tanganica desde 1962, une o seu país a Zanzibar e cria a Tanzânia, que governará até 1985.

JUNHO Organiza-se na Colômbia a guerrilha do Exército de Libertação Nacional.

AGOSTO Depois de um incidente com um destróier no golfo de Tonquim, o Congresso dá poderes ao presidente Johnson para ampliar a intervenção americana no Vietnã.

Falha mais um atentado da Organização do Exército Secreto contra o presidente Charles de Gaulle.

OUTUBRO A China comunista explode sua bomba atômica.

Kruchev é deposto na União Soviética. Assume um triunvirato em que prevalece Leonid Brejnev.

Os trabalhistas ganham a eleição inglesa. Harold Wilson torna-se primeiro-ministro, iniciando um predomínio que durará seis anos.

Zâmbia torna-se independente e Kenneth Kaunda assume a Presidência, na qual ficará até 1999.

NOVEMBRO Golpe na Bolívia. Assume o general René Barrientos.

DEZEMBRO Juan Perón deixa a Espanha, onde vivia exilado, e voa para a Argentina. Ao fazer escala no aeroporto do Galeão, é barrado e obrigado a voltar.

Martin Luther King Jr. ganha o Prêmio Nobel da Paz.

1965

POLÍTICA

Cuba treina quadros enviados por Brizola.

A Ação Popular (AP) pende para a luta armada e cria sua comissão militar.

MARÇO O ex-coronel Jefferson Cardim invade o Rio Grande do Sul com 22 combatentes. É cercado e preso.

É preso o editor Ênio Silveira.

OUTUBRO Negrão de Lima é eleito na Guanabara e Israel Pinheiro, em Minas Gerais.

Castello baixa o AI-2. Dissolve os partidos e torna indireta a eleição de seu sucessor. Os crimes políticos vão para a Justiça Militar.

NOVEMBRO Fundado o MDB.

DEZEMBRO Lançada a candidatura do general Costa e Silva à Presidência.

Oitenta e quatro denúncias de torturas e três mortos. Um deles, desaparecido. Segundo o governo, os outros dois enforcaram-se em suas celas.

Pela esquerda, a guerrilha de Cardim mata um sargento.

ECONOMIA E SOCIEDADE

Gordon Moore faz a previsão que ficará conhecida como Lei de Moore: a cada ano dobrará a quantidade de transístores que serão colocados num circuito integrado, sem que o preço relativo da memória aumente.

JANEIRO O FMI abre um crédito de US$ 125 milhões para o governo brasileiro.

Quebra em São Paulo o grupo Jafet, um dos maiores do país.

FEVEREIRO Os governos do Brasil e dos EUA assinam um acordo de garantia para os investimentos americanos.

De Gaulle separa o franco do dólar.

O governo fecha a Panair do Brasil.

MAIO Lacerda pede a demissão de Roberto Campos e Octávio Gouvêa de Bulhões e o fim do PAEG.

Lançado nos EUA o primeiro satélite comercial de comunicações. É o Early Bird.

O ano termina com uma inflação de 34,2% e um crescimento do PIB de 2,4%.

1966

POLÍTICA

Osvaldo Orlando da Costa, o *Osvaldão*, chega ao Araguaia, mandado pelo PC do B.

FEVEREIRO Castello torna indiretas as eleições para governadores.

MARÇO Protestos no Rio, São Paulo e Belo Horizonte.

Explodem duas bombas no Recife.

JULHO Atentado a bomba contra Costa e Silva no aeroporto dos Guararapes.

OUTUBRO O Congresso elege Costa e Silva.

Castello cassa seis deputados e fecha o Congresso por dez dias.

NOVEMBRO JK e Lacerda encontram-se em Lisboa. Unem-se na Frente Ampla.

Guerrilheiros brizolistas sobem a serra de Caparaó, em Minas Gerais.

Sessenta e seis denúncias de torturas e dois mortos. Um deles estava preso. O terrorismo matou duas pessoas em Guararapes.

ECONOMIA E SOCIEDADE

JUNHO O Citibank lança em Londres o primeiro certificado de depósitos em dólares.

Antonio Delfim Netto é nomeado secretário da Fazenda de São Paulo.

AGOSTO Diante das falências e concordatas provocadas pela falta de crédito, o ministro da Indústria e Comércio, Paulo Egydio Martins, diz que "o perecimento de certas empresas" é consequência de um processo de "seletividade e purificação".

SETEMBRO Criado o FGTS.

NOVEMBRO Unificada a previdência social, surge o INPS.

Como presidente eleito, Costa e Silva recusa-se a endossar a carta de intenções que o ministro da Fazenda de Castello negociara com o FMI.

O ano termina com 39,1% de inflação e 6,7% de crescimento do PIB.

CULTURA

Vai ao ar a TV Globo. O Brasil tem 2,3 milhões de aparelhos de televisão. Todos preto e branco.

O editor Ênio Silveira lança a Revista *Civilização Brasileira*.

Roberto Carlos canta:

> Só quero que você me aqueça nesse inverno
> E que tudo o mais vá pro inferno.

Estreia a peça *Liberdade, liberdade*, com Paulo Autran.

Paulo César Saraceni mostra *O desafio*.

I Festival de Música Popular Brasileira. Elis Regina canta "Arrastão".

Hélio Oiticica, Rubens Gerchman e Carlos Vergara expõem no MAM-RJ, na *Opinião* 65.

Dalton Trevisan publica *O vampiro de Curitiba*.

Nos cinemas, Julie Andrews no musical *A noviça rebelde*.

MUNDO

FEVEREIRO A polícia política portuguesa mata o general oposicionista Humberto Delgado.

Metade da assistência militar dos EUA à América Latina destina-se à contrainsurreição.

MARÇO Chega ao Vietnã a primeira tropa de combate terrestre americana.

ABRIL Guevara, acompanhado por soldados cubanos, chega ao Congo.

Os EUA invadem a República Dominicana. Castello apoia, mandando tropas.

JUNHO O coronel Boumediene derruba e prende o presidente argelino Ben Bella.

AGOSTO Quebra-quebra em Watts, Los Angeles: 35 mortos, 4 mil prisões.

OUTUBRO O padre Camilo Torres adere à guerrilha colombiana.

NOVEMBRO Guevara foge do Congo.

DEZEMBRO Douglas Bravo inicia sua guerrilha na Venezuela.

CULTURA

Chico Buarque de Hollanda ganha o Festival da Record com "A banda".

Jorge Amado lança *Dona Flor e seus dois maridos*.

Caio Prado Júnior publica *A revolução brasileira*.

A Editora Abril lança a revista *Realidade*.

A Censura proíbe o romance *O casamento*, de Nelson Rodrigues.

Nos cinemas, *A grande cidade*, de Cacá Diegues, com Anecy Rocha.

Rubens Gerchman pinta *A bela Lindoneia*.

Truman Capote publica *A sangue-frio*.

Chagall termina os painéis do Lincoln Center, em Nova York.

Nos EUA, os Beatles aparecem pela última vez juntos num show.

Surge a minissaia.

MUNDO

JANEIRO Realiza-se em Havana a Conferência Tricontinental.

FEVEREIRO Morre na selva colombiana o padre-guerrilheiro Camilo Torres.

MAIO Começa em Xangai a "revolução cultural" chinesa.

Manifestação em Washington contra a Guerra do Vietnã.

JUNHO Golpe militar na Argentina. Assume o general Onganía. É o quarto governo militar na América do Sul.

JULHO Fracassam duas tentativas cubanas de implantar uma guerrilha na Venezuela.

SETEMBRO Começa a circular na China o *Livro vermelho*, do camarada Mao.

NOVEMBRO De volta à América Latina, Guevara está nas montanhas bolivianas.

O ex-ator Ronald Reagan é eleito governador da Califórnia.

1967

POLÍTICA

JANEIRO Promulgada uma nova Constituição.

MARÇO Costa e Silva toma posse.

ABRIL O Exército desbarata a guerrilha brizolista de Caparaó.

MAIO Criado o Centro de Informações do Exército, o CIE.
Marighella manda militantes para Cuba.

JUNHO Sargentos cassados fundam o que viria a ser a Vanguarda Popular Revolucionária, VPR.

JULHO Castello Branco morre.

OUTUBRO Costa e Silva: "A plenitude democrática está alcançada, resta consolidá-la".

NOVEMBRO A ALN assalta um carro pagador e mata um fazendeiro em São Paulo.

DEZEMBRO Marighella rompe formalmente com o PCB.

No ano, as denúncias de torturas são cinquenta. Um desaparecido, dois mortos em quartéis. Um deles, dado por suicida, enforcado na cela.

ECONOMIA E SOCIEDADE

Primeira operação de ponte de safena, pelo cirurgião argentino René Favaloro, nos EUA.

O médico sul-africano Christiaan Barnard faz o primeiro transplante de coração.

A Texas Instruments produz a primeira calculadora de mão.

John Kenneth Galbraith publica *O novo Estado industrial*.

FEVEREIRO Muda a moeda: um cruzeiro novo (NCr$) vale mil cruzeiros.
O dólar sai de NCr$ 2,20 para NCr$ 2,70.

MARÇO Castello passa a Costa e Silva um Plano Decenal.
Delfim Netto assume a Fazenda.

MAIO Os juros caem de 36% para 22% ao ano.

SETEMBRO O FMI faz a sua reunião anual no Rio de Janeiro.

NOVEMBRO Concedida isenção de impostos para manufaturados destinados à exportação.

O ano termina com a inflação em 25% e o crescimento do PIB em 4,2%.

CULTURA

Lançado o Movimento Tropicalista.

Inaugurado no Leblon o restaurante Antonio's.

Surge a palavra "hippie".

Gabriel García Márquez publica *Cem anos de solidão*.

Ralph Lauren lança a marca Polo.

A mulher da moda é a magra Twiggy.

Frank Sinatra e Antonio Carlos Jobim gravam juntos.

Hélio Oiticica mostra suas instalações. Uma delas homenageia o bandido Cara de Cavalo e diz: "Seja marginal, seja herói".

Nos cinemas: *A primeira noite de um homem*, com Dustin Hoffman e as pernas de Anne Bancroft, e *A bela da tarde*, de Luis Buñuel, com Catherine Deneuve.

Réveillon na casa de Heloisa Buarque de Hollanda.

MUNDO

Sai em Havana "Revolução na revolução", de Régis Debray.

ABRIL Deposto o rei Constantino da Grécia. Assume uma junta de coronéis.

Meio milhão de americanos manifestam-se contra a Guerra do Vietnã no Central Park.

JUNHO Guerra dos Seis Dias. Israel entra em Jerusalém e toma à Síria as colinas de Golan.

Começa na Nicarágua a guerrilha sandinista.

JULHO Quebra-quebra em Detroit, com 43 mortos e 1.300 prédios destruídos. É o 134º quebra-quebra do ano nos EUA.

Começa em Havana a I Conferência da Organização Latino-Americana de Solidariedade (OLAS).

OUTUBRO Manifestação contra a Guerra do Vietnã em Washington. Hippies vão ao Pentágono para fazê-lo levitar.

Guevara é assassinado na Bolívia.

DEZEMBRO Os EUA têm perto de 500 mil homens no Vietnã.

1968

POLÍTICA

JANEIRO O PC do B tem pelo menos sete militantes no Araguaia.

MARÇO A ALN explode uma bomba no consulado dos EUA em São Paulo, com um ferido grave.

Um PM mata o estudante Edson Luis de Lima Souto, no Rio. Sucedem-se protestos.

ABRIL Greve de Contagem (MG).

MAIO Greve em São Bernardo do Campo (SP).

O governador paulista Abreu Sodré é apedrejado num comício articulado com o PCB.

Greve de Osasco (SP).

JUNHO Passeata dos Cem Mil.

A VPR explode uma bomba no QG do II Exército. Mata um soldado.

JULHO Começam os atentados a teatros.

O Colina mata no Rio o major alemão Edward von Westernhagen.

Costa e Silva reúne o Conselho de Segurança. O ministro da Justiça, Gama e Silva, defende a edição de um Ato Institucional.

Nova greve em Osasco, na Cobrasma.

Depredado o teatro paulista onde se encenava *Roda-Viva*. Os atores são espancados.

AGOSTO A ALN assalta o vagão pagador da Santos-Jundiaí.

SETEMBRO Diante das notícias de torturas, o deputado Marcio Moreira Alves discursa na Câmara e pergunta: "Quando o Exército não será um valhacouto de torturadores?".

OUTUBRO Presos 920 estudantes em Ibiúna (SP), onde se realizava o Congresso da UNE.

Um comando da VPR mata em São Paulo o capitão americano Charles Chandler.

Oficiais ligados ao CIE explodem uma bomba na Editora Civilização Brasileira.

DEZEMBRO Destruído o Teatro Opinião.

12 A Câmara nega a licença para que o governo processe Marcio Moreira Alves.

13 Baixado o AI-5. A imprensa é censurada. Centenas de pessoas são presas, inclusive JK, Lacerda, Caetano Veloso e Gilberto Gil.

O ano termina com 85 denúncias de torturas. Morreram 12 manifestantes nas ruas, e o terrorismo matou seis militares e dois civis.

Deram-se pelo menos 21 assaltos a bancos.

ECONOMIA E SOCIEDADE

O Brasil tem 278 mil estudantes universitários. Em 1950 eram 53 mil. Em 1964, 142 mil.

Forma-se na Marinha brasileira um núcleo de estudo de computadores.

MARÇO Diante das dificuldades do comércio exterior americano, um dos membros do Federal Reserve Board, Sherman Maisel, defende a desvalorização do dólar.

MAIO O governo brasileiro anuncia que não abrirá mão do seu direito de fabricar artefatos nucleares.

JUNHO Aumento de 10% no imposto de renda dos americanos.

JULHO O papa Paulo VI divulga a encíclica *Humanae vitae*, em que condena o uso de anticoncepcionais.

NOVEMBRO A taxa básica dos juros americanos é colocada em 6%. A maior marca dos últimos vinte anos.

DEZEMBRO Mostrado na Universidade de Stanford o primeiro computador com teclado e mouse.

O governo decreta a contenção das despesas públicas e baixa o Ato Complementar nº 40, aumentando a sua receita em prejuízo dos estados e municípios.

O ano termina com um crescimento de 9,8% do PIB e uma expansão de 15% na indústria e nas exportações. Recorde de produção de automóveis e cimento. O maior nível de emprego já registrado. A inflação fecha em 25,5%. É o início do Milagre Brasileiro.

CULTURA

Uma grande geração de jovens:
  Chico Buarque, 24 anos;
  Roberto Carlos, 25 anos;
  Caetano Veloso, 26 anos;
  Fernando Gabeira, 27 anos;
  Pelé, 28 anos; e
  Glauber Rocha, 29 anos.

O historiador Theodore Roszak cria o termo "contracultura".

John Lennon é preso por porte de maconha.

A butique Justine, de Ipanema, lança as blusas transparentes.

Nos cinemas, 2001: *uma odisseia no espaço*, de Stanley Kubrick.

Encenada a peça *Roda-Viva*, de Chico Buarque de Hollanda, com direção de José Celso Martinez Corrêa.

Estreia na Broadway a peça *Hair*.

Surge a revista *Veja*.

Caetano Veloso canta "Soy loco por ti, América". É vaiado no Festival da Canção ao apresentar "É proibido proibir". Sua resposta: "Vocês estão querendo policiar a música brasileira".

Inaugurado em São Paulo o novo prédio do MASP, projetado por Lina Bo Bardi.

Geraldo Vandré levanta o Maracanãzinho com "Caminhando":

*Somos todos iguais, braços dados ou não,
Os amores na mente, as flores no chão,
A certeza na frente, a história na mão,
Caminhando e cantando e seguindo a canção,
Aprendendo e ensinando uma nova canção.
Vem, vamos embora, que esperar não é saber.
Quem sabe faz a hora, não espera acontecer.*

MUNDO

JANEIRO O vietcongue lança a ofensiva do Tet. Ataca a embaixada americana em Saigon e a base de Da Nang, e toma a cidade de Hue. É repelido, mas muda a posição da opinião pública americana.
  Alexander Dubcek torna-se secretário do PC da Checoslováquia. É a Primavera de Praga.

MARÇO Manifestações de estudantes em Roma, Milão, Londres, Madri, Varsóvia e Nanterre.
  Diante das manifestações contra sua política no Vietnã, o presidente Johnson anuncia que não concorrerá à reeleição.

ABRIL Assassinado Martin Luther King Jr.
  Quebra-quebra em Chicago. O prefeito Richard Daley ordena à polícia:"Disparem para matar os atiradores e para aleijar os saqueadores".
  Ocupada a reitoria da Universidade de Columbia, em Nova York.

MAIO Ocupada a Sorbonne. Choques de rua em Paris, com 365 feridos. De Gaulle deixa Paris, vai para Baden-Baden e assegura a lealdade das tropas estacionadas na Alemanha. Um milhão de gaullistas desfilam em Paris.

JUNHO Assassinado Robert Kennedy.
  De Gaulle ganha a eleição francesa, e sua base parlamentar passa de 38% para 46%.

JULHO Primeiro sequestro de avião, num voo da El Al de Roma para Tel Aviv.

AGOSTO A União Soviética invade a Checoslováquia, derruba o governo, prende Dubcek.
  A guerrilha guatemalteca mata o embaixador americano John Gordon Mein.

SETEMBRO O ditador português António de Oliveira Salazar sofre um derrame e fica incapacitado. Mandava desde 1926.

OUTUBRO O exército e a polícia mexicana atiram contra manifestantes na praça de Tlatelolco. Oficialmente, mataram 32 pessoas.
  Golpe militar no Peru. Assume o general Velasco Alvarado.
  Jacqueline Kennedy casa-se com o armador grego Aristóteles Onassis.

NOVEMBRO Richard Nixon é eleito presidente dos EUA.

Fontes e bibliografia citadas

1 Obras de referência

ABREU, Alzira Alves de; BELOCH, Israel; LATTMAN-WELTMAN, Fernando; LAMARÃO, Sérgio Tadeu de Niemeyer (coords.). *Dicionário histórico-biográfico brasileiro pós-1930*. Vols. 1 a 5. 2ª ed. rev. e atualizada. Rio de Janeiro: Editora FGV/CPDoc, 2001.

Almanaque do pessoal militar do Exército — Oficiais. Rio de Janeiro: Ministério do Exército, Departamento Geral de Pessoal, Diretoria de Cadastro e Avaliação, 1964; 1965.

BONAVIDES, Paulo; AMARAL, Roberto. *Textos políticos da história do Brasil*. Brasília: Senado Federal/Subsecretaria de Edições Técnicas, 1996. 9 vols.

Grandes momentos do Parlamento brasileiro. Brasília: Presidência do Senado Federal/Secretaria de Comunicação Federal, 1999. Vol. 2 e CD-4.

2 Fontes primárias

ARQUIVOS, BIBLIOTECAS
Arquivo do Autor
Arquivo Privado de Golbery do Couto e Silva/Heitor Ferreira
Arquivo Privado de Humberto de Alencar Castello Branco
Biblioteca John F. Kennedy
Biblioteca Lyndon B. Johnson
Departamento de Estado dos Estados Unidos da América

INFORMANTES
Alfredo Malan
Almino Affonso
Aloisio Teixeira
Americo Mourão
Antonio Carlos Magalhães
Antonio Carlos Muricy
Antonio Delfim Netto
Antonio Gallotti
Ariston Lucena
Armando Daudt d'Oliveira
Armênio Guedes
Avelino Capitani
Carlos Alberto Brilhante Ustra
Carlos Heitor Cony
Carlos Medeiros Silva
Cid de Queiroz Benjamin
Darcy Ribeiro
Délio Jardim de Mattos
Edmundo Moniz
Eduardo Chuahy
Ênio Silveira
Ernani Ferreira Lopes
Ernesto Geisel
Fernando César Mesquita
Givaldo Siqueira
Golbery do Couto e Silva

Gustavo Moraes Rego
Heitor Ferreira
Heitor Lopes de Souza
Hélio de Anísio
Herbert Okun
Idyno Sardenberg Filho
João Guilherme Vargas Neto
João Ribeiro Dantas
José Luís de Magalhães Lins
José Serra
Julio de Mesquita Neto
Kai Bird
Kardec Lemme
Kurt Pessek
Leonidas Pires Gonçalves
Liana Aureliano
Lincoln Gordon
Luiz Felipe de Alencastro
Luiz Helvecio da Silveira Leite
Luiz Mário Gazzaneo
Marco Antônio Coelho
Marco Aurélio Garcia
Maurício Paiva
M. F. do Nascimento Brito
Newton Cruz
Newton Rodrigues
Osvaldo Peralva
Paulo Castello Branco
Pio Corrêa
Roberto de Abreu Sodré
Rubens Resstel
Salomão Malina
Sérgio Cavallari
Sérgio Miranda de Carvalho
Severino Teodoro de Mello
Violeta Arraes
Wanderley Guilherme dos Santos
Washington Novaes

PERIÓDICOS

DIÁRIOS
Correio da Manhã
Diário de Notícias
Diário do Congresso Nacional
Folha de S.Paulo
Jornal da Tarde
Jornal do Brasil
Jornal do Commercio
O Estado de S. Paulo
O Globo
O Jornal
The New York Times

SEMANAIS
IstoÉ
Manchete
Novos Rumos
O Pasquim
Veja

OUTROS
Caros Amigos
Coojornal
Em Tempo
Revista Civilização Brasileira

SÉRIES DOCUMENTAIS, DOSSIÊS

ALBERT, Judith Clavir; ALBERT, Stewart Edward. *The Sixties papers — Documents of a rebellious decade*. Nova York: Praeger, 1984.

AUGUSTO, Agnaldo Del Nero; MACIEL, Licio; NASCIMENTO, José Conegundes do (orgs.). *Orvil: tentativas de tomada do poder*. São Paulo: Schoba, 2012.

A Revolução de 31 de março — 2º aniversário — Colaboração do Exército. Rio de Janeiro: Biblioteca do Exército Editora, 1966.

BARRETO, José Tinoco. *Sentença prolatada no Processo das Cadernetas de Luís Carlos Prestes*. São Paulo: s. ed., 1967.

Brasil: nunca mais — Um relato para a história. Petrópolis: Vozes, 1985.

COSTA E SILVA, Arthur da. *Pronunciamentos do presidente*. Presidência da República/

Secretaria de Imprensa e Divulgação, s. d. 2 vols.

Documentos históricos do Estado-Maior do Exército. Brasília: EME, 1996.

Dossiê dos mortos e desaparecidos políticos a partir de 1964. Preparado pela Comissão de Familiares de Mortos e Desaparecidos Políticos, Instituto de Estudo da Violência do Estado (IEVE). Recife: Grupo Tortura Nunca Mais/Companhia Editora de Pernambuco/Governo do Estado de Pernambuco, 1995.

La subversión. Las Fuerzas Armadas al Pueblo Oriental. Tomo I: República Oriental del Uruguay. 5ª ed. Montevidéu: Junta de Comandantes en Jefe, ago. 1977.

MIRANDA, Nilmário; TIBÚRCIO, Carlos. Dos filhos deste solo — Mortos e desaparecidos políticos durante a ditadura militar: a responsabilidade do Estado. São Paulo: Editora Fundação Perseu Abramo/Boitempo Editorial, 1999.

NAFTALI, Timothy (ed.). The presidential recordings — John F. Kennedy — The Great Crises. Vol. 1: July 30-August 1962. Coord. Philip Zelikow e Ernest May. Nova York/Londres: W. W. Norton & Company, 2001. 3 vols.

O livro negro da USP — O controle ideológico na universidade. 2ª ed. São Paulo: Adusp, 1979.

Projeto Brasil: nunca mais. Tomo I: O regime militar. Tomo II, vol. 1: A pesquisa BNM; vol. 2: Os atingidos; vol. 3: Os funcionários. Tomo III: Perfil dos atingidos. Tomo IV: As leis repressivas. Tomo V, vol. 1: A tortura; vol. 2: As torturas; vol. 3: As torturas; vol. 4: Os mortos. Tomo VI, vol. 1: Índice dos anexos; vol. 2: Inventário dos anexos. São Paulo: Arquidiocese de São Paulo, 1985. 6 tomos.

REIS FILHO, Daniel Aarão; SÁ, Jair Ferreira de (orgs.). Imagens da revolução — Documentos políticos das organizações clandestinas de esquerda dos anos 1961-1971. Rio de Janeiro: Marco Zero, 1985.

DEPOIMENTOS, ENTREVISTAS, DIÁRIOS, MEMÓRIAS

ABREU, Hugo. O outro lado do poder. 4ª ed. Rio de Janeiro: Nova Fronteira, 1979.

———. Tempo de crise. Rio de Janeiro: Nova Fronteira, 1980.

AGEE, Philip. Inside the Company — CIA diary. Londres: Penguin Books, 1975.

AMADO, Gilberto. Presença na política. Rio de Janeiro: José Olympio, 1958.

ANDRADE, Auro Moura. Um Congresso contra o arbítrio — Diários e memórias 1961-1967. Rio de Janeiro: Nova Fronteira, 1985.

BETINHO (Herbert José de Souza). No fio da navalha. Rio de Janeiro: Revan, 1996.

BORGES, Mauro. O golpe em Goiás — História de uma grande traição. Rio de Janeiro: Civilização Brasileira, 1965.

CALDAS, Breno. Meio século de Correio do Povo — Glória e agonia de um grande jornal. Depoimento a José Antonio Pinheiro Machado. Porto Alegre: L&PM, 1987.

CAMARGO, Aspásia, et alii. Artes da política — Diálogo com Amaral Peixoto. Rio de Janeiro: Nova Fronteira/CPDOC/FGV-UFF, 1986.

———; GÓES, Walder de. Meio século de combate — Diálogo com Cordeiro de Farias. Rio de Janeiro: Nova Fronteira, 1981.

CAMPOS, Roberto. A lanterna na popa — Memórias. Rio de Janeiro: Topbooks, 1994.

CAPITANI, Avelino Bioen. A rebelião dos marinheiros. Porto Alegre: Artes e Ofícios, 1997.

CASO, Antonio. *A esquerda armada no Brasil — 1967/71*. Lisboa: Moraes Editores, 1976.

CAVALCANTI, Paulo. *O caso eu conto, como o caso foi — Da Coluna Prestes à queda de Arraes*. São Paulo: Alfa-Omega, 1978.

COELHO, Marco Antônio Tavares. *Herança de um sonho — As memórias de um comunista*. Rio de Janeiro: Record, 2000.

CONCEIÇÃO, Manuel da. *Essa terra é nossa — Depoimento sobre a vida e as lutas de camponeses no estado do Maranhão*. Entrevista ed. Ana Maria Galano. Petrópolis: Vozes, 1980.

CORRÊA, Manoel Pio. *O mundo em que vivi*. Rio de Janeiro: Expressão e Cultura, 1995.

DANIEL, Herbert. *Passagem para o próximo sonho — Um possível romance autocrítico*. Rio de Janeiro: Codecri, 1982.

D'ARAUJO, Maria Celina; SOARES, Gláucio Ary Dillon; CASTRO, Celso (orgs.). *Os anos de chumbo — A memória militar sobre a repressão*. Rio de Janeiro: Relume-Dumará, 1994.

————; SOARES, Gláucio Ary Dillon; CASTRO, Celso (orgs.). *Visões do golpe — A memória militar sobre 1964*. Rio de Janeiro: Relume-Dumará, 1994.

————; SOARES, Gláucio Ary Dillon; CASTRO, Celso (orgs.). *A volta aos quartéis — A memória militar sobre a abertura*. Rio de Janeiro: Relume-Dumará, 1995.

————; CASTRO, Celso (orgs.). *Ernesto Geisel*. Rio de Janeiro: Editora FGV, 1997.

————; CASTRO, Celso (orgs.). *Militares e política na Nova República*. Rio de Janeiro: Editora FGV, 2001.

DE GAULLE, Charles. *Mémoires d'espoir*. Tomo I: *Le Renouveau 1958-1962*. Paris: Plon, 1970. 3 tomos.

DENYS, Odylio. *Ciclo revolucionário brasileiro — Memórias*. Rio de Janeiro: Nova Fronteira, 1980.

DINES, Alberto; FERNANDES JR., Florestan; SALOMÃO, Nelma (orgs.). *Histórias do poder — 100 anos de política no Brasil*. São Paulo: Editora 34, 2000. 3 vols.

DIRCEU, José; PALMEIRA, Vladimir. *Abaixo a ditadura — O movimento de 68 contado por seus líderes*. Rio de Janeiro: Espaço e Tempo/Garamond, 1998.

ERNANNY, Drault. *Meninos, eu vi... e agora posso contar*. Rio de Janeiro: Record, 1988.

FALCÃO, Armando. *Tudo a declarar*. Rio de Janeiro: Nova Fronteira, 1989.

FERREIRA, Paulo Cesar. *Pilares via satélite — Da Rádio Nacional à Rede Globo*. Rio de Janeiro: Rocco, 1998.

FIGUEIREDO, M. Poppe de. *A Revolução de 1964 — Um depoimento para a história pátria*. Rio de Janeiro: APEC Editora, 1970.

FLÔRES, Jorge Oscar de Mello. *Na periferia da história — Jorge Oscar de Mello Flôres — Depoimento prestado ao CPDoc*. Org. Maria Celina d'Araujo, Ignez Cordeiro de Farias e Lucia Hippolito. Rio de Janeiro: Editora FGV/Sul America Seguros, 1998.

FRAGOSO, Heleno Cláudio. *Advocacia da liberdade — A defesa nos processos políticos*. Rio de Janeiro: Forense, 1984.

FREI BETTO. *Batismo de sangue — A luta clandestina contra a ditadura militar — Dossiês Carlos Marighella e Frei Tito*. 11ª ed. rev. e ampliada. São Paulo: Editora Casa Amarela, 2000.

FREIRE, Alipio; ALMADA, Izaías; PONCE, J. A. de Granville (orgs.). *Tiradentes, um presídio da ditadura — Memórias de presos políticos*. São Paulo: Scipione Cultural, 1997.

FROTA, Sylvio. *Ideais traídos*. Rio de Janeiro: Zahar, 2006.

FURTADO, Celso. *Obra autobiográfica de Celso Furtado. Tomo II: Aventuras de um economista brasileiro/A fantasia desfeita*. Ed. Rosa Freire d'Aguiar. Rio de Janeiro: Paz e Terra, 1997. 3 tomos.

GABEIRA, Fernando. *O que é isso, companheiro? — Depoimento*. 10ª ed. Rio de Janeiro: Codecri, 1979.

GOUTHIER, Hugo. *Presença — Memórias*. 2ª ed. Rio de Janeiro: Record, 1982.

GUEDES, Carlos Luiz. *Tinha que ser Minas*. Rio de Janeiro: Nova Fronteira, 1979.

GUEVARA, Ernesto "Che". *Oeuvres*. Vol. 4: *Journal de Bolivie*. Paris: François Maspero, 1968. 4 vols.

JUREMA, Abelardo. *Sexta-feira, 13 — Os últimos dias do governo João Goulart*. Rio de Janeiro: Edições O Cruzeiro, 1964.

KRIEGER, Daniel. *Desde as Missões... Saudades, lutas, esperanças*. Rio de Janeiro: José Olympio, 1976.

KUBITSCHEK, Juscelino. *Por que construí Brasília*. Brasília: Senado Federal/Conselho Editorial, 2000.

LACERDA, Carlos. *Depoimento*. Org. Cláudio Lacerda Paiva. 2ª ed. Rio de Janeiro: Nova Fronteira, 1978.

MARIGHELLA, Carlos. *Manual do guerrilheiro urbano e outros textos*. Org. Adérito Lopes. 2ª ed. Lisboa: Assírio & Alvim, s. d.

———. *Escritos de Carlos Marighella*. São Paulo: Livramento, 1979.

———. *Poemas — Rondó da liberdade*. São Paulo: Brasiliense, 1994.

MELLO, Jayme Portella de. *A Revolução e o governo Costa e Silva*. Rio de Janeiro: Guavira Editores, 1979.

MONTELLO, Josué. *Diário do entardecer — 1967-1977*. Rio de Janeiro: Nova Fronteira, 1991.

MORAES, Dênis de. *A esquerda e o golpe de 64 — Vinte e cinco anos depois, as forças populares repensam seus mitos, sonhos e ilusões*. Rio de Janeiro: Espaço e Tempo, 1989.

MOREIRA, Marcílio Marques. *Diplomacia, política e finanças — De JK a Collor. 40 anos de história por um de seus protagonistas*. Org. Dora Rocha e Alexandra de Mello e Silva. Rio de Janeiro: Objetiva, 2001.

MOURÃO FILHO, Olympio. *Memórias — A verdade de um revolucionário*. 5ª ed. Porto Alegre: L&PM, 1978.

PAIVA, Maurício. *O sonho exilado*. Rio de Janeiro: Achiamé, 1986.

PERRONE, Fernando. *68 — Relato de guerras: Praga, São Paulo, Paris*. São Paulo: Busca Vida, 1988.

PINHEIRO NETO, João. *Jango — Um depoimento pessoal*. 2ª ed. Rio de Janeiro: Record, 1993.

PRESTES, Maria. *Meu companheiro — 40 anos ao lado de Luiz Carlos Prestes*. Rio de Janeiro: Rocco, 1992.

RIBEIRO, Darcy. *Confissões*. São Paulo: Companhia das Letras, 1997.

Rolando, Pombo e Braulio — *Compañeros del Che. Diarios de Bolivia*. Caracas: Ediciones Bárbara, 1970.

RYFF, Raul. *O fazendeiro Jango no governo*. Rio de Janeiro: Avenir, 1979.

SANTOS, Paulo de Tarso. *64 e outros anos — Depoimentos a Oswaldo Coimbra*. São Paulo: Cortez, 1984.

SILVA, Ernani Ayrosa da. *Memórias de um soldado*. Rio de Janeiro: Biblioteca do Exército Editora, 1985.

SILVA, José Wilson da. *O tenente vermelho*. Porto Alegre: Tchê!, 1987.

SIMAS, Mario. *Gritos de justiça — Brasil 1963-1979*. São Paulo: FTD, 1986.

SIRKIS, Alfredo. *Os carbonários — Memórias da guerrilha perdida*. 14ª ed. Rio de Janeiro: Record, 1998.

SODRÉ, Roberto de Abreu. *No espelho do tempo — Meio século de política*. São Paulo: Best Seller/Círculo do Livro, 1995.

SOUZA, Percival de. *Eu, Cabo Anselmo — Depoimento a Percival de Souza*. São Paulo: Globo, 1999.

TALARICO, José Gomes. *José Talarico — Depoimento ao CPDoc*. Coord. Américo Freire. Rio de Janeiro: Assembleia Legislativa do Estado do Rio de Janeiro/Fundação Getulio Vargas/Núcleo de Memória Política Carioca e Fluminense, 1998.

TAVARES, Aurelio de Lyra. *Textos escritos por dever do ofício*. Rio de Janeiro: S. Ge. Ex./Imprensa do Exército, 1969.

——. *O Brasil de minha geração — Mais dois decênios de lutas — 1956/1976*. Rio de Janeiro: Biblioteca do Exército Editora, 1976; 1977. 2 vols.

TAVARES, Flávio. *Memórias do esquecimento*. São Paulo: Globo, 1999.

USTRA, Carlos Alberto Brilhante. *Rompendo o silêncio — OBAN-DOI/CODI/29 SET. 70-23 JAN. 74*. Brasília: Editerra Editorial, 1987.

VARGAS, Índio. *Guerra é guerra, dizia o torturador*. 4ª ed. Porto Alegre: Tchê!, 1985.

VELOSO, Caetano. *Verdade tropical*. São Paulo: Companhia das Letras, 1997.

WALTERS, Vernon A. *Silent missions*. Nova York: Doubleday & Company, Inc., 1978.

3 Fontes secundárias

BRASIL

ABREU, Alzira Alves de. *Intelectuais e guerreiros — O colégio de Aplicação da UFRJ de 1948 a 1968*. Rio de Janeiro: Editora UFRJ, 1992.

ALVES, Marcio Moreira. *Torturas e torturados*. Rio de Janeiro: Idade Nova, 1966.

AMADO, Jorge. *Os subterrâneos da liberdade*. São Paulo: Martins, s. d. 3 vols.

AMARAL, Ricardo Batista. *A vida quer é coragem — A trajetória de Dilma Rousseff, a primeira presidenta do Brasil*. Rio de Janeiro: Sextante, 2011.

ANDRADE, Jeferson de; SILVEIRA, Joel. *Um jornal assassinado — A última batalha do Correio da Manhã*. Rio de Janeiro: José Olympio, 1991.

ARAÚJO NETTO. "A paisagem". In DINES, Alberto, et alii. *Os idos de março e a queda em abril*. 2ª ed. Rio de Janeiro: José Alvaro, Editor, 1964.

ARGOLO, José Amaral, et alii. *A direita explosiva no Brasil*. Rio de Janeiro: Mauad, 1996.

AUGUSTO, Agnaldo Del Nero. *A grande mentira*. Rio de Janeiro: Biblioteca do Exército Editora, 2001.

Autos de devassa da Inconfidência Mineira. Brasília/Belo Horizonte: Câmara dos Deputados/Governo do Estado de Minas Gerais, 1978.

BANDEIRA, Luiz Alberto Moniz. *O governo João Goulart — As lutas sociais no Brasil:*

1961-1964. 7ª ed. rev. e ampliada. Rio de Janeiro/Brasília: Revan/Editora UnB, 2001.

BARCELLOS, Jalusa. *CPC da UNE — Uma história de paixão e consciência*. Rio de Janeiro: IBAC/MinC/Nova Fronteira, 1994.

BENEVIDES, Maria Victoria de Mesquita. *A UDN e o udenismo — Ambiguidades do liberalismo brasileiro (1945-1965)*. Rio de Janeiro: Paz e Terra, 1981.

CALLIARI, Ivo. D. *Jaime Câmara — Diário do IV cardeal arcebispo do Rio de Janeiro*. Rio de Janeiro: Léo Christiano Editorial, 1996.

CAMPANHOLE, Adriano; CAMPANHOLE, Hilton Lobo. 3ª ed. *Todas as Constituições do Brasil*. São Paulo: Atlas, 1978.

CAMPOS FILHO, Romualdo Pessoa. *Guerrilha do Araguaia — A esquerda em armas*. Goiânia: Editora da Universidade Federal de Goiás, 1997.

CANÇADO, José Maria. *Os sapatos de Orfeu — Biografia de Carlos Drummond de Andrade*. São Paulo: Scritta, 1993.

CANTARINO, Geraldo. *1964 — A revolução para inglês ver*. Rio de Janeiro: Mauad, 1999.

CARDOSO, Irene. "Maria Antonia — O edifício de nº 294". In MARTINS FILHO, João Roberto (org.). *1968 faz 30 anos*. Campinas/São Paulo/São Carlos: Mercado de Letras/Fapesp/Editora da UFSCAR, 1998.

CARNEIRO, Glauco. *História das revoluções brasileiras — Com uma análise do Brasil de 1964-1968*. 2ª ed. Rio de Janeiro: Record, 1989.

CARVALHO, Ferdinando de. *Lembrai-vos de 35!*. Rio de Janeiro: Biblioteca do Exército Editora, 1981.

CARVALHO, Luiz Maklouf. *Mulheres que foram à luta armada*. São Paulo: Globo, 1998.

CASTELLO, José. *Vinicius de Moraes, o poeta da paixão*. São Paulo: Companhia das Letras, 1994.

CASTRO, Ruy. *Chega de saudade — A história e as histórias da bossa nova*. São Paulo: Companhia das Letras, 1990.

CAVA, Ralph della (org.). *A Igreja em flagrante — Catolicismo e sociedade na imprensa brasileira, 1964-1980*. Cadernos do Instituto de Estudos da Religião, ISER, 17. Ed. espec. Rio de Janeiro: ISER/Marco Zero, 1985.

CHAGAS, Carlos. *A guerra das estrelas (1964/1984) — Os bastidores das sucessões presidenciais*. Porto Alegre: L&PM, 1985.

——. *O Brasil sem retoque — 1808-1964: a história contada por jornais e revistas*. Rio de Janeiro: Record, 2001. 2 vols.

COES, Donald V. *Macroeconomic crises, policies, and growth in Brazil — 1964-90*. Washington: The World Bank, 1995.

CONY, Carlos Heitor. *O ato e o fato — Crônicas políticas*. Rio de Janeiro: Civilização Brasileira, 1979.

CORRÊA, Marcos Sá. *1964 visto e comentado pela Casa Branca*. Porto Alegre: L&PM, 1977.

COUTO, Adolpho João de Paula. *Revolução de 1964 — A versão e o fato*. Porto Alegre: Gente do Livro, 1999.

COUTO, Ari Marcelo Macedo. *A greve na Cobrasma — Uma história de luta e resistência*. Annablume: São Paulo, 2003.

D'AGUIAR, Hernani. *A Revolução por dentro*. Rio de Janeiro: Artenova, 1976.

——. *Estórias de um presidente*. Rio de Janeiro: Razão Cultural, 1999.

——. *Ato 5 — A verdade tem duas faces*. Rio de Janeiro: Razão Cultural, 1999.

DECKES, Flavio. *Radiografia do terrorismo no Brasil — 66/80*. São Paulo: Ícone, 1985.

DIMAS FILHO, Nelson. *Costa e Silva — O homem e o líder*. Rio de Janeiro: Edições O Cruzeiro, 1966.

DINES, Alberto, et alii. *Os idos de março e a queda em abril*. 2ª ed. Rio de Janeiro: José Alvaro, Editor, 1964.

DUARTE, Eurilo. "32 mais 32, igual a 64". In DINES, Alberto, et alii. *Os idos de março e a queda em abril*. 2ª ed. Rio de Janeiro: José Alvaro, Editor, 1964.

DULLES, John W. F. *Castello Branco — O caminho para a Presidência*. Rio de Janeiro: José Olympio, 1979.

——. *Castello Branco, o presidente reformador*. Brasília: Editora UnB, 1983.

——. *Carlos Lacerda — A vida de um lutador*. Vol. 2: *1960-1977*. Rio de Janeiro: Nova Fronteira, 2000. 2 vols.

ERICKSON, Kenneth Paul. *Sindicalismo no processo político no Brasil*. São Paulo: Brasiliense, 1979.

FALCÃO, Armando. *Geisel — Do tenente ao presidente*. Rio de Janeiro: Nova Fronteira, 1995.

FÁVERO, Maria de Lourdes de A. *UNE em tempos de autoritarismo*. Rio de Janeiro: Editora UFRJ, 1995.

——. (coord.). *Faculdade Nacional de Filosofia*. Vol. 2: *O corpo docente — Matizes de uma proposta autoritária*. Vol. 5: *Depoimentos*. Rio de Janeiro: Editora UFRJ, 1992. 5 vols.

FICO, Carlos. *O Grande Irmão — Da Operação Brother Sam aos anos de chumbo*. Anexo I. Civilização Brasileira: Rio de Janeiro, 2008.

FIGUEIREDO, Wilson. "A margem esquerda". In DINES, Alberto, et alii. *Os idos de março e a queda em abril*. 2ª ed. Rio de Janeiro: José Alvaro, Editor, 1964.

FREDERICO, Celso (org.). *A esquerda e o movimento operário — 1964-1984*. Vol. 1: *A resistência à ditadura*. São Paulo: Novos Rumos, 1987.

FREYRE, Gilberto. "Forças Armadas e outras forças". In *A Revolução de 31 de março — 2º aniversário — Colaboração do Exército*. Rio de Janeiro: Biblioteca do Exército Editora, 1966.

FRÓES, Hemílcio. *Véspera do primeiro de abril ou Nacionalistas entreguistas*. Rio de Janeiro: Imago, 1993.

GEISEL, Ernesto. *Discursos*. Vol. 1: *1974*. Brasília: Assessoria de Imprensa e Relações Públicas da Presidência da República, 1975.

GÓES, Walder de. *O Brasil do general Geisel*. Rio de Janeiro: Nova Fronteira, 1978.

GOMES, Pedro. "Minas — Do diálogo ao 'front'". In DINES, Alberto, et alii. *Os idos de março e a queda em abril*. 2ª ed. Rio de Janeiro: José Alvaro, Editor, 1964.

GORDON, Lincoln. *Brazil's second chance — En route toward the First World*. Nova York: A Century Foundation Book, 2001.

GORENDER, Jacob. *Combate nas trevas*. 5ª ed. rev., ampliada e atualizada. São Paulo: Ática, 1998.

GUTEMBERG, Luiz. *Moisés, codinome Ulysses Guimarães — Uma biografia*. São Paulo: Companhia das Letras, 1994.

HILTON, Stanley E. *Brazil and the Soviet challenge — 1917-1947*. Austin: University of Texas Press, 1991.

JOSÉ, Emiliano. *Carlos Marighella, o inimigo número um da ditadura militar*. São Paulo: Sol e Chuva, 1997.

———; MIRANDA, Oldack. *Lamarca, o capitão da guerrilha*. São Paulo: Global, 1980.

KENNEDY, Caroline; BESCHLOSS, Michael. *Jacqueline Kennedy: historic conversations on life with John F. Kennedy*. Estados Unidos: Hyperion, 2011.

KLEIN, Lúcia; FIGUEIREDO, Marcus F. *Legitimidade e coação no Brasil pós-64*. Rio de Janeiro: Forense-Universitária, 1978.

KUPERMAN, Esther. "A guerrilha de Caparaó (1966-1967) — Um ensaio de resistência". Dissertação de mestrado apresentada ao Departamento de História do Instituto de Filosofia e Ciências Sociais da Universidade Federal do Rio de Janeiro, 1992 (mimeo.).

LANGGUTH, A. J. *A face oculta do terror*. Rio de Janeiro: Civilização Brasileira, 1978.

LAQUE, João Roberto. *Pedro e os Lobos — Os anos de chumbo na trajetória de um guerrilheiro urbano*. São Paulo: Ava Editorial, 2010.

LAVAREDA, Antônio. *A democracia nas urnas — O processo partidário-eleitoral brasileiro, 1945-1964*. 2ª ed. rev. Rio de Janeiro: Iuperj/Ucam/Revan, 1999.

LEITE, Mauro Renault; NOVELLI JR., Luiz Gonzaga (orgs.). *Marechal Eurico Gaspar Dutra — O dever da verdade*. Rio de Janeiro: Nova Fronteira, 1983.

LIMA, Samarone. *Zé — José Carlos Novais da Mata Machado, uma reportagem*. Belo Horizonte: Mazza, 1998.

MAGALHÃES, Mauro. *Carlos Lacerda, o sonhador pragmático*. Rio de Janeiro: Civilização Brasileira, 1993.

MAGALHÃES, Mário. *Marighella — O guerrilheiro que incendiou o mundo*. São Paulo: Companhia das Letras, 2012.

MANFREDINI, Luiz. *As moças de Minas — Uma história dos anos 60*. São Paulo: Alfa-Omega, 1989.

MARTINS FILHO, João Roberto (org.). *1968 faz 30 anos*. Campinas/São Paulo/São Carlos: Mercado de Letras/Fapesp/ Editora da UFSCAR, 1998.

MCDONOUGH, Peter. *Power and ideology in Brazil*. New Jersey: Princeton University Press, 1981.

MELO, J. C. *A incrível política nacional de informática*. Rio de Janeiro: Edição do Autor, 1982.

MIR, Luís. *A revolução impossível — A esquerda e a luta armada no Brasil*. São Paulo: Best Seller/Círculo do Livro, 1994.

MORAES NETO, Geneton. *Dossiê Brasil — As histórias por trás da história recente do país*. Rio de Janeiro: Objetiva, 1997.

———; SILVEIRA, Joel. *Nitroglicerina pura*. Rio de Janeiro: Record, 1992.

MOSTAÇO, Edelcio. *Teatro e política — Arena, Oficina e Opinião*. São Paulo: Proposta Editorial/Secretaria de Estado da Cultura de São Paulo, 1982.

OLIVEIRA, José Carlos. *Diário da patetocracia — Crônicas brasileiras, 1968*. Rio de Janeiro: Graphia, 1995.

PATARRA, Judith Lieblich. *Iara — Reportagem biográfica*. Rio de Janeiro: Rosa dos Tempos, 1992.

PAYNE, Leigh A. *Brazilian industrialists and democratic change*. Baltimore/Londres: The Johns Hopkins University Press, 1994.

PECHMAN, Clarice. *O dólar paralelo no Brasil*. Rio de Janeiro: Paz e Terra, 1984.

PINHEIRO, Luiz Adolfo. *A República dos golpes — De Jânio a Sarney*. São Paulo: Best Seller/Círculo do Livro, 1993.

PINTO, Almir Pazzianotto. "Sindicatos, corporativismo e política". In SOARES, Gláucio Ary Dillon; D'ARAUJO, Maria Celina (orgs.). *Hilton — Balanços e perspectivas*. Rio de Janeiro: Editora FGV, 1994.

PINTO, Bilac. *Guerra revolucionária*. Rio de Janeiro: Forense, 1964.

POERNER, Artur José. *O poder jovem — História da participação política dos estudantes brasileiros*. 2ª ed. rev., ilustrada e ampliada. Rio de Janeiro: Civilização Brasileira, 1979.

PONTE PRETA, Stanislaw (Sérgio Porto). *Febeapá — O festival de besteira que assola o país*. Rio de Janeiro: Editora do Autor, 1966.

RAMALHO, José Ricardo; SANTANA, Marco Aurélio (orgs.). *Trabalho e tradição sindical no Rio de Janeiro — A trajetória dos metalúrgicos*. Rio de Janeiro: Governo do Estado do Rio de Janeiro/DP&A/Faperj, 2001.

RAMOS, Graciliano. *Memórias do cárcere*. 25ª ed. Rio de Janeiro: Record, 1992. 2 vols.

RANGEL, Flávio; FERNANDES, Millôr. *Liberdade, liberdade*. Porto Alegre: L&PM, 1987.

REBELLO, Gilson. *A guerrilha de Caparaó*. São Paulo: Alfa-Omega, 1980.

REIS FILHO, Daniel Aarão. "As organizações comunistas e a luta de classes — 1961-68". Tese de doutorado apresentada ao Departamento de História da Universidade de São Paulo, 1987. 4 vols. Manuscrito.

——————. *A revolução faltou ao encontro — Os comunistas no Brasil*. São Paulo: Brasiliense/ Programa Nacional do Centenário da República e Bicentenário da Inconfidência Mineira/MCT/CNPq, 1990.

——————; MORAES, Pedro de. *1968 — A paixão de uma utopia*. 2ª ed. rev. e atualizada. Rio de Janeiro: Editora FGV, 1988.

RIDENTI, Marcelo. *O fantasma da revolução brasileira*. São Paulo: Editora da Unesp/Fapesp, 1994.

——————. *Em busca do povo brasileiro — Artistas da revolução, do CPC à era da TV*. Rio de Janeiro: Record, 2000.

ROLLEMBERG, Denise. *O apoio de Cuba à luta armada no Brasil — O treinamento guerrilheiro*. Rio de Janeiro: Mauad, 2001.

ROSE, R. S. *Uma das coisas esquecidas — Getúlio Vargas e controle social no Brasil 1930-1954*. São Paulo: Companhia das Letras, 2001.

SALMERON, Roberto A. *A universidade interrompida — Brasília 1964-1965*. Brasília: Editora UnB, 1999.

SANTOS, Maria Cecília Loschiavo dos (org.). *Maria Antonia: uma rua na contramão*. São Paulo: Nobel, 1988.

SANTOS, Wanderley Guilherme dos. *Sessenta e quatro — Anatomia da crise*. São Paulo: Vértice, 1986.

SCHWARZ, Roberto. *O pai de família e outros estudos*. Rio de Janeiro: Paz e Terra, 1978.

SILVA, Golbery do Couto e. *Planejamento estratégico*. 2ª ed. Brasília: Editora UnB, 1981.

SILVA, Hélio. *1964 — Golpe ou contragolpe?*. Colaboração de Maria Cecília Ribas Carneiro. Rio de Janeiro: Civilização Brasileira, 1975.

——————. *O poder militar*. Colaboração de Maria Cecília Ribas Carneiro. Porto Alegre: L&PM, 1984.

——————. *A vez e a voz dos vencidos*. Petrópolis: Vozes, 1988.

SIMÕES, Inimá. *Roteiro da intolerância — A censura cinematográfica no Brasil*. São Paulo: Senac/Terceiro Nome, 1999.

SOARES, Gláucio Ary Dillon; D'ARAUJO, Maria Celina (orgs.). 21 anos de regime militar — Balanços e perspectivas. Rio de Janeiro: Editora FGV, 1994.

SOUZA, Claudio Mello e. "O vizinho do presidente". In Dines, Alberto, et alii. Os idos de março e a queda em abril. 2ª ed. Rio de Janeiro: José Alvaro, Editor, 1964.

SOUZA, Luiz Alberto Gómez de. A JUC — Os estudantes católicos e a política. Petrópolis: Vozes, 1984.

SOUZA, Percival de. Autópsia do medo — Vida e morte do delegado Sérgio Paranhos Fleury. São Paulo: Globo, 2000.

STACCHINI, José. Março 64 — Mobilização da audácia. São Paulo: Companhia Editora Nacional, 1965.

STARLING, Heloísa Maria Murgel. Os senhores das gerais — Os novos inconfidentes e o golpe militar de 1964. Petrópolis: Vozes, 1986.

STEPAN, Alfred. The military in politics — Changing patterns in Brazil. Princeton: Princeton University Press, 1971.

————. Os militares — Da abertura à Nova República. Rio de Janeiro: Paz e Terra, 1986.

TÁVORA, Araken. Brasil, 1º de abril. Rio de Janeiro: Sociedade Gráfica Vida Doméstica, 1964.

TENÓRIO, Carlos Alberto. O senhor de todas as armas — Relato de uma aventura vivida na intimidade da Revolução Cubana. Rio de Janeiro: Mauad, 1996.

TRINDADE, Hélgio. "O radicalismo militar em 64 e a nova tentação fascista". In SOARES, Gláucio Ary Dillon; D'ARAUJO, Maria Celina (orgs.). 21 anos de regime militar — Balanços e perspectivas. Rio de Janeiro: Editora FGV, 1994.

USTRA, Carlos Alberto Brilhante. A verdade sufocada. Brasília: Editora Ser, 2006.

VENTURA, Zuenir. 1968 — O ano que não terminou. Rio de Janeiro: Nova Fronteira, 1988.

VIANA FILHO, Luiz. O governo Castello Branco. Vol. 1. Rio de Janeiro: BibliEx/José Olympio, 1975.

VICTOR, Mário. Os cinco anos que abalaram o Brasil — De Jânio Quadros a Castello Branco. Rio de Janeiro: Civilização Brasileira, 1965.

GERAL

AGEE, Philip; WOLF, Louis. Dirty work — The CIA in Western Europe. Nova York: Dorset Press, 1987.

ANDERSON, Jon Lee. Che Guevara — A revolutionary life. Nova York: Grove Press, 1997.

ARENDT, Hannah. Entre o passado e o futuro. São Paulo: Perspectiva, 1972.

BERLE, Beatrice Bishop; JACOBS, Travis Beal (eds.). Navigating the rapids — 1918-1971 — From the papers of Adolf A. Berle. Nova York: Harcourt Brace Jovanovich, 1973.

BERMAN, Paul. A tale of two utopias — The political journey of the generation of 1968. Nova York/Londres: W. W. Norton & Company, 1996.

BRINKLEY, Douglas. Rosa Parks. Nova York: Penguin Books, 2000.

BROWN, Anthony Cave. The last hero — Wild Bill Donovan. Nova York: Times Books, 1982.

CANNING, Peter. American dreamers — The Wallaces and Reader's Digest: an insider's story. Nova York: Simon & Schuster, 1996.

CRENSHAW, Martha. "How terrorism ends". Documento apresentado no encontro anual da Associação Americana de Ciência Política. Chicago, set. 1987.

CROZIER, Brian. *A theory of conflict*. Nova York: Scribner, 1975.

FURIATI, Claudia. *Fidel Castro — Uma biografia consentida*. Rio de Janeiro: Revan, 2001. 2 vols.

FURSENKO, Aleksandr; NAFTALI, Timothy. *"One hell of a gamble" — Khrushchev, Castro, and Kennedy; 1958-1964 — The secret history of the Cuban missile crisis*. Nova York/Londres: W. W. Norton & Company, 1997.

GAMBINI, Hugo. *El Che Guevara*. 6ª ed. Buenos Aires: Planeta, 1996.

GLEIJESES, Piero. *Conflicting missions — Havana, Washington, and Africa, 1959-1976*. Chapel Hill: University of North Carolina Press, 2002.

GOTT, Richard. *Rural guerrillas in Latin America*. Londres: Penguin Books, 1973.

HEIKAL, Mohamed Hassanein. *Les documents du Caire*. Paris: Flammarion, 1972.

HOBSBAWM, Eric. *Era dos extremos — O breve século XX*. 2ª ed. São Paulo: Companhia das Letras, 2002.

HUIDOBRO, Eleuterio Fernández. *Historia de los Tupamaros*. Tomo I: *Los orígenes*. Tomo III: *El MLN*. Montevidéu: Ediciones de la Banda Oriental, s. d. 3 tomos.

HUXLEY, Aldous. *Eminência parda*. São Paulo: Hemus, 1978.

——. *As portas da percepção e Céu e Inferno*. 15ª ed. São Paulo: Globo, 2000.

JUNQUEIRA, Mary Anne. *Ao sul do Rio Grande — Imaginando a América Latina em Seleções: Oeste, Wilderness e Fronteira (1942-1970)*. Bragança Paulista: Editora da Universidade São Francisco, 2000.

KALFON, Pierre. *Che Ernesto Guevara, une légende du siècle*. Paris: Éditions du Seuil, 1997.

KEROUAC, Jack. *On the road — Pé na estrada*. São Paulo: Brasiliense, 1984.

LANKFORD, Nelson D. *The last American aristocrat — The biography of David K. E. Bruce, 1898-1977*. Boston/Toronto: Little, Brown and Company, 1996.

LAQUEUR, Walter. *The age of terrorism*. Boston/Toronto: Little, Brown and Company, 1987.

LINOWITZ, Sol M. *The making of a public man — A memoir*. Boston/Toronto: Little, Brown and Company, 1985.

MATUSOW, Allen J. *The unraveling of America — A history of liberalism in the 1960s*. Nova York: Harper & Row, 1984.

MILLER, James. *Democracy in the streets — From Port Huron to the siege of Chicago*. Nova York: Simon & Schuster, 1987.

PARKS, Rosa; HASKINS, Jim. *Rosa Parks: my story*. Nova York: Dial Books, 1992.

PERRAULT, Gilles. *Un homme à part*. Paris: B. Barrault, 1984. 2 vols.

PLATT, Washington. *A produção de informações estratégicas*. Rio de Janeiro: Agir, 1967.

PORZECANSKI, Arturo C. *Uruguay's Tupamaros — The urban guerrilla*. Nova York: Praeger, 1973.

POWERS, Thomas. *The man who kept the secrets — Richard Helms and the CIA*. Nova York: Pocket Books, s. d.

ROBBINS, Carla Anne. *The Cuban threat*. Nova York: McGraw-Hill, 1983.

RODRIGUEZ, Felix I.; WEISMAN, John. *Shadow warrior — The CIA hero of a hundred unknown battles*. Nova York: Simon & Schuster, 1989.

SALEWICZ, Chris. *McCartney*. Nova York: St. Martin's Press, 1987.

SALMÓN, Gary Prado. *The defeat of Che Guevara — Military response to guerrilla challenge in Bolivia*. Nova York/Londres: Praeger, 1990.

SARTRE, Jean-Paul. *Furacão sobre Cuba*. 5ª ed. Rio de Janeiro: Editora do Autor, 1986.

SITKOFF, Harvard. *The struggle for black equality — 1954-1980*. Nova York: Hill and Wang, 1981.

SONTAG, Susan. *On photography*. Nova York: Anchor Books, Doubleday, 1990.

TAIBO II, Paco Ignacio; ESCOBAR, Froilán; GUERRA, Félix. *O ano que vivemos em lugar nenhum — A missão secreta de Che Guevara*. São Paulo: Scritta, 1995.

TAYLOR, Derek. *It was twenty years ago today — An anniversary celebration of 1967*. Nova York: Simon & Schuster, 1987.

WATSON, Steven. *The birth of the beat generation — Visionaires, Rebels, and Hipsters, 1944-1960*. Nova York: Pantheon Books, 1995.

WEINBERG, Leonard B.; DAVIS, Paul B. *Introduction to political terrorism*. Nova York: McGraw-Hill, 1989.

WEINSTEIN, Martin. "The decline and fall of democracy in Uruguay: lesson for the future". In *Repression, exile, and democracy — Uruguayan culture*. Ed. Saúl Sosnowsky e Louise B. Popkin. Durham/Londres: Duke University Press, 1993.

WESCHLER, Lawrence. *Um milagre, um universo*. São Paulo: Companhia das Letras, 1990.

WILKINSON, Paul. *Terrorism and the Liberal State*. 2ª ed. rev., ampliada e atualizada. Nova York: New York University Press, 1986.

WRIGHT, Thomas C. *Latin America in the era of the Cuban Revolution*. Nova York/Londres: Praeger, 1991.

INTERNET*

Centro Brasileiro de Estudos Latino-Americanos — <http://www.cebela.org.br>

O Rio de Janeiro através dos jornais — 1888-1969, de João Marcos Weguelin — <http://www1.uol.com.br/rionosjornais/index.htm>

CIA — <http://www.foia.ucia.gov>

A verdade sufocada, A greve na Cobrasma — <http://www.averdadesufocada.com/index.php/comisso-da-verdade-especial-107/6032-2410-contribuindo-com-a-comisso-da-verdade-viii>

Centro de Documentação Eremias Delizoicov — <http://www.desaparecidospoliticos.org.br>

---

* Até maio de 2013 verificou-se o acesso aos sítios mencionados.

Créditos das imagens

ABERTURAS **Parte I**: Agência O Globo; Iconographia; JFK Library; Latinstock/Bettmann/CORBIS/Corbis (DC); reprodução da capa do *Correio da Manhã*, 1º/4/1964; Agência O Globo; Iconographia. **Parte II**: Ronald Theobald/CPDocJB; Iconographia; APGCS/HF; APGCS/HF; reprodução do carimbo do SNI; Iconographia; UH/APESP; Latinstock/Bettmann/CORBIS/Corbis (DC). **Parte III**: APGCS/HF; Agência O Globo; Folhapress; Iconographia; Iconographia; reprodução da capa da *Veja*, 20/11/1968; UH/APESP; Iconographia.

ENCARTES **Caderno I**: p.1 Agência Estado; p.2 Iconographia (acima e abaixo); p.3 Iconographia (acima e abaixo); p.4 Agência O Globo (acima e abaixo); p.5 Agência O Globo (acima), CPDocJB (abaixo); pp.6-7 Iconographia; p.8 Iconographia (dois primeiros retratos, sentido horário), Arquivo do Estado de São Paulo (retratos restantes), Agência O Globo (abaixo); p.9 Iconographia; pp.10-1 Iconographia (abaixo); p.11 CPDocJB/Gonzales (acima, esquerda), CPDocJB/Ronald Theobald (acima, direita); p.12 APGCS/HF; p.13 APGCS/HF (acima e abaixo); p.14 Agência O Globo (esquerda), Arquivo do Estado de São Paulo (direita); p.15 APGCS/HF; p.16 Arquivo Nacional. **Caderno II**: p.1 CPDocJB/Kaoru; p.2 Agência O Globo; p.3 Arquivo Nacional; p.4 CPDocJB/Ronald Theobald (acima), CPDocJB (abaixo, esquerda), Agência Estado (abaixo, centro), CPDocJB/Braz Bezerra (abaixo, direita); p.5 Iconographia (acima), CPDocJB/Alberto França; p.6 CPDocJB/Campanela (acima), Iconographia (abaixo); p.7 Arquivo Nacional (acima, esquerda), Iconographia (acima, direita), Agência O Globo (abaixo); p.8 Arquivo do Estado de São Paulo (acima, esquerda), Agência O Globo (acima, direita), Arquivo do Estado de São Paulo (meio, direita), Agência Estado (meio, esquerda), Agência O Globo (abaixo); p.9 Conteúdo Expresso/C. Namba (acima), Conteúdo Expresso (abaixo); pp.10-1 CPDocJB/Hamilton; p.12 Arquivo do Estado de São Paulo (acima), CPDocJB/Rubens (abaixo, esquerda), Agência O Globo (abaixo, direita); p.13 CPDocJB/Hamilton (acima), Iconographia (abaixo, esquerda), Agência O Globo (abaixo, direita); p.14 Arquivo do Estado de São Paulo (acima, dois primeiros retratos), Agência Estado (retratos restantes); p.15 Arquivo do Estado de São Paulo; p.16 CPDocJB.

Agradecimentos da edição de 2014

Doze anos depois da primeira edição, estes livros reaparecem, pela editora Intrínseca. Em tão pouco tempo, mudaram as regras do idioma. Ele foi defendido por Kathia Ferreira, vigiando também os trechos que foram acrescentados. Cada nova nota de pé de página foi conferida por Paula Sacchetta. Todos, coordenados por Bruno Porto e Livia de Almeida.

O projeto gráfico desta reedição é de Victor Burton. Foram escolhidas algumas novas imagens, como sempre, com a ajuda do olho atento de Vladimir Sacchetta.

Devo a Rodrigo Canuto e ao seu ouvido apurado a advertência de que as oitivas da reunião do presidente John Kennedy de outubro de 1963 permitiam interpretações diferentes. Maria da Glória Prado conseguiu uma versão melhorada da gravação fornecida pela Kennedy Library. Infelizmente, as dúvidas persistiram, recomendando a cautela sugerida por Rodrigo. Também agradeço a ajuda do professor Romualdo Pessoa Campos Filho.

Agradecimentos da edição de 2002

Em 2002 cedi à persistência de Luiz Schwarcz, entregando à Companhia das Letras a edição do que escrevera. Poucas vezes em minha vida profissional tive contato com uma equipe tão qualificada. Maria Emília Bender coordenou com paciência e zelo o emaranhado de questões que acompanharam o processo editorial. Entre elas, a mais complexa foi a checagem de centenas de referências a jornais e revistas. Coube a Raul Loureiro o projeto gráfico e a capa. A caçada e a seleção das fotografias nos cadernos de ilustrações são produto da competência, dos conhecimentos históricos e da memória visual de Vladimir Sacchetta. Durante seis meses Rosangela de Souza Mainente dedicou-se a checagens adicionais e à conversão de todas as notas de pé de página que mencionavam edições esgotadas de livros republicados recentemente (o *Combate nas trevas*, de Jacob Gorender, por exemplo). Os leitores jamais haverão de perceber quanto devo a Márcia Copola, responsável pela edição do texto. Defendeu as normas ortográficas, a concordância e a clareza com uma persistência e elegância que só a qualificação permite. Miguel Said Vieira buscou a correta grafia dos nomes de centenas de pessoas citadas. Como o trabalho de edição de texto desaparece em benefício dos autores, muita gente pensa que eles escrevem sem erros e acredita que, por isso, fazem parte de uma casta de iluminados. Neste caso, isso seria uma lorota.

Índice remissivo

1968, agitações de, 275-276, 278-281, 288, 290-291, 292-293, 295

Abduch, Labib Elias, 113n
Abreu, Flora ver Costa, Flora Abreu Henrique da
Abreu, Hugo, 27, 29, 32, 106, 164
Academia Brasileira de Letras, 221, 264
Academia Militar das Agulhas Negras (AMAN), 107-109, 164, 174, 306, 322, 363
Ação Integralista Brasileira, 70
Ação Libertadora Nacional (ALN), 249, 250n, 278n, 303n, 304n, 347, 352, 354, 354n, 356n
Ação Popular (AP), 228, 242-244, 279, 285, 303n, 306, 354n, 359-361
Adonias Filho, 164
Affonso, Almino, 86, 90
África, 192
África do Sul, 200
Agripino, João, 124n
Agrupamento Comunista, 249, 266, 303n
Aguiar, Ivan Rocha, 113n
Aguiar, Raphael de Souza, 97n
Ala Vermelha do PC do B, 266n, 278n, 303n, 354n, 356n
Albuquerque, Jonas José, 113n
Aleixo, Pedro, 33, 124n, 170, 311-312, 311n, 338n, 342
    na reunião que decretou o AI-5, 335-337, 340-341
Alemanha, 169, 216n
Alexander, Murilo, 299n
Almada, Izaías, 364n
Almeida, Candido Mendes de, 18, 164

Almeida, Climério Euribes de, 290
Almeida, José Roberto Arantes de, 326n
Almeida, Julio Antonio Bittencourt de, 360n
Alto-Comando das Forças Armadas, 232, 258
Alto-Comando do Exército, 27, 32, 35-36, 80-81, 117, 118, 141
Alves, Antônio Carlos Silveira, 113n
Alves, Hermano, 165
Alves, João Lucas, 302n, 361
Alves, Manoel de Oliveira, 362n
Alves, Marcio Moreira, 149, 151, 331, 336, 339-340
    discurso de setembro de 1968, 316-318
Alves, Mário, 248n
Alves, Osvino Ferreira, 93, 93n, 98n
Alves, Rosental Calmon, 100n
Amado, Gilberto, 143
Amado, Jorge, 217, 245
Amano, Takao, 204n
Amaral Netto, 83
Amazonas, João, 279, 279n
Anaya, Zenteno, 209
Âncora, Armando de Moraes, 54-55, 104, 107-109, 114, 117-119, 118n
Andrada, Humberto Freire de, 53n
Andrade, Auro Moura, 16, 83, 108, 112, 116
Andrade, Doutel de, 84
Andrade, Francisco Carlos de, 19
Andrade, Oswald de, 296
Andreazza, Mário, 165, 274, 305
Andropov, Yuri, 171
Angola, 169
Anísio, Hélio de, 52n, 55, 55n, 193n
Antunes, Augusto Trajano de Azevedo, 161
Aragão, Augusto Cezar Moniz de, 97n, 332

Aragão, Cândido, 52n, 65, 88n, 134
Aragão, Dilma, 134
Araguaia, 19, 21, 279
Araújo, David dos Santos, 304n
Araújo, Marcelo Paixão de, 361
Araújo, Pedro Inácio de, 134n
Arena, 260
Arendt, Hannah, 150
Argélia, 40, 257, 299, 329
Argentina, 40, 179n, 182n, 193, 195-196, 202, 247, 349n
Arinos, Afonso, 59, 99
Aristófanes, 316
Arraes, Miguel, 49, 53, 53n, 96, 105, 230
   exílio, 210, 257
   prisão, 122, 148, 257
Arroyo, Ângelo, 279n
Arruda, Diógenes, 182
Arzua, Ivo, na reunião que decretou o AI-5, 339
Assis Brasil, Argemiro de, 48, 54-55, 73, 91, 114-115
Associação Brasileira de Imprensa (ABI), 316n
Associação Comercial do Rio de Janeiro, 251
Associação de Marinheiros e Fuzileiros Navais, 52, 192
Ataturk, Kemal, 307n
Ato Constitucional Provisório, 124-125, 124n, 125n
Ato Institucional nº 1 (AI-1), 124-125, 137-138, 142-143, 254, 258, 311, 340, 342-343
Ato Institucional nº 2 (AI-2):
   conteúdo, 240, 254-255, 258, 260
   edição, 240, 254, 271
Ato Institucional nº 5 (AI-5), 13, 21, 38, 143, 144, 171, 312, 333, 345, 347, 352, 356
   conteúdo, 38, 342-343
   reunião que decretou, 335-342
Áustria, 216n
Autran, Paulo, 253

Baffa, Ayrton, 19
Ball, George, 101, 101n, 103, 117
Banco Boavista, 160
Banco Bradesco, 278n
Banco da Lavoura de Minas Gerais, 278n
Banco do Brasil, 194
   e o SNI, 161
Banco Lar Brasileiro, 157
Banco Leme Ferreira, 250, 250n
Banco Nacional de Minas Gerais, 55, 166
Bandeira, Manuel, 221
Barba Roja ver Losada, Manuel Piñeiro
Barbirolli, sir John, 221
Barra, Newton, 91
Barreto, Humberto, 18, 125n
Barreto, José Campos (*Zequinha*), 286-287, 312-313
Barron, Victor Allen, 134
Barros, Adhemar de, 82, 110, 170
Barros, Luiz Marques de, 363n
Barros, Nelson de, 291n, 328n
Barros, Rinaldo Claudino de, 324
Bastos, Justino Alves, 92
Bastos, Márcio Thomaz, 20
Batista, Ernesto Melo, 149
Batista, Fulgencio, 350
Baumgarten, Alexandre von, 172
Bélgica, 200, 216n
Bello, Amaro Aloysio, 125
Beltrão, Hélio, 310n
Bengell, Norma, 217, 294, 298
Bentley, Robert, 112
Berbert, Ruy Carlos Vieira, 326n
Berger, John, 209n
Berle Jr., Adolf A., 61, 63n
Bernardes, Artur, 152n
Bethlem, Fernando Belfort, 27, 32-38, 41
Betinho *ver* Souza, Herbert José de
Bevilaqua, Pery Constant, 79
Bezerra, Gregório, tortura, 130, 134-135, 148
Billington, James H., 15-16
Bird, Kai, 63n
Bittencourt, Getúlio, 19
Bond, Niles, 60n
Boiteux, Bayard, 184n
Bolívia, 183n, 202, 206, 208, 285, 302, 349n
Bontempo, Genaro, 65n
Borer, Cecil, 252n
Borer, Charles, 252n
Borges, Mauro, e a crise de Goiás, 188-190
Botelho, Marcos, 282
Bowdler, William G., 246n

Índice remissivo

Braga, Geraldo Araujo Ferreira, 161*n*
Braga, Rubem, 125
Brant, Vinicius Caldeira, 227
Brayner, Floriano de Lima, 90
Bretas, Pedro Paulo, 362*n*, 364
Brito, Manoel Francisco do Nascimento, 37*n*, 164, 216
Brizola, Leonel, 100, 122, 132, 186-188, 192*n*, 193-194, 197-198, 198*n*, 208*n*, 210, 244, 248, 266
    Caparaó, 203-204, 207-208
    e a guerrilha, 186-187, 192, 198, 201-204, 207-208
    e João Goulart na crise de 1964, 53, 87, 114, 183, 187, 207
    relações com Cuba, 183-186, 198, 203, 208, 248
Broockes, Hugo, 189
Brossard, Paulo, 19, 164
Bruce, David, 161
Brugueras, Miguel, 181
Bueno, Maria Esther, 217
Bulcão, Luchsinger, 163
Bundy, McGeorge, 246*n*
Burnier, João Paulo, 121, 284-285
    e o caso Para-Sar, 288-290, 289*n*, 300-302, 319-320
Bush, George, 171
Byington, Alberto, 63, 63*n*

Cabo Anselmo ver Santos, José Anselmo dos
Caen, Herb, 214*n*
Calabouço, 275-276, 275*n*, 276*n*, 279
Callado, Antônio, 202, 342*n*, 353
Calvão, Clovis, 74-75
Câmara, d. Helder, 138
Câmara, d. Jaime de Barros, 123, 137, 294
Camara, José Goulart, 282
Camargo, José Maria de Toledo, 19
Campanella Neto, 285*n*
Campista, Ari, 164
Campos Filho, Romualdo Pessoa, 19
Campos, Deoclecio Redig de, 294
Campos, Francisco (*Chico Ciência*), Ato Institucional de 9 de abril de 1964, 124-125, 124*n*, 343*n*
Campos, Milton, 49*n*, 108
Campos, Roberto, 137
Canadá, 203
Caneppa, Victorio, 152*n*
Caparaó, serra de, 203-208, 210, 248
Capitani, Avelino Bioen, 192*n*
Cardim, Jefferson, 185, 193, 197, 208
    a guerrilha de, 193-196
Cardoso, Adaucto Lúcio, 123
Cardoso, Fernando Henrique, 223, 344
Cardoso, Joaquim Ignacio, 55
Carlos X, 288
Carneiro, condessa Pereira, 310*n*
Carneiro, Luís Antonio Raposo, 362*n*
Carpeaux, Otto Maria, 68*n*, 202
Carrero, Tônia, 221, 279
Carvalho, Aloysio de, 83
Carvalho, Ferdinando de, 257, 299*n*
Carvalho, Gil Lessa de, 284, 289*n*
Carvalho, Herbert Eustáquio de (Herbert Daniel), 196, 355
Carvalho, Marco Antonio Brás de (*Marquito*), 287
Carvalho, Marinilda, 31*n*
Carvalho, Sérgio Miranda de (*Sérgio Macaco*), e o caso Para-Sar, 288-290, 300-302, 319, 321
Carvalho, Último de, 282
Carvalho Filho, Luís Francisco, 20
Casado, José, 19
Caso das Mãos Amarradas, 204
Castello Branco, Carlos, 54, 70
Castello Branco, Humberto de Alencar, 28, 33, 56*n*, 58, 72*n*, 78*n*, 107, 143, 145, 148, 152*n*, 156, 167, 178, 184, 193, 198, 206, 215-216, 220, 225, 232, 239-240, 263-265, 269*n*, 270, 277-278, 299, 311, 316, 317, 337, 342*n*
    AI-2, 240, 254-255, 259
    crise de Goiás, 189-190
    discurso das "vivandeiras", 139
    e a censura, 229-230, 253-254
    e a linha dura, 137-138, 257-259, 265
    e a tortura, 144, 147, 151-152, 196-197, 204-205, 316
    e Costa e Silva, 110, 121, 147, 173, 269-274

e Kruel, 71, 109-110
"É mesmo um terror cultural", 231
e o movimento estudantil, 226, 232
e o SNI, 159, 169
expurgo dentro do governo de, 182
fora do governo, 260-261
morte de, 261
na crise de 1964, 57, 67, 71-78, 81, 90-91, 92, 97, 107, 109-110, 116, 120-121, 124
na Presidência, 126, 131, 132, 137-141, 151, 152, 188, 195
pessoa e hábitos, 56-57, 140-141, 221, 260
profissionalização das forças armadas, 140-141
Castello Branco, Paulo Viana, 274n
Castiglia, Libero Giancarlo, 279n
Castilho, João Dutra de, 333
Castro, Adyr Fiúza de, 124n, 160n, 262n
no CIE, 265-266, 298, 304
pessoa e hábitos, 264, 264n
Castro, Celso, 39
Castro, Fidel, 130, 179-180, 198-202, 206, 208n, 209, 241, 249, 348-351
e a guerrilha brasileira, 180-184, 198-199, 202, 208, 244, 349
Castro, Milton Soares de, 361n
Castro, Ruy, 217
Cavalcanti, José Costa, 258, 311n
Cavalcânti, Newton de Andrade, 153n
Cavallari, Sérgio, 55n, 88n
Central Intelligence Agency (CIA), 60n, 63n, 76n, 158-159, 159n, 161, 171, 209, 246, 246n, 326-327, 326n, 327n, 350, 354
colaboração com o SNI, 167-168
e Castello Branco, 221
e Costa e Silva, 331
na crise de 1964, 60, 63-64, 100-101, 114, 123
vigilância dos inimigos do regime, 184-185
Centro Acadêmico Cândido de Oliveira, 299n
Centro Acadêmico Sir Alexander Fleming, 299n
Centro de Informações da Marinha (Cenimar), 149, 192n, 204n, 247n, 327n
Centro de Informações do Exército (CIE), 26, 265-266, 278, 281-282, 283-285, 296, 297-299, 302, 304, 304n, 324, 328n, 362-363
criação e estrutura, 19, 262, 265-266
divergências antes da criação, 262-266
Centro de Informações e Segurança da Aeronáutica (CISA), criação, 285, 300, 304
Centro de Operações de Defesa Interna (CODI), 33
Centro de Pesquisa e Documentação de História Contemporânea do Brasil da Fundação Getulio Vargas (CPDoc), 16, 39
Centro de Preparação de Oficiais da Reserva (CPOR), 360
Chandler, Charles Rodney, 326-327, 328n, 330, 350, 356
Chase, Gordon, 132n
Chaumet, Isabelle ver Firk, Michèle
Chew, John L., 101
Chico Ciência ver Campos, Francisco
China, e a guerrilha brasileira, 182, 206, 243, 248, 279
Chuahy, Eduardo, 55, 55n
Churchill, Winston, 339
Citibank, 287, 289
Clemenceau, Georges, 255
Cline, Ray S., 168
Coelho Netto, José Luiz, 161n
Coelho, Marco Antônio Tavares, 55n, 108-109
Coelho, Moacyr, 161n
Coimbra, Cecília, 20
Colégio de Aplicação, 226
Collier Filho, Eduardo, 326n
Colômbia, 179n, 208
Colon, Severino Viana, 302n, 361
Comando de Caça aos Comunistas (CCC), 251, 297, 325
Comando de Libertação Nacional (Colina), 241-242n, 285, 302-303, 303n, 330, 354n, 356n, 359-362
Comando Geral dos Trabalhadores (CGT), 87, 89
Comissão Geral de Investigações (CGI), 33, 136
"Operação Limpeza", 136
Companhia Brasileira de Materiais Ferroviários (Cobrasma), 312-313

Índice remissivo

Confederação Nacional da Indústria, 170, 338
Confederação Nacional dos Trabalhadores na Indústria, 164
Conferência da Organização Latino-Americana de Solidariedade, 248
Conferência Tricontinental de Solidariedade dos Povos, 199, 241
Congo, 192, 199-202; ver também Zaire
Conselho de Segurança Nacional (CSN), 14, 55, 157, 220, 306, 312, 322n
  reunião que decretou o AI-5, 335
Conselho Nacional de Petróleo, 287
Constituição de 1946, 49, 51, 142, 255
Constituição de 1967, 143, 276
Cony, Carlos Heitor, 68n, 134, 144
Cordovil, Loris Areas, 289n
Corpo de Fuzileiros da Marinha, 289
Corrêa, Affonso Miranda, 152n
Correa, Estanislau Inácio, 328n
Corrêa, Hércules, 248n
Corrêa, Jelsy Rodrigues, 93n
Corrêa, José Celso Martinez, 296
Corrêa, Marcos Sá, 19
  e a *Operação Brother Sam*, 103
Corrêa, Pio, 188, 188
Correio da Manhã, 68, 97, 134, 144-150, 159, 276, 299, 321
Cortez, Luiz Gonzaga, 324n
Costa, Alcir Henrique da, 20
Costa, Álvaro Ribeiro da, 108, 257, 271
Costa, Antônio de Pádua, 326n
Costa, d. João Resende, 59
Costa, Flora Abreu Henrique da, 20
Costa, José Geraldo da, 192n
Costa, Octavio, 19
Costa, Osvaldo Orlando da, 279n
Costa, Roberto Hipólito da, 252
Costa e Silva, Arthur da, 14, 28, 33, 56, 107, 126, 131, 141-143, 166, 173-174, 189, 196, 232, 240, 241, 253, 257, 258-259, 264, 272-274, 277-278, 295-296, 304, 306-308, 310, 312, 360
  atentado do aeroporto dos Guararapes, 240-243
  e a criação do CIE, 262, 264
  e a insatisfação nos quartéis, 330-333
  e a linha dura, 258-259, 265
  e a Passeata dos Cem Mil, 295
  e as agitações de 1968, 288, 295
  e Castello, 110, 121, 147,173, 269-274
  e o caso Para-Sar, 318-319
  e o discurso de Marcio Moreira Alves, 317-318, 331
  e o terrorismo, 299-300
  erosão militar, 290, 299
  na crise de 1964, 79, 97, 107, 109-110, 112, 117-119, 120-125
  na Presidência, 260, 267-268, 305-306, 314, 316, 318-319, 331-332, 356, 360
  na reunião que decretou o AI-5, 335-341
  pessoa e hábitos, 141, 268-271
  saúde, 274
  sem soluções para a direita e para a esquerda, 315-317
Cotta, Linneu Chagas d'Almeida, 245n
Cotta, Pery, 321n
Coutinho, Luciano, 313
Couto e Silva, Golbery do, 15-18, 20, 21, 29, 38-39, 43, 56, 107, 135, 140, 159, 174-175, 195, 196, 198, 212, 216, 219, 231-232, 246, 260, 264-265, 274n, 277
  censura telefônica, 166
  e a CIA, 168
  criação do SNI, 155-164, 166, 169, 173-175
  demissão de Sylvio Frota, 25-26, 36-37
  desmonte da ditadura, 43
  e a Guerra do Vietnã, 216, 234
  e a guerrilha, 206, 207
  e a Justiça Militar, 256-257
  e a linha dura, 137, 145-147, 178, 191, 256
  e a segurança nacional, 255-256
  e a tortura, 132, 145-147, 150, 151-152
  e Castello, 150, 177-178
  e Costa e Silva, 240, 273
  e o AI-2, 254-256, 259
  e o AI-5, 345
  e o movimento estudantil, 228-229
  e o SNI, 38-39, 132, 168-169, 253
  e o terrorismo cultural, 230
  fora do governo, 260-261
  na crise de 1964, 67, 107, 121, 122
  maldição, 162

"os perigos não passaram de todo", 191
pessoa e hábitos, 25-27, 38-39, 156, 163, 261-262
planejamento democrático, 212
Creane, Stephen F., 168
Crozier, Brian, 304
Cruz, Newton, 19, 161n
  e Baumgarten, 172
  na crise de 1964, 78, 105, 120
  no SNI, 162, 167
Cruzeiro, O, 165
Cuba, 65, 159n, 168, 179-181, 184, 184n, 186, 188, 192, 197-200, 202-204, 204n, 206, 208, 212, 241, 243-244, 248-249, 278, 293, 349, 351
  e a Ação Popular, 243
  e Brizola, 183-186, 198, 208, 248
  influência no Congo, 199-201
  treinamento de guerrilha, 180-181, 184, 188, 192, 203-204, 249, 278, 293, 351, 361
Cunha, Ari de Oliveira Mendes, 113n
Cunha, Augusto Soares da, 113n
Cunha, Otávio Soares da, 113n
Cunha, Vasco Leitão da, 241
Curi, Alberto, 342n
Cutter, Curtis, 327n

D'Araujo, Maria Celina, 39
Dantas, Bento Ribeiro, 164
Dantas, Francisco Clementino de San Tiago, 98-99, 98n, 100n, 103-104
Dantas, João Ribeiro (Dantinhas), 92n
Dantas Jr., Altino, 279n
De Gaulle, Charles, 40, 169, 288, 295
De Lamare, Rinaldo, 274
Dean, James, 213, 213n
Debray, Régis, 348
Defense Intelligence Agency, 351
Delegacia de Ordem Política e Social (DOPS), 144, 144n, 152n, 187, 204-205, 223n, 252n, 246, 265, 286, 294, 297, 313-315, 325n, 344, 357
Delfim Netto, Antonio, 19, 170, 305, 309-310, 315n, 341n
  na reunião que decretou o AI-5, 338, 340-341, 347

Della Cava, Ralph, 18
Denys, Odylio, 71, 95-96, 95n, 153n
Departamento Estadual de Investigações Criminais (DEIC), 314
Destacamento de Operações de Informações (DOI), 19, 33, 303n, 354
Di Cavalcanti, 279
Dias, Ivan Mota, 326n
Dias, João Alfredo, 134n
Dieguez, Lauro Rocca, 32
Dinamarca, 216n
Diretas Já, 21n
Dissidência Comunista, 354n
Dissidência Comunista da Guanabara (DI-GB), 303n
D'Oliveira, Armando Daudt, 35
Domingues, Roberto França, 29
Donovan, William J. (*Wild Bill*), 161
Dória, Palmério, 48n
Dória, Seixas, 122, 148, 256
Doutrina de Segurança Nacional, 41-43, 262
Dowbor, Ladislas (*Jamil*), 356
Drummond de Andrade, Carlos, 111
Duarte, Anselmo, 217
Duarte, Antonio, 192n
Duarte, Rogério, 281, 283, 290, 296, 298n, 299
Duarte, Ronaldo, 281, 283, 290, 296, 298n, 299
Dubcek, Alexander, 268
Dutra, Eurico Gaspar, 62, 308
Dutra, Tarso, 311
Dylan, Bob, 216

Editora Civilização Brasileira, 230, 299n
Editora Tempo Brasileiro, 299n
El Poder Cubano, 349-350
El Salvador, 179
Escola de Aperfeiçoamento de Oficiais (EsAO), 306, 322n, 330-331, 343
Escola de Comando e Estado-Maior do Exército (EsCEME), 76-78, 97, 111, 120, 302, 306, 330, 360
Escola de Estado-Maior, 41, 70, 97, 107, 121, 269
Escola Nacional de Belas-Artes, 299n

Índice remissivo

Escola Nacional de Informações (EsNI), 170
Escola Superior de Guerra, 42, 121, 152n, 155, 159
"escolas de samba", 218
Escuderie Jason, 362
Escuderie Le Cocq, 362
Espanha, 216n
Esquadrão da Morte, 362
Estação Primeira de Mangueira, 218, 218n
Estado de S. Paulo, O, 20, 43n, 123, 218, 228, 332
Estado Novo, 54n, 70, 80, 123, 152, 152n, 216, 244, 311
Estado-Maior das Forças Armadas (EMFA), 284, 306-307, 332, 339, 340n
Estado-Maior do Exército (EME), 56, 76, 109, 139n, 167, 212n, 262-263, 302, 306, 307, 332
Estados Unidos, 13, 158, 161, 171, 179-180, 214-216, 220, 233-234, 241, 268, 273, 278n, 295, 327n, 328, 349, 351
   e Costa e Silva, 268, 272-273, 331
   na crise de 1964, 60, 61-65, 67, 69, 75, 82, 99-103, 110, 113-114, 115-117
Estatuto da Terra, 170, 177
Etchegoyen, Alcides, 111, 153n
Etiópia, 288
Exército Guerrilheiro dos Pobres, 183n
Exército Republicano Irlandês, 356
Exposição de Motivos 15-2R/68 (que colocou na ilegalidade a Frente Ampla), 277

Faculdade de Filosofia, Ciências e Letras da USP, 324
Faculdade de Sociologia da Fundação José Augusto, 324
Faculdade Nacional de Direito, 113n
Faculdade Nacional de Filosofia (FNFi), 89, 113n, 218, 224
Falcão, Armando, 71
Fangio, Juan Manuel, 350
Fanon, Frantz, 214, 215
Faria, Maria da Gloria, 20
Farias, Oswaldo Cordeiro de, 55, 56, 57, 63, 107, 118, 140, 196, 269n, 273, 284, 321
   "o Exército dormiu janguista... e acordou revolucionário", 84-85

Federação Nacional dos Estivadores, 133n
Federal Bureau of Investigations (FBI), 156
Félix, Aladino (*Sábato Dinotos*), 314, 328
Fernandes, Florestan, 223, 344
Ferrari, Fernando, 49n
Ferreira, Fernando Borges de Paula, 326n
Ferreira, Heitor Aquino, 16-18, 20, 159-160, 164
   demissão de Frota, 29
   e Geisel, 172n, 195, 220-221
   e Golbery, 17, 159, 195, 219
   e seu diário, 166, 195, 219, 246
   redação do preâmbulo do AI-2, 259-260
Ferreira, Manoel Rodrigues, 291n
Fico, Nicolau, 112
Figueiredo, Bernardo, 298n
Figueiredo, Crisanto de, 91
Figueiredo, Edson de, 257
Figueiredo, João Baptista de Oliveira, 21, 21n, 30, 38, 120, 170-172, 345
   no SNI, 161-162, 163-164, 169, 172-173
Figueiredo, Raimundo Gonçalves (*Raimundinho*), 243
Finlândia, 216n
Firk, Michèle (*Isabelle Chaumet*), 351
Fleury, Carlos Eduardo Pires, 204n
Florentino, Manolo, 20
Flôres, Jorge Oscar de Mello, 164
Flores, Mario Cesar, 160n
Folha da Tarde, 313
Folha de S.Paulo, 19, 43n, 316-317
Fonseca, Deodoro da, 121
Fontoura, Carlos Alberto da, 160n, 169n
Força Aérea Brasileira (FAB), 261, 290, 300, 320-321
   e o caso Para-Sar, 284, 289
Força Expedicionária Brasileira (FEB), 55, 57, 62, 71, 72n, 90, 134n, 140, 221, 365n
Forte Apache, 36
Fortunato, Alberto, 299
Fouché, Jean ver Gutko, Paulo
Fragoso, Heleno Cláudio, 255, 328n
França, 40, 140, 147, 158, 169, 216n
   agitações de maio de 1968, 268, 328
France, Anatole, 141
Freire, Paulo, 219

Freitas, Alípio de, 243-244
Frente Ampla, 277, 287
Frente Bolchevique Trotskista, 352n
Frente de Libertação do Nordeste, 354n
Freyre, Gilberto, 230
Fróes, Hemílcio, 87n
Frota, Sylvio, 17, 21, 23-24, 32-33, 34-36, 41, 264-265, 324n
  demissão, 24-29
  pessoa e carreira, 24, 36
  tentativa de golpe, 27-29, 30-32, 35
Fundação Armando Alvares Penteado (FAAP), 326
Fundação Getulio Vargas, 16, 156n
Fundo Monetário Internacional (FMI), 272
Furtado, Celso, 48n, 92, 220, 223

Gabeira, Fernando, 353
Galbraith, John Kenneth, 61
Galhardo, Benjamin Rodrigues, 55, 91
Gallotti, Antonio, 122, 124, 272
Gama e Silva, Luís Antonio da (*Gaminha*), 223, 306n, 308, 311-312, 318, 333, 345
  na reunião que decretou o AI-5, 338, 340-342
  orientador do CCC, 297
Garcia, José Horacio da Cunha, 97n
Garcia, Marco Aurélio, 20
Gasparian, Fernando, 20
Gasper, Elizabeth, 298
Geisel, Amália Lucy, 16-18
Geisel, Ernesto, 15-18, 20, 21, 28n, 31-34, 34n, 35-36, 36n, 37-38, 40, 43, 43n, 49n, 118n, 125n, 132, 143, 144, 166, 170, 193n, 196-197, 225, 258-259, 274n, 290
  contra a criação do CIE, 264
  demissão de Sylvio Frota, 23-25, 27-30, 35
  e a abertura, 38, 43
  e a censura, 43
  e a guerrilha de Cardim, 195, 196
  e a linha dura, 137
  e a ordem militar, 143
  e a tortura, 39-40, 132, 149, 151
  e as denúncias de tortura no Nordeste, 147-150
  e Castello, 139, 151, 190-191, 231, 260, 265
  e Costa e Silva, 110, 240, 269, 271, 273
  e Lyra Tavares, 265
  e o AI-2, 259-260
  e o comunismo, 212
  na crise de 1964, 56, 67, 78, 107, 110, 120
  no "canil", 261
  "nossa democracia numa geladeira", 220-221, 254
  "O que houve em 1964 não foi uma revolução", 140
  pessoa e hábitos, 24, 38-39
  restabelecendo o primado da Presidência, 37
Geisel, Orlando, 56, 120-121, 262, 306, 307, 311, 332, 340n
  na reunião que decretou o AI-5, 339
Genoino Neto, José, 313
Giannini, José Carlos, 19
Gil, Gilberto, 344
Ginsberg, Allen, 214, 215
Gleijeses, Piero, 192n, 202
Globo, O, 19, 164
Godoy, Hermenildo Ramires de, 222
Golbery, Phillipe Marie Aimé de, 25n
Gomes, Dias, 235
Gomes, Eduardo, 196, 290
  e o caso Para-Sar, 289-290, 301, 319-321
Gonçalves, José da Conceição (*Zé Dico*), 249, 303n
Gonçalves, Leonidas Pires, 19, 110
Gonçalves, Luís Fernando, 20
Gonçalves, Ramiro Tavares (*General Ramalho*), 284
Gonzales, Adolfo Mena, 205, 205n
Goodwin, Richard, 62, 349n
Gordon, Lincoln, 13, 18, 50, 53n, 65n, 89n, 100n, 103-104n
  conversa com Kennedy em 1962, 61-62, 99
  na crise de 1964, 63-65, 67, 75, 89, 100, 101-103, 109-110, 116-117
  pessoa e hábitos, 61
Gorender, Jacob, 53n, 196, 249, 250n, 348, 361
Goulart, Carlos Bicalho, 78n

Índice remissivo

Goulart, João (Jango), 13, 14, 16, 20, 21, 24-25, 50, 53n, 56, 59, 61, 69, 70-72, 79-81, 83, 88n, 89n, 99n, 104n, 107-108, 115n, 120, 122-123, 140, 210, 212, 219, 251-252, 293
  discurso no Automóvel Clube, 66-69
  e Golbery, 26
  na crise de 1964, 47-50, 51-54, 58, 59-60, 64, 65-66, 85-87, 89, 91-92, 94, 97-100, 103-105, 109, 111-116, 118, 122
  no exílio, 132, 187, 277
  pessoa e hábitos, 48-49, 86
Goulart, Maria Thereza, 46, 112, 114-115
Gouthier, Hugo, 343
Grabois, Maurício, 279, 279n
Grã-Bretanha, 168, 216n
Grécia, 40, 216n
greves:
  de 1968, 285, 288, 312
  no governo Goulart, 50, 79, 86
Grupo dos Onze, 53n, 87, 299n, 354n
Grupo Independência ou Morte, 354n
Guanabara, Leo, 342n
Guaranys, Roberto Camara Lima Ypiranga dos, 289n
Guatemala, 182n, 208, 349n, 351
Guedes, Armênio, 19
Guedes, Carlos Luiz, 269
  na crise de 1964, 59, 59n, 72-76, 76n, 78, 82
Guedes, Paulo Eugenio Pinto, 55
Gueiros, Nehemias, 259
Guerra, Paulo, 257
guerrilha, 178, 180, 182n, 203-206, 208-210, 289, 293, 323, 324-326, 349n, 350-352, 355
  Araguaia, 19, 21, 279
  Brizola e a, 186-187, 192, 198, 201-204, 207-208
  Caparaó, 203-204, 205-208
  do coronel Cardim, 193-197
  Fidel e a, 180-184, 198-199, 202, 208, 244, 349
  Marighella e a, 248-249, 302-303
  planos do PC do B, 279
Guerrilhas e Atividades Terroristas na América Latina, 185
Guertzenstein, Edidio, 274

Guevara, Ernesto "Che", 183, 183n, 192-193, 199-201, 248, 302
  em Cuba, 179, 192-193, 199, 201
  morte, 208-209
  na Bolívia, 205-206, 208
  no Congo, 192, 199-201
Guimarães, José, 325
Guimarães, Ulysses, 123
Guiné, 200
Gullar, Ferreira, 219
Gutko, Paulo (*Jean Fouché*), 189

Haas Sobrinho, João Carlos, 279n
Haddad, Claudio L.S., 20
Haiti, 179, 182n, 349n
Harazim, Dorrit, 22
Harriman, Averell W., 63n
Heck, Sylvio, 81
Heikal, Mohamed H., 192n
Heisenberg, Werner, 224
Helms, Richard, 326n, 354
Hendrix, Jimi, 213n
Herbert Daniel *ver* Carvalho, Herbert Eustáquio de
Hoare, Mike (Michael), 200
Holanda, 216n
Hollanda, Chico Buarque de, 294, 296, 322
Holly, Buddy, 213n
Homero, 199
Hughes, Thomas, 185n
Huizinga, Johan, 160
Huncke, Herbert, 213
Huxley, Aldous, 175, 214, 215

Ibiapina, Helio, 138, 189, 197, 256
Ibrahim, José, 286
Ignatiev, Oleg, 180n
Indochina, 299, 329
Inglaterra, 140, 158, 268
Inquérito do Peixe, 269
Inquérito Policial-Militar (IPM), 136, 136n, 148-149, 189-190, 223, 225, 230, 252-254, 257, 282, 299, 299n, 356, 360
  como poder paralelo, 137
Instituto Brasileiro do Café (IBC), 163

Instituto de Pesquisas e Estudos Sociais
(IPÊS), 155, 157-158, 162, 164, 169, 170
Instituto Max Planck, 224
Intelligence Service, 156, 171
Irlanda, 203, 356
Itália, 71, 116, 169, 216n, 268, 287
Iugoslávia, e os asilados brasileiros, 132

Jagger, Mick, 234
Jango ver Goulart, João
Japão, 268, 288
Jefferson, Thomas, 227
Jeffery, Antonio Carlos, 328n
João XXIII, 221
Joaquim, Ailton, 363-364, 363n
Jobim, Antonio Carlos (Tom), 218, 322
Johnson, Lyndon B., 13-14, 67n, 101n, 216, 246n, 268n, 288, 295
    e Costa e Silva, 268
    na crise de 1964, 69, 101, 103, 113, 116
Jones, Brian, 213n
Joplin, Janis, 213n
Jorge, Ailton Guimarães, 362-363, 362n
Jornal do Brasil, 19, 70, 164-165, 216, 272, 298
Julião, Francisco, 80, 180, 182, 198, 210
    em Cuba, 180
    prisão de, 183
Jurema, Abelardo, 47, 58, 74, 89
Juventude Universitária Católica, 228

Kabila, Laurent, 200n
Kandell, Jonathan, 20
Kennedy, Jacqueline, 13
Kennedy, John F., 50, 61n, 62, 62n, 64, 64n, 98-100, 100n, 168, 186, 293, 324, 349-350n
    possibilidade de golpe no Brasil em 1962, 61-62, 99-100
Kennedy, Robert F., 295
Kerouac, Jack, 213-214, 215
KGB, 158, 171
King Jr., Martin Luther, 215, 295
Klabin, Israel, 161
Klein, Pedro, 301n
Kourí, Raúl Roa, 183
Kozel Filho, Mário (*Kuka*), 238, 292-293, 328n

Kozobudsk, Simão, 190
Krieger, Daniel, 123, 170, 260-261, 318-319, 331-332
Kruchev, Nikita, 80
    reunião com Prestes, 179
Kruel, Amaury, 54, 72n, 72, 108n
    e Castello, 71, 109-110
    na crise de 1964, 71, 76, 79, 82-83, 89-93, 97, 104-105, 107-108, 118, 121
Kruel, Riograndino, 152n, 190, 222
Kubitschek, Juscelino, 51, 89, 89n, 108, 167, 210, 212, 270, 277, 285, 311
    prisão, 343
Kuperman, Esther, 184n

Lacerda, Carlos, 51, 289n
    e a Frente Ampla, 277
    e Castello, 177
    e Costa e Silva, 272, 277-278
    na crise de 1964, 49-50, 81, 83, 110-111, 120, 147, 164, 188, 235, 239-240, 280, 289-290, 293
    prisão, 343
Lacerda, Enio de Albuquerque, 362n
Lacerda, Flávio Suplicy de, 225
Lacombe, Américo Jacobina, 231
Lago, Romero ver Godoy, Hermenildo Ramires de
Lara, Afonso Celso, 362n
Laser, Lawrence, 76
Leão, Nara, 229, 294, 297-298
Legação Comercial Soviética, 299n
Leitão, Newton, 161n, 165, 246
Leite, Edu Barreto, 133n
Leite, Luiz Helvecio da Silveira, 77, 299, 299n
Leite, Paulo Moreira, 162n
Leite, Wenceslau Ramalho, 328n
Leite Neto, Francisco Rabelo, 30n
Lembo, Fernando da Silva, 291n
Lemme, Kardec, 55n, 58
Levinsohn, Ronald, 19
Liga Camponesa de Sapê, 134n
Liga Camponesa de Vitória do Santo Antão, 133n
Ligas Camponesas, 80, 87, 181, 183
Lima, Affonso Augusto de Albuquerque, 305, 311n, 340n

Índice remissivo

Lima, Alceu Amoroso, 220, 230
Lima, Argus, 32
Lima, Marco Antônio da Silva, 192*n*
Lima, Negrão de, 239
Lima, Raul Nogueira de (*Raul Careca*), 297*n*, 325
Linhares, Claudio Galeno (*Lobato*), 359-360
Linhares, Maria Yedda Leite, 225*n*, 344
Lins, José Luís de Magalhães, 73, 166
Lira e Silva, José Ronaldo Tavares de, 293*n*
Lisboa, Manoel Carvalho, 292
Lispector, Clarice, 294
Livraria Civilização Brasileira, 328
Livraria Forense, 299*n*
Lopes, Ernani Ferreira, 72*n*
Losada, Manuel Piñeiro (*Barba Roja*), 184
Lott, Henrique, 27, 36, 264*n*
Lottenberg, Fernando, 20
Lucena, Antônio Raymundo, 286-287
Lucena, Ariston, 19, 286-287
Luís, Washington, 269
Luís XVI, 288
Luz, Amadeu Felipe da, 203
Luz, Carlos, 36, 54*n*, 142, 264*n*

Maack, Thomas, 223*n*, 224*n*
Macedo, Nilo Sérgio Menezes, 362*n*
Machado Neto, Hermes, 203
Machado, Cândido Guinle de Paula, 160-161
Machado, Carlos, 48*n*
Machado, Floriano, 91, 114
Machado, José Carlos Novais da Mata, 326*n*
Machado, Márcio Beck, 326*n*
Maciel, Marco, 36, 37
Magalhães, Antonio Carlos, 19, 49*n*, 74*n*, 167
Magalhães, Juracy, 99
Magnificent Montague, 233
Maia, José Joaquim da, 227
Malan, Alfredo Souto, 261
Malina, Salomão, 19
Mamede, Jurandyr de Bizarria, 78
Manifesto de Port Huron, 227
Manifesto dos Generais da Guanabara, 107
Manifesto dos Mineiros, 123, 338
Mann, Thomas, 103
Mantegna, Andrea, 209

Mao Zedong, 181, 243, 348
Marcha da Família com Deus pela Liberdade, 51, 305
Marcha da Vitória, 111, 294
Marcuse, Herbert, 214, 215
Marighella, Carlos, 58, 245-249, 248*n*, 278, 287, 302, 313-314, 324, 327-330
    criação da ALN, 249, 266
    divergências com o PCB, 248
    e a guerrilha, 248-249, 302-303
    pessoa e carreira, 244-245
Marinho, Francisco Sérgio Bezerra, 173*n*
Marinho, Roberto, 164
Marley, Bob, 213*n*
Martinelli, Osnelli, 299*n*
Martins, Herivelto, 217
Marx, Karl, 199
Masetti, Jorge, 183*n*
Mattos, Délio Jardim de, 290
Mattos, Jorge Bhering de, 251
Matusow, Allen J., 234
Mauad, Isabel Cristina, 301*n*
Mazzilli, Ranieri, 112-113, 114, 116, 117, 166, 270
McCartney, Paul, 216
McCloy, John J., 63*n*
McCone, John A., 63, 63*n*, 101
McNamara, Robert S., 64, 69
MCR (Movimento Comunista Revolucionário), 354*n*
Medeiros, Marcelo, 18
Medeiros, Octavio Aguiar de, 39, 161*n*, 162, 360-362
Médici, Emílio Garrastazu, 21, 141, 143, 171, 174, 269, 307, 307*n*, 309
    demissão de Frota, 31-32
    na reunião que decretou o AI-5, 340
    no SNI, 164-165, 174, 340
    pessoa e hábitos, 141, 164
Mein, John Gordon, 351
Meira, David de Souza, 280*n*
Mello, Bento Bandeira de, 31*n*
Mello, Danilo Darcy de Sá da Cunha e, 191, 197
    e a crise de Goiás, 189-191
Mello, Humberto de Souza, 329

Mello, Jayme Portella de, 148, 274, 277, 278, 306-307, 309, 314-315, 318, 319, 339-341, 343
   e o discurso de Marcio Moreira Alves, 317, 331-332
   pessoa e carreira, 277
Mello, João Manuel Cardoso de, 19
Mello, Luís Tavares da Cunha, 78, 105, 106, 108
Mello, Márcio de Souza, e o caso Para-Sar, 300-301, 300n, 307, 319n, 321
Mello, Severino Teodoro de, 246
Mellon, Paul, 161
Melo, Severino Elias de, 361n
Memória, Olegário, 72n
Mendelssohn, Felix, 141
Mendes, Aluizio de Miranda, 82, 133n
Mendes, Ivan de Souza, 160n
Merlino, Luiz, 326n
Mesquita, Fernando César, 87n
Mesquita, Júlio César, 218n
Mesquita Filho, Julio de, 123, 218n
Mesquita Neto, Julio de, 43n
México, 99n
Mills, Wright, 214, 215
Mindello, Frederico, 153n
Minotto, Jimmy, 89n
Mintegui, João Alonso, 115n
Mintegui, Juan Carlos, 115n
Moçambique, 169
Moniz, Edmundo, 68, 68n
Monnerat, Elza, 279n
Monteiro, Alfeu de Alcântara, 134n
Monteiro, Euler Bentes, 81
Monteiro, Goes, 75n
Monteiro, Sócrates da Costa, 43n
Montoneros, 356
Montoro, Franco, 19
Moraes, Antonio Henrique Almeida de, 105, 121
Moraes, Mascarenhas de, 221, 365n
Moraes, Vinicius de, 218, 294
Morais, Clodomir de, 181n
Moreira Junior, Octávio Gonçalves, 325
Moreira, Marcílio Marques, 100n
Mortati, Aylton Adalberto, 326

Mostaço, Edelcio, 229
Mostovietz, Nikolai V., 111n
Moura, Plínio Rolim de, 323
Mourão Filho, Olympio, 46, 59, 75n, 82, 94, 96, 100, 118-119, 122, 125, 141, 144, 278, 290, 300n, 320
   na crise de 1964, 69-72, 74-75, 78
   pessoa e carreira, 70, 74
Mourão, Americo, 274
Movimento Anti-Comunista (MAC), 251
Movimento de Educação de Base, 219
Movimento de Libertação Popular (Molipo), 354n
Movimento Democrático Brasileiro (MDB), 286
Movimento Nacionalista Revolucionário (MNR), 192, 266, 278, 326
Movimento Revolucionário 8 de Outubro (MR-8), 303n, 323, 354n, 356n
Movimento Revolucionário Marxista (MRM), 354n
Movimento Revolucionário Tiradentes (MRT), 181, 189, 354n
Müller, Filinto, 152-153n
Murgel, Edmundo Adolpho, 161n
Muricy, Antonio Carlos, 19, 100, 118, 149, 252, 332
   na crise de 1964, 72, 78, 95-96, 105, 106-108

Naipaul, V.S., 42
Nascimento, Dilermano Melo do, 133n
Nasser, David, 165
Nasser, Gamal Abdel, 192
Natel, Laudo, 170
Nazareth, Helenira Rezende de Souza, 326n
Neder, Antonio, 72n
Neves, Tancredo, 28n, 47-48, 269, 291
New York Times, The, 20
Nicarágua, 179, 208, 349n
Nixon, Richard, 295
Nóbrega, Acyr da Rocha, 225
Nóbrega, Silvino Castor da, 92
Nogueira, Tulio Chagas, 77
Noruega, 216n
Notare, Venitius Nazareth, 31n

Novaes, Washington, 276n
Novotny, Antonín, 268
Nunes, Zaire, 115
Nyerere, Julius, 201

Office of Strategic Services (OSS), 161
Okun, Herbert S., 60, 60n
"Olavo Bilac", base da FAB, 55
Oliveira, Albertino de, 133n
Oliveira, Antônio dos Três Reis, 326n
Oliveira, Eurico de, 165
Oliveira, Jorge Itamar de, 362n
Oliveira, Manuel Alves de, 133n
Oliveira, Octavio Frias de, 43n
Oliveira, Pedro Domiense de, 133n
Oliveira, Pedro Lobo de, 278, 292, 327
O'Meara, Andrew, 64, 69
Operação Brother Sam, 101, 103, 104n, 117
"Operação Mata-Estudante", 321
Operação Mongoose, 350
Operação Pintassilgo, 185
Operação Popeye, 59
Opinião (semanário), 20
Opinião (show), 229, 253
Ordem dos Advogados do Brasil, 151
Organização de Combate Marxista-Leninista – Política Operária (OCML-PO), 354n
Organização Revolucionária Marxista – Política Operária (Polop), 226, 266n, 303n
Oscarito, 217
Osorio, Oromar, 54, 56, 95

Pacheco, Rondon, 341, 343
  na reunião que decretou o AI-5, 340
Paiva, Maurício Vieira de, 360n, 362n, 363
Palmeira, Sinval, 180n, 291, 292n
Palmeira, Vladimir, 294, 313
Panamá, 13, 64, 103, 104 n, 182 n, 349n
Paraguai, 179, 195
Para-Sar, caso, 284, 288-289, 300, 302, 319-321, 357
Parks, Rosa, 214-215
Partido Comunista Boliviano, 202
Partido Comunista Brasileiro (PCB), 52, 52n, 156, 179-180, 180n, 193, 193n, 210, 224, 244, 247n, 248n, 257, 280, 287, 352, 354n
  comício de 1º de maio na praça da Sé, 286-287
  dissidências, 178, 181-182, 246-247
  e a luta armada, 179-180, 247-249
  e Marighella, 244-249
  e o movimento estudantil, 224-225, 242
  na crise de 1964, 80, 87, 108
  relações com Cuba, 244
  relações com os russos, 80, 248
  Setor Mil (base militar), 52, 55, 58
Partido Comunista Brasileiro Revolucionário (PCBR), 303n, 348, 354, 354n, 356n
Partido Comunista da União Soviética (PCUS), 80, 111n, 248n
Partido Comunista do Brasil (PC do B), 182, 182n, 248, 266n, 303n, 347, 354n, 356n
Partido Comunista Revolucionário (PCR), 266n, 303n, 324
Partido Comunista Uruguaio, 202
Partido Operário Comunista (POC), 303n, 326n, 354n
Partido Operário Revolucionário Trotskista (PORT), 354n
Partido Revolucionário dos Trabalhadores (PRT), 354n
Partido Socialista, 172
Passarinho, Jarbas, 310, 313, 317n, 339n, 341
  na reunião que decretou o AI-5, 339
Passeata dos Cem Mil, 293-294, 305, 352
Patrício, José Maurílio, 326n
Paula, Jorge Aprígio de, 280n
Pechman, Clarice, 22, 71n
Pécoits, Walter, 146
Pedrozo, Germano Arnoldi, 29-30
Peixoto, Ernâni do Amaral, 69
Peixoto, Floriano, 121
Pêra, Marília, 297, 344
Peralva, Osvaldo, 68n
Pereira, Alvaro Galvão, 174
Pereira, Freddie Perdigão, no dia 1º de abril de 1964, 111
Pereira, Iuri Xavier, 304n
Peres, Haroldo Leon, 171
Perón, Juan Domingo, 198
Peru, 62, 179n, 182n, 202, 208, 349n
Pessek, Kurt, 27n

Pessoa, Epitácio, 197
Petrobras, 120, 125
Pezzuti, Ângelo, 362n
Pinheiro, Enio, 31n, 32, 169n
Pinheiro, Israel, 239
Pinheiro Neto, João, 99n
Pinto, Bilac, 108, 124n, 170
Pinto, Heloísa Eneida Menezes Paes (Helô Pinheiro, Garota de Ipanema), 217-218
Pinto, José de Magalhães, 170, 258, 292, 308-309, 338, 341
    na crise de 1964, 58-60, 66, 108, 122
    na reunião que decretou o AI-5, 338
Pinto, Onofre, 326
Pinto, Sobral, 225
    prisão, 344
Pio, Higino João, 361n
Pires, Waldir, 113n
Pixinguinha (Alfredo da Rocha Vianna Filho), 231
Plano Cohen, 70
Plano de Contingência 2-61, 63, 65; *ver também Operação Brother Sam*
Platt, Washington, 160
Poland, Haroldo Cecil, 164
Polônia, 268, 299, 299n
Ponte Preta, Stanislaw *ver* Porto, Sérgio
Portella, Jayme *ver* Mello, Jayme Portella de
Porto, Sérgio (Stanislaw Ponte Preta), 222
Portugal, 168, 172, 216n
Prado, Gary *ver* Salmón, Gary Prado
Prado, José Mauro B., 20
Prado, Maria da Glória, 20
Prado Júnior, Caio, prisão, 344
Prensa Latina, 155
Prestes, Luiz Carlos, 51, 66, 80, 88, 134, 182, 245-246
    contra a luta armada, 179-180
    e Marighella, 247
    na crise de 1964, 55, 80-81, 87
Primavera de Praga, 268, 295
Proconsult, 174
Prologo, 171, 171n

Quadros, Jânio, 16, 26, 48-49, 57, 239, 274, 290

Quedograma, 303n
Queirós Filho, Eusébio de, 152n
Queiroz, Ademar de, 57, 107, 120, 125, 241, 241n, 265n

Rabello, José Pinto de Araujo, 29
Rademaker, Augusto, na reunião que decretou o AI-5, 337
Rádio Nacional, 98
Raine, Philip, 331
    e Costa e Silva, 273
Ramalho, Bismark Baracuhy Amancio, 328n
Ramalho, Thales, 19, 172
Ramos, Graciliano, 173
Ramos, Guerreiro, 80
Rangel, Flávio, 298n
Ráo, Vicente, 123
Raposo, Aloisio, 276n
Raul Careca ver Lima, Raul Nogueira de
Régis, Péricles Gusmão, 133n
Rego, Gustavo Moraes, 19, 29, 139, 259-260
Reis Neto, Malvino, 153n
Repórter Esso, 98
República Dominicana, 179, 182n, 349n
Resistência Nacional Democrática Popular (REDE), 354n
Resstel, Rubens, 72n, 90n, 163
Revolta dos marinheiros, 58, 93-94, 142
Reyes, Lauriberto José, 326n
Rezende, Estevão Taurino de, 136, 256
Rezende, Sergio, 256
Ribas, Antônio Guilherme, 326n
Ribeiro, Carlos Alberto Cabral, 90
Ribeiro, Darcy, na crise de 1964, 87-88, 89, 91n, 108, 187
Ribeiro, Jair Dantas, 49n, 54, 57, 65n, 79, 91, 98, 100n, 104, 120, 122
Ribeiro, Maria Ângela, 291
Ribeiro, Walter de Souza, 109n
Ridenti, Marcelo, 354n
Rocha, Glauber, 130, 219-220, 353
Rocha, Itamar, e o caso Para-Sar, 289n, 300, 301, 301n, 319, 319n, 320-321
Rocha, Luiz Soares da, 360
Rodésia, 200
Rodrigues, José Honório, 164

Índice remissivo

Rodrigues, Martins, 124n
Rodrigues, Newton, 68n
Rodrigues, Paulo Mário da Cunha, 52, 91
Rodrigues, Paulo Mendes, 279n
Rodrigues, Ranúsia Alves, 326n
Rodriguez, Felix, 209
Roosevelt, Franklin D., 61, 61n, 161
Rosencof, Mauricio, 351n
Rostow, Walt W., 268n
Rousseff, Dilma Vana (*Wanda*), 226, 359-360
Rusk, Dean, 63, 67, 67n, 69, 75, 100, 185, 185n, 241
Rússia, 247
Ryff, Raul, 104

Sá, Jair Ferreira de, 243
Sales, d. Eugênio, 18
Salles, João Moreira, 20
Salles, José, 89
Salmón, Gary Prado, 209, 209n, 302
Sampaio, Mario Orlando Ribeiro, 161n
Santana, Fernando, 115
Santiago, Rodrigo, 297
Santos, Adalberto Pereira dos, 82, 82n, 91, 132, 132n
Santos, Alberi Vieira dos, 186n, 193
Santos, José Anselmo dos (*Cabo Anselmo*), 46, 52, 65, 87, 94n, 192n, 203n, 204n
Santos, José Duarte dos, 192n
Santos, Max da Costa, 88
Santos, Rubens Marques dos, 300
Santos, Wanderley Guilherme dos, 20
Saragat, Giuseppe, 169
Saraiva, Bernardino, 133n
Sarasate, Paulo, 124n
Sarmento, Syseno, 332, 343
Sarney, José, 19
Sartre, Jean-Paul, 179
Sátiro, Ernani, 177
Saturnino, Roberto, 172
Schenberg, Mario, 224
Schilling, Paulo, 53n
Schirmer, Carlos, 133n
Schlesinger Jr., Arthur, 13
Schreier, Chael Charles, 326n
Schwarcz, Lilia Moritz, 20

Schwarz, Roberto, 216
Seleções do Reader's Digest, 165
Sérgio Macaco *ver* Carvalho, Sérgio Miranda de
Serra, José, 243n
Serviço Federal de Informações e Contra-Informações (SFICI), 49n, 157, 162
Serviço Nacional de Informações (SNI), 25, 30, 33, 38, 42, 132, 146, 155-156, 165-166, 169, 172, 187, 191-192, 206, 220, 246, 253, 283, 304, 307, 328n, 340, 341, 345, 360
  conexões internacionais, 169
  criação e estrutura, 155-162, 169, 170-172
  "dragão", 167
  e a CIA, 167-168
  e a política, 169, 171-172
  e Costa e Silva, 173-174
  erros e trapalhadas, 163-164, 171, 172, 174
  Estimativa (publicação do SNI), 178, 230, 257
  extinção, 160n
  Golbery chama de "monstro", 175
  Impressão Geral (boletim semanal do SNI ao presidente), 145-146, 150, 178, 192-193, 198, 206, 216, 229-231, 256-257
Shakespeare, William, 147
Shishkin, Hildegarde (Hildy), 63n
Silber, Paulo, 48n
Silva, Carlos Medeiros, 18-19, 124, 124n, 343, 343n
  redação do Ato Constitucional Provisório, 124
Silva, Elvaristo Alves da, 361n
Silva, Jaime Petit da, 326n
Silva, José Renato da, 362n
Silva, José Wilson da, 184
Silva, Luiz Hildebrando Pereira da, 344
Silva, Murilo Pinto da, 360n, 362n, 364, 364n
Silva, Ornalino Cândido da, 280n
Silveira, Ênio, 328, 328n
  e Golbery, 232
  prisão, 230, 231-232
Simas, Carlos, 310n
Simonsen, Mario Henrique, 19
Sindicato dos Metalúrgicos de Osasco, 286
Sindicato dos Metalúrgicos do Rio de Janeiro, 52, 58

Siqueira, Deoclécio Lima de, 300n
Siqueira, Givaldo Pereira de, 19, 55n
Sirkis, Alfredo, 226n, 293
Sistema de Segurança Interna (Sissegin),
    apostila elaborada pelo CIE, 42, 304n
Sistema Nacional de Informações (SisNI), 172
Soares, Edmundo Macedo, 311n
Soares, Gláucio Ary Dillon, 39
Soares, Manoel Raimundo, *Caso das Mãos Amarradas*, 204-205
Soares Filho, Alfredo Pinheiro, 49n
Sodré, Roberto de Abreu, 83, 90, 318, 318n
    comício de 1º de maio na praça da Sé, 286-287, 327-328
    e o Congresso de Ibiúna, 323
Sorbonne, 288
Souto, Edson Luis de Lima, 238, 280n
    missas e cortejo, 279-281, 285
    morte, 276-278, 291, 328
Souza, Cesar Montagna de, 105
Souza, Eduardo Custódio de, 328n
Souza, Heitor Lopes de, 252
Souza, Herbert José de (Betinho), 184, 184n, 279
Souza, Jadir Gomes de, 272
Souza, José de, 133n, 134
Souza, Raymundo Ferreira de, 95-96, 95n
Special Air Service, 289
Steinbeck, John, 195
Stepan, Alfred C., 142
Stone, Roger, 165
Suécia, 216n, 217
Superior Tribunal Militar (STM), 205, 261, 320
Supremo Tribunal Federal, 108, 116, 257, 271, 345
    e a crise de Goiás, 190
Suzano, Pedro Paulo, 52n

Tamayo, Harry Villegas, 202n
Tanzânia, 200-201
Tavares, Aurelio de Lyra, 57, 264, 306, 307, 331, 337n, 345
    e o discurso de Marcio Moreira Alves, 317-318, 331-332
    na reunião que decretou o AI-5, 337-338, 539
    pessoa e hábitos, 264-265

Távora, Juarez, 269
Taylor, Maxwell, 100-101
Tchecoslováquia, 199, 268, 279, 295
Teatro Glaucio Gil, 299n
Teatro João Caetano, 299n
Teixeira, Aloisio, 88n
Teixeira, Francisco, 55, 58, 88, 86n
Teixeira, Lino, 58
Teixeira, Tulio, 35n
Telles, Ladário Pereira, 76n, 91
Tenório, Carlos Alberto, 180n
Thomaz, Maria Augusta, 326n
Timbaúva, Orestes, 81
Time, 165
Times, The, 220, 234
Tinoco, Juraci Gonçalves, 314
Tiomno, Jayme, 225n, 344
Tito, frei (Tito de Alencar Lima), 326n
Tradição, Família e Propriedade, 325
Tribuna da Imprensa, 122
Tribunal de Contas da União, 261, 345
Truman, Harry S., 61n, 62
Tupamaros, 192, 351, 356
    primeiro sequestro no continente, 351
Tuthill, John W., 344-345
    e Costa e Silva, 233
TV Guaíba, 198n
TV Jornal do Commercio, 134
TV Rio, 106, 110
TV Tupi, 51

Última Hora, 222
União Democrática Nacional (UDN), 83, 177, 252n, 274, 311, 340
União Nacional dos Estudantes (UNE), 137, 162, 218, 225, 226, 226n, 232, 251, 328, 331
    Congresso de Ibiúna, 323-326, 326n
    e o PCB, 242
    na crise de 1964, 87, 251, 328, 331
União Soviética, 158, 180
Universidade Columbia, 214
Universidade de Brasília, invasão policial, 316
Universidade de Minas Gerais, 222
Universidade de São Paulo, 123, 323-324
    "caça às bruxas", 222-224, 270

Universidade de Stanford, 214
Universidade do Brasil, 217, 225
  prisões, 232
Universidade Federal de Minas Gerais, 359
Universidade Federal do Ceará, 313
Universidade Federal do Paraná, 225
Universidade Federal do Rio de Janeiro, 288, 290, 293
Universidade Harvard, 61, 104n
Universidade Mackenzie, 324-325
Uruguai, 104, 184, 187, 202, 206, 311
  asilo de Goulart, 114-116, 122
  e Jefferson Cardim, 193-194
Ururahy, Octacílio Terra, 119
Ustra, Carlos Alberto Brilhante, 19, 94-95, 354n
  no comando do DOI, 354

Valadão, Jece, 217
Valadares, Carlos (*Guilherme*), 348
Valadares, Loreta (*Cristina*), 348
Vandré, Geraldo, 322
Vanguarda Armada Revolucionária (VAR), 354n
Vanguarda Popular Revolucionária (VPR), 19, 238, 278, 278n, 303, 303n, 312, 327n, 352, 354n, 355, 356, 356n
Vargas, Getulio, 47, 51, 54n, 69, 75n, 80, 99, 132-133, 142, 152n, 239, 244, 286, 290, 311n, 338
Vargas, Yara, 104
Vargas Neto, João Guilherme, 19
Veja, 31n, 157n, 330
Veloso, Caetano, 344, 353
Venezuela, 179n, 182n, 208, 247, 349n
Ventura, Zuenir, 280, 304, 324
Viana Filho, Luiz, 74, 112, 124n
Viana, Hélio, 225
Vianna, Astrogildo Pascoal, 133n
Vianna, Eremildo Luiz, 224-225
Vianna Filho, Alfredo da Rocha *ver* Pixinguinha
Vieira, Doin, 282n
Vieira, Laerte, 156
Vietnã, 64, 199, 209, 216, 234, 273, 326-327
Villa, Marco Antonio, 19

Villegas, Harry (*Pombo*), 202
Virgílio, Arthur, 80

Wainer, Samuel, 53n, 99
Wajda, Andrezj, 353
Walters, Vernon A., 60n, 62n, 63n, 252
  na crise de 1964, 62-63, 83, 90-91, 116
Weid, Jean Marc van der, 293
Westernhagen, Edward von, 302, 326, 328n, 359, 361
Wilson International Center for Scholars, 15, 16
Wright, Paulo, 243n

Zacariotti, João Batista, 189
Zagladim, Vadim, 248n
Zaire (atual Congo), 199n, 200n
Zé Dico ver Gonçalves, José da Conceição
Zelão, 298
Zequinha ver Barreto, José Campos
Zerbini, Euryale de Jesus, 82n, 92, 323

2ª edição	FEVEREIRO DE 2013
impressão	GEOGRÁFICA
papel de miolo	PÓLEN SOFT 70G/M²
tipografias	SWIFT E AKZIDENZ GROTESK